李 明 / 主编

中国法院类案检索与裁判规则专项研究丛书

中国法学会研究会支持计划
最高人民法院审判理论研究会主持

国有土地使用权
合同纠纷案件裁判规则
（一）

人民法院出版社

图书在版编目（ＣＩＰ）数据

国有土地使用权合同纠纷案件裁判规则. 一 / 李明
主编. -- 北京：人民法院出版社，2022.9
（中国法院类案检索与裁判规则专项研究丛书）
ISBN 978-7-5109-3533-6

Ⅰ．①国… Ⅱ．①李… Ⅲ．①国有土地－土地使用权
－合同纠纷－审判－案例－中国 Ⅳ．①D923.65

中国版本图书馆CIP数据核字(2022)第106915号

中国法院类案检索与裁判规则专项研究丛书
国有土地使用权合同纠纷案件裁判规则（一）

李 明 主编

责任编辑：陈晓璇
执行编辑：姚丽蕾
封面设计：鲁 娟
出版发行：人民法院出版社
地　　址：北京市东城区东交民巷 27 号 （100745）
电　　话：（010） 67550662（责任编辑） 67550558（发行部查询）
　　　　　　　　65223677（读者服务部）
客 服 QQ：2092078039
网　　址：http://www.courtbook.com.cn
E － mail：courtpress@sohu.com
印　　刷：天津嘉恒印务有限公司
经　　销：新华书店

开　　本：787 毫米×1092 毫米　1/16
字　　数：402 千字
印　　张：22.5
版　　次：2022 年 9 月第 1 版　2022 年 9 月第 1 次印刷
书　　号：ISBN 978-7-5109-3533-6
定　　价：86.00 元

中国法院类案检索与裁判规则专项研究

首席专家组组长：姜启波

首席专家组成员（以姓氏笔画为序）：

丁文严　王　锐　王保森　王毓莹　代秋影　包献荣

刘俊海　李　明　李玉萍　杨　奕　吴光荣　沈红雨

宋建宝　陈　敏　范明志　周海洋　胡田野　钟　莉

袁登明　唐亚南　曹守晔　韩德强　黎章辉

国有土地使用权合同纠纷案件
裁判规则（一）

主　编：李　明

副主编：袁华之　杨家学　付少军

专家团队成员（以姓氏笔画排序）：

王建东　付少军　李　明　李金海　杨　帆　杨家学

张霄云　邵万权　周　胜　项　平　娄春艳　袁华之

曹红光　蒲　杰

中国法院
类案检索与裁判规则专项研究
说　明

　　最高人民法院《人民法院第五个五年改革纲要（2019—2023）》提出"完善类案和新类型案件强制检索报告工作机制"。2020年9月发布的《最高人民法院关于完善统一法律适用标准工作机制的意见》（法发〔2020〕35号）对此进行了细化，并进一步提出"加快建设以司法大数据管理和服务平台为基础的智慧数据中台，完善类案智能化推送和审判支持系统，加强类案同判规则数据库和优秀案例分析数据库建设，为审判人员办案提供裁判规则和参考案例"。为配合司法体制综合配套改革，致力于法律适用标准统一，推进人民法院类案同判工作，中国应用法学研究所组织了最高人民法院审判理论研究会及其下设17个专业委员会的力量，开展中国法院类案检索与裁判规则专项研究，并循序推出类案检索和裁判规则研究成果。

　　最高人民法院审判理论研究会及其分会的研究力量主要有最高人民法院法官和地方各级人民法院法官，国家法官学院和大专院校专家教授，国家部委与相关行业的专业人士。这些研究力量具有广泛的代表性，构成了专项研究力量的主体。与此同时，为体现法为公器，应当为全社会所认识，并利用优秀的社会专业人士贡献智力力量，专项研究中也有律师、企业法务参加，为专项研究提供经验与智慧，并参与和见证法律适用的过程。以上研究力量按照专业特长组成若干研究团队开展专项研究，坚持同行同专业同平台研究的基本原则。

　　专项研究团队借助大数据检索平台，形成同类案件大数据报告，为使用者提供同类案件裁判全景；从检索到的海量类案中，挑选可索引的、优秀的例案，为使用者提供法律适用参考，增加裁判信心，提高裁判公信；从例案中提炼出同类案件的裁判规则，分析裁判规则提要，提供给使用者参考。从司法改革追求的目标看，此项工作能够帮助法官从浩如烟海的同类案件中便捷找到裁判思路清晰、裁判法理透彻的好判决（即例案），帮助法官直接参考从这些好判决中提炼、固化的裁判规则。如此，方能帮助法官在繁忙工作中实现类案类判。中国法院类案检索与裁判规则专项研究，致力于统一法律适用，实现法院依法独立行使审判权与法官依法独立行使裁判权的统一。这也正是应用法学研究的应有之义。

专项研究的成果体现为电子数据和出版物（每年视法律适用的发展增减），内容庞大，需要大量优秀专业人力长期投入。有关法院裁判案件与裁判内容检索的人工智能并不复杂，算法也比较简单，关键在于"人工"，在于要组织投入大量优秀的"人工"建设优质的检索内容。专项研究团队中的专家学者将自己宝贵的时间、智力投入到"人工"建设优质内容的工作中，不仅仅需要为统一我国法律适用、提升裁判公信力作出贡献的情怀，还需要强烈的历史感、责任感，具备科学的体系思维和强大的理性能力。此次专项研究持续得越久，越能向社会传达更加成熟的司法理性，社会也越能感受到蕴含在优质司法中的理性力量。

愿我们砥砺前行。

2022 年 8 月

国有土地使用权合同纠纷案件裁判规则（一）

前　言

　　为统一法律适用和裁判尺度，规范法官自由裁量权，增强民商事审判的公开性、透明度以及可预期性，提高司法公信力，近年来，最高人民法院制定并发布了多部司法文件，2015年9月21日施行的《最高人民法院关于完善人民法院司法责任制的若干意见》中要求人民法院建立审判业务研讨机制，通过类案参考、案例评析等方式统一裁判尺度；2017年8月1日起施行的《最高人民法院司法责任制实施意见（试行）》中要求法官在办理案件时应制作类案与关联案件检索报告制度；2019年10月28日施行的《最高人民法院关于建立法律适用分歧解决机制的实施办法》，旨在深化司法体制综合配套改革，严格落实全面推进"类案和新型案件强制检索"制度；2020年7月15日，最高人民法院发布《关于统一法律适用加强类案检索的指导意见（试行）》，对类案检索的适用范围、检索主体及平台、检索范围和方法、类案识别和比对、检索报告或说明、结果运用、法官回应、法律分歧解决、审判案例数据库建设等予以明确。强调法官对指导性案例的参照和对其他类案的参考，旨在实现法律的统一适用。

　　为了不断满足新时代对人民法院审判工作提出的新要求、新期待，最高人民法院审判理论研究会开展的类案检索与裁判规则专项研究，借助大数据检索平台，形成同类案件大数据报告，为使用者提供同类案件的裁判全景，并从大数据检索到的海量类案中挑选可索引的、优秀的例案，对司法实践遇到的法律适用问题予以引领和规范，目的是保证司法裁判的严肃性和权威性，实现好、维护好、发展好最广大人民群众的根本利益。

房地产行业是我国经济社会发展的重要产业，涉及人民群众生存发展的根本利益，面对新时代人民群众对权利保护的新期待，迫切需要规范国有土地使用权出让、转让、合作开发房地产市场秩序的合法权益，由于国有土地使用权合同纠纷案件涉及行政部门多、专业技术性强、事实认定难、法律适用争议大等特点，非常有必要从中国实际出发，立足解决中国的现实问题，对审判实践中的裁判规则进行梳理总结，发挥法学理论服务司法实践，服务人民法院中心工作的基本要求，解决涉及国有土地使用权合同纠纷案件的审判实践中遇到的疑惑和困难。

应当承认，在检索大数据报告和提炼裁判规则过程中，仍然存在一些需进一步完善的地方，如类案关键词与裁判规则之间的匹配度、要件事实与裁判规则之间的识别度、检索算法的不同下数据不一致等。任何值得去的地方，都没有捷径。这就需要我们今后的理论研究工作迈难关、想办法、找思路。这也就是我们前进动力和努力方向，只要路是对的，就不怕远。

类案检索与裁判规则专项研究一项系统工程，特别是建设工程领域的研究，需要多方的协同努力，集腋成裘，聚沙成塔，通过助力人民法院的类案与关联案件检索制度，希望能够为促进建筑业健康发展，保障实现人民法院依法独立行使审判权和法官依法独立行使裁判权的统一，为促进社会主义市场经济健康发展贡献绵薄之力。

国有土地使用权合同纠纷案件裁判规则（一）

凡 例

一、法律法规及立法解释

1.《中华人民共和国民法典》，简称《民法典》；

2.《中华人民共和国合同法》（已失效），简称《合同法》；

3.《中华人民共和国物权法》（已失效），简称《物权法》；

4.《中华人民共和国民法通则》（已失效），简称《民法通则》；

5.《中华人民共和国民法总则》（已失效），简称《民法总则》；

6.《中华人民共和国侵权责任法》（已失效），简称《侵权责任法》；

7.《中华人民共和国民事诉讼法》，简称《民事诉讼法》；

8.《中华人民共和国仲裁法》，简称《仲裁法》；

9.《中华人民共和国城乡规划法》，简称《城乡规划法》；

10.《中华人民共和国招标投标法》，简称《招标投标法》；

11.《中华人民共和国建筑法》，简称《建筑法》；

12.《中华人民共和国城市房地产管理法》，简称《城市房地产管理法》；

13.《中华人民共和国环境影响评价》，简称《环境影响评价》；

14.《中华人民共和国土地管理法》，简称《土地管理法》。

二、司法解释及司法文件

1.《最高人民法院关于适用〈中华人民共和国民事诉讼法〉的解释》，简称《民事诉讼法司法解释》；

2.《最高人民法院关于适用〈中华人民共和国合同法〉若干问题的解释（一）》（已失效），简称《合同法司法解释一》；

3.《最高人民法院关于适用〈中华人民共和国合同法〉若干问题的解释（二）》（已失效），简称《合同法司法解释二》；

4.《最高人民法院关于适用〈中华人民共和国公司法〉若干问题的规定（一）》，简称《公司法司法解释一》；

5.《最高人民法院关于适用〈中华人民共和国公司法〉若干问题的规定（三）》，简称《公司法司法解释三》；

6.《最高人民法院关于审理商品房买卖合同纠纷案件适用法律若干问题的解释》，简称《商品房买卖司法解释》；

7.《最高人民法院关于审理涉及国有土地使用权合同纠纷案件适用法律问题的解释》，简称《国有土地使用权司法解释》；

8.《最高人民法院关于审理民间借贷案件适用法律若干问题的规定》，简称《民间借贷司法解释》；

9.《最高人民法院关于第八次全国法院民商事审判工作会议（民事部分）纪要》，简称《八民会议纪要》；

10. 最高人民法院《全国法院民商事审判工作会议纪要》，简称《九民会议纪要》；

11.《最高人民法院关于审理行政协议案件若干问题的规定》，简称《行政协议规定》；

12.《最高人民法院关于适用〈中华人民共和国行政诉讼法〉的解释》，简称《行政诉讼法司法解释》。

三、行政法规

《中华人民共和国城镇国有土地使用权出让和转让暂行条例》，简称《城镇国有土地使用权出让和转让暂行条例》。

目　录

第一部分　国有土地使用权合同纠纷案件裁判规则摘要　// 001

第二部分　国有土地使用权合同纠纷案件裁判规则　// 013

国有土地使用权合同纠纷案件裁判规则第 1 条：开发区管理委员会作为出让方与受让方订立的土地使用权出让合同，应当认定无效　/ 015

一、类案检索大数据报告　/ 015

二、可供参考的例案　/ 019

三、裁判规则提要　/ 027

四、辅助信息　/ 035

国有土地使用权合同纠纷案件裁判规则第 2 条：以协议方式出让的国有土地使用权，土地使用权出让金低于订立合同时当地政府按照国家规定确定的最低价的，应当认定土地使用权出让合同约定的价格条款无效　/ 036

一、类案检索大数据报告　/ 036

二、可供参考的例案 / 039

三、裁判规则提要 / 045

四、辅助信息 / 050

国有土地使用权合同纠纷案件裁判规则第 3 条：土地使用权出让合同的出让方未按照出让合同约定提供出让的土地的，受让方有权解除合同 / 052

一、类案检索大数据报告 / 052

二、可供参考的例案 / 055

三、裁判规则提要 / 062

四、辅助信息 / 068

国有土地使用权合同纠纷案件裁判规则第 4 条：投资数额超出合作开发房地产合同的约定，对增加的投资数额的承担比例，当事人协商不成的，按照当事人的违约情况确定 / 070

一、类案检索大数据报告 / 070

二、可供参考的例案 / 073

三、裁判规则提要 / 079

四、辅助信息 / 087

国有土地使用权合同纠纷案件裁判规则第 5 条：合作开发房地产合同约定，仅以投资数额确定利润分配比例，当事人未足额缴纳出资的，按照当事人的实际出资比例分配利润　/ 090

一、类案检索大数据报告　/ 090

二、可供参考的例案　/ 094

三、裁判规则提要　/ 100

四、辅助信息　/ 104

国有土地使用权合同纠纷案件裁判规则第 6 条：房屋实际建筑面积少于合作开发房地产合同的约定，对房屋实际建筑面积的分配比例，当事人协商不成的，按照当事人的违约情况确定　/ 106

一、类案大数据报告　/ 106

二、可供参考的例案　/ 109

三、裁判规则提要　/ 115

四、辅助信息　/ 121

国有土地使用权合同纠纷案件裁判规则第 7 条：房地产建设项目未取得建设工程规划许可证，合作开发房地产合同当事人的分配利益请求不予受理　/ 123

一、类案检索大数据报告　/ 123

二、可供参考的例案　/ 127

三、裁判规则提要　/ 133

四、辅助信息 / 137

国有土地使用权合同纠纷案件裁判规则第 8 条：合作开发房地产合同约定提供土地使用权的当事人不承担经营风险，只收取固定利益的，应当认定为土地使用权转让合同 / 139

一、类案检索大数据报告 / 139

二、可供参考的例案 / 142

三、裁判规则提要 / 151

四、辅助信息 / 156

国有土地使用权合同纠纷案件裁判规则第 9 条：合作开发房地产合同约定提供资金的当事人不承担经营风险，只分配固定数量房屋的，应当认定为房屋买卖合同 / 157

一、类案检索大数据报告 / 157

二、可供参考的例案 / 161

三、裁判规则提要 / 166

四、辅助信息 / 169

国有土地使用权合同纠纷案件裁判规则第 10 条：合作开发房地产合同约定提供资金的当事人不承担经营风险，只收取固定数额货币的，应当认定为借款合同 / 171

一、类案检索大数据报告 / 171

二、可供参考的例案　/ 175

三、裁判规则提要　/ 181

四、辅助信息　/ 185

国有土地使用权合同纠纷案件裁判规则第 11 条：合作开发房地产合同的当事人双方均不具备房地产开发经营资质的，应当认定合同无效　/ 187

一、类案检索大数据报告　/ 187

二、可供参考的例案　/ 191

三、裁判规则提要　/ 197

四、辅助信息　/ 207

国有土地使用权合同纠纷案件裁判规则第 12 条：当事人仅以转让国有土地使用权未达到完成开发投资总额的 25% 以上的条件为由，请求确认转让合同无效的，不予支持　/ 209

一、类案检索大数据报告　/ 209

二、可供参考的例案　/ 212

三、裁判规则提要　/ 219

四、辅助信息　/ 226

国有土地使用权合同纠纷案件裁判规则第 13 条：市、县人民政府自然资源主管部门作为出让方将国有土地使用权在一定年限内让与受让方，受让方支付土地使用权出让金的合同纠纷，其请求权属于民事诉讼受案范围 / 229

一、类案检索大数据报告 / 229

二、可供参考的例案 / 233

三、裁判规则提要 / 239

四、辅助信息 / 245

国有土地使用权合同纠纷案件裁判规则第 14 条：国有土地使用权受让人虽未全部缴纳土地使用权出让金，但已取得国有土地使用权证书的，其与他人签订的房地产转让合同有效 / 247

一、类案检索大数据报告 / 247

二、可供参考的例案 / 250

三、裁判规则提要 / 255

四、辅助信息 / 262

国有土地使用权合同纠纷案件裁判规则第 15 条：出资人以出让土地使用权出资，已经交付公司使用但未办理权属变更手续，公司、其他股东或者公司债权人主张认定出资人未履行出资义务的，人民法院应当责令当事人在指定的合理期间内办理权属变更手续 / 264

一、类案检索大数据报告 / 264

二、可供参考的例案 / 268

三、裁判规则提要 / 273

四、辅助信息 / 282

国有土地使用权合同纠纷案件裁判规则第 16 条：出资人以划拨土地使用权出资，公司、其他股东或者公司债权人主张认定出资人未履行出资义务的，人民法院应当责令当事人在指定的合理期间内办理土地变更手续 / 285

一、类案检索大数据报告 / 285

二、可供参考的例案 / 289

三、裁判规则提要 / 294

四、辅助信息 / 301

国有土地使用权合同纠纷案件裁判规则第 17 条：以出让方式取得土地使用权进行房地产开发满二年未动工开发的，可以无偿收回土地使用权 / 304

一、类案检索大数据报告 / 304

二、可供参考的例案 / 307

三、裁判规则提要 / 312

四、辅助信息 / 319

国有土地使用权合同纠纷裁判规则第 18 条：由受让方办理划拨土地使用权出让手续的，转让合同可以按照补偿性质的合同处理 ／321

一、类案检索大数据报告 ／321

二、可供参考的例案 ／325

三、裁判规则提要 ／332

四、辅助信息 ／340

第一部分

国有土地使用权合同纠纷案件裁判规则摘要

⛰ 国有土地使用权合同纠纷案件裁判规则第 1 条：

开发区管理委员会作为出让方与受让方订立的土地使用权出让合同，应当认定无效

【规则描述】　土地使用权出让，是指国家将国有土地使用权在一定年限内出让给土地使用者，由土地使用者向国家支付土地使用权出让金的行为；该行为是通过合同的形式来完成实现的，基础是合同行为。根据《城市房地产管理法》第 15 条和《城镇国有土地使用权出让和转让暂行条例》第 8 条规定，土地使用权出让应当签订书面出让合同；土地使用权出让法律关系由土地使用权出让合同确立，双方当事人的权利义务也依合同确定。本条主要是对开发区管理委员会作为出让方订立土地使用权出让合同等相关问题的认定处理规定。凡是以开发区管理委员会作为出让方订立的土地使用权出让合同，因开发区管理委员会不具有法律规定的主体资格，应一律认定无效。

⛰ 国有土地使用权合同纠纷案件裁判规则第 2 条：

以协议方式出让的国有土地使用权，土地使用权出让金低于订立合同时当地政府按照国家规定确定的最低价的，应当认定土地使用权出让合同约定的价格条款无效

【规则描述】　本规则对协议出让价格低于最低价时的处理，从以下几个方面进行了规定：一是本规则适用于协议出让；二是判断土地使用权出让金是否过低，对比的是订立合同时当地政府确定的最低价；三是认定相应的价格条款无效，而非合同无效。协议出让作为国有建设用地使用权供应方式之一，是指市、县自然资源主管部门以协议方式将国有土地使用权在一定年限内出让给土地使用者，由土地使用者支付土地使用权出让金的行为。协议出让设置底价和最低价。根据《协议出让国有土地使用权规定》（国土资源部令第 21 号），协议出让底价不得低于最低价，出让价格不得低于底价。

✿ 国有土地使用权合同纠纷案件裁判规则第 3 条：

土地使用权出让合同的出让方未按照出让合同约定提供出让的土地的，受让方有权解除合同

【规则描述】 本规则规定了市、县人民政府自然资源主管部门在土地出让活动中，应当严格按照国有建设用地使用权出让合同的约定，按约定标准及时向土地使用者交付土地。本规则与原国土资源部、国家工商行政管理总局颁布的《国有建设用地使用权出让合同》示范文本（GF-2008-2601）第 37 条共同对市、县人民政府自然资源主管部门违约交付出让土地的法律后果予以明确，有利于保障土地使用者的合法权益。

✿ 国有土地使用权合同纠纷案件裁判规则第 4 条：

投资数额超出合作开发房地产合同的约定，对增加的投资数额的承担比例，当事人协商不成的，按照当事人的违约情况确定

【规则描述】 合作开发房地产投资数额的变动，不仅关乎项目成本和收益，而且对当事人最基本的合同权利义务——实际出资额和利润分配值产生直接影响。本条规则就是针对这类纠纷而作出合作开发项目实际投资数额超出合同约定而对增加投资该如何承担的规定。一般而言对增加投资额的承担比例应当根据当事人的违约情况加以确定。

✿ 国有土地使用权合同纠纷案件裁判规则第 5 条：

合作开发房地产合同约定，仅以投资数额确定利润分配比例，当事人未足额缴纳出资的，按照当事人的实际出资比例分配利润

【规则描述】 合作开发房地产合同中利润分配多少与合作投资的大小直接关联，当事人是否按照合同约定足额缴纳出资及其对合作项目实际投入多少常常是合作开发合同当事人产生收益分配纠纷的焦点。对此，本条规则专门就审判实务中合作开发合同明确约定仅以投资数额确定利润分配比例的情况下，当事人未足额缴纳出资的应当按照合同约定的利润分配比例还是实际出资比例进行利润分配，以及当事人要求将房屋预售款抵充投资参与利润分配的是否应当支持的问题作出具体规定。

⛰ 国有土地使用权合同纠纷案件裁判规则第 6 条：

房屋实际建筑面积少于合作开发房地产合同的约定，对房屋实际建筑面积的分配比例，当事人协商不成的，按照当事人的违约情况确定

【规则描述】 合作开发房地产项目实际建成建筑面积超过合同约定面积较为常见，但司法实践中也会出现实际建成面积少于合同约定面积的相反情形，当事人往往会因面积减少而形成投资收益减损的责任承担产生争议，本条规则正是针对此类面积减损产生的合同纠纷该如何归责与处理而作出的专门规定。一般而言，合同当事人对造成实际建成面积减损有违约行为的，按照违约情况来认定；但如果出现当事人对造成实际建成面积减损无过错或者因不可归责于当事人的事由而引起的特殊情形，应遵循"公平"与"权利义务相一致"的原则，按照合同约定的利润分配比例加以确定。

⛰ 国有土地使用权合同纠纷案件裁判规则第 7 条：

房地产建设项目未取得建设工程规划许可证，合作开发房地产合同当事人的分配利益请求不予受理

【规则描述】 城市、镇规划区内的建设活动应当符合规划要求。在城市、镇规划区内进行建筑物、构筑物、道路、管线和其他工程建设的，建设单位或者个人应当向城市、县人民政府城乡规划主管部门或者省、自治 区、直辖市人民政府确定的镇人民政府申请办理建设工程规划许可证。合作开发房地产，是指当事人间以提供出让土地使用权、资金等作为共同投资，共享利润、共担风险的房地产开发建设行为。合作开发房地产项目未予办理建设工程规划许可证或擅自变更建设工程规划的属违章建筑，合作开发房地产合同的当事人请求分配房地产项目利益的，不予受理；已经受理的，驳回起诉。

♠ 国有土地使用权合同纠纷案件裁判规则第 8 条：

合作开发房地产合同约定提供土地使用权的当事人不承担经营风险，只收取固定利益的，应当认定为土地使用权转让合同

【规则描述】 合作开发房地产合同，是指当事人订立的以提供出让土地使用权、资金等作为共同投资，共享利润、共担风险合作开发房地产为基本内容的合同。合作投资法律关系的法律特征是共同经营、共担风险、共享收益。土地使用权转让合同，是指土地使用权人作为转让方将出让土地使用权转让于受让方，受让方支付价款的合同。土地使用权转让法律关系的法律特征是出让剩余期限内的土地使用权，并获得收益。

如果合作开发房地产合同约定以土地使用权投资的当事人不承担经营风险，只收取固定利益，则双方当事人间法律关系已经不具备合作开发房地产所应具备的"共担风险"特征。其所收取的固定利益已经成为"投入"的土地使用权的对价，这与土地使用权转让法律关系的权利义务内容是一致的。

♠ 国有土地使用权合同纠纷案件裁判规则第 9 条：

合作开发房地产合同约定提供资金的当事人不承担经营风险，只分配固定数量房屋的，应当认定为房屋买卖合同

【规则描述】 合作开发房地产合同，是指当事人订立的以提供出让土地使用权、资金等作为共同投资，共享利润、共担风险合作开发房地产为基本内容的协议。合作投资法律关系的法律特征是共同经营、共担风险、共享收益。合作开发房地产合同的当事人需共享利润、共担风险，即合同当事人未来可获得的利润或需承担的风险存在不确定性。若合同明确约定部分当事人不承担风险，可获得固定利润，则失去了"共担风险"的特征，人民法院不应当认定为合作开发房地产合同。

♠ 国有土地使用权合同纠纷案件裁判规则第 10 条：

合作开发房地产合同约定提供资金的当事人不承担经营风险，只收取固定数额货币的，应当认定为借款合同

【规则描述】 房地产开发周期长，资金需求量大，导致在实践操作中，我国房地产市场存在大量以合作开发之名，向企业或个人借贷的房地产开发经营模式。依据《国有土地使用权司法解释》第 12 条规定，合作开发房地产合同是当事人订立的以提供出让土地使用权、资金等作为共同投资，共享利润、共担风险的合同。若合作合同约定提供资金的一方当事人，不承担经营风险，只收取固定数额货币的，该约定不具备合作合同的法律属性，结合《国有土地使用权司法解释》第 23 条规定，应当认定为借款合同。

♠ 国有土地使用权合同纠纷案件裁判规则第 11 条：

合作开发房地产合同的当事人双方均不具备房地产开发经营资质的，应当认定合同无效

【规则描述】 房地产开发关系到国计民生和社会公共安全，《城市房地产开发经营管理条例》第 9 条对房地产开发企业的资质要求是效力性强制性规定，是国家用来管理、控制和监督房地产业发展的重要手段，涉及了社会公共利益。房地产合作开发合同是房地产开发的一种手段，对合作开发房地产中一方的经营资质进行必要的限制，是对《城市房地产开发经营管理条例》第 9 条进一步的落实，所以对于双方均不具备房地产开发经营资质的合作开发房地产合同应当认定无效。但基于鼓励交易原则、尊重当事人合同自由原则，在起诉前当事人一方已经取得房地产开发经营资质或者已依法合作成立具有房地产开发经营资质的房地产开发企业的，应当认定合同有效。

❺ 国有土地使用权合同纠纷案件裁判规则第 12 条：

当事人仅以转让国有土地使用权未达到完成开发投资总额的 25% 以上的条件为由，请求确认转让合同无效的，不予支持

【规则描述】 土地使用权人未按照土地出让合同约定完成投资额，具体情形包括房屋建设工程的没有完成开发投资总额的 25% 以上，以及成片开发土地没有形成工业用地或者其他建设用地条件。在此两种情形下，不影响签订的土地使用权转让合同的效力，但受让人要求继续履行、协助过户的，人民法院不予支持。

❺ 国有土地使用权合同纠纷案件裁判规则第 13 条：

市、县人民政府自然资源主管部门作为出让方将国有土地使用权在一定年限内让与受让方，受让方支付土地使用权出让金的合同纠纷，其请求权属于民事诉讼受案范围

【规则描述】 土地出让人与受让人依法签订土地出让合同后，因履行产生的纠纷属于民事诉讼。出让人向受让人追讨土地出让金的行为是代表国家主体行使国有土地所有权、要求合同另一方履行合同义务的行为，属于民事行为，而非行政行为，对此类案件的审理应适用民事诉讼程序进行。

❺ 国有土地使用权合同纠纷案件裁判规则第 14 条：

国有土地使用权受让人虽未全部缴纳土地使用权出让金，但已取得国有土地使用权证书的，其与他人签订的房地产转让合同有效

【规则描述】 基于物权效力与合同效力的区分原则，维持当事人之间的正常合同关系，有利于促进合同的履行和土地使用权的正常流转，维护房地产市场正常的交易秩序，维护当事人的合法权益。本条规则意在明确受让人在未全额缴纳土地使用权出让金情况下，与他人之间的房地产转让行为是否有效的问题。"未足额缴纳土

地出让金"只是未满足房地产转让条件，影响转让房地产登记，影响的是房地产转让的物权变动效力，属于转让标的瑕疵，不属于违反法律的效力性强制规定而导致合同无效的情形。房地产转让合同效力的认定应遵循物权效力与合同效力相分离的原则，未办理物权登记的，不影响转让合同的效力，因此，国有土地使用权受让人已取得国有土地使用权证，但未足额缴纳土地出让金，其与他人签订的房地产转让合同若是基于转让合同当事人双方协商一致后所作出的真实意思表示，且其内容不存在《民法典》规定的无效情形，房地产转让合同应当被认定为有效。

◆ 国有土地使用权合同纠纷案件裁判规则第 15 条：

出资人以出让土地使用权出资，已经交付公司使用但未办理权属变更手续，公司、其他股东或者公司债权人主张认定出资人未履行出资义务的，人民法院应当责令当事人在指定的合理期间内办理权属变更手续

【规则描述】 土地作为重要的生产资料，是企业进行经营和投资的重要工具和手段，尤其是房地产企业赖以生存和发展的前提和基础。以出让土地使用权作价出资与他人设立企业，是实践中常见的土地处置方式。土地使用权属于不动产用益物权，依据《民法典》第 209 条第 1 款及《公司法司法解释三》第 10 条规定，出资人以土地使用权对公司出资，应当办理权属变更登记手续。土地使用权已交付公司但未办理过户手续的，公司、其他股东或者公司债权人享有诉权；出资人在法院指定的合理期间内办妥过户手续的，应当认定履行了出资义务，出资人可以主张自实际交付时起享有相应的股东权利。本条裁判规则旨在督促股东办理土地使用权过户手续，尽快促成公司资本充实与稳定，维护公司、其他股东及公司债权人的权益。

◆ 国有土地使用权合同纠纷案件裁判规则第 16 条：

出资人以划拨土地使用权出资，公司、其他股东或者公司债权人主张认定出资人未履行出资义务的，人民法院应当责令当事人在指定的合理期间内办理土地变更手续

【规则描述】 土地使用权划拨，是指县级以上人民政府依法批准，在土地使用者缴纳补偿、安置等费用后将该幅土地交付其使用，或者将土地无偿交付给土地使用者使用的行为。我国现行法律法规规定，划拨国有土地使用权只能用于特定用途的社会公益建设，使用权人不得擅自改变划拨土地的公益用途，未经依法批准不得将划拨土地用于对外出资。但在合作开发房地产合同纠纷中，往往会出现出资人以划拨土地使用权作为非货币实物出资设立项目公司，并办理公司登记手续的情形。如公司、其他股东或者公司债权人主张认定出资人未履行出资义务的，人民法院应当指定合理的期限，责令出资人依法补缴土地出让金，办理土地变更手续，将划拨用地性质变更为出让用地性质。如在指定期限内已经补正出资瑕疵、过户并交付的，可以认定出资的效力；逾期未补正的，人民法院应当认定出资人未依法全面履行出资义务。

⚖ 国有土地使用权合同纠纷案件裁判规则第 17 条：

以出让方式取得土地使用权进行房地产开发满二年未动工开发的，可以无偿收回土地使用权

【规则描述】《闲置土地处置办法》（国土资源部令第 53 号）第 14 条第 2 项规定，除属于政府、政府有关部门的行为或自然灾害等不可抗力造成动工开发延迟的外，对于未动工开发满二年的，市、县自然资源主管部门可以依法报经有批准权的人民政府批准后，向国有建设用地使用权人下达《收回国有建设用地使用权决定书》，无偿收回国有建设用地使用权；闲置土地设有抵押权的，同时抄送相关土地抵押权人。该规定旨在有效利用土地，充分发挥土地的价值。

对于国有建设用地使用权上设有抵押权的，如经调查认定属于建设用地使用人原因导致土地闲置满二年的，自然资源主管部门仍有权依法无偿收回土地，但闲置土地收回应当遵循法定的程序。而对于进入执行阶段的国有建设用地使用权，则该期间不宜再进行闲置土地收回。

⛰ 国有土地使用权合同纠纷案件裁判规则第 18 条：

由受让方办理划拨土地使用权出让手续的，转让合同可以按照补偿性质的合同处理

【规则描述】 划拨土地使用权未经批准不得转让是我国现行土地法律制度的基本原则，但实践中却存在着诸多划拨土地使用权人与受让方签订土地转让合同的情况。为适应我国社会经济发展的实际需要，划拨土地使用权人与受让方之间订立转让合同后，划拨土地使用权由政府收回，再重新以出让方式由受让方取得，并由受让方办理国有建设用地使用权出让手续，转让合同可以按照补偿性质合同处理。按照补偿性质合同处理，充分考虑了划拨土地使用权人虽然是无偿取得划拨土地使用权，但实际上划拨土地使用权人为拆迁安置、开发建设进行了必要投入的情况；按照补偿性质合同处理，在一定程度上弥补了我国现有法律对划拨土地使用权人利益保护不够的现实缺憾。由第三方给付划拨土地使用权人一定的费用，可以弥补划拨土地使用权人所失利益，将划拨土地使用权人所获利益赋予补偿金的法律界定。

第二部分

国有土地使用权合同纠纷案件
裁判规则

国有土地使用权合同纠纷案件裁判规则第 1 条：

开发区管理委员会作为出让方与受让方订立的土地使用权出让合同，应当认定无效

【规则描述】 土地使用权出让，是指国家将国有土地使用权在一定年限内出让给土地使用者，由土地使用者向国家支付土地使用权出让金的行为；该行为是通过合同的形式来完成实现的，基础是合同行为。根据《城市房地产管理法》第 15 条和《城镇国有土地使用权出让和转让暂行条例》第 8 条规定，土地使用权出让应当签订书面出让合同；土地使用权出让法律关系由土地使用权出让合同确立，双方当事人的权利义务也依合同确定。本条主要是对开发区管理委员会作为出让方订立土地使用权出让合同等相关问题的认定处理规定。凡是以开发区管理委员会作为出让方订立的土地使用权出让合同，因开发区管理委员会不具有法律规定的主体资格，应一律认定无效。

一、类案检索大数据报告

时间：2021 年 4 月 26 日之前；案例来源：Alpha 案例库；数据采集时间：2021 年 4 月 26 日；检索条件：（1）民事；（2）法院认为包含"开发区管理委员会作为出让方与受让方订立的土地使用权出让合同，应当认定无效"。本次检索获取了 2021 年 4 月 26 日前共 183 篇裁判文书。整体情况如图 1–1 所示，其中：

1. 认为开发区管理委员会作为出让方与受让方订立的土地使用权出让合同，应当认定无效的案件共计 102 件，占比为 55.74%；

2. 认为开发区管理委员会作为出让方与受让方订立的土地使用权出让合同，起诉前经市、县人民政府自然资源主管部门追认的，可以认定合同有效的案件共计 71 件，占比为 38.8%；

3.认为当事人未能举证证明得到市、县人民政府自然资源主管部门追认的案件共计7件，占比为3.83%；

4.案件中未涉及合同效力的共计3件，占比为1.63%。

整体情况如图1-1所示：

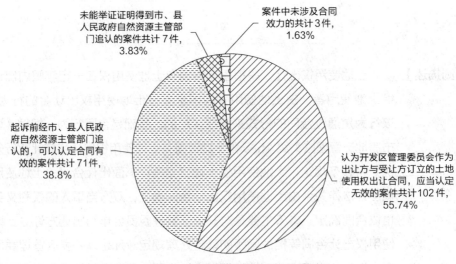

图1-1　案件裁判结果的整体情况

如图1-2所示，从案件的年份分布可以看到当前条件下民事案件数量的变化趋势。

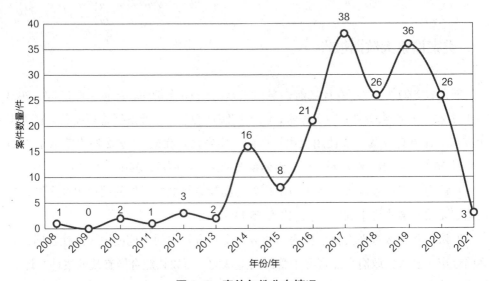

图1-2　案件年份分布情况

如图 1-3 所示，从上面的程序分类统计可以看到民事类当前的审理程序分布状况。一审案件有 72 件，二审案件有 97 件，再审案件有 13 件，执行案件有 1 件。

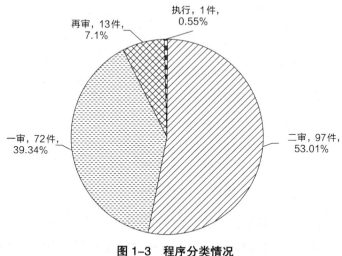

图 1-3　程序分类情况

如图 1-4 所示，通过对一审裁判结果的可视化分析可以看到，当前条件下全部 / 部分支持的有 61 件，占比为 84.72%；全部驳回的有 11 件，占比为 15.28%。

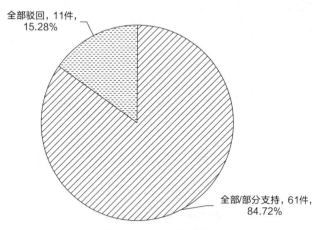

图 1-4　一审裁判结果

如图 1-5 所示，通过对二审裁判结果的可视化分析可以看到，当前条件下维持原判的有 55 件，占比为 56.7%；改判的有 32 件，占比为 32.99%；发回重审的有 2 件，占比为 2 .06%；其他的有 8 件，占比为 8.25%。

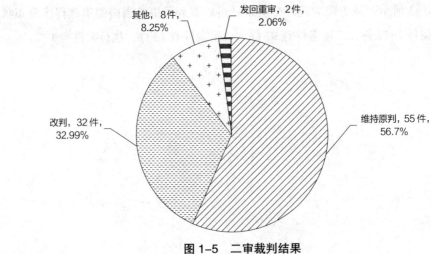

图 1-5　二审裁判结果

如图 1-6 所示，通过对再审裁判结果的可视化分析可以看到，当前条件下维持原判的有 11 件，占比为 84.62%；提审 / 指令审理的有 1 件，占比为 7.69%；改判的有 1 件，占比为 7.69%。

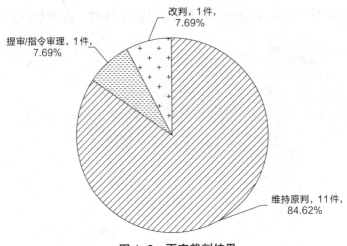

图 1-6　再审裁判结果

二、可供参考的例案

例案一：香港大横沥国际度假村投资管理公司等与绵阳市人民政府土地出让合同纠纷上诉案

【法院】

最高人民法院

【案号】

（2017）最高法民终 194 号

【当事人】

上诉人（一审原告）：香港大横沥国际度假村投资管理公司

上诉人（一审原告）：绵阳市新南湖乐园有限公司

上诉人（一审被告）：绵阳经济技术开发区管理委员会

被上诉人（一审被告）：绵阳市人民政府

【基本案情】

2002 年 2 月 23 日，绵阳经济技术开发区管理委员会（以下简称经开区管委会）与香港大横沥国际度假村投资管理公司（以下简称大横沥公司）签订《购买土地协议》，约定："大横沥公司在绵阳市注册公司用于建设南湖乐园（含国际高尔夫球场、练习场、滑草场、台商会所、国际酒店、配套别墅区、南湖公园开发）等项目……"

《购买土地协议》签订后，大横沥公司在绵阳成立了项目公司绵阳市新南湖乐园有限公司（以下简称新南湖公司）。2002 年 3 月，新南湖公司向经开区管委会缴纳土地出让金 200 万元。

2002 年 7 月 26 日，经开区管委会向绵阳市人民政府（以下简称绵阳市政府）呈送《绵阳市经济技术开发区管理委员会关于协调解决南湖乐园土地征用问题的请示》（绵经区发〔2002〕59 号），就南湖乐园土地征用问题，向绵阳市政府请示报批……现将有关问题请示如下：（1）因征用土地涉及绵阳机场管理公司、涪城区石塘镇，请市政府主持协调会，理顺与有关部门的关系；（2）该范围的征地拆迁安置补偿标准按四川省人民政府川府函（2001）57 号文执行……

同年 8 月 29 日，绵阳市政府召开有市国土局、市规划局、市建委、市法制办和经开区管委会参加的第 22 次常务会议，主要议定：原则同意《南湖公园总体规划》；规划中沿湖的带状别墅区作适当调整，其建筑规划、设计风格要与园区的林木和人文景观保持一致；经开区、市建委、市国土局、市规划局、涪城区政府、绵阳民航管理局等单位要支持南湖公园的规划建设工作……

同年12月2日，经开区管委会（甲方）与新南湖公司（乙方）签订了《土地使用权出让协议》，依照2002年2月23日大横沥公司与甲方达成的《购买土地协议》，甲、乙双方经友好协商，依照《合同法》达成本土地使用权出让协议书，双方诚信遵守。

2004年7月6日，经开区管委会、城建、国土、规划等部门召开专题协调会议，形成《关于新南湖乐园建设的协调会议纪要》（绵经管纪要〔2004〕36号）。会议议定：……（2）因国家政策调整等因素的影响，过去通过会议纪要与新南湖公司协商确定而未能完全落实的部分项目，以本次会议精神为准，经开区管委会将继续大力支持新南湖公司对南湖体育公园的开发，各部门要继续全力支持该项目建设……

2010年3月，因政策变化，绵阳市政府委托新南湖公司负责南湖体育公园城市综合体概念性总体规划修编工作。

2010年11月9日，中共绵阳市委财经领导小组召开第14次会议。会议纪要载明：就新南湖乐园项目建设问题，按照依法办事、科学规划、合情合理、实事求是、尊重历史的原则来处理遗留问题；着重抓好规划和土地问题，规划由市规划局负责，对南湖公园的规划作全面梳理；对纳入公园的公共用地，按公共用地处理；对2004年以来台商一直使用的土地，要在符合规划的前提下完善手续。

2013年7月29日，经开区管委会以新南湖公司为被告，向四川省绵阳市涪城区人民法院提起诉讼，请求确认双方所签《土地使用权出让协议书》无效。

在一审法院组织的调解过程中，原告提出其借款1000万元拆迁费用给经开区后，由经开区组织的拆迁安置工作已经完成，相关土地已经具备出让条件。绵阳市政府和经开区管委会认为《土地使用权出让协议》所涉338.1亩土地虽从基本农田变更为一般农田，但仍不具备出让条件。为此，一审法院向二被告发出《证据收集通知书》，要求被告对本案所涉土地性质、用途等相关内容举证。该二被告拒绝对此提交证据。

【案件争点】

《购买土地协议》是否合法有效。

【裁判要旨】

本案《购买土地协议》是经绵阳市政府招商引资，由其所属职能部门经开区管委会与大横沥公司签订的。该协议内容既包含项目规划、投资规模及选址，也包括供土数量、方式、价格和供地范围、项目实施方式、优惠政策等内容，具备了一定时期常见的政府招商引资及与此相关的土地出让、政策优惠等基本条款，是新南湖项目招商引资的总体性协议。

本案现有证据显示，《购买土地协议》于 2002 年 2 月签订后，当事人双方在十余年时间内，为推动协议履行，开展了大量工作。签约初期，绵阳市政府和经开区管委会为落实协议对南湖乐园项目进行开发，多次会议研究并作出文件，积极以合同一方当事人的身份和从行政职能上支持南湖乐园项目建设，并通过后续签订《土地出让协议》《南湖公园承包经营合同》等，实际将相应部分土地交付给大横沥公司、新南湖公司使用、开发。大横沥公司、新南湖公司也对南湖乐园项目投入大量资金，完成了部分项目建设和一些基础设施建设，可见，各方当事人不仅有签订《购买土地协议》的真实意思表示，而且进行了部分履行。

本案中，经开区管委会为一方签约主体。《国有土地使用权司法解释》（法释〔2005〕5 号）第 2 条第 2 款①规定：“本解释实施前，开发区管理委员会作为出让方与受让方订立的土地使用权出让合同，起诉前经市、县人民政府土地管理部门追认的，可以认定合同有效。”这里的追认除书面形式外，也应包括以能被认可和信赖的其他方式进行的追认。前述协议履行过程以及绵阳市政府〔2002〕第 22 次常务会议纪要、绵经管纪要〔2004〕36 号协调会议纪要、绵经管纪要〔2005〕8 号《关于解决新南湖乐园有限公司发展中有关问题办公会会议纪要》等证据均表明，市国土局及其下属单位绵阳市国土二分局多次参与绵阳市政府和经开区管委会组织召开的关于推进南湖项目建设的会议，并按照会议安排进行了相应的协调处理，以其行为表明在事实上已认可了相关协议，并在当地统一协调下推动协议落地，足以形成大横沥公司、新南湖公司对于有关政府机关行为的信赖。

《合同法》第 52 条②规定，有下列情形之一的，合同无效：（1）一方以欺诈、胁迫的手段订立合同，损害国家利益；（2）恶意串通，损害国家、集体或者第三人利益；（3）以合法形式掩盖非法目的；（4）损害社会公共利益；（5）违反法律、行政法规的强制性规定。经开区管委会和绵阳市政府举示的《绵阳市土地利用总体规划（1997—2010）》《绵阳市城市总体规划（1997—2010）》等，均不属于法律、行政法规的强制性规定，《土地管理法》和《城市房地产管理法》等法律和其他行政法规也未

---

① 该司法解释已于 2020 年 12 月 23 日修正，本案所涉第 2 条第 2 款修改为：“本解释实施前，开发区管理委员会作为出让方与受让方订立的土地使用权出让合同，起诉前经市、县人民政府自然资源主管部门追认的，可以认定合同有效。”

② 《民法典》中无相对应的法条。

禁止当事人订立具有招商引资性质的总体性、框架性合同。尽管签订《购买土地协议》之时，各方均确知占地范围内尚有相当部分土地的使用权性质为集体所有，但正如该协议没有约定明确具体的四至一样，在协议具体实际履行的过程中，各方还可能通过推动土地使用权性质转换或者协商一致的其他变通方式，以推进项目。绵阳市政府及其派出机构经开区管委会在本案诉讼发生前的十余年间，均未以土地使用权的归属和性质主张《购买土地协议》无效，而是一直在召集组织城建、国土、规划等相关行政主管部门协调，委托新南湖公司进行规划修编，其中，将南湖项目范围内绵阳市南湖公园管理处名下的划拨国有土地使用权从绵阳市涪城区转让至经开区管委会直属投资公司三江公司，再由三江公司与新南湖公司签订《南湖公园承包经营合同》，即为以变通方式履行《购买土地协议》的具体体现。故经开区管委会和绵阳市政府关于《购买土地协议》违反相关法律的强制性规定而自始无效的主张不能成立。本案当事人订立的《购买土地协议》是双方当事人真实意思表示，协议不违反法律、行政法规的效力性强制性规定，应认定为有效合同。

例案二：青岛文慧工贸有限公司与青岛汽车产业新城管理委员会建设用地使用权合同纠纷再审案

【法院】

青岛市中级人民法院

【案号】

（2016）鲁02民再69号

【当事人】

再审申请人（一审被告）：青岛文慧工贸有限公司

被申请人（一审原告）：青岛汽车产业新城管理委员会

【基本案情】

2006年8月22日，青岛北部工业园管理委员会作为甲方与乙方青岛文慧工贸有限公司（以下简称文慧公司）签订《投资合同书》，约定：（1）投资项目：乙方拟在征用土地上投资成立内资企业，建设生产厂房、综合楼及其他相关配套建筑物，主要生产加工服装服饰……（2）土地位置及面积：乙方征用甲方土地西邻青岛灯一电器有限公司……征地面积13333.31平方米，合20亩（含道路面积）……（3）土地价格及使用年限：乙方所购买的土地出让价格为5万元每亩，合计100万人民币，土地使用年限50年;(4)付款方式:本合同签订之日,乙方一次性付清甲方土地款100万元人民币……

合同签订后,文慧公司于2006年8月23日交付给青岛北部工业园管理委员会土地款人民币100万元,青岛北部工业园管理委员会未将约定土地交付给文慧公司。该土地至今未取得国有土地使用权手续。

另查,2012年5月31日,即墨市机构编制委员会出台即编字〔2012〕25号文件:整合青岛北部工业园管理委员会和汽车零配件工业功能区有关资源,组建青岛汽车产业新城管理委员会(以下简称新城管委会)。

一审法院认为,新城管委会经政府有关部门批准成立,整合原青岛北部工业园管理委员会的职能,应依法有权行使原青岛北部工业园管理委员会的权利。《合同法》第52条①规定,违反法律、行政法规的强制性规定签订的合同无效。2002年7月1日,国土资源部发布的《招标拍卖挂牌出让国有土地使用权规定》第4条规定,商业、旅游、娱乐和商品住宅等各类经营性土地,必须以招标、拍卖、挂牌等公开的方式出让,禁止以协议方式出让经营性用地。本案新城管委会在未取得国有土地使用权的前提下,与文慧公司于2006年协议出让土地使用权,违反了法律法规,双方签订的《投资合同书》应为无效合同,新城管委会的请求,应予支持。《合同法》第58条②规定,合同无效或被撤销后,因合同取得的财产,应予以返还……故新城管委会依据合同收取文慧公司的土地款100万元,应予以返还。文慧公司经法院公告送达开庭传票,无正当理由拒不到庭,应视为放弃抗辩权利。

【案件争点】

国有土地使用权的合同的效力问题。

【裁判要旨】

双方签订的投资合同,虽然名为"投资合同",但双方约定文慧公司征用土地并支付出让费,新城管委会负责办理手续,因此双方合同实质为土地使用权转让合同。《国有土地使用权司法解释》(法释〔2005〕5号)第2条③规定:"开发区管理委员

---

① 《民法典》中无相对应的法条。

② 《民法典》中无相对应的法条。

③ 该司法解释已于2020年12月23日修正,本案所涉第2条修改为:"开发区管理委员会作为出让方与受让方订立的土地使用权出让合同,应当认定无效。本解释实施前,开发区管理委员会作为出让方与受让方订立的土地使用权出让合同,起诉前经市、县人民政府自然资源主管部门追认的,可以认定合同有效。"

会作为出让方与受让方订立的土地使用权出让合同，应当认定无效。本解释实施前，开发区管理委员会作为出让方与受让方订立的土地使用权出让合同，起诉前经市、县人民政府土地管理部门追认的，可以认定合同有效。"第9条① 规定："转让方未取得出让土地使用权证书与受让方订立合同转让土地使用权，起诉前转让方已经取得出让土地使用权证书或者有批准权的人民政府同意转让的，应当认定合同有效。"本案中，双方确认，签订投资合同及一审原审期间，新城管委会尚未取得涉案土地的国有土地使用权手续，原审中，新城管委会也未能提交市、县人民政府土地管理部门同意或者追认新城管委会出让土地的证据，故双方于2006年8月22日签订的投资合同无效。一审法院认定合同无效正确，但是理由不当，法院予以纠正。

例案三：何伟忠等与常昆工业园区管理委员会等建设用地使用权出让合同纠纷上诉案

【法院】

最高人民法院

【案号】

（2017）最高法民终215号

【当事人】

上诉人（原审原告）：何伟忠

被上诉人（原审被告）：常昆工业园区管理委员会

被上诉人（原审被告）：常熟市国土资源局

被上诉人（原审第三人）：常熟市石油机械有限公司

原审第三人：常熟市常昆大酒店有限公司

【基本案情】

2002年5月18日，常昆工业园区管理委员会（以下简称常昆工业园管委会）（甲方）与常熟市常昆大酒店有限公司（以下简称常昆大酒店）（乙方）签订《意向书》，约定：甲方将常昆工业园区B区常昆公路以西，新南桥以北，加油站以南，张

---

① 该司法解释已于2020年12月23日修正，本案所涉第9条修改为第8条："土地使用权人作为转让方与受让方订立土地使用权转让合同后，当事人一方以双方之间未办理土地使用权变更登记手续为由，请求确认合同无效的，不予支持。"

家港以东国有土地88亩使用权依法出让给乙方使用；甲方负责出让地块"五通一平"工作（五通即路通、电通、给排水通、电讯通、煤气管接通，一平即场地平整）；双方签约后，甲方负责办理涉及批租土地手续的相关事项，确保乙方领取土地使用权证，并提供建设管理等服务，确保乙方项目按时实施；乙方在批租土地上新建建筑物，须按规定办理报批手续；乙方确认土地使用权出让金价格，总额为352万元，双方签约后7天内交付批租总额计160万元，余款在乙方领到土地使用权证时全部付清；该宗土地使用权出让合同书经有权一级人民政府批准后，乙方与常熟市国土资源局（以下简称常熟国土局）订立国有土地使用权出让合同，并在甲方帮助下办理土地使用权证手续等。常昆工业园管委会、常昆大酒店的法定代表人均在《意向书》上签字并加盖单位公章。上述《意向书》载明，土地使用权出让方为常熟国土局，代理方为常昆工业园管委会，但常熟国土局未在该《意向书》上签字、盖章。何伟忠举证中共常熟市委、常熟市人民政府于2001年5月15日下发的常发〔2001〕30号文件，规定园区内建设、规划、收费、管理授权园区管委会负责。何伟忠据此主张常昆工业园管委会有代理土地管理部门出让土地使用权的权力。常昆工业园管委会对此不予认可，常熟国土局认为应由国土部门订立土地使用权出让合同。

针对《意向书》的履行情况，一审期间何伟忠还提交了沙玉勤出具的证明并申请沙玉勤出庭作证，证明常昆大酒店已经通过土地平整工程款折抵的方式向常昆工业园管委会支付352万元土地使用权出让金，并额外支付青苗补偿款等共计9万余元，之后因常昆工业园管委会未能将相关手续交给常昆大酒店，导致常昆大酒店停工，常昆大酒店多次沟通协调均未能妥善处理。何伟忠还提供了曾任常昆工业园管委会副主任的俞根元的谈话笔录，证明常昆工业园管委会代表常熟国土局与常昆大酒店于2002年依法建立土地使用权出让合同关系，约定将88亩土地使用权出让给常昆大酒店，之后常昆大酒店按约支付50万元土地使用权出让金，常昆工业园管委会按照常昆大酒店平整的土方给予补偿并折抵了剩余的土地使用权出让金。

关于办理土地使用权证的程序，其陈述系由常昆工业园管委会招商引资进来，常昆工业园管委会签完协议后，将钱给国土局后再办证。对于俞根元一审的调查笔录，何伟忠质证认为与其证明目的一致，证明土地使用权出让金通过土地回填方式折抵。常昆工业园管委会质证认为俞根元陈述常昆大酒店事宜不是其负责，具体情况其不清楚是客观的。何伟忠还申请一审法院调取了常熟市城乡规划局（以下简称常熟规划局）保存的常昆大酒店用房的村镇用地审批资料档案，证明常昆大酒店用地手续合法，用地经过国土局、规划局审批，常昆大酒店已经取得土地使用权。常昆工业园管委会对于规划档案的真实性没有异议，认为常昆工业园管委会虽向常熟规划局打了报告，但实际上常昆大酒店没有与常熟国土局订立土地使用权出让合同。

2015年1月13日，常昆大酒店、何伟忠、王荣良曾向一审法院提起诉讼，请求判令：（1）常熟国土局、常昆工业园管委会继续履行案涉土地使用权出让合同，办理案涉土地使用权证；（2）常熟国土局、常昆工业园管委会赔偿延迟办理土地使用权证造成的可得收益损失1亿元；（3）诉讼费用由常熟国土局、常昆工业园管委会承担。一审法院作出（2015）苏民诉初字第00001号民事裁定，认为何伟忠、王荣良不是适格主体，常昆大酒店提起的诉讼标的超过一审法院级别管辖标准，对常昆大酒店、何伟忠、王荣良的起诉不予受理。

2015年5月5日，常昆大酒店与何伟忠签订《项目权益转让协议书》，约定：……常昆大酒店同意将该项目涉及的全部权益转让给何伟忠。自本协议签订之日起，何伟忠取得该项目的开发权、经营权、收益权等一切相关权益，并有权行使相应的追偿权。该协议签订后常昆大酒店、何伟忠向常昆工业园管委会、常熟国土局、石油机械公司寄送书面通知，通知载明常昆大酒店已将坐落于常昆工业园区项目的88亩国有土地的土地使用权以及在建酒店工程涉及的全部权益（债权）转让给何伟忠等。常昆工业园管委会质证认为，项目转让违反法律规定，应属于无效，且转让通知未收到。

【案件争点】

案涉土地使用权出让合同是否有效。

【裁判要旨】

结合《意向书》的内容分析，涉及出让土地的范围、年限、价格、土地交接前的前期工作，故案涉合同本质上属于土地使用权出让合同。由于涉及土地使用权出让的本约只能由享有土地使用权出让权力的常熟市人民政府土地管理部门与受让人订立，预约合同和本约的缔约主体应当一致。根据何伟忠提供的现有证据，本案中何伟忠并未举证证明常熟国土局对案涉土地使用权出让合同进行追认以及与常熟国土局订立正式的土地使用权出让合同，根据《城镇国有土地使用权出让和转让暂行条例》第 11 条^①、《国有土地使用权司法解释》第 2 条^②之规定，常昆工业园管委会无权订立土地使用权出让合同，其签订《意向书》，与常昆大酒店订立的土地使用权出让合同，不能认定为预约合同，其效力应属于无效合同。

二审法院认为：《国有土地使用权司法解释》第 2 条^③规定："开发区管理委员会作为出让方与受让方订立的土地使用权出让合同，应当认定无效。本解释实施前，开发区管理委员会作为出让方与受让方订立的土地使用权出让合同，起诉前经市、县人民政府土地管理部门追认的，可以认定合同有效。"本案土地使用权出让合同的订立主体系常昆工业园管委会与常昆大酒店，在常熟国土局对合同未予追认的情况下，一审法院依据上述司法解释规定，认定该合同无效，并无不当。何伟忠关于案涉合同有效的上诉理由不成立。

三、裁判规则提要

1. 国有土地使用权合同的概念

根据我国现行法律规定，土地使用权出让合同，是指市、县人民政府土地管理部门作为出让方将国有土地使用权在一定年限内让与受让方，受让方支付土地使用权出让金的协议。同时根据我国现行土地立法确定的土地用途管制原则，出让的国有土地使用权也仅限于城市规划区内的国有建设性用地使用权，而国有农场的土地属于国有农用地，未经依法办理农用地专用批准手续不得转让。

可以看出，国有土地使用权合同有以下几类特点：（1）出让方与受让方在出让合同中的法律地位平等。（2）合同订立时遵循民法中平等、自愿、等价有偿的原则。（3）运用市场手段配置资源的方式，按竞争性缔约的方式取得土地出让金。（4）出让合同中有关违约责任的约定等条款均是按《民法典》的规定加以确定的。

2. 国有土地使用权法律法规规制现状

关于国有土地使用权的规定，我国已经形成较为完整的法律体系如表 1-1 所示：

---

① 该条例已于 2020 年 11 月 29 日修订，本案所涉第 11 条内容及条数均未作修改。

②③ 该司法解释已于 2020 年 12 月 23 日修正，本案所涉第 2 条修改为："开发区管理委员会作为出让方与受让方订立的土地使用权出让合同，应当认定无效。本解释实施前，开发区管理委员会作为出让方与受让方订立的土地使用权出让合同，起诉前经市、县人民政府自然资源主管部门追认的，可以认定合同有效。"

表1–1 关于国有土地使用权的法律法规

名称	内容	效力层级
《宪法》第10条	城市的土地属于国家所有。农村和城市郊区的土地，除由法律规定属于国家所有的以外，属于集体所有；宅基地和自留地、自留山，也属于集体所有。国家为了公共利益的需要，可以依照法律规定对土地实行征收或者征用并给予补偿。任何组织或者个人不得侵占、买卖或者以其他形式非法转让土地。土地的使用权可以依照法律的规定转让。一切使用土地的组织和个人必须合理地利用土地。	宪法
《民法典》第12章	《民法典》对建设用地使用权专章予以规定，明确了建设用地使用权的流转规则。	法律
《土地管理法》第2条	土地使用权可以依法转让。国家为了公共利益的需要，可以依法对土地实行征收或者征用并给予补偿。国家依法实行国有土地有偿使用制度。但是，国家在法律规定的范围内划拨国有土地使用权的除外。	法律
《城市房地产管理法》第8条	土地使用权出让，是指国家将国有土地使用权（以下简称土地使用权）在一定年限内出让给土地使用者，由土地使用者向国家支付土地使用权出让金的行为。	法律
《城镇国有土地使用权出让和转让暂行条例》第8条	土地使用权出让是指国家以土地所有者的身份将土地使用权在一定年限内让与土地使用者，并由土地使用者向国家支付土地使用权出让金的行为。土地使用权出让应当签订出让合同。	行政法规
《国有土地使用权司法解释》第1条	本解释所称的土地使用权出让合同，是指市、县人民政府自然资源主管部门作为出让方将国有土地使用权在一定年限内让与受让方，受让方支付土地使用权出让金的合同。	司法解释

3. 国有土地使用权出让合同法律性质认定问题

关于国有土地使用权出让合同纠纷法律性质上属于行政争议还是民事争议，实践中存在不同的认识。民事合同与行政合同系民法与行政法不同领域内的概念，但两者在内涵和外延上往往存在交叉与重叠。民事合同与行政合同之所以需要界分，在于两者构成要件及法律效果上的巨大差异，两者在合同缔结、合同效力、合同履行、合同责任、诉讼程序、争议解决方式等方面均有不同。

第一种观点认为，2015年5月1日施行的《行政诉讼法司法解释》第11条第1款规定："行政机关为实现公共利益或者行政管理目标，在法定职责范围内，与公民、法人或者其他组织协商订立的具有行政法上权利义务内容的协议，属于行政诉讼法第十二条第一款第十一项规定的行政协议。"[①] 根据该规定，国有土地出让合同性质属于行政协议，应作为行政案件受理。最高人民法院行政审判庭 2010 年 12 月 21 日给山东省高级人民法院的《关于拍卖出让国有建设用地使用权的土地行政主管部门与竞得人签署成交确认书行为的性质问题请示的答复》（〔2010〕行他字第 191 号）中规定："土地行政主管部门通过拍卖出让国有建设用地使用权，与竞得人签署成交确认书的行为，属于具体行政行为。当事人不服提起行政诉讼的，人民法院应当依法受理。"

第二种观点认为，国有土地使用权出让合同属于民事合同。有学者认为，国家是以土地所有权人的民事主体身份来出让土地，通过出让设定用益物权进而实现土地所有权的价值，出让方和受让方本着平等、自愿、有偿的原则签订合同，具有平等的法律地位，合同内容也是双方真实意思的表现。[②] 2011 年最高人民法院《民事案件案由规定》第 56 项规定了建设用地使用权纠纷，第 4 部分合同、无因管理、不当得利纠纷第 77 条第 1 项规定了建设用地使用权出让合同纠纷，故出让合同应属民事合同。

一般认为，对于国有土地使用权出让合同纠纷应当进行区分：（1）涉及政府行政职能、合同目的具有公益性、合同地位具有隶属性的事项，适用行政合同规则。如国有土地管理部门土地使用权登记错误的、收回土地使用权的、用地审批程序违法、容积率确定、红线划定等行政职能的争议，政府部门享有行政优益权，属于行政法律关系。当事人就此可以提起行政复议。（2）国有土地使用权出让合同中合同内容涉及民事权利义务、合同目的具有经济性、合同地位具有平等性的事项属于民事争议。对于国有土地使用权出让合同的履行、变更、解除等行为，体现了当事人平等、等价协商一致的合意，其内容不受单方行政行为强制，合同内容包括了具体的权利义务及违约责任，属于民事法律关系的范围，当事人就此可以提起仲裁，也可以提起民事诉讼。

---

① 该司法解释已于 2017 年 11 月 13 日修正，修正后该条文无对应条文，对应条文在《行政协议规定》中修改为第 1 条："行政机关为了实现行政管理或者公共服务目标，与公民、法人或者其他组织协商订立的具有行政法上权利义务内容的协议，属于行政诉讼法第十二条第一款第十一项规定的行政协议。"

② 吴海彬：《土地使用权出让合同的性质和救济》，载《太原理工大学学报（社会科学版）》2020 年第 1 期。

4. 国有土地使用权出让合同效力问题

第一，国有土地使用权出让合同签约主体现状分析。（1）国有土地使用权出让合同出让主体限定为市、县人民政府土地管理部门，对于开发区管理委员会作为出让方签订的合同认定无效。（2）政府作为国有土地使用权出让主体是否合同有效。一种观点认为：根据我国《土地管理法》及《城市房地产管理法》的相关规定，土地使用权出让合同的出让方为市、县人民政府土地管理部门，其他部门无权出让，故政府作为土地出让主体的，出让合同无效。另一种观点认为，土地管理部门系政府的部门，政府有权行使其职能部门的权利，故出让合同有效。我们同意第二种观点，理由：《城市房地产管理法》第12条规定，土地使用权出让，由市、县人民政府有计划、有步骤地进行。出让的每幅地块、用途、年限和其他条件，由市、县人民政府土地管理部门会同城市规划、建设、房产管理部门共同拟定方案，按照国务院规定，报经有批准权的人民政府批准后，由市、县人民政府土地管理部门实施。该法第15条规定，土地使用权出让合同由市、县人民政府土地管理部门与土地使用者签订。《国有土地使用权司法解释》第1条规定，本解释所称的土地使用权出让合同，是指市、县人民政府自然资源主管部门作为出让方将国有土地使用权在一定年限内让与受让方，受让方支付土地使用权出让金的合同。从上述规定看，市、县人民政府土地管理部门是土地使用权出让的实施部门，市、县人民政府为土地出让的主导主体。根据《地方各级人民代表大会和地方各级人民政府组织法》第83条第2款的规定，自治州、县、自治县、市、市辖区的人民政府的各工作部门受人民政府统一领导，并且依照法律或者行政法规的规定受上级人民政府主管部门的业务指导或者领导。市、县人民政府可以行使其各工作部门的职责。因此，政府作为出让主体出让土地，并不违反法律规定，合同应为有效。

第二，开发区管理委员会作为签约主体现状分析。（1）开发区管理委员会概念。我国开发区的发展实际上是一个人为的城镇化过程，在城镇化过程中，开发区由早先功能单一的工业园区，逐步演变为多功能的综合性"城市新区"或"新城镇"。[①]可以看出，开发区管理委员会承担了经济事务管理及行政事务管理等庞杂的职能任务。目前，开发区管理委员会由于其可以运用国家行政权力，并且可以以自己的名义行使行政管理权力，这就导致了管理委员会管理职能权限不清晰，管理权限范围

---

① 钱振明：《城镇化发展过程中的开发区管理体制改革：问题与对策》，载《中国行政管理》2016年第6期。

模糊，主要表现在开发区管理委员会与其自身设置的内部的工作部门之间、管理委员会与设立它的地方政府之间、该地方政府的相应部门与开发区管委会内部设置的部门之间，使得管理委员会的管理缺乏稳定性。随着开发区蓬勃发展给地方经济带来了增长，使得许多地方政策向其倾斜。一方面，开发区的面积不断扩张，导致开发区管委会权力监督弱化；另一方面，开发区管委会虽然设置了对应的职能管理部门，但却没有像一级政府一样成立人民代表大会及其常务委员会等权力监督机构。若没有相应的法律法规来规制管委会的行政职能，就会导致其权力行使无边际无规则，特别是在涉及经济民生行业，带来一定的法律风险。（2）开发区管理委员会作为签约主体现状。目前，开发区已经成为我国经济社会发展的主要力量，其集约、高效、创新的本质特征逐渐显现。其在对外开放、办事效率、改革实验和招商引资等领域形成一套比较完整的运行机制，在体制创新、经济结构调整、区域经济增长和产业结构协调等方面发挥了重要的辐射、示范、带动作用，已经成为我国经济增长的引擎。但随着我国对外开放的进一步扩大和社会主义市场经济体制改革的不断深化，我国开发区建设面临诸多新情况和问题，包括开发区法律地位、土地利用等许多方面都有待于进一步调整和明确。[①] 以往土地市场管理不规范，特别是对各类开发区内的土地管理缺乏有效措施，导致了一些开发区的国有土地出让、转让呈现无序状态，开发区管委会擅自出让土地的情况较为严重，引发了大量的合同纠纷。

将人民法院认定土地使用权出让合同无效的理由梳理完成后发现：由于缺乏针对开发区管理委员会职能界限有效的法律、行政法规，外加土地制度在实际操作中存在偏差，导致大量设立开发区，进而以经济建设为需要，随意圈占大量耕地和违法出让、转让土地的行为，如表1–2所示：

表1–2　关于开发区管理委员会职能界限有效的法律、行政法规

名称	内容
《陕西省经济技术开发区土地管理规定》（1994年1月10日公布，已失效）第4条	开发区管理委员会代表本级人民政府负责开发区内国有土地使用权的出让。开发区土地管理部门或者本级人民政府土地管理部门依法对土地使用权的出让、转让、出租、抵押、终止进行检查监督

---

① 伊士国：《开发区管理委员会法律地位问题探析》，载《行政论坛》2010年第2期。

名称	内容
《天津经济技术开发区土地管理规定》第4条	任何单位和个人需要使用土地，须向开发区管委会申请，凭开发区管委会批准的文件和合同、协议向开发区规划管理部门办理用地手续，领取土地使用证书后，方可使用
《山东省经济技术开发区土地管理规定》（已失效）第7条	需要使用开发区内土地的单位和个人，凭管委会的批准文件和其它有关文件，到开发区土地管理部门办理用地手续
《福州市经济技术开发区土地管理规定》第3条	凡需要使用开发区内土地的单位和个人，均须持有权机关批准的建设项目的有关文件，向开发区管委会提出申请，经批准后，核准用地面积和用地红线，签订土地使用合同，办理缴费手续，领取土地使用证书，取得土地使用权，成为土地使用者
《重庆市人民政府关于发布重庆经济技术开发区四个管理办法的通知》第3章第14条	申请人根据同意用地的决定，可以通过投标、竞买或者协议方式取得土地使用权，并与开发区土地管理部门依法签订土地使用权出让合同

通过以上规范性文件可以看出，开发区管理委员会据此成为一个具有合法资格的国有土地使用权的出让主体，在应诉中，开发区管委会答辩称依据上述等规定，有权签订土地使用权出让合同。

针对上述情况，国务院为整顿国有土地管理秩序混乱的局面，陆续出台了关于加强严格土地管理的规定和通知，如表1-3所示：

表1-3　关于加强严格土地管理的规定和通知

名称	内容
《国务院关于加强国有土地资产管理的通知》（国发〔2001〕15号）	坚持土地集中统一管理，确保城市政府对建设用地的集中统一供应。各地不得违反国家有关规定擅自设立工业园、科技园、开发区等各类园、区，经批准设立的市辖区工业园、科技园、开发区等各类园、区的土地必须纳入所在城市用地统一管理、统一供应

续表

名称	内容
《国务院办公厅关于清理整顿各类开发区加强建设用地管理的通知》（国办发〔2003〕70号）	要对各级人民政府及其有关部门批准设立的各类开发区进行全面清查。清查的重点是省及省级以下人民政府和国务院有关部门批准设立的各类开发区，以及未经批准而扩建的国家级开发区。清查的内容包括：开发区的名称、数量、批准机关、批准时间和批准规划面积；当前规划面积、征地面积、出让面积、收取出让金总额和已建成面积；选址和建设用地是否符合土地利用总体规划和城镇体系规划、城市总体规划，农用地转用、土地征用和土地供应是否符合法定程序；各类开发区招商引资项目和规模、国内生产总值、现有优惠政策（包括税收）等
《国务院关于深化改革严格土地管理的决定》（国发〔2004〕28号）	违反规定出让土地造成国有土地资产流失的，要依法追究责任；情节严重的，依照《中华人民共和国刑法》的规定，以非法低价出让国有土地使用权罪追究刑事责任
《建设部关于进一步加强与规范各类开发区规划建设管理的通知》（建规〔2003〕178号）	认真清理各类开发区，坚决纠正违反城乡规划，擅自设立开发区，盲目扩大开发区规模，违反统一规划管理原则等问题，进一步加强和规范开发区的规划管理，促进开发区的健康有序发展

通过上述政策的有效落实，各地对土地市场秩序的治理已初见成效，多地已收回对经济开发区的审批权。

（3）开发区管理委员会不能成为国有土地使用权出让合同签约主体。开发区管理委员会作为土地使用权出让合同的出让方主体违背了上位法的规定，如表1-4所示：

表1-4　关于国有土地使用权出让主体的相关规定

名称	内容	效力层级
《城市房地产管理法》	第7条：国务院建设行政主管部门、土地管理部门依照国务院规定的职权划分，各司其职，密切配合，管理全国房地产工作。县级以上地方人民政府房产管理、土地管理部门的机构设置及其职权由省、自治区、直辖市人民政府确定。 第11条：县级以上地方人民政府出让土地使用权用于房地产开发的，须根据省级以上人民政府下达的控制指标拟订年度出让土地使用权总面积方案，按照国务院规定，报国务院或者省级人民政府批准。 第14条：土地使用权出让最高年限由国务院规定。	法律

续表

名称	内容	效力层级
《土地管理法》	第5条：国务院自然资源主管部门统一负责全国土地的管理和监督工作。县级以上地方人民政府自然资源主管部门的设置及其职责，由省、自治区、直辖市人民政府根据国务院有关规定确定。 第6条：国务院授权的机构对省、自治区、直辖市人民政府以及国务院确定的城市人民政府土地利用和土地管理情况进行督察。	法律
《城镇国有土地使用权出让和转让暂行条例》	第6条：县级以上人民政府土地管理部门依法对土地使用权的出让、转让、出租、抵押、终止进行监督检查。 第9条：土地使用权的出让，由市、县人民政府负责，有计划、有步骤地进行。 第10条：土地使用权出让的地块、用途、年限和其他条件，由市、县人民政府土地管理部门会同城市规划和建设管理部门、房产管理部门共同拟定方案，按照国务院规定的批准权限报经批准后，由土地管理部门实施。	行政法规

根据上述规定，国有土地使用权的出让主体为市、县人民政府的土地管理部门，土地使用权出让的主体是特定的，具有法定性、唯一性，只有经市、县人民政府土地管理部门代表国家以国有土地所有者的身份具体实施出让行为才是合法有效。在《国有土地使用权司法解释》中明确规定，不具备资格的开发区管理委员会作为出让方签订的土地使用权出让合同无效，该规定严格规范了土地出让行为。

另，《国有土地使用权司法解释》对开发区管委会订立的土地使用权出让合同效力没有一概按无效处理，而是采取了相应的补救措施，避免大量无效合同的出现。对在本解释实施前开发区管理委员会订立的土地使用权出让合同，可以按照无权处分的原则予以认定处理，以此为补救手段，有条件地认定有效。

具体运用该《国有土地使用权司法解释》第2条第2款的规定，应把握两点：一是可以行使追认行为的合同只限于本解释实施前的开发区管理委员会作为出让方订立的土地使用权出让合同，根据《国有土地使用权司法解释》（法释〔2005〕5号）第28条规定，正式实施的时间是2005年8月1日，因此，在2005年8月1日之前开发区管理委员会作为出让方订立的土地使用权出让合同才能适用，才有权利行使追认的行为，否则一律按照无效合同认定处理。二是开发区管理委员会作为出让方订立的土地使用权出让合同必须在起诉前经市、县人民政府土地管理部门追认才能认定为有效。只有同时具备上述两个条件时，土地使用权合同才属于合法有效。

四、辅助信息

《国有土地使用权司法解释》

第二条　开发区管理委员会作为出让方与受让方订立的土地使用权出让合同，应当认定无效。

本解释实施前，开发区管理委员会作为出让方与受让方订立的土地使用权出让合同，起诉前经市、县人民政府自然资源主管部门追认的，可以认定合同有效。

《民法典》

第一百五十七条　民事法律行为无效、被撤销或者确定不发生效力后，行为人因该行为取得的财产，应当予以返还；不能返还或者没有必要返还的，应当折价补偿。有过错的一方应当赔偿对方由此所受到的损失；各方都有过错的，应当各自承担相应的责任。法律另有规定的，依照其规定。

国有土地使用权合同纠纷案件裁判规则第 2 条：

以协议方式出让的国有土地使用权，土地使用权出让金低于订立合同时当地政府按照国家规定确定的最低价的，应当认定土地使用权出让合同约定的价格条款无效

【规则描述】　　本规则对协议出让价格低于最低价时的处理，从以下几个方面进行了规定：一是本规则适用于协议出让；二是判断土地使用权出让金是否过低，对比的是订立合同时当地政府确定的最低价；三是认定相应的价格条款无效，而非合同无效。协议出让作为国有建设用地使用权供应方式之一，是指市、县自然资源主管部门以协议方式将国有土地使用权在一定年限内出让给土地使用者，由土地使用者支付土地使用权出让金的行为。协议出让设置底价和最低价。根据《协议出让国有土地使用权规定》（国土资源部令第 21 号），协议出让底价不得低于最低价，出让价格不得低于底价。

一、类案检索大数据报告

　　时间：2021 年 4 月 26 日之前；案例来源：Alpha 案例库；数据采集时间：2021 年 4 月 26 日；检索条件：法院认为包含"土地使用权出让金低于订立合同时当地政府按照国家规定确定的最低价的"。本次检索共获取 2021 年 4 月 26 日之前共计 27 件裁判文书。整体情况如图 2-1 所示，其中：

　　1. 认为经市、县人民政府批准同意以协议方式出让的土地使用权，土地使用权出让金低于订立合同时当地政府按照国家规定确定的最低价的，应当认定土地使用权出让合同约定的价格条款无效的案件共计 17 件，占比为 62.96%；

　　2. 认为未能举证证明土地使用权出让金低于订立合同时当地政府按照国家规定

确定的最低价的案件共计5件，占比为18.52%；

3. 认为并不导致国有土地使用权合同无效的共计2件，占比为7.41%；

4. 认为应当发回重审的共计2件，占比为7.41%；

5. 认为应当判决驳回诉讼请求的共计1件，占比为3.7%。

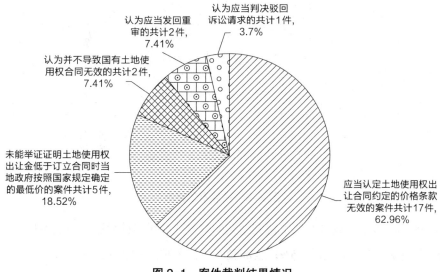

图2-1　案件裁判结果情况

如图2-2所示，从案件年份分布可以看到当前条件下案件数量的变化趋势。

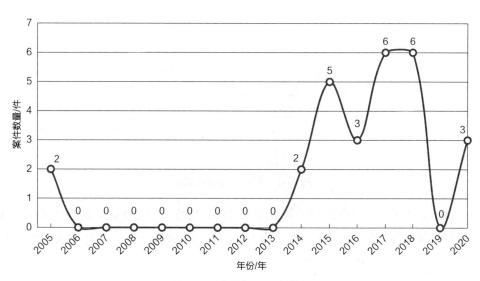

图2-2　案件年份分布情况

如图 2-3 所示，从程序分类统计可以看到当前的审理程序分布状况。一审案件有 8 件，二审案件有 17 件，再审案件有 2 件。

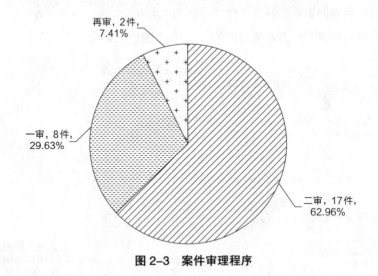

图 2-3　案件审理程序

如图 2-4 所示，通过对一审裁判结果的可视化分析可以看到，当前条件下全部 / 部分支持的有 6 件，占比为 75%；全部驳回的有 2 件，占比为 25%。

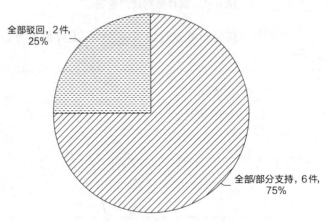

图 2-4　案件一审结果情况

如图 2-5 所示，二审裁判结果通过对二审裁判结果的可视化分析可以看到，当前条件下维持原判的有 10 件，占比为 58.82%；改判的有 5 件，占比为 29.41%；发回重审的有 2 件，占比为 11.77%。

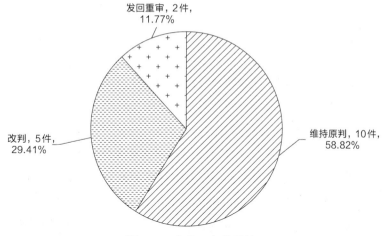

图 2-5　案件二审结果情况

如 2-6 所示，通过对再审裁判结果的可视化分析可以看到，当前条件下改判的有 1 件，占比为 50%；维持原判的有 1 件，占比为 50%。

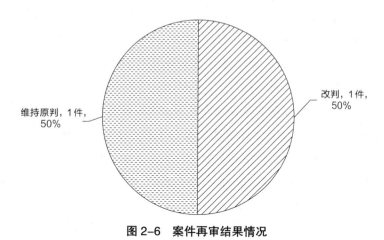

图 2-6　案件再审结果情况

二、可供参考的例案

例案一：济宁通达液力传动有限公司与济宁经济技术开发区管理委员会建设用地使用权转让合同纠纷案

【法院】

山东省高级人民法院

【案号】

（2017）鲁民终 240 号

【当事人】

上诉人（原审原告）：济宁通达液力传动有限公司

被上诉人（原审被告）：济宁经济技术开发区管理委员会

【基本案情】

2006 年 4 月 20 日，上诉人（原审原告）济宁通达液力传动有限公司（以下简称通达公司）与被上诉人（原审被告）济宁经济技术开发区管理委员会（以下简称开发区管委会）签订《合同书》，约定：通达公司在嘉祥工业园建设项目，投产后年销售收入可达 10 亿元，利税 3 亿元；开发区管委会为通达公司提供土地约 100 亩，出让价格为 1 万元 / 亩，总额约 100 万元；通达公司支付全部出让费后 90 日内开发区管委会为通达公司办结《国有土地使用权证》。合同签订后，嘉祥县国土局于 2006 年 8 月 31 日与通达公司签订《国有建设用地使用权出让合同》及《补充协议》，约定出让金 138.57 元 / 平方米，总价款 923.8 万元。通达公司依约按优惠价交纳出让金 100 万元，嘉祥县国土局于 2006 年 10 月 17 日向通达公司颁发《国有土地使用权证》，通达公司获得 62742.9 平方米（约 94.1 亩）土地使用权，期限 50 年。取得土地后，通达公司依约投资建厂生产经营。

2008 年 8 月 1 日，开发区管委会与案外人欧亚公司签订《合同书》，约定：欧亚公司在嘉祥开发区投资某项目，开发区管委会将通达公司名下涉案土地提供给欧亚公司。12 月 25 日，开发区管委会（甲方）与通达公司（乙方）签订《合同书》，约定：（1）收购乙方项目建设用地 100 亩；（2）双方认定乙方地上建（构）筑物等综合造价为 2100 万元……（7）乙方自合同签订之日起，三年内再来甲方投资同类项目，享受 1 万元 / 亩的优惠政策。甲方须以原规模提供土地，否则甲方按市场评估价返还乙方土地款。现除土地问题未履约外，地上建（构）筑物的收购等均已履行完毕。

通达公司提交的开发区管委会 2008 年 12 月 26 日制作的"腾龙（笼）换鸟"会议纪要载明："高新区暂不支付通达公司 100 万元土地款，杨某再来投资时，高新区仍按同面积等地价给予土地优惠政策。如嘉祥违约，则按市场评估价返还通达公司土地价款。"现双方认可，开发区管委会未归还 100 万元土地款。

2011 年 4 月 12 日、12 月 23 日，通达公司在合同约定期限内两次向开发区管委会递交《关于向嘉祥经济开发区管理委员会申请建设用地的报告》及申请，请求开发区管委会按合同约定提供土地。经协商开发区管委会未能提供土地。后通达公司于 2012

年5月28日、2015年2月26日向开发区管委会递交《关于支付建设用地收购款项的申请》，要求其按市场评估价支付土地款。双方多次沟通未果，通达公司诉至法院，请求开发区管委会按照评估结果支付土地款2320万元、利息400万元、损失400万元。

经依法委托评估，涉案土地在2011年12月23日的市场价格为1261.1323万元。因合同约定的出让金为923.8万元，而其仅交纳了100万元，则其仅能按照该比例享有涉案土地增值权益，即通达公司能够享有的涉案土地市场评估价格为100万元/923.8万元×1261.1323万元=136.515728万元。2011年12月23日，涉案土地的增值为136.515728万元−100万元=36.515728万元。该数额即为通达公司应享有的土地升值部分价值。

综上，一审法院认为，开发区管委会应承担违约责任，赔偿通达公司损失36.515728万元并返还通达公司交纳的出让金100万元及利息。

【案件争点】

土地使用权出让合同约定的价格条款效力问题。

【裁判要旨】

对2008年12月25日涉案双方签订的《合同书》的性质和效力应如何认定的问题。二审法院认为，……该合同除第7条外，均为双方真实意思表示，不违反法律、法规的禁止性规定，应视为有效。合同第7条双方对土地款的约定明显低于当地最低价，违反了法律、法规的禁止性规定，损害了国家利益，根据《合同法》第52条[①]、第56条[②]，《国有土地使用权司法解释》第3条的规定，该条款无效……因合同第7条无效，约定内容自始无效，故不存在违约责任，二审法院对一审判决开发区管委会承担违约责任予以纠正。根据《合同法》第58条[③]的规定，因造成该条款无效的主要过错在开发区管委会，其应当承担财产返还责任和过错赔偿责任……

例案二：襄阳金华泰房地产开发有限公司与保康县国土资源局建设用地使用权出让合同纠纷案

【法院】

湖北省襄阳市中级人民法院

【案号】

（2018）鄂06民终4030号

---

①②③　《民法典》中无相对应的法条。

【当事人】

　　上诉人（原审被告）：襄阳金华泰房地产开发有限公司

　　被上诉人（原审原告）：保康县国土资源局

【基本案情】

　　2008年1月9日，保康县人民政府（以下简称保康县政府）与襄阳金华泰房地产开发有限公司（以下简称金华泰公司）签订《战略合作协议》，约定金华泰公司依法受让的保康县二招土地，根据城区规划和有关合同约定，须投资建设四星级宾馆；保康县政府负责金华泰公司在用地、搬迁、建房等涉及政府职能部门和城南社区、城关镇等方面矛盾纠纷处理。2010年5月24日，金华泰公司以"四星级紫都宾馆建设需拆除保康县客运公司老单元住宅楼，相关住户需搬迁到新客运站院内，但老单元楼及新客运站内土地系划拨土地，为搬迁户办证需要"为由，向保康县政府申请将客运公司院内面积931.02平方米土地变为出让土地，并依协议方式办理出让转让手续，出让金按评估价的40%交纳。保康县政府同意被告的申请后，同年6月5日，保康县汽车客运公司委托评估公司对客运公司院内面积931.02平方米土地评估鉴定：土地单价384元/平方米，总价35.7511万元。同日，评估公司将估价报告报保康县国土资源局（以下简称保康国土局）备案。同年7月23日，保康国土局同意备案，7月27日，保康县政府审批同意保康县汽车客运公司将已评估的土地转让给金华泰公司并审批同意保康国土局以协议出让方式将该宗土地出让给金华泰公司，规划用途为居住用地，按评估总地价的40%交纳土地出让金，计14.3004万元。7月28日，保康国土局与金华泰公司签订了《国有建设用地使用权出让合同》。合同第6条约定"出让人同意在2010年7月31日前将土地交付给受让人"。合同签订后双方全面履行了权利义务。

　　2016年3月31日，保康国土局以金华泰公司受让的宗地系土地转让中补办出让手续方式取得，违反《招标拍卖挂牌出让国有建设用地使用权规定》第4条规定以及按照省委第九巡视组巡视发现问题整改交办函的要求，作出《保康县国土资源局〈关于名人酒店、紫都名门及天兴佳园协议出让土地补缴土地出让价款的决定〉》，责令金华泰公司补交出让金。2016年6月24日，保康国土局以追缴程序问题撤销了该决定。

　　保康国土局向一审法院起诉请求：（1）确认金华泰公司、保康国土局签订的《国有建设用地使用权出让合同》第8条无效；（2）判令保康国土局按市场评估价格补交土地出让金21.4507万元。

　　一审法院认为，双方签订了出让合同，约定保康国土局以土地评估价的40%将土地出让给金华泰公司，该出让价格虽经保康县政府审批同意，但违反了《国有土地使用权司法解释》第 3 条之规定，故该价格条款无效，金华泰公司应按签订合同时的土地市场评估价补齐出让金。

因我国对合同无效提起的诉讼并无时间限制，故不适用诉讼时效的规定。请求由金华泰公司补交土地出让金的诉讼时效应从合同（或部分条款）被确认无效之日起算。故，保康国土局对金华泰公司补交出让金的主张未超过诉讼时效。

【案件争点】

土地使用权出让合同约定的价格条款效力问题。

【裁判要旨】

法院认为，双方在《国有建设用地使用权出让合同》第 8 条明确约定，保康国土局以土地评估价的 40% 即 14.3004 万元将涉案土地出让给金华泰公司，依照《国有土地使用权司法解释》第 3 条，该约定应属无效，保康国土局请求按照订立合同时的市场评估价格补交土地使用权出让金，应予支持……《合同法》第 56 条① 规定"无效的合同或者被撤销的合同自始没有法律约束力"。保康国土局请求确认合同第 8 条无效属于形成权，确认合同无效是法律对合同自由的限制，是对合同效力的价值评判，不受请求权诉讼时效的限制。但基于合同或合同条款无效而产生的请求权，则应适用诉讼时效的规定，诉讼时效期间从合同或合同条款被确认无效起算。保康国土局在请求确认出让合同第 8 条无效的同时，要求金华泰房地产公司补交土地出让金，未超过诉讼时效。

例案三：武夷山樟树园经济发展有限公司与被上诉人武夷山市国土资源局建设用地使用权合同纠纷案

【法院】

福建省南平市中级人民法院

【案号】

（2017）闽 07 民终 1491 号

【当事人】

上诉人（原审被告）：武夷山樟树园经济发展有限公司

被上诉人（原审原告）：武夷山市国土资源局

---

① 《民法典》中无相对应的法条。

【基本案情】

2001 年 6 月 26 日，武夷山市国土资源局（以下简称武夷山国土局）根据武夷山市人民政府专题会议纪要与武夷山樟树园经济发展有限公司（以下简称樟树园公司）签订《国有建设用地使用权出让合同》，约定：武夷山国土局将 90 亩地块出让给樟树园公司，每亩 66666.67 元计，总额 600 万元，含政府土地收益、契税、耕地占用税、耕地开发基金、土地出让业务管理费、拆迁安置费，不含城建规划部门有关费用。合同履行中，2010 年武夷山市委决定对上述地块无偿收回 54.61 亩土地（包含 2001 年樟树园公司支付了征地补偿款 60 万元、另行受让的 7 亩土地）作为公园用地，产权归武夷山市人民政府，42.39 亩土地归樟树园公司。2010 年 11 月 26 日，樟树园公司向武夷山国土局申请办理 42.39 亩土地的使用权证，同年 12 月，樟树园公司领取《国有土地使用权证》。

2014 年，国家审计署对樟树园土地使用权出让进行审计，认为以实际出让 42.39 亩土地计算，2001 年该地块地价为每亩 35 万元，除 600 万元已交纳外，武夷山国土局少收出让金 883.65 万元。武夷山国土局收悉审计报告后，未采取补救措施。2016 年 8 月 30 日，武夷山市人民检察院向武夷山国土局发出《检察建议书》，建议武夷山国土局对樟树园地块依法追缴出让金，并在一个月内函复检察机关。武夷山国土局收到《检察建议书》至公益诉讼起诉前未回函，2016 年 11 月 28 日，武夷山国土局向樟树园公司发出《关于对樟树园地块国有土地出让金少收部分予以追缴的通知》，要求樟树园公司在收到通知之日起 10 日内补交 883.65 万元出让金，但后者未补交。2016 年 12 月 23 日，武夷山市人民检察院向建阳区人民法院提起行政公益诉讼。2017 年 3 月 28 日，南平市建阳区法院作出（2016）闽 0703 行初 35 号行政判决书，判决：确认武夷山国土局低价出让樟树园地块违法；武夷山国土局应于判决生效后 60 日内采取补救措施。行政诉讼期间，武夷山国土局以樟树园公司为被告向一审法院提起民事诉讼，因未缴纳诉讼费，于 2017 年 2 月 7 日裁定撤回起诉，后武夷山国土局根据 35 号行政判决书于 2017 年 4 月 27 日向一审法院提起民事诉讼。诉讼中，武夷山国土局于 2017 年 5 月 8 日向一审法院提出诉讼保全申请，一审法院于 2017 年 5 月 17 日作出民事裁定书，查封了樟树园公司所有的 11 套房产。

一审法院认为，双方签订的出让合同价格条款违反《国有土地使用权司法解释》第 3 条的规定，应属无效，樟树园公司应补交出让金 883.65 万元。武夷山国土局作为国有土地管理者和国家政策执行者，更应对政策性问题有清楚的认识，应对出让合同价格条款无效承担主要责任。樟树园公司明知土地出让价格低于最低价，仍进行签订，应负次要责任。合同中的价格条款无效，则不存在违约，而是过错责任和返还财产、赔偿损失的问题，双方应各自承担相应的过错责任。

【案件争点】

　　土地使用权出让合同约定的价格条款效力问题。

【裁判要旨】

　　《国有土地使用权司法解释》第 3 条规定："经市、县人民政府批准同意以协议方式出让的土地使用权，土地使用权出让金低于订立合同时当地政府按照国家规定确定的最低价的，应当认定土地使用权出让合同约定的价格条款无效。当事人请求按照订立合同时的市场评估价格交纳土地使用权出让金的，应予支持；受让方不同意按照市场评估价格补足，请求解除合同的，应予支持。因此造成的损失，由当事人按照过错承担责任。"本案中，国家审计署专项审计和南平市建阳区人民法院的行政判决均确认，武夷山国土局采用协议方式低价出让国有土地使用权。一审法院确认双方签订的国有土地出让合同第 8 条约定的价格转让条款无效，樟树园公司应补交土地出让金 883.65 万元，符合法律规定，应予维持……

三、裁判规则提要

（一）关于本规则的适用情形

　　本规则适用于协议出让国有建设用地使用权，而不适用于以招标、拍卖或者挂牌方式公开出让国有建设用地使用权。根据《协议出让国有土地使用权规定》，协议出让国有建设用地使用权，是指国家以协议方式将国有建设用地使用权在一定年限内出让给土地使用者，由土地使用者向国家支付土地使用权出让价款的行为。根据《协议出让国有土地使用权规范》的规定，协议出让国有建设用地使用权时，市、县自然资源主管部门应当与意向用地者就土地出让价格等进行充分协商、谈判。双方协商、谈判达成一致，并且议定的出让价格不低于底价的，市、县自然资源主管部门与意向用地者签订《国有土地使用权出让意向书》。因此，协议出让国有建设用地使用权的土地出让价款系意向用地者与出让人通过协商谈判的方式确定，协商过程具有较大的自由裁量的操作空间，极易受到人为主观因素的影响，出让价格的确定具有一定的随意性，因此比较容易出现出让价格低于出让最低价，进而损害国家利益的现象。

　　根据《招标拍卖挂牌出让国有建设用地使用权规定》第 2 条规定，招标出让国有建设用地使用权，是指市、县人民政府自然资源主管部门（以下简称出让人）发布招标公告，邀请特定或者不特定的自然人、法人和其他组织参加国有建设用地使用权投标，根据投标结果确定国有建设用地使用权人的行为；拍卖出让国有建设用地使用权，是指出让人发布拍卖公告，由竞买人在指定时间、地点进行公开竞价，根据出价结果确定国有建设用地使用权人的行为；挂牌出让国有建设用地使用权，是指出让人发布挂牌公告，按公告规定的期限将拟出让宗地的交易条件在指定的土地交易场所挂牌公布，接受竞买人的报价申请并更新挂牌价格，根据挂牌期限截止时的出价结果或者现场竞价结果确定国有建设用地使用权人的行为。

由此可知，相较协议出让而言，以招标、拍卖或者挂牌方式公开出让国有建设用地使用权的方式允许多个市场主体参与竞争竞价，使得竞争更加充分，也更加公开透明。因此，以招标、拍卖或者挂牌方式公开出让国有建设用地使用权的，市场规则下的竞争优势能够得到充分发挥，透明而激烈的竞价机制能够有效保证土地价格下限，这不仅能够很大程度地避免无序竞争，还可以极大程度地避免出现出让价款过低的现象。因此，在各地土地市场"地王"频出、土地出让价款屡创新高的背景下，对公开出让土地价款进行特殊规定的必要性很小。

（二）关于协议出让最低价的确定

根据《协议出让国有土地使用权规定》第 5 条的规定，协议出让最低价不得低于新增建设用地的土地有偿使用费、征地（拆迁）补偿费用以及按照国家规定应当缴纳的有关税费之和；有基准地价的地区，协议出让最低价不得低于出让地块所在级别基准地价的 70%。低于最低价时国有土地使用权不得出让。

协议出让国有建设用地使用权价格的确定，一般经过以下程序：市、县自然资源主管部门根据拟出让地块的条件和土地市场情况，按照《城镇土地估价规程》，组织对拟出让地块的正常土地市场价格进行评估，结合考虑土地估价结果、国家及当地产业用地政策和土地市场情况等多种因素，通过集体决策，综合确定协议出让底价。协议出让底价不得低于拟出让地块所在区域的协议出让最低价。

规范国有建设用地使用权的协议出让行为，能够有效减少协议出让土地价款确定过程中的随意性，避免国有资产的流失，维护国家利益。另外，土地使用权出让价款是否过低，设定的对照标准为签订出让合同时当地政府确定的最低价。协议出让地块底价系根据土地估价结果、产业政策和土地市场情况等综合确定的，其中，土地市场情况是底价确定过程中很重要的一项因素。随着土地市场行情，尤其是土地供需关系的变化、当地产业用地政策的调整，土地价格也会随之发生相应变化。

通常情况下，土地价格会随着时间的推移而呈现上涨趋势。目前而言，土地作为稀缺资源，其市场行情相当火爆，不可否认的是，土地出让收入成为城市财政收入的重要来源，依靠土地出让收入发展城市建设的做法也成为各地的普遍现象。协议出让国有建设用地使用权合同订立后，因当地出让最低价出现调整变化，当事人主张协议出让土地价款过低、出让价款条款无效的，将不会得到人民法院的支持。这在一定程度上是对出让合同当事人，尤其是作为土地出让人的政府方理性使用诉权的规范，能够较好地维护土地受让人的合法权益。

（三）关于合同条款的效力

协议出让的出让价款低于订立合同时当地政府确定的最低价的，应当认定出让合同约定的价格条款部分无效，而非出让合同整体无效。这意味着国家允许出让合同当事人就该无效价格条款进行重新修订或更正，使出让合同得以继续履行。

无效的民事法律行为自始没有法律约束力。[1] 无效合同不具有法律约束力，不产生履行效力。一般而言，合同自成立生效，具有法律拘束力，但是无效合同却由于违反法律、行政法规的强制性规定或者损害国家、社会公共利益等因素，即使其成立，也不具有法律拘束力。无效合同是自始无效的，合同从订立时起，就没有法律约束力，以后也不会转化为有效合同。对于已经履行的，应当通过返还财产、赔偿损失等方式使当事人的财产恢复到合同订立前的状态。

我国城市市区土地归国家所有（全民所有），土地作为国家稀缺资源，国有建设用地使用权以低于协议出让最低价出让的，将导致国有资产流失，损害国家利益和社会公共利益。《城市房地产管理法》第13条规定，采取双方协议方式出让土地使用权的出让金不得低于按国家规定所确定的最低价。《民法典》第153条规定："违反法律、行政法规的强制性规定的民事法律行为无效。但是，该强制性规定不导致该民事法律行为无效的除外。"《民法典》第154条规定："行为人与相对人恶意串通，损害他人合法权益的民事法律行为无效。"因此，结合上述规定，以低于协议出让最低价出让国有建设用地使用权，进而损害国家利益和社会公共利益的合同应属无效合同。

但一方面考虑到，国家未统一规定协议出让最低价格，也不宜对此进行统一规定。各地需要结合本地实际，根据本地产业用地政策、土地市场行情、城市建设需

---

① 参见《民法典》第155条规定："无效的或者被撤销的民事法律行为自始没有法律约束力。"

求等实际情况自行确定国有建设用地出让价格和相关政策，这就必然导致不同地区之间的政策规定存在较大差异，因此，不宜一刀切地认定合同整体无效。另一方面考虑到，基于城市发展的需要，各地普遍通过制定土地价格优惠政策的方式引进社会资本参与城市投资建设，以求带动城市发展。政府作为出让人，为引进社会优质企业资源，而自愿主动制定土地优惠价格的做法相当常见，或直接降低出让价款进行出让，或通过价款返还等间接方式争相出台招商引资土地优惠政策，这类土地协议出让价款低于最低价的做法，会引发一系列违法违规出让土地问题。认定出让合同整体无效，将直接置受让人于非常被动的不利处境之下，出让人也将拥有滥用诉权的机会，得以随意确认出让合同无效，从而侵犯受让人并牟取不法利益。因此，兼顾公平公正和建设诚信政府的原则，不宜直接认定协议出让合同整体无效。

从维持合同关系稳定、鼓励交易、节约资源的角度而言，土地使用权受让人投资建设项目所需时间周期长，资金成本高，土地、规划和建设手续繁多复杂，如认定出让合同整体无效，合同双方应当互相返还财产或折价补偿，有过错的一方应当赔偿对方由此所受到的损失；各方都有过错的，应当各自承担相应的责任。[1] 这不但会对历经复杂程序达成的交易造成破坏，而且需要由出让人返还出让价款，受让人返还受让土地，还需要双方对地上建筑物、构筑物及其附属物进行评估、赔（补）偿、拆除和平整等工作，无疑会造成人力、物力和财力资源的巨大浪费。

民事法律行为部分无效，并不当然导致其他部分的效力。[2] 因此，采取折中的方式，认定土地价格条款无效，允许出让合同双方当事人重新设定价格条款，有利于维持出让合同的稳定性，并兼顾鼓励交易和节约资源的原则；对向来敏感而微妙的政企关系而言，也利于打造和谐的政商环境，减少尖锐社会矛盾的发生，使得此类问题得到较好的解决。

（四）关于后续处理方式

协议出让土地价款低于订立合同时当地政府按照国家规定确定的最低价的，出让合同当事人可以请求按照订立合同时的市场评估价格交纳土地使用权出让价款。

---

① 参见《民法典》第157条规定："民事法律行为无效、被撤销或者确定不发生效力后，行为人因该行为取得的财产，应当予以返还；不能返还或者没有必要返还的，应当折价补偿。有过错的一方应当赔偿对方由此所受到的损失；各方都有过错的，应当各自承担相应的责任。法律另有规定的，依照其规定。"

② 参见《民法典》第156条规定："民事法律行为部分无效，不影响其他部分效力的，其他部分仍然有效。"

1. 请求按照订立合同时的市场评估价格交纳土地使用权出让价款的主体不仅包括出让合同的出让人，还应当包括受让人

协议出让合同签订后，因出让价款低于规定的出让最低价而处于利益受损境况的是出让人，而非受让人。现阶段土地取得成本越来越高，全国土地市场异常火热，土地资源供不应求，出让人请求按照订立合同时的市场评估价格补交出让价款的情形很多。但在现实场景中，受让人综合考虑建设项目前期投入的时间和资金成本以及通过受让土地可实现的战略目标（预期利益）等情况，当出让价格条款出现问题、出让双方产生争议时，为避免解除合同带来的巨大损失，也会主动请求补足少交部分的出让价款，从而使得该出让合同得以顺利履行。

因此，受让人请求按照订立合同时的市场评估价格交纳土地使用权出让价款的，也应予支持。

2. 协议出让的当事人可以主张"按照订立合同时的市场评估价格"交纳土地使用权出让价款

《城市房地产管理法》《协议出让国有土地使用权规定》均规定，协议出让土地使用权的出让金不得低于按国家规定所确定的最低价。[①] 低于最低价出让的出让合同价格条款无效，但当事人请求交纳出让价款时对应的补足标准却为"订立合同时的市场评估价格"，而非以协议出让最低价为标准进行补足。

国有建设用地使用权的协议出让与招标、拍卖或者挂牌方式出让的最大区别之一在于，协议出让的出让价款是出让合同双方当事人在协议出让最低价和底价的基础上开展充分协商、经过谈判达成一致的结果，但直接明确补交标准的做法，并未向双方提供重新协商的机会。

3. 受让方不同意按照市场评估价格补足，可以请求解除出让合同

协议出让国有建设用地使用权的土地价格低于订立合同时当地政府确定的最低价时，受让人可以拒绝补足出让价款，并享有合同解除权，但出让人在此过程中并不享有出让合同解除权。

国有建设用地使用权出让过程中，出让人作为国家政策的制定者、执行者和国

---

① 参见《城市房地产管理法》第13条第3款规定，采取双方协议方式出让土地使用权的出让金不得低于按国家规定所确定的最低价。《协议出让国有土地使用权规定》第5条，协议出让最低价不得低于新增建设用地的土地有偿使用费、征地（拆迁）补偿费用以及按照国家规定应当缴纳的有关税费之和；有基准地价的地区，协议出让最低价不得低于出让地块所在级别基准地价的70%。低于最低价时国有土地使用权不得出让。

家利益的代表者，居于天然的优势地位并享有极大的主动权，对土地出让政策规定理解更加透彻。作为受让人的一方通常为公司企业甚至自然人，在协商确定土地出让价款的过程中处于劣势地位。并且，对于意向用地者而言，出让价格越低越好，其根本没有充分了解并执行出让价款限制规定的必要和职责。因此，政府方作为出让人，通常对造成土地出让价款突破最低价的后果过错较大。在此类问题上，从公平公正的角度而言，不宜赋予出让人合同解除权，否则出让人将获得滥用合同解除权的机会，这对受让人是极大的不公平。

4. 受让方不同意按照市场评估价格补足出让价款而主张解除合同，因解除合同造成的损失，由当事人按照过错承担责任

现实操作中，如何认定出让合同双方当事人的过错存在一定难度。协议出让最低价的制定程序是由省级政府自然资源主管部门拟定，报同级人民政府批准后公布，由市、县人民政府自然资源主管部门实施。[①] 因此，出让人理应对协议出让政策明确知晓并严格贯彻。这是一项权利，但对于维护国家利益和落实政策而言，更是一种职责和义务。因此，通常情形下，出让人是造成"协议出让价格低于出让最低价"这一问题的主要责任者。

根据《协议出让国有土地使用权规定》规定，市、县自然资源主管部门依据经批准的协议出让方案和底价，与意向用地者就土地出让价格等进行充分协商、谈判，最终形成谈判记录并进行存档。因此，双方的谈判记录可以作为证明各方是否存在过错以及过错大小的证据之一。另外，在协商谈判时，意向用地者对协议出让土地价款、协议出让最低价以及二者之间的关系是否明知，亦难举证予以证明。即使意向用地者对此明知，也难以认定其是否具有较大过错，因为其根本没有主动了解相关政策的义务。

四、辅助信息

《国有土地使用权司法解释》

第三条 经市、县人民政府批准同意以协议方式出让的土地使用权，土地

---

① 参见《协议出让国有土地使用权规定》第6条规定，省、自治区、直辖市人民政府国土资源行政主管部门应当依据本规定第5条的规定拟定协议出让最低价，报同级人民政府批准后公布，由市、县人民政府国土资源行政主管部门实施。

使用权出让金低于订立合同时当地政府按照国家规定确定的最低价的，应当认定土地使用权出让合同约定的价格条款无效。

当事人请求按照订立合同时的市场评估价格交纳土地使用权出让金的，应予支持；受让方不同意按照市场评估价格补足，请求解除合同的，应予支持。因此造成的损失，由当事人按过错承担责任。

《协议出让国有土地使用权规定》

第五条　协议出让最低价不得低于新增建设用地的土地有偿使用费、征地（拆迁）补偿费用以及按照国家规定应当缴纳的有关税费之和。有基准地价的地区，协议出让最低价不得低于出让地块所在级别基准地价的70%。

低于最低价时国有土地使用权不得出让。

第六条　省、自治区、直辖市人民政府国土资源行政主管部门应当依据本规定第五条的规定拟定协议出让最低价，报同级人民政府批准后公布，由市、县人民政府国土资源行政主管部门实施。

《民法典》

第一百五十七条　民事法律行为无效、被撤销或者确定不发生效力后，行为人因该行为取得的财产，应当予以返还；不能返还或者没有必要返还的，应当折价补偿。有过错的一方应当赔偿对方由此所受到的损失；各方都有过错的，应当各自承担相应的责任。法律另有规定的，依照其规定。

第五百六十六条　合同解除后，尚未履行的，终止履行；已经履行的，根据履行情况和合同性质，当事人可以请求恢复原状或者采取其他补救措施，并有权请求赔偿损失。

合同因违约解除的，解除权人可以请求违约方承担违约责任，但是当事人另有约定的除外。

主合同解除后，担保人对债务人应当承担的民事责任仍应当承担担保责任，但是担保合同另有约定的除外。

国有土地使用权合同纠纷案件裁判规则第 3 条：

土地使用权出让合同的出让方未按照出让合同约定提供出让的土地的，受让方有权解除合同

【规则描述】 本规则规定了市、县人民政府自然资源主管部门在土地出让活动中，应当严格按照国有建设用地使用权出让合同的约定，按约定标准及时向土地使用者交付土地。本规则与原国土资源部、国家工商行政管理总局颁布的《国有建设用地使用权出让合同》示范文本（GF-2008-2601）第 37 条共同对市、县人民政府自然资源主管部门违约交付出让土地的法律后果予以明确，有利于保障土地使用者的合法权益。

一、类案检索大数据报告

时间：2021 年 4 月 26 日之前；案例来源：Alpha 案例库；数据采集时间：2021 年 4 月 26 日；案由：民事；检索条件：法院认为包含"土地使用权出让合同的出让方因未办理土地使用权出让批准手续而不能交付土地，受让方请求解除合同的"。本次检索获取了民事 2021 年 4 月 26 日前共 13 篇裁判文书。整体情况如 3-1 所示，其中：

1. 认为土地使用权出让合同的出让方因未办理土地使用权出让批准手续而不能交付土地，受让方请求解除合同的案件共计 9 件，占比为 69.22%；

2. 认为合同已实际履行或享有土地使用权，受让方请求解除合同不予支持的案件共计 2 件，占比为 15.38%；

3. 认为判决驳回诉讼请求的共计 1 件，占比为 7.7%；

4. 认为应驳回起诉的共计 1 件，占比为 7.7%。

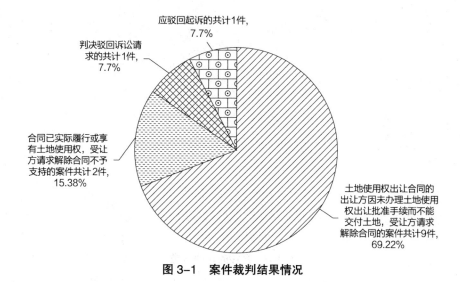

图 3-1　案件裁判结果情况

　　如图 3-2 所示，从案件的年份分布可以看到当前条件下民事案件数量的变化趋势。

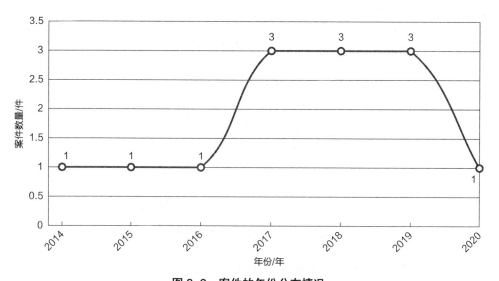

图 3-2　案件的年份分布情况

　　如图 3-3 所示，从案件的程序分类统计可以看到当前的审理程序分布状况。一审案件有 8 件，二审案件有 4 件，再审案件有 1 件。

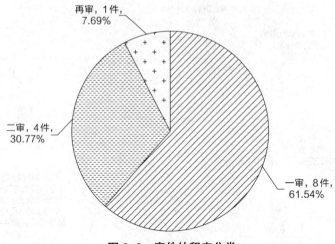

图 3-3　案件的程序分类

如图 3-4 所示，通过对一审裁判结果的可视化分析可以看到，当前条件下全部 / 部分支持的有 7 件，占比为 87.5%；全部驳回的有 1 件，占比为 12.5%。

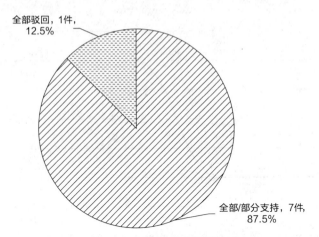

图 3-4　案件的一审裁判结果

如图 3-5 所示，通过对二审裁判结果的可视化分析可以看到，当前条件下其他的有 2 件，占比为 50%；改判的有 1 件，占比为 25%；维持原判的有 1 件，占比为 25%。

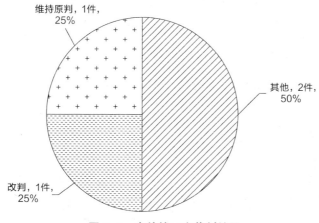

图 3-5　案件的二审裁判结果

如图 3-6 所示，通过对再审裁判结果的可视化分析可以看到，当前条件下维持原判的有 1 件，占比为 100%。

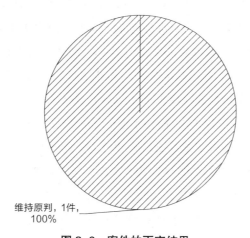

图 3-6　案件的再审结果

二、可供参考的例案

例案一：海南香江德福大酒楼、海南香江实业有限公司清算组诉海口市国土资源局建设用地使用权出让合同纠纷案

【法院】

最高人民法院

【案号】

（2015）民一终字第 83 号

【当事人】

上诉人（原审原告）：海南香江德福大酒楼

上诉人（原审原告）：海南香江实业有限公司清算组

被上诉人（原审被告）：海口市国土资源局

【基本案情】

海南香江德福大酒楼（以下简称香江酒楼）、海南香江实业有限公司清算组（以下简称香江公司清算组）向原审法院起诉称：2014 年 5 月 4 日，香江酒楼、香江公司清算组委托海南首立房地产估价师事务所对海口市国土资源局（以下简称海口市国土局）出让给香江酒楼、香江公司清算组的位于海口市滨海大道南侧、明珠路东侧 9608.29 平方米土地使用权市场价格进行了评估，上述土地总价值评估为 118806506 元。2001 年 9 月 10 日，海口市国土局将拟出让给香江酒楼、海南香江实业有限公司（以下简称香江公司）的 9608.29 平方米土地使用权报经海口市人民政府（以下简称海口市政府）审批之后，于 2001 年 10 月 17 日获得了批准，即市土海核用字（2001）415 号《海口市划拨土地使用权转让审批表》。该审批表载明："经讨论，同意补办土地使用权出让手续，按土地评估价的 40% 收取出让金，并直接办理出让给海南香江实业有限公司、海南香江德福大酒楼。"2001 年 10 月 18 日，海口市国土局与香江酒楼、香江公司就上述土地的出让签订了《国有土地使用权出让合同》。2001 年 12 月 3 日，海口市国土局确认海口市政府同意减免土地出让金 60%，香江酒楼、香江公司只需缴纳土地出让金 154.29 万元。2003 年 3 月 18 日，海口市国土局确认海口市政府同意香江酒楼、香江公司缓期一年缴纳土地出让金，并可在完税后先办理土地证。2003 年 5 月 12 日，海口市国土局向香江酒楼、香江公司送达的《关于办理纳税手续的通知》载明："海南香江实业有限公司、海南香江德福大酒楼：报经有批准权一级人民政府批准，同意我局将位于海口市滨海大道南侧、明珠路东侧 9608.29 平方米国有土地出让给你单位作为建设用地。土地评估总价值 1102.0709 万元（1147.00 元／平方米），土地使用权出让金 440.8238 万元（458.80 元／平方米）。请贵单位持本通知于六月一日前到市地税局办理完税手续。"2008 年 5 月 20 日，海口市国土局向香江酒楼、香江公司送达的市土环资用字（2008）421 号《划拨地补办出让缴交出让金通知书》载明："受让单位：海南香江实业有限公司、海南香江德福大酒楼，受让面积：9608.29 平方米，土地用途：城镇住宅用地，土地坐落：海口市滨海大道南、明珠路东侧，确认的评估地价：1147 元／平方米，应交出让金金额：1147×9608.29×40%×35%=154.29 万元，请你单位自收到本通知书后于 2008 年 6 月 20 日前到我局储备整理中心（五楼）办理交缴手续。逾期每日按应交出让金金额的 1‰收取滞纳金，延期付款超过 6 个月，我局有权解除《国有土地使用权出让合同》。"2008 年 5 月 20 日，海口市国土局向香江酒楼、香江公司送达的市土环资用字（2008）422 号《缴纳契税通知书》载明："海南香江实业有限公司、海南香江德福大酒楼：你单位申请办理位于海口市滨海大道南、明珠路东侧，土地证号是 Q2188 号国有土地证项下 18728.89 平方米中面积为 9608.29 平方米划拨地补办出让并转让手续，经我局审核，应补交的土地出让金为 154.29 万元。请你单位于 2008 年 6 月 20 日前到市地税局办理纳税手续。"2008 年 5 月 21 日，香江酒楼、香江公司按《划拨地补办出让缴交出让金通知书》缴清了上述土地出让金 154.29 万元，同年 5 月 30 日又按《缴纳契税通知书》向海口市地税局缴清了上述土地出让的全部契税。

此后，尽管香江酒楼、香江公司及其债权人曾无数次要求海口市国土局将出让的涉案土地使用权证办理至香江酒楼、香江公司名下，但海口市国土局时至今日仍以不实的理由进行拖延。综上所述，海口市国土局至今不履行交付出让土地的过错行为，不仅给香江酒楼、香江公司造成了重大经济损失，也给国家和社会造成了经济损失和负面影响。为维护自身合法权益，并避免和减少不必要的经济损失，依据相关法律规定诉请原审法院依法判决：（1）判令海口市国土局迅速履行交付位于海口市滨海大道南侧、明珠路东侧 9608.29 平方米土地给香江酒楼、香江公司清算组的法定义务；（2）海口市国土局迅速履行交付位于海口市滨海大道南侧、明珠路东侧 9608.29 平方米土地权证给香江酒楼、香江公司清算组的法定义务；（3）若海口市国土局不能履行上述第 1 项和第 2 项义务，则赔偿香江酒楼、香江公司清算组经济损失 118806506 元。

【案件争点】

是否解除出让合同。

【裁判要旨】

第一，国有土地使用权出让合同系当事人双方协商订立，遵循平等、自愿、有偿原则。《城镇国有土地使用权出让和转让暂行条例》第十一条规定："土地使用权出让合同应当按照平等、自愿、有偿的原则，由市、县人民政府土地管理部门（以下简称出让方）与土地使用者签订。"这表明土地管理部门代表国家与土地使用者签订出让合同时，二者的法律地位是平等的。国有土地使用权出让合同系国家作为土地所有者与土地使用者签订的设定用益物权（土地使用权）的合同，政府土地管理部门作为土地所有者的代表，与作为合同相对方的土地使用者系平等民事主体。

第二，国有土地使用权出让合同双方当事人权利义务对等。土地管理部门的主要权利是收取土地出让金，主要义务是在一定期限内向对方提供土地使用权；土地使用者的主要权利是在一定期限内获得相应土地使用权，主要义务是支付出让金和按照法律法规规定及合同约定的用途开发利用土地。《房地产管理法》第十六条规定："土地使用者必须按照出让合同约定，支付土地使用权出让金；未按照出让合同约定支付土地使用权出让金的，土地管理部门有权解除合同，并可以请求违约赔偿。"第十七条规定："土地使用者按照出让合同约定支付土地使用权出让金的，市、县人民政府土地管理部门必须按照出让合同约定，提供出让的土地；未按照出让合同约定提供出让的土地的，土地使用者有权解除合同，由土地管理部门返还土地使用权出让金，土地使用者并可以请求违约赔偿。"上述规定赋予了双方当事人平等的合同解除权，守约方享有的违约赔偿请求权应属于民事权利性质。

例案二：耒阳市凯阳房地产置业有限公司与段某林建设用地使用权纠纷案

【法院】

湖南省衡阳市中级人民法院

【案号】

（2018）湘04民终27号

【当事人】

上诉人（原审被告）：耒阳市凯阳房地产置业有限公司

被上诉人（原审原告）：段某林

【基本案情】

耒阳市工三路西段是耒阳市凯阳房地产置业有限公司（以下简称凯阳公司）的开发项目，凯阳公司设立了工三路西段项目部，项目的初始股东为欧阳某琼、刘某初、段某良、谢某、梁某共5人，后刘某初、梁某退出，其所占股份转让给谢某，2013年9月2日，欧阳某琼、谢某又将各自所持股份全部转让给了段某良，段某良接管了公司的相关手续、公章、项目的经营权。2014年12月8日，凯阳公司工三路西段（甲方）与段某林（乙方）签订了土地认购协议书，约定：（1）甲方预售耒阳工三路南区地块给乙方，地块长约12

米，宽 3.8 米，面积 182.4 平方米，东临东三路，西临正源学校，南临青麓居委会，北临消防大队，门面号为：南区 13 栋 12、13、14、15 号；（2）总价款 64 万元，乙方应在协议签订时交纳预付款 64 万元，以保证协议的履行，如乙方未能按时付款或有其他违约行为，甲方随时可以解除协议，不退还乙方所交预付款；如甲方违约，乙方随时可以解除协议，甲方应退还乙方所交预付款。协议甲方由段某良签字，并加盖了凯阳公司工三路项目部印章；乙方在协议上签名。协议签订后，段某林于当天交纳购地款 64 万元，段某良在收款收据上的经手人处签字，加盖有凯阳公司工三路项目部财务专用章。但被告至今未取得该宗地块的土地使用权证，因而无法向原告交付土地，也未向原告退还价款。

【案件争点】

受让方请求解除合同是否予以支持。

【裁判要旨】

一审法院认为，土地使用权出让合同的出让方因未办理土地使用权出让批准手续而不能交付土地，受让方请求解除合同的，应予支持。本案中，凯阳公司实施耒阳市工三路西段项目开发，并设立项目部对外转让土地使用权，段某良虽然不是凯阳公司的股东和员工，但其作为凯阳公司名下的工三路项目股东及负责人，有权以工三路项目的名义对外从事民事活动。通常情况下，买受人到项目部签订土地认购协议，不会也不可能会质疑需要通过技术手段鉴别凯阳公司工三路项目部公章的真伪，虽然公安机关对段某良的相关行为立案侦查，且检验认定案外人张某勇的购地协议及收据上的"凯阳公司工三路项目部""凯阳公司工三路项目部财务专用章"与刘某初提供的五枚公司印章样本不一致，但凯阳公司并无其他证据证明相关印章系段某良私刻。段某良以项目部名义对外从事的一系列民事行为，因项目部是凯阳公司的内设部门，故不具有独立的民事权利能力和行为能力，所产生的民事责任依法由该项目的拥有者即凯阳公司承担。凯阳公司至今不能向段某林交付土地，段某林要求解除土地认购协议，并退还价款的诉讼请求，符合法律规定，予以支持。段某林向凯阳公司交付价款后，却不能取得土地使用权，其间凯阳公司占用段某林的资金，必然给段某林造成利息损失，故段某林要求凯阳公司按银行同期贷款利率标准计付利息的诉讼请求，符合法律规定，予以支持。

二审法院：驳回上诉，维持原判。

例案三：贵州妍绮房地产开发有限公司诉惠水县国土资源局建设用地使用权出让合同纠纷案东方市人民政府建设用地使用权纠纷案

【法院】

贵州省高级人民法院

【案号】

（2016）黔民初 220 号

【当事人】

原告：贵州妍绮房地产开发有限公司

被告：惠水县国土资源局

【基本案情】

2013 年 7 月 15 日，惠水县人民政府（甲方）与采禾创新集团有限公司（乙方）（后更名为采禾控股集团有限公司）签订《惠水县城北新区中央商务区城市综合体（城北新区中央核心区城市综合体）及配套地产开发项目投资协议书》，主要约定：甲方通过招商引资引进投资者建设惠水县城北新区中央商务区综合体项目，项目投资概算约 20 亿元人民币，城市综合体建设用地面积 40 亩左右，包含四星级酒店、商务中心、商业、餐饮、高档住宅等。还约定乙方在甲方所在地投资注册设立具有独立法人资格的项目开发公司，法定代表人由乙方指派。公司成立后，享有和承担本协议所约定的全部权利和义务，乙方认可该公司行为可完全代表乙方。根据招商协议的约定，采禾控股集团有限公司于 2013 年 8 月 5 日，在惠水县投资注册成立了贵州妍绮房地产开发有限公司（以下简称妍绮公司），并函告惠水县人民政府：案涉项目所有投资均由妍绮公司投资，并由妍绮公司行使、实施招商协议约定的全部内容，独立享有和承担招商协议约定的全部权利和义务。

2013 年 8 月 7 日，妍绮公司与惠水县国土资源局（以下简称惠水县国土局）签订《国有建设用地使用权出让合同》，约定出让宗地编号为惠水县城北中央商务区城市综合体项目 1、2 号地块，出让宗地面积为 126599 平方米，出让价款为人民币 18041.8 万元。2014 年 4 月 29 日，双方再次签订两份国有建设用地使用权出让合同，一份约定出让宗地编号为惠水县城北中央商务区城市综合体项目 2 号（南）、4 号（东）地块，出让宗地面积为 57963 平方米，价款为人民币 1740 万元。另一份约定出让宗地编号为惠水县城北中央商务区城市综合体项目 3 号（东）地块，出让宗地面积为 40200 平方米，价款为人民币 438 万元。

2014 年 3 月 17 日，妍绮公司缴纳城北综合体 1、2 号地块保证金 7220 万元。2013 年 8 月 5 日，妍绮公司向惠水县国土局支付 1801 万元土地出让款。2014 年 4 月 21 日，妍绮公司缴纳城北中央商务区城市综合体 2、3、4 号地块保证金 1183 万元。以上共计 10204 万元。在诉讼中，双方确认已开发的腾宇广场 3-7 号楼所占用地对应的土地出让价款为 1379.6910 万元。另外，妍绮公司还缴纳了相关契税、土地使用税等。

2013 年 10 月 30 日，妍琦公司获得 62330.28 平方米土地的国有土地使用权证。2014 年 6 月 19 日，妍绮公司获得 20963 平方米、18442 平方米土地的国有土地使用权证。2014 年 3 月 7 日，案涉三宗地块取得规划设计条件通知书。

2014 年 5 月 21 日、2014 年 6 月 12 日，腾宇广场一期（A 区 1#、2#、3#、4#、5# 楼及地下车库）、二期（A 区 6#、7#、8#、9#、10#、11#、12#、13#、14#、B 区 15# 楼）项目分别在惠水县发展和改革局备案。2014 年 6 月 4 日，腾宇广场取得建设用地规划许可证。2014 年 11 月 11 日，腾宇广场 3#、4#、5#、6#、7# 楼取得建设工程规划许可证。2014 年 12 月 29 日，腾宇广场 3-7 号楼及地下车库取得建设工程施工许可证。2015 年 1 月 21 日，腾宇广场 3-7 号楼取得商品房预售许可证。

妍绮公司为开发建设案涉城市综合体项目，修建了腾宇广场 3-7 号楼，围墙、工程部办公室、售楼部、售楼部水景及道路工程、接待中心及样板房、简易房、活动板房等。腾宇广场 3-7 号楼部分住宅、商业已经对外销售。

2016 年 11 月 22 日，惠水县国土局发出《关于注销国有土地使用证的通知》（惠国土资〔2016〕94 号），主要内容："你公司办理的国有土地使用证，因违反《中华人民共和国土地管理法》相关规定，2016 年 6 月被黔南州国土资源局立案查处。该局调查后，2016 年 6 月 12 日下达了《黔南州国土资源局行政处理决定书》，责令惠水县人民政府注销三个国有土地使用证，并在 6 个月内依法收回非法批准使用的土地。2016 年 10 月 21 日，惠水县人民政府行文批复同意收回城北新区中央商务区城市综合体土地，根据《土地登记办法》相关规定，经研究，我局决定注销你公司上述 3 个国有土地使用证，现通知你公司 3 日内将惠国用（2013）第 A-217 号、惠国用（2014）第 A-092 号、惠国用（2014）第 A-093 号国有土地使用证交回我局并办理注销登记，逾期不办理注销登记我局将进行公告注销。"

因损失赔偿等问题，原被告双方未达成一致，原告遂提起本案诉讼。

【案件争点】

是否解除合同。

【裁判要旨】

法院认为本案案涉三份《国有建设用地使用权出让合同》系双方当事人真实意思表示，内容未违反法律法规强制性效力性规定，应为合法有效的合同。理由如下：第一，《土地管理法》第44条第1款规定："建设占用土地，涉及农用地转为建设用地的，应当办理农用地转用审批手续。"但该规定属于行政管理性规定，并非效力性规定，未办理农用地转用审批手续，并不当然导致国有土地出让合同无效，而是导致土地不能交付，属于合同不能履行，因此并非构成《合同法》第52条^①规定合同无效的几种事由。第二，《国有土地使用权司法解释》第4条规定："土地使用权出让合同的出让方因未办理土地使用权出让批准手续而不能交付土地，受让方请求解除合同的，应予支持。"本案中，妍绮公司与惠水县国土局双方当事人在法院已确认的和解协议中，已一致同意解除了案涉三份建设用地使用权出让合同。综上，惠水县国土局抗辩主张案涉三份《国有建设用地使用权出让合同》无效，无法律和事实依据，法院不予支持。

三、裁判规则提要

土地使用者按照出让合同约定支付土地使用权出让价款的，市、县人民政府土地管理部门必须按照出让合同约定，提供出让的土地。

（一）国有建设用地使用权出让，应当签订书面出让合同，当事人之间未订立书面出让合同，但土地使用者已经履行支付土地出让价款的义务，市、县自然资源主管部门接受的，该出让合同成立

《城市房地产管理法》第15条规定，土地使用权出让，应当由市、县人民政府土地管理部门与土地使用者签订书面出让合同。《民法典》第348条第1款规定，通过招标、拍卖、协议等出让方式设立建设用地使用权的，当事人应当采用书面形式订立建设用地使用权出让合同。"书面形式"是国有建设用地使用权出让合同的形式要件，不具备该形式要件的，一般认为出让合同不成立。但是考虑到复杂的现实情况，尤其是例案三发生于本世纪之初，在土地出让法律法规不健全、土地出让制度不完善的背景下，严格按照规定，要求全部出让合同均具备"书面形式"这一形

---

① 原《合同法》第52条。

式要件是不切实际的。对于一方当事人已经履行主要义务，且对方当事人也予以接受的情况下，不宜一刀切地将此类合同全部认定为不成立，从而否定交易事实的现实存在。因此，《民法典》第490条第2款规定，法律、行政法规规定或者当事人约定合同应当采用书面形式订立，当事人未采用书面形式但是一方已经履行主要义务，对方接受时，该合同成立。出让合同适用此规定。

出让合同中，作为受让人的土地使用者的主要义务是按时依约支付国有建设用地使用权出让价款，而市、县自然资源主管部门作为出让人，其主要义务是及时向土地使用者交付符合出让合同约定条件的土地。据此，即使双方当事人之间没有订立书面出让合同，但如果土地使用者已经向市、县自然资源主管部门交纳了土地出让价款，履行了作为出让土地受让人的主要义务，市、县自然资源主管部门也向土地使用者交付了出让土地，就视为对土地使用者支付土地出让价款的行为以及双方之间的出让合同关系表示认可并接受。因此，双方之间国有建设用地使用权出让合同成立，存在合同关系。

（二）《国有建设用地使用权出让合同》系市、县人民政府自然资源主管部门与土地使用者签订，应当由市、县人民政府自然资源主管部门依约承担向受让人交付土地等义务，而非市、县人民政府

2018年国家机构改革后，国土资源主管部门变更为自然资源主管部门。根据《城市房地产管理法》第15条规定，土地使用权出让，应当签订书面出让合同。土地使用权出让合同的签订主体是市、县人民政府自然资源主管部门与土地使用者。[①]

在国有建设用地使用权出让的前期工作中，市、县自然资源主管部门会同城市规划（2018年国家机构改革后已与土地管理部门合并为自然主管部门）、建设、房产管理等政府有关职能部门负责共同拟订拟招标、拍卖、挂牌或者协议出让地块方案，对拟出让地块的用途、年限、出让方式、时间和其他条件等提出具体明确的要求；经市、县人民政府批准后的出让方案，由自然资源主管部门负责具体组织实施，并与最终中标人、竞得人或者协议出让意向用地者签订《国有建设用地使用权出让合同》。另外，双方签订出让合同后，受让人向市、县自然资源主管部门交纳土地出让价款，出让人向受让人交付出让土地。

---

① 参见《城镇国有土地使用权出让和转让暂行条例》第11条规定，土地使用权出让合同应当按照平等、自愿、有偿的原则，由市、县人民政府土地管理部门（以下简称出让方）与土地使用者签订。

因此，市、县人民政府的自然资源主管部门作为出让人与土地使用者签订出让合同，接受土地使用者交纳的土地出让价款，在因自身原因无法按照出让合同约定交付出让土地时，理应由其退还出让价款并成为承担其他相应违约责任的主体，而非市、县人民政府。在产生出让合同纠纷时，无论是从法律规定的角度还是合同相对人的角度，责任承担主体均应为市、县人民政府的自然资源主管部门。

（三）土地使用者按照国有建设用地使用权出让合同的约定支付土地使用权出让价款的，市、县人民政府土地管理部门必须按照出让合同的约定提供出让土地

1. 国有建设用地使用权出让合同签订时，市、县自然资源主管部门和土地使用者应当明确土地出让价款的总额、支付时间和支付方式。出让合同签订后，土地使用者申请交付出让土地并办理不动产登记证，必须先按照出让合同约定的出让价款支付时间和方式，履行交纳土地出让金的义务后，市、县自然资源主管部门向土地使用者交付出让合同项下约定的土地。出让合同签订后土地使用者未按照合同约定支付土地出让价款，并向市、县自然资源主管部门不动产登记机构提供有效交款凭证的，不动产登记机构不予核发不动产登记证，也不得按土地价款的缴纳比例分割发证。

根据《国务院办公厅关于规范国有土地使用权出让收支管理的通知》（国办发〔2006〕100号）和《财政部、国土资源部、中国人民银行、监察部、审计署关于进一步加强土地出让收支管理的通知》（财综〔2009〕74号）等国家有关规定，市、县自然资源主管部门与土地受让人在土地出让合同中可以约定分期缴纳出让价款，全部出让价款缴纳完毕的期限原则上不得超过一年。经当地土地出让协调决策机构集体认定，特殊项目可以约定在两年内全部缴清。首次缴纳的比例不得低于全部土地出让价款的50%。因此，土地使用者应当按照出让合同和国家政策的规定，严格履行出让价款的支付义务。

2. 签订土地出让合同后，土地使用者足额缴纳土地出让价款的，市、县自然资源主管部门必须及时交付土地，并根据土地使用者的申请及时为其办理不动产登记手续。国有土地公开出让的，确定中标人或者竞得人后，市、县自然资源主管部门发出《中标通知书》或者双方签订《成交确认书》，中标人或者竞得人应当按照《中标通知书》或者《成交确认书》的约定签订《国有建设用地使用权出让合同》。国有土地协议出让的，市、县自然资源主管部门与土地使用者签订《国有建设用地使用权出让意向书》并经公示无异议或者虽有异议但不成立的，双方签订《国有建设用

地使用权出让合同》。土地受让人按照出让合同的约定，按时足额交纳土地出让价款后，可以持《国有建设用地使用权出让合同》和交款凭证向土地出让人申请交付受让土地，出让人应当按照出让合同约定的日期及时交付。出让人逾期交付土地致使受让人本合同项下宗地占有延期的，根据《国土资源部、国家工商行政管理总局关于发布〈国有建设用地使用权出让合同〉示范文本的通知》（国土资发〔2008〕86号）第37条规定，每延期一日，出让人应当按照受让人已经支付的国有建设用地使用权出让价款的一定比例向受让人给付违约金，土地使用年期自实际交付土地之日起算。

受让人应当在按照出让合同的约定付清出让土地全部价款后，持土地权属来源材料（出让合同）、权籍调查表、宗地图以及宗地界址点坐标、土地出让价款和相关税费缴纳凭证以及其他必要材料向市、县自然资源主管部门不动产登记机构申请不动产登记，不动产登记机构自受理登记申请之日起30个工作日内予以办结。

（四）市、县自然资源主管部门未按照出让合同的约定提供出让土地的，土地使用者有权解除合同

1. 关于"未按出让合同约定提供土地"的情形。在审判案例中，出让人延期交付出让土地的情形较多，但出让人"未按出让合同约定提供土地"的情形，不仅包括未按照出让合同约定的时间及时提供出让土地，还应当包括虽然按时提供土地，但提供的土地不合格或者不符合出让合同约定的条件，如提供出让土地的面积未达到约定标准、场地平整情况和基础设施建设情况未达到约定要求等。在上述几类情形下，出让人也可以根据本规则享有出让合同解除权。

2. 《国有建设用地使用权出让合同》可以协议解除。《民法典》第562条规定，当事人协商一致，可以解除合同。当事人可以约定一方解除合同的事由。解除合同的事由发生时，解除权人可以解除合同。根据本条规定，双方当事人经协商一致，可以解除出让合同，也可以约定其中一方解除合同的条件，当解除合同的条件成就时，享有解除权的一方可以解除合同。《国有建设用地使用权出让合同》示范文本第37条规定了受让人解除合同的条件：受让人按照出让合同约定支付国有建设用地使用权出让价款的，出让人必须按照出让合同的约定按时交付出让土地。由于出让人未按时提供出让土地而致使受让人本合同项下宗地占有延期的，每延期一日，出让人应当按受让人已经支付的国有建设用地使用权出让价款的一定比例向受让人给付违约金，土地使用年期自实际交付土地之日起算。出让人延期交付土地超过60日，经受让人催交后仍不能交付土地的，受让人有权解除合同。也就是说，出让合同当

事人除可以协商解除外，从《国有建设用地使用权出让合同》示范文本规定的角度而言，"出让人延期交付土地超过 60 日，经受让人催交后仍不能交付土地"的，受让人可以解除出让合同。但需要注意的是，从《城市房地产管理法》第 17 条① 规定的角度而言，只要出让人未按照出让合同约定提供出让的土地的，无论是属于延期交付，还是属于虽然按时交付但是交付土地未达约定标准，土地使用者不需要等待延期至 60 日并履行催交程序，即可直接解除合同。

3.《国有建设用地使用权出让合同》可以法定解除。《民法典》第 563 条第 1 款② 规定了法定解除的情形。根据本条规定，市、县自然资源主管部门在出让土地交付期限届满之前明确表示或者以自己的行为表明不履行交付义务；迟延履行交付义务，经催告后在合理期限内仍未履行；迟延履行交付义务或者有其他违约行为致使不能实现出让合同目的的，土地使用者享有对出让合同的法定解除权。

无论协议解除还是法定解除，土地使用者在履行出让合同的过程中，享有充分的权益保障。市、县自然资源主管部门出现违约交付土地行为时，土地使用者能够通过本规则的规定及时维护自身合法权益，减少利益损失。

（五）因市、县自然资源主管部门未依约交付土地而致使出让合同解除的违约责任

根据《民法典》第 566 条③ 的规定，出让合同因出让人违约而解除后，土地使用者可以请求市、县自然资源主管部门赔偿因其违约所造成的损失。《民法典》第 584

---

① 参见《城市房地产管理法》第 17 条规定，土地使用者按照出让合同约定支付土地使用权出让金的，市、县人民政府土地管理部门必须按照出让合同约定，提供出让的土地；未按照出让合同约定提供出让的土地的，土地使用者有权解除合同，由土地管理部门返还土地使用权出让金，土地使用者并可以请求违约赔偿。

② 参见《民法典》第 563 条第 1 款规定："有下列情形之一的，当事人可以解除合同：（一）因不可抗力致使不能实现合同目的；（二）在履行期限届满前，当事人一方明确表示或者以自己的行为表明不履行主要债务；（三）当事人一方迟延履行主要债务，经催告后在合理期限内仍未履行；（四）当事人一方迟延履行债务或者有其他违约行为致使不能实现合同目的；（五）法律规定的其他情形。"

③ 参见《民法典》第 566 条第 1 款、第 2 款规定："合同解除后，尚未履行的，终止履行；已经履行的，根据履行情况和合同性质，当事人可以请求恢复原状或者采取其他补救措施，并有权请求赔偿损失。合同因违约解除的，解除权人可以请求违约方承担违约责任，但是当事人另有约定的除外。"

条^① 规定，当事人一方不履行合同义务或者履行合同义务不符合约定，给对方造成损失的，损失赔偿额应当相当于因违约所造成的损失，包括合同履行后可以获得的利益，但是，不得超过违反合同一方订立合同时预见到或者应当预见到的因违反合同可能造成的损失。因此，市、县自然资源主管部门应当赔偿因违约行为给守约方造成的全部损失，包括直接损失和间接损失。直接损失指因违约行为给守约方造成的财产上的直接减少，间接损失是指守约方失去的、出让合同正常履行后可以获得的利益，即预期利益或者可得利益。

合同解除后在确定赔偿损失的范围时，应当坚持充分保护守约方利益以及对违约方进行适当惩罚的原则。^② 在遵守《民法典》规定和坚持该原则的前提下，损失赔偿的范围应为可得利益，包括当事人的缔约费用、履约准备费用等必要交易成本（信赖利益）以及合同履行后可以获得的利益。^③ 主要的理论依据在于任何人不能从违法行为中获利是社会公认的法则，过错方违约后应当通过赔偿对方的损失，因此，对于履行利益损失除返还因合同取得的财产外，生效合同解除后的损害赔偿涉及履行利益的赔偿。履行利益的赔偿的结果，是让守约方处于如同合同依约履行的状态，受领和保持合同正常履行情况所应得的利益。因此，出让合同由于市、县自然资源主管部门逾期交付出让土地而被解除后，土地使用者可以请求赔偿损失。赔偿损失范围的确定应当秉持完全赔偿的原则，由违约方赔偿全部损失，如此方可对守约方利益予以最大限度的保障，并使违约方受到适当惩罚；对于违反诚信原则的违约行为，绝非正当商业交易秩序所能容忍，绝非良好法治秩序所能放纵，人民法院应当科以与其违约行为相当的民事责任，达到通过实现当事人之间的利益平衡，通过坚守诚信原则，匡扶合同正义，树立司法导向，维护社会主义核心价值观。

---

① 参见《民法典》第 584 条规定："当事人一方不履行合同义务或者履行合同义务不符合约定，造成对方损失的，损失赔偿额应当相当于因违约所造成的损失，包括合同履行后可以获得的利益；但是，不得超过违约一方订立合同时预见到或者应当预见到的因违约可能造成的损失。"

② 最高人民法院民事审判第二庭编著：《〈全国法院民商事审判工作会议纪要〉理解与适用》，人民法院出版社 2019 年版，第 322 页。

③ 最高人民法院民事审判第二庭编著：《〈全国法院民商事审判工作会议纪要〉理解与适用》，人民法院出版社 2019 年版，第 323 页。

四、辅助信息

《城市房地产管理法》

第十七条　土地使用者按照出让合同约定支付土地使用权出让金的，市、县人民政府土地管理部门必须按照出让合同约定，提供出让的土地；未按照出让合同约定提供出让的土地的，土地使用者有权解除合同，由土地管理部门返还土地使用权出让金，土地使用者并可以请求违约赔偿。

《民法典》

第三百四十八条第一款　通过招标、拍卖、协议等出让方式设立建设用地使用权的，当事人应当采用书面形式订立建设用地使用权出让合同。

第五百六十二条　当事人协商一致，可以解除合同。

当事人可以约定一方解除合同的事由。解除合同的事由发生时，解除权人可以解除合同。

第五百六十三条　有下列情形之一的，当事人可以解除合同：

（一）因不可抗力致使不能实现合同目的；

（二）在履行期限届满前，当事人一方明确表示或者以自己的行为表明不履行主要债务；

（三）当事人一方迟延履行主要债务，经催告后在合理期限内仍未履行；

（四）当事人一方迟延履行债务或者有其他违约行为致使不能实现合同目的；

（五）法律规定的其他情形。

以持续履行的债务为内容的不定期合同，当事人可以随时解除合同，但是应当在合理期限之前通知对方。

第五百六十五条第一款　当事人一方依法主张解除合同的，应当通知对方。合同自通知到达对方时解除；通知载明债务人在一定期限内不履行债务则合同自动解除，债务人在该期限内未履行债务的，合同自通知载明的期限届满时解除。对方对解除合同有异议的，任何一方当事人均可以请求人民法院或者仲裁机构确认解除行为的效力。

第五百六十六条　合同解除后，尚未履行的，终止履行；已经履行的，根据履行情况和合同性质，当事人可以请求恢复原状或者采取其他补救措施，并有权请求赔偿损失。

合同因违约解除的，解除权人可以请求违约方承担违约责任，但是当事人另有约定的除外。

主合同解除后，担保人对债务人应当承担的民事责任仍应当承担担保责任，但是担保合同另有约定的除外。

第五百八十四条　当事人一方不履行合同义务或者履行合同义务不符合约定，造成对方损失的，损失赔偿额应当相当于因违约所造成的损失，包括合同履行后可以获得的利益；但是，不得超过违约一方订立合同时预见到或者应当预见到的因违约可能造成的损失。

《国土资源部、国家工商行政管理总局关于发布〈国有建设用地使用权出让合同〉示范文本的通知》

第三十七条　受让人按本合同约定支付国有建设用地使用权出让价款的，出让人必须按照本合同约定按时交付出让土地。由于出让人未按时提供出让土地而致使受让人本合同项下宗地占有延期的，每延期一日，出让人应当按受让人已经支付的国有建设用地使用权出让价款的 ‰向受让人给付违约金，土地使用年期自实际交付土地之日起算。出让人延期交付土地超过 60 日，经受让人催交后仍不能交付土地的，受让人有权解除合同，出让人应当双倍返还定金，并退还已经支付国有建设用地使用权出让价款的其余部分，受让人并可请求出让人赔偿损失。

国有土地使用权合同纠纷案件裁判规则第 4 条：

投资数额超出合作开发房地产合同的约定，对增加的投资数额的承担比例，当事人协商不成的，按照当事人的违约情况确定

【规则描述】　　合作开发房地产投资数额的变动，不仅关乎项目成本和收益，而且对当事人最基本的合同权利义务——实际出资额和利润分配值产生直接影响。本条规则就是针对这类纠纷而作出合作开发项目实际投资数额超出合同约定而对增加投资该如何承担的规定。一般而言对增加投资额的承担比例应当根据当事人的违约情况加以确定。

一、类案检索大数据报告

时间：2021 年 4 月 28 日之前；案例来源：Alpha 案例库；数据采集时间：2021 年 4 月 28 日；检索条件：法院认为包含"投资数额超出合作开发房地产合同的约定，对增加的投资数额的承担比例，当事人协商不成的"。本次检索获取了 2021 年 4 月 28 日前共 9 篇裁判文书。整体情况如图 4-1 所示，其中：

1. 投资数额超出合作开发房地产合同的约定，对增加的投资数额的承担比例，按照当事人约定比例确定的共计 3 件，占比为 33.33%；

2. 投资数额超出合作开发房地产合同的约定，对增加的投资数额的承担比例，按照约定的投资比例确定的共计 2 件，占比为 22.22%；

3. 投资数额超出合作开发房地产合同的约定，对增加的投资数额的承担比例，按照受益比例确定的共计 2 件，占比为 22.22%；

4. 投资数额超出合作开发房地产合同的约定，对增加的投资数额的承担比例，当事人协商确定的共计 1 件，占比为 11.11%；

5. 当事人未证明有约定的投资比例约定的共计 1 件，占比为 11.11%。

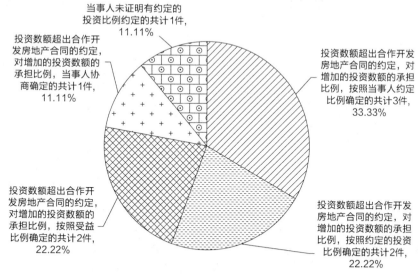

图 4-1　案件审理情况

如图 4-2 所示，以"法院认为包含：投资数额超出合作开发房地产合同的约定，对增加的投资数额的承担比例，当事人协商不成的"为检索条件，从年份分布可以看到当前条件下案件数量的变化趋势。

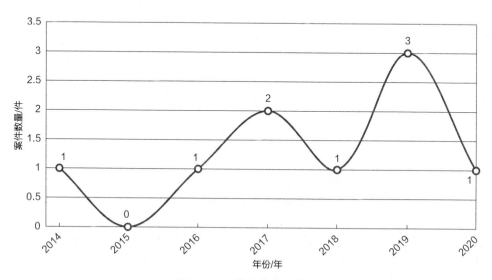

图 4-2　案件年份分布情况

如图 4-3 所示，从下面的程序分类统计可以看到当前的审理程序分布状况。一审案件有 3 件，二审案件有 3 件，再审案件有 3 件。

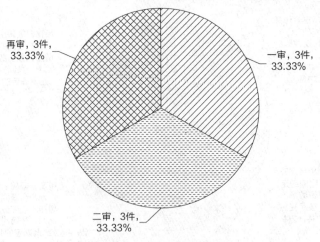

图 4-3　审理程序情况

如图 4-4 所示，通过对一审裁判结果的可视化分析可以看到，当前条件下全部 / 部分支持的有 3 件，占比为 100%。

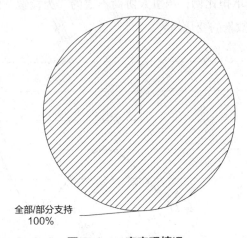

图 4-4　一审审理情况

如图 4-5 所示，通过对二审裁判结果的可视化分析可以看到，当前条件下改判的有 2 件，占比为 66.67%；维持原判的有 1 件，占比为 33.33%。

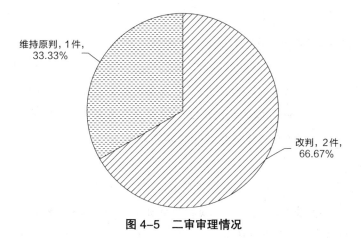

图 4-5　二审审理情况

如图 4-6 所示，通过对再审裁判结果的可视化分析可以看到，当前条件下维持原判的有 2 件，占比为 66.67%；改判的有 1 件，占比为 33.33%。

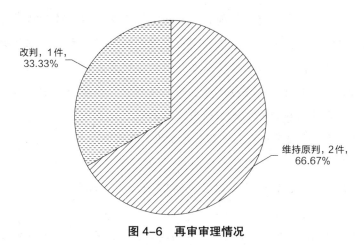

图 4-6　再审审理情况

二、可供参考的例案

例案一：三亚市轻工业品纺织品进出口公司与三亚益乐嘉房地产开发有限公司、三亚市国有资产监督管理委员会合作开发房地产合同纠纷再审案

【法院】

最高人民法院

【案号】

（2019）最高法民再 312 号

【当事人】

再审申请人（一审被告、二审上诉人）：三亚市轻工业品纺织品进出口公司

被申请人（一审原告、二审被上诉人）：三亚益乐嘉房地产开发有限公司

原审第三人：三亚市国有资产监督管理委员会

【基本案情】

2010 年 7 月 30 日，三亚市政府同意将 066 号 14219 平方米储备用地置换给三亚市轻工业品纺织品进出口公司（以下简称轻纺公司），土地规划容积率为 1.2，轻纺公司需补缴 9229305.2 元土地出让金。

2010 年 11 月 29 日，三亚益乐嘉房地产开发有限公司（以下简称益乐嘉公司）、轻纺公司签订《项目合作开发合同》，约定由轻纺公司提供 066 号土地的使用权，益乐嘉公司投入资金、劳务、技术等联合开发该地块，收益按建成物业实物分割，轻纺公司占建筑面积 30% 产权、益乐嘉公司占建筑面积 70% 产权，产生的税费依法各自承担。项目开发后，轻纺公司必须从其分得的份额房产销售所得中优先偿还益乐嘉公司垫付的企业改制资金和置换土地差价款及税费，轻纺公司承担由原来的工业用地置换现项目商住用地应补缴的土地差价款和税费以及所分得房产在办理过户手续时所发生的费用。合同签订后，轻纺公司按约定缴纳了全部地价款及税款。

2012 年 2 月 14 日，三亚市城乡规划委员会办公室确定案涉项目总建筑面积 46051.61 平方米，计入容积建筑面积为 35547.5 平方米，容积率 2.5，增加配建 2 层商业裙房。

2017 年 7 月 31 日，受三亚市国土资源局委托，三亚惠德土地房地产评估咨询有限公司作出土地估价报告，确认案涉地块还需补缴的地价款为 96956352 元，其中增加容积率补缴地价款为 93846400 元，改变土地用途需补缴的地价款为 3109952 元。

后双方因两项补缴地价款如何承担产生争议，协商不成之下益乐嘉公司向海南省三亚市中级人民法院起诉，请求轻纺公司承担因增加容积率及部分土地改变土地用途需要补缴的地价款。三亚市中级人民法院、海南省高级人民法院一审、二审支持了益乐嘉公司的诉请。后轻纺公司不服向最高人民法院提出再审申请。最终，再审判决撤销了一审、二审判决，认定因改变土地用途受益人为益乐嘉公司，该 3109952 元应由益乐嘉公司承担；同时认定增加容积率双方当事人不存在过错，且使双方共同受益，改判需补缴部分地价款 96956352 元由双方按合同约定的利润分配比

例分担，即益乐嘉公司承担70%地价款，轻纺公司承担30%地价款。

【案件争点】

对因增加容积率和改变土地用途而补缴出让金导致增加的投资数额分别由谁承担及承担比例如何确定问题。

【裁判要旨】

首先，轻纺公司与益乐嘉公司在《项目合作开发合同》中并未就新增地价款如何承担进行约定。轻纺公司已经按照合同履行了提供土地的义务，而调整容积率和部分土地改变土地用途需补缴地价款的事实尚未发生，双方亦未对此进行约定。其次，规划部门同意将案涉建设用地容积率调整为2.5后，现没有证据证明双方在此之前就增加容积率和部分土地改变土地用途需要补缴的地价款如何承担进行了约定。增加容积率和部分土地改变土地用途需要补缴地价款属于合同履行过程中新发生的事实，且该费用远远超过原工业用地置换需缴纳的差价款，从合同的有关条款并不能明确因增加容积率或调整土地用途而增加的地价款应由轻纺公司或益乐嘉公司一方承担。再次，合同履行的费用，是指履行合同所需要的必要费用，本案中虽约定由轻纺公司承担提供土地使用权的义务，益乐嘉公司提供建设资金，但双方并未约定增加容积率和部分土地改变土地用途使土地使用权得以增值属于轻纺公司或者益乐嘉公司的义务，应补缴的地价款也显然不属于任何一方履行合同发生的必要费用。最后，本案轻纺公司与益乐嘉公司之间系合作开发房地产合同关系，新增地价款属于新增的投资额，且容积率从1.2增加至2.5，建筑面积相应增加，轻纺公司与益乐嘉公司均受益，因此按照双方受益比例分担新增地价款符合双方真实意思与公平原则，也符合法律规定。关于部分土地改变土地用途需补缴的地价款，因案涉项目用途改变体现为增加配建2层商业裙房，现商业裙房已分配给益乐嘉公司，即改变土地用途的受益人为益乐嘉公司，因此该费用应由益乐嘉公司承担，不应由轻纺公司承担。

例案二：黄友州与四川省花园实业股份有限公司、四川宜宾花园房地产开发有限公司合伙协议纠纷案

【法院】

四川省高级人民法院

【案号】

（2017）川民再 364 号

【当事人】

再审申请人（一审原告、二审上诉人、反诉被告）：黄友州

被申请人（一审被告、二审被上诉人、反诉原告）：四川花园实业股份有限公司

被申请人（一审被告、二审被上诉人、反诉原告）：四川宜宾花园房地产开发有限公司

【基本案情】

四川宜宾花园房地产开发有限公司（以下简称花园房产公司）系四川花园实业股份有限公司（以下简称花园实业公司）控股的子公司，二被告均具有独立的法人资格。根据原宜宾市南溪县委、县政府 2000 年 1 月 9 日和 2000 年 8 月 10 日两次会议"以地换堤"的会议精神，南溪县城镇建设综合开发办公室作为甲方与乙方花园实业公司签订《南溪县滨江路堡坎工程施工合同》，花园实业公司承接了南溪县滨江路河堤堡坎工程项目后，黄友州与花园实业公司商量合作开发此项目，双方于 2000 年 10 月 5 日签订《合作协议》，协议签订后，花园实业公司投入资金 43 万元，黄友州投入 26 万元实施堡坎工程。堡坎工程完工后，又用换得的土地进行房地产开发，花园实业公司取得了国有土地的出让使用权证、建设用地规划许可证、建筑工程施工许可证、商品房预售许可证等。在房地产开发建设过程中，为符合房地产开发资质的要求，经黄友州与花园实业公司合议，花园实业公司于 2002 年向主管行政部门申请变更开发主体为花园房产公司，得到相关行政主管部门的同意后，项目工程开发主体从花园实业公司变更为花园房产公司。

2004 年 12 月左右，黄友州在未与花园实业公司进行工程结算，也未办理财务移交的情况下，离开了此开发工程项目。

黄友州于 2007 年 3 月 16 日以出资纠纷为由向一审法院起诉花园实业公司和花园房产公司，一审法院依法受理。审理中，一审法院于 2010 年 6 月 17 日立案受理了花园实业公司、花园房产公司对黄友州的反诉。一审法院审理认定，双方对项目开发增加的投资额应按照合同约定的纯利润分配比例分担，即花园实业公司承担 60%，黄友州承担 40%。二审法院维持了一审判决后，黄友州不服向四川省高级人民法院提起再审申请。

【案件争点】

对增加的投资数额的承担比例的确定问题。

【裁判要旨】

关于原判是否遗漏了当事人的诉讼请求问题。黄友州与花园实业公司签订的《合作协议》没有约定按投资比例分配，只约定了纯利润的分配比例，依照《国有土地使用权司法解释》第 17 条①"投资数额超出合作开发房地产合同的约定，对增加的投资数额的承担比例，当事人协商不成的，按照当事人的过错确定；因不可归责于当事人的事由或者当事人的过错无法确定的，按照约定的投资比例确定；没有约定投资比例的，按照约定的利润分配比例确定"的规定，双方应按《合作协议》中双方约定的比例分享纯利润，即由花园实业公司享受 60% 的纯利润，黄友州享受 40% 的纯利润，一审、二审法院对此已作了裁判，并未遗漏黄友州的该诉讼请求，黄友州关于原判遗漏了当事人诉讼请求的再审理由不能成立。

例案三：陕西西厦电力房地产开发有限公司与西安藻露堂药业集团有限责任公司合资、合作开发房地产合同纠纷再审案

【法院】

最高人民法院

【案号】

（2019）最高法民申 2229 号

【当事人】

再审申请人（一审原告、二审上诉人）：陕西西厦电力房地产开发有限公司

被申请人（一审被告、二审被上诉人）：西安藻露堂药业集团有限责任公司

【基本案情】

2003 年 1 月 21 日，西安藻露堂药业集团有限责任公司（以下简称藻露堂公司）与陕西西厦电力房地产开发有限公司（以下简称西厦公司）签订《接建协议书》及《补充协议》，主要约定西厦公司放弃拆迁开发藻露堂公司的土地，由藻露堂公司自行拆旧建新等。

2003 年 5 月 8 日，双方又签订《补充协议》一份，约定西厦公司报建的西厦药

---

① 该司法解释已于 2020 年 12 月 23 日修正，本案所涉第 17 条修改为："房屋实际建筑面积超出规划建筑面积，经有批准权的人民政府主管部门批准后，当事人对超出部分的房屋分配比例协商不成的，按照约定的利润分配比例确定。对增加的投资数额的承担比例，当事人协商不成的，按照约定的投资比例确定；没有约定投资比例的，按照约定的利润分配比例确定。"

业大厦项目需交纳的配套费等有关费用，藻露堂公司按实际面积分摊；各自建设的房屋面积的房产证由西厦公司负责办理，相关手续费按各自面积承担。

2007年8月28日，双方签订《关于〈接建协议〉的补充协议》，约定甲、乙双方以"西厦大厦总平面图"中所标注的总建筑面积28150平方米，以及甲、乙双方所各占建筑面积比例为基础进行利益分配与责任分担；约定甲、乙双方各承担并支付上述各自权益面积比例的建造费用，工程结算时在保证乙方实际权益面积不少于10500平方米的基础上以房地局实测面积为准，多退少补；项目建设期间及竣工结算时乙方始终以西厦大厦联建综合单价（包干价）2190元/平方米的价格按照乙方应得的权益建筑面积（10500平方米）向甲方支付工程建造费。

2007年1月，西厦公司与中天建设集团有限公司（以下简称中天公司）就西厦大厦工程签订《建设工程施工合同》。2010年10月16日，西厦公司与中天公司签订《补充协议》约定，涉案工程合同价款采用可调价格合同方式确定，并约定了价格调整的方法。2014年8月5日，中天公司出具《西厦大厦建筑安装工程结算书》载明，工程项目总造价为144212466.55元，折合综合单价3731.37元/平方米，超出合作开发合同约定包干价。

协议履行过程中，双方就案涉工程综合单价超出金额由谁承担等产生争议。

后西厦公司起诉至法院，请求变更《关于的补充协议》中关于西厦大厦联建综合单间2190元/平方米的约定，将综合单价调整为3731.37元/平方米等。本案经西安市中级人民法院一审、陕西省高级人民法院二审部分支持了西厦公司的诉请，西厦公司不服后向最高人民法院提起再审申请。最终，最高人民法院再审判决驳回了西厦公司的再审申请。

【案件争点】

虽未约定投资总额，但约定了建安工程固定单价，对因超过固定单价而增加的投资数额该如何承担的问题。

【裁判要旨】

最高人民法院认为，在合同履行过程中，西厦公司按照《关于〈接建协议〉的补充协议》约定向藻露堂公司申请付款，并未提及建设工程还有增加的工程价款，西厦公司也无证据证明其与藻露堂公司就案涉工程变更增加工程量、工程延期、增加税金负担、增加管理费事宜已经达成书面确认协议。二审法院结合上述事实未支持西厦公司关于调整综合单价的请求，并无不当。西厦公司主张综合单价2190元/平方米只是支付款项总额的参考，应按照风险共担原则依据本条规则的规定对案涉工程建造费用的承担进行分配。总的投资数额是合作双方计算成本和分享利润的前提和基础，故适用该司法解释规定的前提是在双方合作开发合同中确定了总的投资数额。西厦公司未提供证据证明其与藻露堂公司就合作开发投资总数额进行了约定。案涉《关于〈接建协议〉的补充协议》只对藻露堂公司的投资额进行了约定，没有约定合作开发的西厦大厦的投资总额，亦未约定西厦公司的投资额；且约定藻露堂公司的投资额包括综合单价和据实结算的内容，实际投资额仍需最终结算后才能确定。二审法院据此认定西厦公司要求调整投资额中的一部分内容，与本条规则规定的情形不符，未支持西厦公司的该项主张，适用法律正确，并无不当。

三、裁判规则提要

通常情况下，合作开发房地产合同对项目投资数额都会采取明确约定投资总额以及超出该投资总额合作各方承担比例或分担办法，但司法实践中会有既没有投资总额约定也没有超过该约定投资总额如何分担或处理约定的例外情况。本条规则就是关于合作开发项目一旦出现投资数额大幅增加、引发合作各方对增加投资部分应如何分担的问题，诸如当事人之间是否属于合作开发合同性质、当事人是否就新增投资部分存在过错、是否应由当事人分担及其分担多少的争议该怎样认定与处理等问题。正确理解和适用本条规则，应当注意把握以下三个层面：首先，应审查是否具备适用本条规则的前提条件，一是争议双方当事人之间存在合作开发房地产合同关系，合同内容符合共同出资、共享利益、共担风险的特征。二是合作开发合同中对总的投资数额已有明确约定，且发生了新增投资额的事实。三是应审查当事人就投资额增加产生分担争议有无进行过协商，协商一致的是否达成过补充约定，经协商达成一致并作了补充约定的，有约定的按约定认定和处理，不适用本条规则；未能协商一致的才可以适用本条规则。其次，适用本条规则时，应当区分当事人是否存在过错，有过错的按过错原则认定和处理；无过错或不可归责于当事人的事由才能按本条规则的规定办法加以认定和处理。最后，本条规则对投资数额超出合作开发合同约定当事人均不存在过错的情形下，具体分担如何处理的方法进行了明确，即参照合作开发合同中当事人对投资比例或利润分配比例的约定加以确定，应注意适用先后顺序的不同，如果有投资比例约定的，应优先选择按该约定比例加以确定；如果没有投资比例约定的，才可以选择按照合同约定利润比例加以确定。

（一）本规则适用的"投资增加"的认定条件

1. 所涉合作开发合同应当具备共同投资、共享利润、共担风险的基本特征

房地产开发项目在投资数额大幅增加的情况下，合作双方往往就相互之间是否存在合作开发关系存有较大争议。而所涉合作合同或名为合作开发房地产合同是否能适用本条规则的规定进行调整，应当审查所涉合同是否符合共同投资、共享利润、共担风险的基本特征。如不具有三个基本特征的，则不属于《国有土地使用权司法解释》第12条所规定的合作开发房地产合同，不适用本条规则。

司法实务中，考察合作各方是否符合共同投资、共享利润、共担风险，一般可看争议合作方是否享有项目的股权或股权性权益以及争议合作方所取得的收益是否有明确的计算依据和计算方法，且该收益是否经过成本核算、与项目最终利润盈亏是否有关。如争议合作方所取得的收益为固定收益，与合作项目最终的盈亏无关时，则合作各方之间实际并不存在共享利润、共担风险的合同关系。

常见的不属于合作开发房地产合同的情形主要有各方之间存在土地使用权转让合同关系（即提供土地使用权的一方不承担经营风险，只收取固定利益的）及合作各方之间存在借款合同关系（即提供资金的一方不承担经营风险，只收取固定数额货币的）等。争议合作方实际提供的是从协助融资、项目运作、成本控制及财务管理等的代建服务，而代建服务中，对销售溢价部分代建方可享有超额收益是较为常见的代建方获取收益的方式，是项目方为激励代建方而设置的提成奖励，该等超额收益实际属于项目的成本而非利润，代建方的收益与项目最终利润并不直接关联，且也并能不代表代建方将与项目方共担风险。此类开发模式虽经常冠以合作开发房地产合同之名，但不属于本条规则所调整的范围。

2. 所涉合作开发合同中约定了总的投资数额

本条规则对投资数额超出合作开发房地产合同的约定时，对增加的投资数额合作各方如何承担进行了规定。适用该规则的前提是投资数额"超出"合作开发房地产合同的约定，即合作开发房地产合同中已经对总的投资数额进行了约定，而实际产生的投资数额超出了该已有约定。总的投资数额是合作各方计算成本和分享利润的前提和基础。如果合同中只约定了综合单价以及各方表示要据实结算，那么实际的投资额事实上需要在结算后才能确定，即此时合作任一方认为的"新增投资数额"，并不属于本条规则规定的"投资数额超出合作开发房地产合同的约定"的情形。因此，如合同中并未约定总的投资数额时，亦无法适用本条规则。

3. 新增的投资数额不属于合作开发房地产合同已约定的投资总额范围

除前述两种情形外，适用本条规则还需注意新增投资数额应当是超出合作开发房地产合同约定的投资数额，即该新增投资数额不在合同已有的约定范围内。审判实务中，部分合作开发主体对新增投资数额是否属于合同约定的范围存在异议，此时，应根据合同约定的内容、各方签订合同时的真实意思表示、新增投资数额产生的原因及用途等因素确定新增投资数额属于合同约定范围内的，则应当按照合同约定承担，而不能适用本条规则。

（二）投资增加情形的区分

1. 投资数额

房地产项目的投资数额指项目取得、建设、运营、退出中全部环节所需要的成本金额。一般而言，房地产项目开发影响投资成本增加主要是建设用地土地成本和地上建筑的建设成本两大块。具体开发进程可以分为拿地阶段、前期报批阶段、施工建设阶段、项目销售阶段、竣工验收备案阶段等。房地产项目的投资数额即需要围绕上述阶段而持续进行资金投入。

第一，土地受让取得阶段的投资。该阶段的投资数额主要在于为取得土地而应当支付的土地出让金。土地出让金是房地产项目开发中的主要成本之一。土地出让金收取后需全部上缴财政并列入预算管理，用于城市基础设施建设和土地开发，它是国家以所有者身份收取的专项收入，地方政府用来改善土地利用状况、优化资源配置、实现土地使用良性循环。《城市房地产管理法》第 16 条规定："土地使用者必须按照出让合同约定，支付土地使用权出让金；未按照出让合同约定支付土地使用权出让金的，土地管理部门有权解除合同，并可以请求违约赔偿。"《城市房地产管理法》第 40 条第 1 款规定："以划拨方式取得土地使用权的，转让房地产时，应当按照国务院规定，报有批准权的人民政府审批。有批准权的人民政府准予转让的，应当由受让方办理土地使用权出让手续，并依照国家有关规定缴纳土地使用权出让金。"土地使用权出让的方式，可以采取拍卖、招标或者双方协议的方式。为了使土地出让金的金额更为合理，《城市房地产管理法》中还规定采取双方协议方式出让土地使用权的出让金不得低于按国家规定所确定的最低价。^① 土地使用权出让金的多少是决定房地产开发项目投资数额的重要因素。

第二，前期报批阶段的投资。前期开发阶段主要包括项目整体报批报建、勘察测绘、规划设计等。房地产开发不仅需要考虑到房地产项目的经济效益，更要考虑到房地产项目对城市规划、环境、生产安全等多方面的影响。因此，在施工建设之前，开发企业需要根据《土地管理法实施条例》第25条^② 的规定对准备开发的项目制作可行性研究报告并进行立项申请，需要根据《城乡规划法》第38条^③ 的规定取得建设用地规划许可证、建设工程规划许可证，需要根据《建设工程勘察设计管理

---

① 《城市房地产管理法》第13条规定："土地使用权出让，可以采取拍卖、招标或者双方协议的方式。商业、旅游、娱乐和豪华住宅用地，有条件的，必须采取拍卖、招标方式；没有条件，不能采取拍卖、招标方式的，可以采取双方协议的方式。采取双方协议方式出让土地使用权的出让金不得低于按国家规定所确定的最低价。"

② 《土地管理法实施条例》第25条规定："建设项目需要使用土地的，建设单位原则上应当一次申请，办理建设用地审批手续，确需分期建设的项目，可以根据可行性研究报告确定的方案，分期申请建设用地，分期办理建设用地审批手续。建设过程中用地范围确需调整的，应当依法办理建设用地审批手续。农用地转用涉及征收土地的，还应当依法办理征收土地手续。"

③ 《城乡规划法》第38条规定："在城市、镇规划区内以出让方式提供国有土地使用权的，在国有土地使用权出让前，城市、县人民政府城乡规划主管部门应当依据控制性详细规划，提出出让地块的位置、使用性质、开发强度等规划条件，作为国有土地使用权出让合同的组成部分。未确定规划条件的地块，不得出让国有土地使用权。以出让方式取得国有土地使用权的建设项目，建设单位在取得建设项目的批准、核准、备案文件和签订国有土地使用权出让合同后，向城市、县人民政府城乡规划主管部门领取建设用地规划许可证。城市、县人民政府城乡规划主管部门不得在建设用地规划许可证中，擅自改变作为国有土地使用权出让合同组成部分的规划条件。"

《城乡规划法》第40条规定："在城市、镇规划区内进行建筑物、构筑物、道路、管线和其他工程建设的，建设单位或者个人应当向城市、县人民政府城乡规划主管部门或者省、自治区、直辖市人民政府确定的镇人民政府申请办理建设工程规划许可证。申请办理建设工程规划许可证，应当提交使用土地的有关证明文件、建设工程设计方案等材料。需要建设单位编制修建性详细规划的建设项目，还应当提交修建性详细规划。对符合控制性详细规划和规划条件的，由城市、县人民政府城乡规划主管部门或者省、自治区、直辖市人民政府确定的镇人民政府核发建设工程规划许可证。城市、县人民政府城乡规划主管部门或者省、自治区、直辖市人民政府确定的镇人民政府应当依法将经审定的修建性详细规划、建设工程设计方案的总平面图予以公布。"

条例》第2条^①和第4条^②规定取得建设工程勘察文件，需要根据《环境影响评价法》第16条^③规定取得环境影响报告书等。

而为完成上述工作，前期报批阶段会产生包括调研评估费、设计费（如规划设计、施工图设计、环境工程设计、市政配套管网设计、人防工程设计等）、勘察测绘费、报建费等的相关费用。

第三，施工建设阶段的投资。房地产开发项目的核心是要在所取得的土地使用权上进行建筑物及构筑物的开发建设，因此建设过程中产生的建设资金（即建筑与安装工程费）是房地产开发项目投资数额的重要组成部分。《建筑安装工程费用项目组成》^④中，建筑安装工程费按照费用构成要素划分，可以划分为人工费、材料（包含工程设备）费、施工机具使用费、企业管理费、利润、规费和税金；按照工程造价形成划分，则可划分为分部分项工程费、措施项目费、其他项目费、规费、税金。建设资金的多少一般取决于以下因素：（1）建筑材料的供给状况和价格水平。钢材、水泥等建筑材料的价格以及建设工地的交通运输条件等因素都直接制约影响建设资金的数量。（2）施工队伍的技术水平及劳动力成本。建筑行业是劳动密集型行业，劳动者的素质高低及管理水平的优劣都会影响建设资金的数额。（3）房地产的建设周期。房地产的建设周期直接影响资金的利息率和市场回报率，而建设周期的长短又受制于建筑材料的及时供应和施工企业的工程进度有效管控。

第四，项目销售阶段的投资。房地产销售价款是房地产开发中投资回收、获取

---

① 《建设工程勘察设计管理条例》第2条规定："从事建设工程勘察、设计活动，必须遵守本条例。本条例所称建设工程勘察，是指根据建设工程的要求，查明、分析、评价建设场地的地质地理环境特征和岩土工程条件，编制建设工程勘察文件的活动。本条例所称建设工程设计，是指根据建设工程的要求，对建设工程所需的技术、经济、资源、环境等条件进行综合分析、论证，编制建设工程设计文件的活动。"

② 《建设工程勘察设计管理条例》第4条规定："从事建设工程勘察、设计活动，应当坚持先勘察、后设计、再施工的原则。"

③ 《环境影响评价法》第16条规定："国家根据建设项目对环境的影响程度，对建设项目的环境影响评价实行分类管理。建设单位应当按照下列规定组织编制环境影响报告书、环境影响报告表或者填报环境影响登记表（以下统称环境影响评价文件）：（一）可能造成重大环境影响的，应当编制环境影响报告书，对产生的环境影响进行全面评价；（二）可能造成轻度环境影响的，应当编制环境影响报告表，对产生的环境影响进行分析或者专项评价；（三）对环境影响很小、不需要进行环境影响评价的，应当填报环境影响登记表。建设项目的环境影响评价分类管理名录，由国务院生态环境主管部门制定并公布。"

④ 《建筑安装工程费用项目组成》，详见《住房城乡建设部、财政部关于印发〈建筑安装工程费用项目组成〉的通知》（建标〔2013〕44号）。

利润的主要来源。此外，《城市房地产管理法》第 45 条 ① 中对商品房预售的条件作出了规定。商品房预售与普通销售的一大区别即在于商品房预售所得款项，必须用于后续的工程建设。而无论是预售还是销售，都会产生销售费用，此类销售费用主要包括销售人员工资奖金、广告宣传费、市场推广费、销售代理费、策划咨询费等。

第五，竣工验收备案阶段的投资。《城市房地产管理法》第 27 条 ② 中规定房地产开发项目竣工，经验收合格后，方可交付使用。竣工验收一般包括房屋测绘验收、规划单体验收、消防验收、建筑节能验收、环保验收等。竣工验收阶段验收本身并不涉及太多费用，需注意的是，部分房地产开发企业如违反《国有建设用地使用权出让合同》约定，超过竣工期限的，此时主要会产生逾期竣工违约金；不仅如此，如果发生延期交房的，还会产生合同约定的逾期交房违约金。另外，根据《闲置土地处置办法》第 14 条 ③ 第 1 项规定，未动工开发满一年的，由市、县国土资源主管部门报经本级人民政府批准后，向国有建设用地使用权人下达《征缴土地闲置费决定书》，按照土地出让或者划拨价款的 20% 征缴土地闲置费。且土地闲置费不得列入生产成本。

第六，因房地产开发需要向政府交纳的各项税费、公共配套设施建设费等其他费用。房地产开发除缴纳土地使用权出让金、支付房地产开发建设中的建设资金外依法交纳各项税费，还需要负担必要的税费和公共配套设施建设费。房地产开发影响周边的整体环境且对公共配套设施具有较高的要求，如城市道路的接入、生活用

---

① 《城市房地产管理法》第 45 条规定："商品房预售，应当符合下列条件：（一）已交付全部土地使用权出让金，取得土地使用权证书；（二）持有建设工程规划许可证；（三）按提供预售的商品房计算，投入开发建设的资金达到工程建设总投资的百分之二十五以上，并已经确定施工进度和竣工交付日期；（四）向县级以上人民政府房产管理部门办理预售登记，取得商品房预售许可证明。商品房预售人应当按照国家有关规定将预售合同报县级以上人民政府房产管理部门和土地管理部门登记备案。商品房预售所得款项，必须用于有关的工程建设。"

② 《城市房地产管理法》第 27 条规定："房地产开发项目的设计、施工，必须符合国家的有关标准和规范。房地产开发项目竣工，经验收合格后，方可交付使用。"

③ 《闲置土地处置办法》第 14 条规定："除本办法第八条规定情形外，闲置土地按照下列方式处理：（一）未动工开发满一年的，由市、县国土资源主管部门报经本级人民政府批准后，向国有建设用地使用权人下达《征缴土地闲置费决定书》，按照土地出让或者划拨价款的百分之二十征缴土地闲置费。土地闲置费不得列入生产成本；（二）未动工开发满两年的，由市、县国土资源主管部门按照《中华人民共和国土地管理法》第三十七条和《中华人民共和国城市房地产管理法》第二十六条的规定，报经有批准权的人民政府批准后，向国有建设用地使用权人下达《收回国有建设用地使用权决定书》，无偿收回国有建设用地使用权。闲置土地设有抵押权的，同时抄送相关土地抵押权人。"

电用水的供给、燃气和暖气的配套、网络通讯的接通等。这些公共配套设施需要向政府统一规划报建、统一协调建设。与此相应的是房地产开发企业应当支付必要的公共设施建设费用。

2. 区分投资数额增加的两种情形

房地产投资数额的变动是房地产开发建设中较为常见的现象。引起房地产投资数额变动的因素较多，如市场因素、环境因素、政策因素、人为因素等。而房地产投资数额的变动，往往直接影响合作各方的收益情况，导致合作各方对增加投资数额如何分担产生纠纷。结合这类合同纠纷审判实践中的经验，本条规则根据合作各方对投资数额超出合同约定是否具有过错，划分为两种情形：

第一，因当事人的过错导致投资数额超出合同约定的。

通常情况下，合作开发房地产项目均在合作合同中对总的投资数额予以明确约定，但在实际履行过程中，可能由于一方或多方的过错导致投资数额增加。较为典型的有：（1）负责建设的一方改变规划设计条件而导致投资数额增加。如合作开发房地产项目一般在开发建设前，项目规划设计条件均已提前报批确定，但负责项目建设一方为获得高额回报，擅自加高楼层或侵占公用面积导致政府处罚，从而会延长工期，增加投资数额。（2）负责提供资金一方因未及时提供资金导致增加投资数额的。如在合作开发过程中，负责提供资金一方资金链断裂或资金周转问题，不能及时全额缴纳土地出让金或支付工程款，从而会导致工期延误，向其他方支付违约金，增加投资数额。（3）因一方或多方的其他违约行为导致投资数额超出合同约定的。房地产合作开发是实物、资金、技术、管理的有机组合，需要合作各方按合同约定行使权利、履行义务，如合作开发中未履行或未全面履行合同义务，导致审批、工期等延长都会面临随之而来的各类违约金、罚款（如逾期动工可能产生的土地闲置费、逾期竣工违约金等），导致投资数额增加。

第二，因不可归责于当事人的事由或者当事人的过错无法确定导致投资数额超出合同约定的。

房地产开发项目的整个周期一般需要 2～3 年，而如规模较大的合作开发房地产项目，往往 3～5 年也颇为常见。在长达数年的周期中，因市场因素、政策因素或其他不可预见因素而导致投资数额增加的情况也难以避免。常见的情形有：（1）受国际或国内市场影响而导致建筑材料大幅涨价的。国内钢材、水泥价格的变化常常是房地产开发成本加大的一个重要原因。如果当事人双方对此没有特别约定，且当事人双方均无过错的，即不能根据过错责任来确定承担比例。（2）由于国家政策变化导致投资数额增加的。房地产行业与基本民生关系密切，因此，政府对房地产行业的调控较其他行业力度更强、频率更高。如政府对商品房开发项目实施限售措施和按揭贷款利率上浮、精装修交付要求等，均可能加大房地产的投入成本，进而影响到投资总额增加。而合作各方在订立合同之际，可能根本无法预见。（3）因城市规划变更或社会公共利益需要而导致投资数额增加的。房地产开发必须服从城市规划调整要求，如因学校、公路或者环保等因素影响变更城市规划，导致合作开发项目用地规划调整，开发成本、投资数额增加，即使政府支付一定数额补偿尚不足以弥补投资数额增加产生的差额损失的，也属于不可归责于当事人一方的事由即属于此类。在例案一中，因城市规划调整的因素导致项目开发成本的增加本身并非双方当事人能够预见或控制，应属于本条规则"因不可归责于当事人的事由或者当事人的过错无法确定的"的情形。

（三）投资数额增加的承担方式与分担比例

投资数额超出合作开发房地产合同的约定时，合作各方投资成本增加，直接影响合作各方能否实现投资收益以及能否取得最大化的投资回报。因此，易引发合作各方之间就增加的投资数额如何承担的相关纠纷。本条规则因投资数额增加而引起的承担比例，根据当事人是否具有过错界定了以下四种处理方式：

1. 因当事人过错导致投资数额超出合作合同约定的，对增加的投资数额的承担比例，应当由当事人按过错大小协商确定。合作开发房地产项目中，如投资数额超出合同约定的，投资数额增加的事实是否属于一方或者多方的过错所导致，即投资数额增加与一方的过错是否有事实上的因果关系，是合作各方最为常见的争议问题。由于合作开发行为是一种私法上的行为，所以从意思自治的原则考虑，应当鼓励和督促当事人尽量通过协商的方式确定各自的负担比例。因为当事人对于自身的过错程度相比其他人更加清楚，且通过协商方式确定分担比例，也有利于各方的后续合作。

2. 因当事人过错导致投资数额超出合作合同约定的，如当事人对增加的投资数额的承担比例协商不成的，按照当事人的过错确定。当事人对投资数额增加与一方或者各方过错之间的因果关系不能取得一致认识，并因此对投资数额的承担比例协商不成时，应当根据过错责任来确定各自的分担比例。过错包括故意和过失。根据过错责任来确定当事人一方或各方对投资数额增加的分担比例，符合《民法典》第6条规定的公平原则。

3. 因不可归责于当事人的事由或者当事人的过错无法确定的，对增加的投资数额的承担比例，按照合同中约定的投资比例确定。合作开发房地产合同的一个重要特征是共同出资，而共同出资的一个前提就是确定任一方在合作合同中的投资比例，因为投资比例是双方进行利润分配的重要条件。既然合作各方对投资比例有明确约定，那么当房地产开发过程中发生了投资数额增加的事实，且这一事实的发生不是由当事人一方的过错导致的；或者当事人虽有过错，但过错责任难以确定的，应当根据当事人各方在合作合同中约定的投资比例予以分担。因为投资数额的增加是合作开发房地产过程中应当预见的风险，按照投资比例确定分担比例，既能在最大程度上接近当事人在合作之初的意思表示，又符合合作开发房地产合同的本质要求。

4. 因不可归责于当事人的事由或者当事人的过错无法确定的，且当事人在合作合同中没有约定投资比例的，对增加的投资数额的承担比例，按照约定的利润分配比例确定。在合作开发房地产项目中，各方当事人对各自的出资方式有明确约定，但考虑到包括土地使用权等出资未进行货币换算或难以进行货币换算等原因，往往并未约定明确的投资比例，而仅对各方的货币分配或实物分配进行了约定。此时，在当事人没有合同约定依据直接可循的情况下，根据各方的利润分配比例来确定增加投资数额的承担比例，不失为相对公平合理的方法，符合权利义务相一致的民法基本原则。实践中，新增投资数额不属于任何一方过错的情形较多（如在例案一中，因规划调整而导致容积率增加，致使需补缴巨额地价款），此时，须特别提请注意的是：在以利润分配比例分担前，需剔除该新增投资数额中的确不属于任何一方履行合同发生的必要费用。

四、辅助信息

《民法典》

第六条　民事主体从事民事活动，应当遵循公平原则，合理确定各方的权利和义务。

第五百一十条　合同生效后，当事人就质量、价款或者报酬、履行地点等内容没有约定或者约定不明确的，可以协议补充；不能达成补充协议的，按照合同相关条款或者交易习惯确定。

《城市房地产管理法》

第十三条 土地使用权出让，可以采取拍卖、招标或者双方协议的方式。

商业、旅游、娱乐和豪华住宅用地，有条件的，必须采取拍卖、招标方式；没有条件，不能采取拍卖、招标方式的，可以采取双方协议的方式。

采取双方协议方式出让土地使用权的出让金不得低于按国家规定所确定的最低价。

第十六条 土地使用者必须按照出让合同约定，支付土地使用权出让金；未按照出让合同约定支付土地使用权出让金的，土地管理部门有权解除合同，并可以请求违约赔偿。

第三十八条 下列房地产，不得转让：

（一）以出让方式取得土地使用权的，不符合本法第三十九条规定的条件的；

（二）司法机关和行政机关依法裁定、决定查封或者以其他形式限制房地产权利的；

（三）依法收回土地使用权的；

（四）共有房地产，未经其他共有人书面同意的；

（五）权属有争议的；

（六）未依法登记领取权属证书的；

（七）法律、行政法规规定禁止转让的其他情形。

《城乡规划法》

第三十八条 在城市、镇规划区内以出让方式提供国有土地使用权的，在国有土地使用权出让前，城市、县人民政府城乡规划主管部门应当依据控制性详细规划，提出出让地块的位置、使用性质、开发强度等规划条件，作为国有土地使用权出让合同的组成部分。未确定规划条件的地块，不得出让国有土地使用权。

以出让方式取得国有土地使用权的建设项目，建设单位在取得建设项目的批准、核准、备案文件和签订国有土地使用权出让合同后，向城市、县人民政府城乡规划主管部门领取建设用地规划许可证。

城市、县人民政府城乡规划主管部门不得在建设用地规划许可证中，擅自改变作为国有土地使用权出让合同组成部分的规划条件。

第四十条　在城市、镇规划区内进行建筑物、构筑物、道路、管线和其他工程建设的，建设单位或者个人应当向城市、县人民政府城乡规划主管部门或者省、自治区、直辖市人民政府确定的镇人民政府申请办理建设工程规划许可证。

申请办理建设工程规划许可证，应当提交使用土地的有关证明文件、建设工程设计方案等材料。需要建设单位编制修建性详细规划的建设项目，还应当提交修建性详细规划。对符合控制性详细规划和规划条件的，由城市、县人民政府城乡规划主管部门或者省、自治区、直辖市人民政府确定的镇人民政府核发建设工程规划许可证。

城市、县人民政府城乡规划主管部门或者省、自治区、直辖市人民政府确定的镇人民政府应当依法将经审定的修建性详细规划、建设工程设计方案的总平面图予以公布。

《环境影响评价法》

第十六条　国家根据建设项目对环境的影响程度，对建设项目的环境影响评价实行分类管理。

建设单位应当按照下列规定组织编制环境影响报告书、环境影响报告表或者填报环境影响登记表（以下统称环境影响评价文件）：

（一）可能造成重大环境影响的，应当编制环境影响报告书，对产生的环境影响进行全面评价；

（二）可能造成轻度环境影响的，应当编制环境影响报告表，对产生的环境影响进行分析或者专项评价；

（三）对环境影响很小、不需要进行环境影响评价的，应当填报环境影响登记表。

建设项目的环境影响评价分类管理名录，由国务院生态环境主管部门制定并公布。

《国有土地使用权司法解释》

第十二条　本解释所称的合作开发房地产合同，是指当事人订立的以提供出让土地使用权、资金等作为共同投资，共享利润、共担风险合作开发房地产为基本内容的合同。

国有土地使用权合同纠纷案件裁判规则第 5 条：

合作开发房地产合同约定，仅以投资数额确定利润分配比例，当事人未足额缴纳出资的，按照当事人的实际出资比例分配利润

【规则描述】 合作开发房地产合同中利润分配多少与合作投资的大小直接关联，当事人是否按照合同约定足额缴纳出资及其对合作项目实际投入多少常常是合作开发合同当事人产生收益分配纠纷的焦点。对此，本条规则专门就审判实务中合作开发合同明确约定仅以投资数额确定利润分配比例的情况下，当事人未足额缴纳出资的应当按照合同约定的利润分配比例还是实际出资比例进行利润分配，以及当事人要求将房屋预售款抵充投资参与利润分配的是否应当支持的问题作出具体规定。

一、类案检索大数据报告

时间：2021 年 4 月 28 日之前；案例来源：Alpha 案例库；数据采集时间：2021 年 4 月 28 日；检索条件：法院认为包含"合作开发房地产合同约定仅以投资数额确定利润分配比例，当事人未足额交纳出资的"。本次检索获取了 2021 年 4 月 28 日前共 41 篇裁判文书。整体如图 5-1 所示，其中：

1. 合作开发房地产合同约定仅以投资数额确定利润分配比例，当事人未足额交纳出资的，按照当事人的实际投资比例分配利润的案件共计 27 件，占比为 65.85%；

2. 双方解除合同，参照当事人的实际投资比例利润的案件共计 2 件，占比为 4.88%；

3. 双方当事人未约定以数额确定利润的案件共计 6 件，占比为 14.63%；

4. 双方当事人均未出资到位的案件共计 3 件，占比为 7.32%；

5. 当事人已足额交纳出资的案件共计 2 件，占比为 4.88%；

6. 判决驳回诉讼请求的案件共计 1 件；占比为 2.44%。

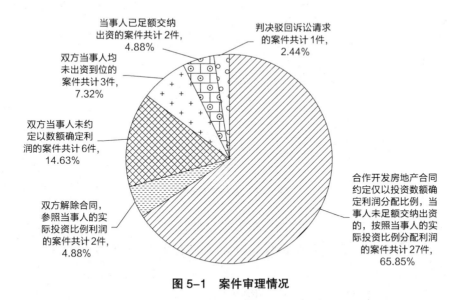

图 5-1　案件审理情况

如图 5-2 所示，从下方的年份分布可以看到当前条件下案件数量的变化趋势。

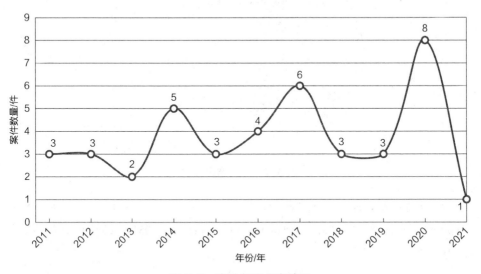

图 5-2　案件年度分布情况

如图 5-3，从下面的程序分类统计可以看到当前的审理程序分布状况。一审案件有 15 件，二审案件有 21 件，再审案件有 5 件。

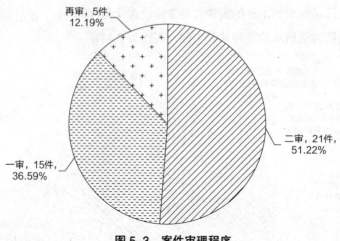

图 5-3　案件审理程序

如图 5-4 所示，通过对一审裁判结果的可视化分析可以看到，当前条件下全部 / 部分支持的有 13 件，占比为 86.67%；全部驳回的有 2 件，占比为 13.33%。

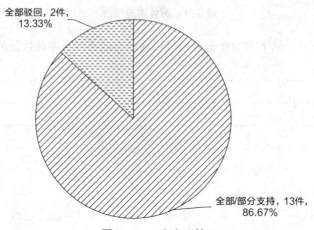

图 5-4　一审审理情况

如图 5-5 所示，通过对二审裁判结果的可视化分析可以看到，当前条件下改判的有 15 件，占比为 71.43%；其他的有 4 件，占比为 19.05%；维持原判的有 2 件，占比为 9.52%。

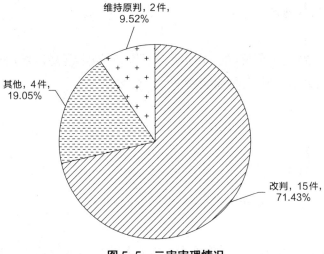

图 5-5　二审审理情况

如图 5-6 所示，通过对再审裁判结果的可视化分析可以看到，当前条件下维持原判的有 3 件，占比为 60%；改判的有 2 件，占比为 40%。

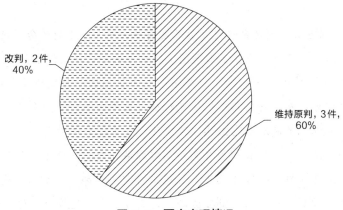

图 5-6　再审审理情况

二、可供参考的例案

> **例案一：大连宝玉集团、大连隆丰房地产与大连金世纪房屋开发公司合资、合作开发房地产合同纠纷案**

【法院】

最高人民法院

【案号】

（2013）民申字第 1997 号

【当事人】

再审申请人（一审被告、反诉原告，二审上诉人）：大连隆丰房地产开发有限公司

再审申请人（一审被告、反诉原告，二审被上诉人）：大连宝玉集团有限公司

被申请人（一审原告、反诉被告，二审上诉人）：大连金世纪房屋开发有限公司

【基本案情】

2000 年 10 月 8 日，大连金世纪房屋开发有限公司（以下简称金世纪公司）与大连宝玉集团有限公司（以下简称宝玉集团）签订《联合建房协议书》（以下简称《联建协议》），主要内容为："一、金世纪公司与宝玉集团联合开发建设"新世纪家园"项目。二、联建方式及投资安排：1. 金世纪公司负责承担动迁费和用地补偿费，并负责取得《土地证》等前期土地出让许可文件，并承担全部费用。2.《施工许可证》等由宝玉集团交纳有关配套和相关费用后，双方共同办理，所需费用由宝玉集团负责。3. 宝玉集团负责整体项目建设开工至竣工所需的全部经费及水、暖、电等全部配套费及其工程费等。4. 宝玉集团在协议签订后 3 日内，交给金世纪公司定金 2000 万元，金世纪公司将土地证办妥后一个月内，宝玉集团再交给金世纪公司 1000 万元。5. 金世纪公司在收到宝玉集团交给的 3000 万元的前提下，金世纪公司分得项目可销售面积的 35%，宝玉集团分得项目可销售面积的 65%。"

2002 年 10 月 15 日，金世纪公司与大连隆丰房地产开发有限公司（以下简称隆丰公司）就案涉项目签订了《联合建房协议书之补充协议》（以下简称《补充协议》），主要内容为："金世纪公司分得案涉项目总面积的 33.5%，隆丰公司分得案涉项目总面积的 66.5%。项目由双方共同负责，隆丰公司负责承担全部监理费用。"

2004 年 9 月 1 日，金世纪公司向隆丰公司发出《催款通知》，主要内容为："依

据《联合建房协议书之补充协议》，隆丰公司应在2003年1月底前还清欠款920万元，但只陆续偿还了180万元，还欠740万元，望隆丰公司立即偿还欠款。"

2006年各方因协议履行发生争议，金世纪公司向辽宁省高级人民法院提起诉讼，辽宁省高级人民法院移送大连市中级人民法院审理，作出了（2009）大民二初字第43号民事判决：一、宝玉集团、隆丰公司于判决生效之日起10日内给付金世纪公司合作款737万元及逾期付款违约金；二、金世纪公司于判决生效之日起10日内给付宝玉集团、隆丰公司合作开发房地产的利润款30392029.34元及"金玉星海"项目房屋12140.7平方米；三、解除金世纪公司与宝玉集团、隆丰公司签订的《联建协议》和《补充协议》。

金世纪公司与隆丰公司不服该判决，向辽宁省高级人民法院提起上诉，二审判决变更大连市中级人民法院（2009）大民二初字第43号民事判决第2项为：金世纪公司于本判决生效之日起30日内给付宝玉集团和隆丰公司合作开发房地产的利润款19325788.45元；并就"金玉星海"项目尚未销售的房屋按47.4%的房屋面积或相应利益交付给宝玉集团和隆丰公司。宝玉集团和隆丰公司于本判决生效之日起30日内给付金世纪公司延期交工违约金3000万元。

隆丰公司、宝玉集团不服二审判决向最高人民法院申请再审，最高人民法院裁定驳回再审申请。

【案件争点】

合作开发房地产合同约定仅以投资数额确定利润分配比例，当事人未足额交纳出资的利润分配问题。

【裁判要旨】

最高人民法院经审查认为，本案处理可以参照《国有土地使用权司法解释》第22条[①]的立法精神。该条之所以规定对未足额出资一方的利润分配比例进行调整，是基于投资是当事人利润分配的基础、权利义务相一致以及公平原则等因素的考虑。本案《联建协议》以及《补充协议》虽未对双方的投资数额作出明确约定，但在确定分配比例时显然是以出资作为计算的依据，其中金世纪公司的义务是提供土地使用权，而隆丰公司、宝玉集团则是负责"整体项目建设开工至竣工所需的全部经费及水、暖、电、气、电视、通讯通邮、道路、绿化、消防、物业管理系统等全部配套费以及工程费等"，并没有约定以其他标准分配利润，并且，根据《联建协议》的约定，隆丰公司、

---

① 该司法解释已于2020年12月23日修正，本案所涉第22条修改为第19条，内容未作修改。

宝玉集团交付给金世纪公司的 3000 万元款项，也属于投资款的组成部分，金世纪公司在收到上述款项的前提下，相应地增加宝玉集团的应分配比例，该约定可以印证出资系双方确定分配比例的基础。从一审、二审查明的事实看，金世纪公司已经完成投资义务，隆丰公司、宝玉集团应付的 3000 万元款项尚欠 737 万元，且讼争项目并未全部完工，小区绿化及封闭工程、小区安全监控系统、部分配套工程及公建外装修、车库等系由金世纪公司完成。因此，在宝玉集团未按约定履行投资义务的情况下，如仍按照原分配比例进行分配，不仅违反合同约定，而且也有悖于权利义务相一致原则和公平原则。据此，二审判决对《联建协议》和《补充协议》约定的分配比例进行调整有相应的事实和法律依据。由于《联建协议》和《补充协议》对于土地使用权的价值并没有作出明确约定，在金世纪公司已经完成投资义务，隆丰公司、宝玉集团没有履行合同约定的全部投资义务，且隆丰公司、宝玉集团也未就此提出鉴定申请的情况下，二审判决以隆丰公司、宝玉集团实际投资额占其应完成投资额的比例为依据对《补充协议》约定的分配比例进行调整并无不妥。

例案二：深圳市广森投资集团有限公司与深圳市万科南苑房地产开发有限公司合资、合作开发房地产合同纠纷案

【法院】

广东省高级人民法院

【案号】

（2017）粤民申 1330 号

【当事人】

再审申请人（一审原告、二审被上诉人）：深圳市万科南苑房地产开发有限公司

被申请人（一审被告、二审上诉人）：深圳市广森投资集团有限公司

一审第三人：深圳南茂企业公司

一审第三人：茂名市物业房地产开发总公司

【基本案情】

1994 年 6 月 3 日，深圳市万科南苑房地产开发有限公司（以下简称万科南苑公司）（甲方）与茂名市政府驻深办（乙方）签订《合作兴建"金城大厦"协议书》，约定万科南苑公司提供土地 5530.27 平方米并办理立项等手续，乙方负责建设所需的全部建设投资，利益分配以建成楼宇建筑面积比例分成的方式进行，甲、乙方按照

30%、70% 的比例分配。

1998 年 3 月 30 日，双方签订《合作兴建"金城大厦"补充协议》，将双方的分配比例变更为"甲方分成总建筑面积的 25%，乙方分成总建筑面积的 75%"。

1998 年 11 月 18 日，茂名市政府驻深办（甲方）、深圳南茂企业公司（以下简称南茂公司）（乙方）、茂名市物业房地产开发总公司（以下简称茂名物业公司）（丙方）、万科南苑公司（丁方）签订《苏豪名厦项目股权转让协议书》，就茂名市政府驻深办转让苏豪名厦（原名金城大厦、金虹大厦）75% 股权给南茂公司、茂名物业公司一事达成协议，约定：按建成楼宇分成的方法结算利益，其中茂名市政府驻深办分成的楼宇为主楼一至三层全部面积、第五层至第二十六层的 75% 面积及全部辅楼的 75% 面积，万科南苑公司分成楼宇为主楼的第四层全层、主楼第五至二十六层的 25% 面积及全部辅楼的 25% 面积；股权转让后南茂公司、茂名物业公司平均拥有苏豪名厦原属茂名市政府驻深办拥有的股权。

1998 年 11 月 27 日，万科南苑公司与南茂公司、茂名物业公司签订《苏豪名厦收益分配协议》，就苏豪名厦建成后的楼层分配具体问题作出约定。

1999 年 1 月 28 日，南茂公司、茂名物业公司（甲方）与深圳市广森投资集团有限公司（以下简称广森公司）（乙方）签订《苏豪名厦项目增资参股协议》，约定：由于甲方资金有限，后续资金不足，因而双方协商同意乙方增资参加苏豪名厦建设，参资总额为 2970 万元，分期分批投入，乙方增资参股后，全额拥有苏豪名厦主楼 1-3 层除大堂外的其余全部面积的所有权、使用权、处置权等全部权益。

苏豪大厦建成后，各方因合同履行发生争议，万科南苑公司遂于 2009 年 6 月 1 日起诉至深圳市南山区人民法院，以广森公司未足额出资为由要求广森公司返还 1800 万元分配利润。

【案件争点】

合作开发房地产合同约定仅以投资数额确定利润分配比例，当事人未足额交纳出资的利润分配问题。

【裁判要旨】

深圳市中级人民法院经审查认为，关于万科南苑公司是否有权以广森公司未足额出资为由而主张返还对应利润的问题。根据《民法通则》①57 条及《合同法》第 8

———————

① 该法已失效。

条第 1 款 ① 及本条规则的规定，在合作建房合同没有约定其他利润分配标准而仅约定以投资数额确定利润分配比例时，方应按照当事人的实际投资比例分配利润。而本案中，万科南苑公司与南茂公司、茂名物业公司 1998 年 11 月 27 日《苏豪名厦收益分配协议》中对出地方与出资方的房产分配已有明确具体约定，并非以出资方出资数额作为房产分配比例的依据，且广森公司所应分得的房产在南茂公司、茂名物业公司按约应取得的房产范围之内，没有超出《苏豪名厦收益分配协议》中约定的出资方利润范围，亦不存在应以实际出资比例认定超原约定范围房产的分配比例的情形。鉴于本案现有证据并未显示合作建房各方当事人已协商变更为按照当事人的实际投资比例分配利润，故即使认定广森公司对万科南苑公司负有 2970 万元出资义务且其实际出资未达到 2970 万元，在涉案房地产项目已经建成竣工并对外发售即万科南苑公司合同目的已经实现的情况下，万科南苑公司主张以实际出资额计算利润分配比例则既无合同依据也无法律依据。即使万科南苑公司曾垫付本应由出资方支出的房地产项目建设、管理费用，其也应依据合同约定或法律规定向出资方主张承担赔偿等违约责任，根据《民法通则》② 第 57 条及《合同法》第 8 条第 1 款 ③ 关于当事人非依法律规定或经对方同意不得擅自变更合同的法律规定，万科南苑公司无权单方变更其与出资方之间关于房产分配的约定并主张返还对应利润。

广东省高级人民法院在案件再审中认为，因万科南苑公司与南茂公司、茂名物业公司签订的《合作兴建"金城大厦"协议书》中对出土地方与出资方的房产分配已有明确具体约定，并非以出资方出资数额作为房产分配比例的依据，而广森公司所应分得的房产在南茂公司、茂名物业公司按约应取得的房产范围之内。本案不属于合作开发房地产合同约定仅以投资数额确定利润分配比例的情形，万科南苑公司主张二审判决未适用本条规则的规定，属于适用法律错误，依据不足，法院不予支持。

---

① 参见《民法典》第 465 条第 2 款规定："依法成立的合同，仅对当事人具有法律约束力，但是法律另有规定的除外。"

② 该法已失效。

③ 参见《民法典》第 465 条第 2 款规定："依法成立的合同，仅对当事人具有法律约束力，但是法律另有规定的除外。"

例案三：曾宪明与徐州咪兰房地产开发有限公司、徐先超合资、合作开发房地产合同纠纷案

【法院】

最高人民法院

【案号】

（2016）最高法民申 363 号

【当事人】

再审申请人（一审被告、二审上诉人）：徐州咪兰房地产开发有限公司

再审申请人（一审被告、二审上诉人）：徐先超

被申请人（一审原告、二审上诉人）：曾宪明

【基本案情】

2005 年 5 月，徐先超在铜山国土资源局通过挂牌竞价程序以 170 万元价格竞得 2005-1 号地块国有土地使用权。2006 年 11 月 29 日，曾宪明与徐先超签订《联合开发协议》，约定：（1）甲方（徐先超）拥有的土地使用权以 380 万元作价与乙方（曾宪明）投入现金 400 万元进行联合开发。（2）开发周期 1.5～2 年。（3）利润分成：开发销售结束，双方按 5∶5 分成，即双方各自收回成本，利润分成各占 50%。后双方将协议中土地作价及出资内容变更为："甲方拥有的土地使用权以 300 万元作价与乙方投入现金 300 万元进行联合开发。在开发期间资金不足时，双方再行筹备，所形成的利息计财务费用。"其余内容及签署日期均不变。

2007 年 7 月 11 日，徐州咪兰房地产开发有限公司（以下简称咪兰公司）注册成立，法定代表人为徐先超，企业类型为有限公司（自然人独资），注册资本为 1000 万，其中货币资金 300 万元，无形资产（土地使用权）700 万元。

2010 年 6 月 17 日，徐先超（甲方）与曾宪明（乙方）签订《补充协议》，约定：（1）甲乙双方同意将公司账上存款各按 50% 分别存在双方个人名下；（2）以后售房款也是各存 50%；（3）欠施工方的工程款，由双方共同承担支付（以众合会计事务所审计为准）；（4）任何一方与施工方及施工外的任何单位签订的合同均由签字方承担，与另一方无任何关系，需要与外界签订合同需双方共同签字认可后，甲乙方可与外界签订合同。

后因利润分配问题，曾宪明诉至徐州市中级人民法院诉请确认双方存在合作开

发房地产的法律关系，参与分配合作开发房地产项目盈余分成款 1399.14 万元。一审法院支持了曾宪明部分主张，咪兰公司、徐先超、曾宪明均不服提出上诉后二审法院维持了原判决。后咪兰公司、徐先超又向最高人民法院申请再审。

【案件争点】

合作开发房地产合同虽约定以投资数额确定利润分配比例，但之后进行过补充变更，当事人未足额交纳出资的利润分配问题。

【裁判要旨】

最高人民法院认为，咪兰公司注册成立后仅数日该 300 万元借款即由咪兰公司用房屋预售款返还给曾宪明用于偿债，其虽并未实际完成投资义务，但徐先超对此知晓并予以认可，在《补充协议》中仍约定了对咪兰公司账上存款及售房款五五分配，与之前《联合开发协议》的利润分配约定相符，此约定为当事人的真实意思表示，不违反法律、行政法规的强制性规定。双方合作期间，徐先超并未提出曾宪明未出资不应享受利润分配。现咪兰公司、徐先超主张曾宪明没有投资不应享有利润分成，与双方的约定不符，也不属于本条规则的适用情形，二审判决对其主张不予支持，并无不当。

三、裁判规则提要

正确理解与适用本条规则应当着重从三个层面加以把握：首先，对于投资额的理解上不宜作扩大解释，仅限于"以投资数额确定利润分配比例"这种情形，即其他非货币出资形式只要无法作价或未能量化为货币出资数额的，均不宜适用；其次，必须当事人一方存在未足额缴纳出资的违约行为，而这种违约行为无须区分故意或过失；最后，未足额出资的合同当事人，要求将合作开发项目房屋预收款冲抵投资参与利润分配的，因违反诚信、公平等民法基本原则，法院审理时应当不予支持。

（一）本条规则适用前提条件

1. 所涉合同必须是合作开发房地产合同性质。《国有土地使用权司法解释》第 12 条明确了本条规则适用的合同类型，即只有在"共同投资、共享利润、共担风险"的合作开发房地产合同中适用本条规则，才符合我国《民法典》第 6 条 ① 规定的公平

---

① 《民法典》第 6 条规定："民事主体从事民事活动，应当遵循公平原则，合理确定各方的权利和义务。"

原则，并非以"出资"作为主要义务或并非以利润分配为主要"权利"的合同，适用本条规则显然与立法目的不符。

2. 对于合同中利润分配的约定部分应当合法有效。根据《民法典》第156条"民事法律行为部分无效，不影响其他部分效力的，其他部分仍然有效"的规定，本条规则在适用中遇有合同部分无效的情形，应当着重审查"利润分配"部分条款有无"违反法律和行政法规的强制性规定"而无效的情形。如该部分被认定为无效，则不应根据该条款进行裁判。

3. 所涉合同对投资数额已有明确约定。以"现金方式"出资的，应当有明确的数额而非简单的出资比例；以"土地方式"出资的，应当有明确出资对象（包括土地面积和四至位置）和具体投资占比。在房地产合作开发的实务中，大部分掌握土地使用权的当事人在选择合作开发对象时，更重视的是合作方的融资能力和项目运营能力，对于合作方的资金投入数额并不作预先的要求。这样的合作项目中，合作开发房地产合同对提供资金的一方当事人的具体投资数额并无明确约定。比如，仅约定为一方当事人提供土地使用权，另一方当事人负责筹集建设资金完成项目的开发建设。这样的合同条款，并不违反法律和行政法规的强制性规定，合同的效力应当得到尊重，但该种情况下因为投资数额的不确定，显然不能够直接适用本条规则。

4. 所涉合同对利润分配的约定必须符合"仅以投资数额确定利润分配比例"的限制条件。因为房地产合作开发模式与利益分配方式的多样性，合同中对利润分配的方式常见的有按实际投资数额确定利润分配比例或按固定比例分成、按固定面积分成、按销售收益分成等。"仅以投资数额确定利润分配比例"仅仅是其中一种利润分配方式，同时一份合同中很有可能约定了多种分配方式，因此适用本条规则的另一个重要前提就是"仅以"，即在合同中约定了且只约定了"以投资数额确定利润分配比例"这一种分配方式。此外，对于以"技术出资""管理出资"等名义在合作协议中确定了利润分配比例的，一旦发生纠纷，也不应适用本条规则。因为一方面这类出资方式虽然未被法律直接禁止，但《公司登记管理条例》（已失效）第14条规定，股东不得以劳务、信用、自然人姓名、商誉、特许经营权或者设定担保的财产等作价出资。而此类合作协议中所指的"技术出资""管理出资"等一般是指当事人个人的劳务行为，因此按照《公司法》第27条"股东可以用货币出资，也可以用实物、知识产权、土地使用权等可以用货币估价并可以依法转让的非货币财产作价出资；但是，法律、行政法规规定不得作为出资的财产除外"的法律规定，此类"出资"约定显然与法不符。另一方面，如认定其为知识产权类出资，则也应"对作为出资的非货币财产应当评估作价，核实财产，不得高估或者低估作价"，① 确定其具体金额后，根据该非货币财产的转让和出资情况适用本条规则来判断当事人出资义务的履行情况。

同时，还应注意在合同履行过程中，各方当事人通过补充协议等形式实际变更了利润分配方式约定的，也不应适用本规则。例如，在例案三中，各方当事人在实际出资到位后，又通过签订补充协议的方式，取回各自出资并约定原利润分配比例不变的，虽然分配比例上没有变化，但其实质上是对原基于实际出资的利润分配方式进行了改变，从以按实际出资额比例进行分配变更为按固定比例进行分配。

（二）对本规则适用应把握的要点

1. 对"投资数额"的理解

"投资数额"是指房地产项目的实际"投资总额"，是项目公司的注册资本，还是合作合同约定的各方出资额的总和？在本条规则中未看到相关定义。由于在实务操作层面，房地产项目"投资总额"与项目公司"注册资本"具有关联，"投资总额"一般是指在报当地发展和改革委员会进行项目立项时确定的投资额，而"注册资本"系各股东认缴出资总额，在项目开发过程中，合作方会投入"股东借款"，或将一定资金投入项目公司的"资本公积"，各方实际投入项目运作资金往往大于注册资本数额。因而，对于本条规则中的"投资数额"理解为合作合同约定的各方出资额的总和较为恰当。

2. 对于"未足额缴纳出资"如何认定

简单从文义角度来看，只要当事人未按照合同约定的"金额（资产）"要求、时间要求等履行出资义务，均可被认定为"未足额缴纳出资"。但考虑到房地产开发项目的周期一般较长，资金使用也是分阶段进行，如简单地根据合同约定来认定当事人是否存在"未足额缴纳出资"及其应承担的法律后果，可能与本条规则的制订本意不符。

实务中对于"未足额交纳出资"也存在不同理解，是各方出资少于合作开发房地产合同约定的出资，即视为未足额交纳出资，还是其中一方或各方出资少于合同约定出资致使项目进度等受到影响，影响合同相对方实现合同目的？对于"未足额交纳出资"的理解，不能仅按照合同约定出资是否实际全部到位，同时也要结合

---

① 《公司法》第27条规定："股东可以用货币出资，也可以用实物、知识产权、土地使用权等可以用货币估价并可以依法转让的非货币财产作价出资；但是，法律、行政法规规定不得作为出资的财产除外。对作为出资的非货币财产应当评估作价，核实财产，不得高估或者低估作价。法律、行政法规对评估作价有规定的，从其规定。"

合同的履行现状全面考察，审查一方出资未到位情形下，对于合同目的实现的影响程度，若合同目的此时已实现或部分实现的，则应结合违约方的违约后果进行综合考量。

3. 对"实际出资"的认定

对于仅负有现金出资义务的当事人的"实际出资"的认定相对较为简单，但对于以土地使用权或技术出资的当事人，在未按约定出资的情况下的"实际出资"往往就较难有明确的量化结论。一般应从以下几个方面考虑：

（1）出资的时间。房地产开发项目对时间的要求是十分严苛的，因为在各个阶段项目进度的延缓都会导致巨大的经济损失。比如逾期开工可能会面临的行政罚款和土地被政府收回、因进度付款延误导致的施工合同违约及由此产生的停工损失、因逾期交房被购房业主提起违约赔偿等。作为项目关键的资金到位情况会极大地影响项目的成败和收益，因此对于"实际出资"的认定，时间因素至关重要。

（2）出资的数额。前文已经提到房地产合作开发项目是一种周期较长的项目，在资金的使用也是分阶段进行的。但在合作开发主合同中往往仅约定了出资的总额，但对项目各阶段的资金需求并未明确，而是通过补充协议、施工合同等文件在项目实施过程中逐步确定与修正。因此对于"实际出资"的数额问题，应结合主合同及各方当事人认可的配套文件综合判断。

（3）出资的方式。房地产项目中，当事人作为项目公司股东的，为避免经营和政策风险，经常采用"股东借款"的形式进行"出资"。对于此种出资方式是否可被认定为"实际出资"的问题，一般认为虽然法律上与传统意义上的"出资"不符，但当事人各方的真实意思表示应是将该类款项作为股东的"投资"而非真正的借款。因此在适用本条规则时，此类"股东借款"也应被认定为"实际出资"。

4. 预售款不应被认定为投资款的问题

（1）两者的法律性质不同。根据《城市商品房预售管理办法》（建设部令第131号）第2条①的规定，商品房预售是指房地产开发企业将正在建设中的房屋预先出售给承购人，由承购人支付定金或房价款的行为。这里承购人支付的定金或房价款，通常就是房屋预售款。从这里我们可以看到，房屋预售款是由房屋的承购人所支付，其支付行为是基于房屋预先出售的合同关系而发生。而投资款是由合作开发房地产

---

① 《城市商品房预售管理办法》第2条规定："本办法所称商品房预售是指房地产开发企业（以下简称开发企业）将正在建设中的房屋预先出售给承购人，由承购人支付定金或房价款的行为。"

合同的一方当事人支付，支付的目的是履行合作开发房地产合同约定的出资义务。因此，房屋预售款与投资款的法律性质是截然不同的。如果在合同中对于投资款的金额有明确约定，而一方当事人主张用房屋预收款冲抵投资款，这种做法显然是与合同约定不符的。

（2）以房屋预售款冲抵出资违反了诚信原则。《民法典》第7条规定，民事主体从事民事活动，应当遵循诚信原则，秉持诚实，恪守承诺。合作开发房地产合同是确立并维系合同双方之间的合作关系的基础。经由当事人协商一致，如果合同中对当事人需投入合作项目的货币数额与时间有明确而具体的约定，当事人的出资义务就是明确的。当事人要求将房屋预收款冲抵投资，实际上是对合同条款的不履行或部分不履行，违反了民事合同中的诚信原则。如果允许用房屋预售款来冲抵出资，这显然将减免负有出资义务的一方当事人的投资义务，其法律后果就是该方当事人处于不违约或者违约程度减轻的地位。这将导致守约方无从行使其本可行使的要求对方承担继续履行或者赔偿损失等违约责任的权利。

（3）以房屋预售款冲抵出资损害了另一方当事人的合法利益。房屋预售款系由合作成立的房地产开发企业收取的公司收益，根据《公司法》第4条"公司股东依法享有资产收益、参与重大决策和选择管理者等权利"的规定，预售款的收益权归属于全体股东。擅自用房屋预售款作为一方当事人的出资，某种程度上可以认为是未经股东表决同意直接将公司资金借给公司股东的行为，不仅违反了民商事法律规定中的相关规定，甚至很有可能涉嫌刑事犯罪。因此，如当事人主张"房屋预售款充抵投资参与利润分配的"，显然其作为请求基础的"出资"本身就违反了法律规定，是以损害其他当事人的权益为前提的，理应不受支持。

四、辅助信息

《国有土地使用权司法解释》

第十二条　本解释所称的合作开发房地产合同，是指当事人订立的以提供出让土地使用权、资金等作为共同投资，共享利润、共担风险合作开发房地产为基本内容的合同。

第十九条　合作开发房地产合同约定仅以投资数额确定利润分配比例，当事人未足额交纳出资的，按照当事人的实际投资比例分配利润。

第二十条　合作开发房地产合同的当事人要求将房屋预售款充抵投资参与利润分配的，不予支持。

《民法典》

第六条　民事主体从事民事活动，应当遵循公平原则，合理确定各方的权利和义务。

第七条　民事主体从事民事活动，应当遵循诚信原则，秉持诚实，恪守承诺。

《公司法》

第二十七条　股东可以用货币出资，也可以用实物、知识产权、土地使用权等可以用货币估价并可以依法转让的非货币财产作价出资；但是，法律、行政法规规定不得作为出资的财产除外。

对作为出资的非货币财产应当评估作价，核实财产，不得高估或者低估作价。法律、行政法规对评估作价有规定的，从其规定。

第一百四十八条　董事、高级管理人员不得有下列行为：

（一）挪用公司资金；

（二）将公司资金以其个人名义或者以其他个人名义开立账户存储；

（三）违反公司章程的规定，未经股东会、股东大会或者董事会同意，将公司资金借贷给他人或者以公司财产为他人提供担保；

（四）违反公司章程的规定或者未经股东会、股东大会同意，与本公司订立合同或者进行交易；

（五）未经股东会或者股东大会同意，利用职务便利为自己或者他人谋取属于公司的商业机会，自营或者为他人经营与所任职公司同类的业务；

（六）接受他人与公司交易的佣金归为己有；

（七）擅自披露公司秘密；

（八）违反对公司忠实义务的其他行为。

董事、高级管理人员违反前款规定所得的收入应当归公司所有。

《城市商品房预售管理办法》

第二条　本办法所称商品房预售是指房地产开发企业（以下简称开发企业）将正在建设中的房屋预先出售给承购人，由承购人支付定金或房价款的行为。

国有土地使用权合同纠纷案件裁判规则第 6 条：

房屋实际建筑面积少于合作开发房地产合同的约定，对房屋实际建筑面积的分配比例，当事人协商不成的，按照当事人的违约情况确定

【规则描述】　　合作开发房地产项目实际建成建筑面积超过合同约定面积较为常见，但司法实践中也会出现实际建成面积少于合同约定面积的相反情形，当事人往往会因面积减少而形成投资收益减损的责任承担产生争议，本条规则正是针对此类面积减损产生的合同纠纷该如何归责与处理而作出的专门规定。一般而言，合同当事人对造成实际建成面积减损有违约行为的，按照违约情况来认定；但如果出现当事人对造成实际建成面积减损无过错或者因不可归责于当事人的事由而引起的特殊情形，应遵循"公平"与"权利义务相一致"的原则，按照合同约定的利润分配比例加以确定。

一、类案大数据报告

时间：2021 年 4 月 28 日之前；案例来源：Alpha 案例库；数据采集时间：2021 年 4 月 28 日；检索条件：全文包含"房屋实际建筑面积少于合作开发房地产合同的约定，对房屋实际建筑面积的分配比例"。本次检索获取了 2021 年 4 月 28 日前共 9 篇裁判文书。整体情况如图 6-1 所示，其中：

1. 认为房屋实际建筑面积少于合作开发房地产合同的约定，对房屋实际建筑面积的分配比例，当事人协商不成的，按照当事人的违约情况确定案件共计 3 件，占比为 33.33%；

2. 认为应当按照双方约定的房屋实际建筑面积的分配比例的案件共计 1 件，占比为 11.11%；

3. 因不可归责于当事人的事由或者当事人违约情况无法确定的，按照约定的利润分配比例确定的案件共计 4 件，占比为 44.45%；

4. 认为应按照双方实际出资数额确定双方各自所占项目的比例的案件共计 1 件，占比 11.11%。

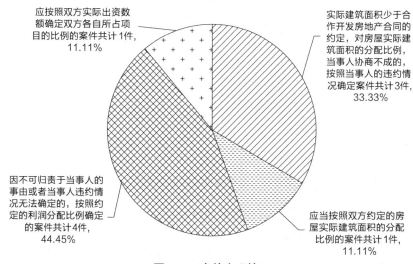

图 6-1　案件审理情况

如图 6-2 所示，以全文房屋实际建筑面积少于合作开发房地产合同的约定，对房屋实际建筑面积的分配比例作为检索条件，可从下方的年份分布可以看到当前条件下案件数量的变化趋势。

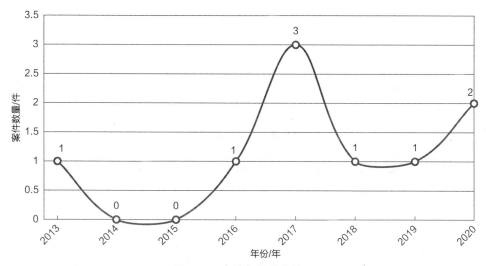

图 6-2　案件年份分布情况

如图 6-3 所示，从上面的程序分类统计可以看到当前的审理程序分布状况。一审案件有 5 件，二审案件有 2 件，再审案件有 2 件。

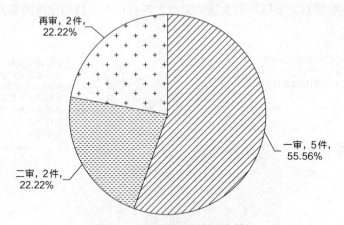

图 6-3　案件审理程序分布情况

如图 6-4 所示，通过对一审裁判结果的可视化分析可以看到，当前条件下全部 / 部分支持的有 5 件，占比为 100%。

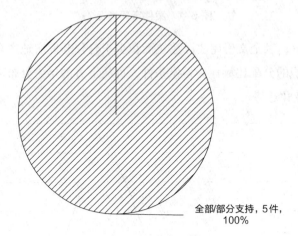

图 6-4　一审审理情况

如图 6-5 所示，通过对二审裁判结果的可视化分析可以看到，当前条件下改判的有 2 件，占比为 100%。

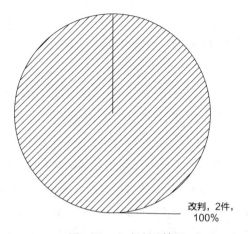

改判，2件，
100%

图 6-5　二审审理情况

如图 6-6 所示，通过对再审裁判结果的可视化分析可以看到，当前条件下提审 /
指令审理的有 1 件，占比为 50%；改判的有 1 件，占比为 50%。

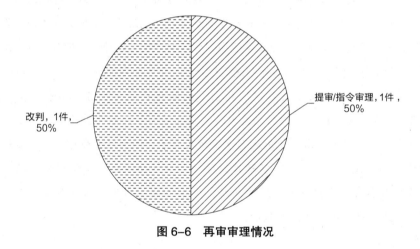

改判，1件，
50%

提审/指令审理，1件，
50%

图 6-6　再审审理情况

二、可供参考的例案

例案一：付新成与安徽御园置业有限公司合资、合作开发房地产合同纠纷案

【法院】

安徽省阜阳市中级人民法院

【案号】

（2015）阜民二初字第 00055 号

【当事人】

原告：付新成

被告：安徽御园置业有限公司

【基本案情】

2014 年 2 月 12 日，付新成与安徽御园置业有限公司（以下简称安徽御园公司）就合作开发临泉县"御园财富广场"项目签订了一份《房地产开发协议》，协议第 1 条约定：项目暂定名"御园财富广场"。项目用地面积约 19 亩，规划用地性质为商住，项目总建筑面积约 6 万平方米；第 2 条第 1 款约定：甲方（安徽御园公司）现有土地作价壹亿贰仟万元整。乙方（付新成）支付甲方 5000 万元整，享有该项目 45% 的股份。甲方余下 7000 万元整享有 55% 的股份。第 2 条第 2 款约定：甲乙双方为该项目单独设立共管账户，各派一名财务人员共同管理财务，未经对方同意，任何一方不得使用本项目内资金。第 3 条约定：甲方负责办理项目前期图纸设计、规划调整审批、施工许可等相关手续，增加容积率所需土地出让金及契税由甲方承担。第 5 条约定：甲乙双方在工程竣工结算、税费汇算清缴后，对项目净利润进行分配。甲方分得 55%，乙方分得 45%。

项目合作期间，临泉县城乡规划局出具的临规设函（2015）11 号函和临规字（2015）77 号函载明：应安徽御园公司申请，临泉县城乡规划局最终批准的项目容积率为 2.46，同时用地性质由商住用地调整为商业用地。由于双方合作期间安徽御园公司未按协议约定设立共管账户，实际建筑面积与双方协议约定差距较大，双方就该项目的运作及各自所占投资比例发生纠纷，安徽御园公司单方强行停止了与付新成的合作。为此，付新成向法院提起诉讼。

【案件争点】

因容积率报批减少导致实际开发建筑面积少于合同约定面积的，其后果责任应如何认定及承担。

【裁判要旨】

审理法院认为，双方签订的协议第 1 项载明："规划用地性质为商住，项目总建筑面积约 6 万平方米。"第 2 条第 1 款载明：甲方（安徽御园公司）现有土地作价壹亿贰仟万元整。乙方（付新成）支付甲方 5000 万元整，享有该项目 45% 的股份。甲方余下 7000 万元整享有 55% 的股份。从以上协议内容可知，土地作价 1.2 亿元是根据土地性质为商住以及总建筑面积 6 万平方米的情况下，确定的土地价值，最终临泉县城乡规划局根据安徽御园公司的申请，将该项目的容积率批准确定为不高于2.46，即总建筑面积不超过30734平方米（不含地下室），安徽御园公司作为具有房地产开发经营资质的企业，对开发经营房地产相比较原告而言，具有资质和经验上的优势，从协议约定的6万平方米（容积率为4.8）到申请将容积率调整为2.46，并最终得到县城乡规划局的批准，安徽御园公司对可建筑面积的减少即容积率的降低存在故意和过错，其应当承担相应损失。

例案二：甘肃省水利水电勘测设计研究院有限责任公司与兰州盛隆房地产开发有限责任公司合资、合作开发房地产合同纠纷再审审查与审判监督案

【法院】

最高人民法院

【案号】

（2018）最高法民申277号

【当事人】

再审申请人（一审原告、反诉被告，二审上诉人）：甘肃省水利水电勘测设计研究院有限责任公司

被申请人（一审被告、反诉原告，二审上诉人）：兰州盛隆房地产开发有限责任公司

【基本案情】

2001年8月18日，甘肃省水利水电勘测设计研究院有限责任公司（以下简称甘肃水电研究院）与兰州盛隆房地产开发有限责任公司（以下简称盛隆公司）订立《联建协议书》，约定甘肃水电研究院使用的南院土地1793.25平方米（折合约2.69亩）交由盛隆公司进行综合楼开发。

2006年6月21日，甘肃水电研究院与盛隆公司签订《联建补充协议书》，约定甘肃水电研究院拥有国有土地使用权的南院土地面积为1971平方米，交由盛隆公司进行综合楼开发建设。

2008年6月11日，甘肃省建设厅对盛隆公司作出《关于兰州盛隆房地产开发有限责任公司盛隆大厦初步设计的批复》，盛隆大厦工程总用地面积2649.2平方米……总建筑面积23646.28平方米。修建过程中，盛隆大厦北侧的冶金大院6#住宅楼123户住户认为盛隆大厦建设项目，影响其住宅采光，向甘肃省住房和城乡建设厅申请

行政复议。2009 年 10 月 26 日，甘肃省住房和城乡建设厅作出《行政复议决定书》，撤销《建设工程规划许可证》，责令兰州市规划局在法定期限内重新作出规划许可。

2012 年 5 月 28 日，甘肃省住房和城乡建设厅对盛隆公司作出《关于兰州盛隆房地产开发有限责任公司盛隆大厦综合楼设计变更的处理意见》，维持原设计 A 塔楼（33F）方案不变；取消 B 塔楼（18F），仅保留 2F 商业裙房；总建筑面积由 23646 平方米调整为 19068 平方米。

现双方对盛隆公司应交付房产面积发生争议，甘肃水电研究院要求盛隆公司按照《联建补充协议》交付约定的产权住宅楼 3000 平方米；盛隆公司主张甘肃水电研究院赔偿因减少建筑面积而造成的经济损失。双方遂产生纠纷，后诉至兰州市中级人民法院和甘肃省高级人民法院分别一审和二审。

一审法院认为，合作开发房地产合同关系的法律要求是共同出资、共担风险、共享利润，任何一方不能获取固定收益。在甘肃水电研究院原有地块上，因政府有关部门行政许可开发建筑面积发生了变化，导致盛隆公司开发修建的建筑面积相应发生变化，对此，双方应共担风险。根据本规则的规定，公平合理确定甘肃水电研究院所应分得的房屋建筑面积的数额。由此，盛隆公司向甘肃水电研究院交付的产权住宅房屋建筑面积应为 1897.79 平方米（即 7465.75×25.42%），甘肃水电研究院部分诉讼请求成立，法院予以支持。

二审法院认为，返还的面积应当以双方签订协议时真实意思表示为依据。《联建协议》《联建补充协议》均约定了由盛隆公司返还甘肃水电研究院 3000 平方米住宅房屋，既然为土地使用权转让合同，那么该 3000 平方米住宅房屋即应视为对所转让的土地使用权支付的对价，但该对价的确立亦不能脱离签订合同时双方对地块上所建总面积的预期。虽两份协议中未对建设总面积有明确规定，但对于仅在甘肃水电研究院提供的大部分地块上建起 2 层商业用房而无住宅的现状，可以确定非双方签订《联建协议》及《联建补充协议》的真实意思表示。对于在甘肃水电研究院所提供地块上建成的楼体面积与最初设计图纸面积相较减少的原因非盛隆公司、甘肃水电研究院的造成，而是因规划变更，因此对于涉案楼体的分割一审法院依据公平原则，按合同约定结合相应比例进行划分较为适当，法院予以确认。甘肃水电研究院不服二审判决提起再审申请。

【案件争点】

因政府规划调整导致实际开发建筑面积减少，因此造成的损失应如何承担。

【裁判要旨】

最高人民法院认为，在双方签订协议及补充协议时，政府相关部门是否批准开发土地及开发多少面积的土地均是不确定的。根据双方签订的协议及补充协议，双方利益共享、风险共担，因客观上规划设计变更导致盛隆大厦住宅面积减少，这种合作开发房地产过程中的风险，应由水利水电研究院与盛隆公司共同承担。根据本规则的规定，甘肃水电研究院所提供地块上建成的楼体面积与最初设计图纸面积减少不是盛隆公司、甘肃水电研究院的自身原因造成，而是因规划设计变更。依照房屋实际建筑面积的分配比例，原判决判令盛隆公司向甘肃水电研究院交付 1897.79 平方米的房屋，不存在缺乏证据证明及适用法律错误的问题。

例案三：四川凯利房地产开发有限责任公司与广元市工贸集团有限公司合资、合作开发房地产合同纠纷案

【法院】

四川省高级人民法院

【案号】

（2018）川民终 937 号

【当事人】

上诉人（原审被告）：四川凯利房地产开发有限责任公司

被上诉人（原审原告）：广元市工贸集团有限公司

【基本案情】

2013 年 4 月，广元市工贸集团有限公司（以下简称工贸公司）在广元日报刊登《工贸·国际广场项目合作开发选择建设投资商竞争性谈判公告》，邀请符合公告条件的投资主体参与项目合作开发的竞争。四川凯利房地产开发有限责任公司（以下简称凯利公司）缴纳谈判保证金 3000 万元后参与竞争谈判，并与工贸公司达成合作开发意向。

2013 年 11 月 20 日，工贸公司与凯利公司签订《工贸·国际广场招商引资协议》，约定由凯利公司投资工贸·国际广场建设项目，总建筑面积 19 万平方米，计划总投资 5.8 亿元。同日，工贸公司（甲方）与凯利公司（乙方）签订《工贸·国际广场联合开发合作协议》。协议约定："甲乙双方拟对位于广元经济开发区物流园区原河西粮库 58724.19 平方米地块进行联合开发改造。该项目的容积率超过 3.0 以上所产生的相关费用由乙方负责。实施该项目的弘凯公司涉及本项目建设开发的所有资金，均由乙方负责投资或融资，并保证满足项目建设进度需求，预计该项目总投资 5.8 亿元，项目建成后，由弘凯公司向甲方还不低于 7 万平方米的营业性用房。"2015

年1月，房屋面积预测绘报告显示项目建筑面积合计203861.33平方米。

另查明，凯利公司一审提交的署名为工贸公司于2013年3月10日制作《广元工贸国际广场项目开发单位招商比选文件》，其中在"第一章项目开发单位比选前须知"中载明："项目占地约80亩左右，目前规划草案约为30万平方米城市综合体。"对该招商比选文件真实性，一审中工贸公司不予认可。工贸公司在广元日报刊登的《工贸·国际广场项目合作开发选择建设投资商竞争性谈判公告》中第一部分第6项载明："……开发商完成项目开发后，需无偿向工贸公司提供营业用房不低于7万平方米……"

现根据预测绘情况，房屋建筑总面积为203861.33平方米，虽多于《工贸·国际广场招商引资协议》约定的总建筑19万平方米，但低于凯利公司所提供的《招商比选文件》中记载的30万平方米。因此凯利公司根据2005年《国有土地使用权司法解释》第18条①的规定起诉要求变更交还房产的面积。一审判决驳回凯利公司部分诉讼请求后，凯利公司不服上诉至四川省高级人民法院，四川省高级人民法院审理后驳回诉请、维持原判。

【案件争点】

本案是否构成实际建成面积小于约定面积的事实。

【裁判要旨】

四川省高级人民法院认为，凯利公司提交的招商比选文件，自述来源系中德行房产营销有限责任公司提供的电子文档，其中无工贸公司签章，其内容无法确信代表工贸公司的真实意思。该招商比选文件即使真实来源于工贸公司，从其整体内容看，该文件欠缺合同成立的必要要素，也仅能认定为要约邀请，不足以认定为要约。《工贸·国际广场项目合作开发选择建设投资商竞争性谈判公告》也没有载明项目建筑面积为30万平方米的内容。因此凯利公司主张双方"对合作项目约定建筑面积为30万平方米的事实是清楚的"，缺乏证据证明，无法采信。

本案中，凯利公司以及受让凯利公司权利义务的弘凯公司，应当向工贸公司或军粮供应站还房不少于7万平方米、现金5000万元，是《工贸·国际广场联合开发合作协议》等一系列明确约定的义务。且在工贸公司在报纸上发布的《工贸·国际广场项目合作开发选择建设投资商竞争性谈判公告》中早已明确该招商条件，自始

---

① 该司法解释已于2020年12月23日修正，本案所涉第18条修改为第15条："房屋实际建筑面积少于合作开发房地产合同的约定，对房屋实际建筑面积的分配比例，当事人协商不成的，按照当事人的违约情况确定；因不可归责于当事人的事由或者当事人违约情况无法确定的，按照约定的利润分配比例确定。"

至终是清楚的。当事人请求人民法院变更合同，应当符合民事法律规定的情形条件。本案中，凯利公司请求人民法院变更以上合同约定，但未举证证明《工贸·国际广场联合开发合作协议》的订立存在欺诈、胁迫、重大误解、乘人之危、显失公平或者因情势变更需要以诚信原则变更合同的法定事由。《国有土地使用权司法解释》第18条 ① 规定的前提是"房屋实际建筑面积少于合作开发房地产合同的约定"。但本案事实不符合该条适用前提，不予适用。因此，凯利公司请求法院变更其承担的合同义务，事实依据和法律依据均不足，法院不予支持。

三、裁判规则提要

合作开发房地产合同关系中，因实际建成房屋建筑面积少于合作开发合同约定面积，从而造成合同当事人因预期投资收益减少的损失承担上产生纠纷。审判实践中，应怎样合法合理地界定与归责，是本条规则的理解和适用的核心所在。对于本条规则理解与适用可以从以下三个层面加以解读：首先，本条规则的适用必须满足一定的前提条件。该前提条件包括：各方当事人之间合作合同关系必须符合合作开发房地产合同的法律性质，具备"共同投资、共享收益、共担风险"的基本特征；所涉合作开发合同对项目房屋建筑面积已有明确约定，且项目实际建成面积少于合作开发合同约定面积；所涉合作开发合同对此类造成面积减少损失如何归责处理事先并无约定。其次，对造成建成面积减损的后果处理需区分当事人能否协商一致，不能协商一致的应进一步查明造成面积减损的真正原因，以利分清当事人的责任。再次，适用本条规则时应注意区分合同当事人有无过错分别进行归责处理。具体分为三种归责方式：（1）对造成实际建成面积减损存在过错，且是单方过错的，按照过错责任原则由过错方承担全部损害后果责任；（2）对造成实际建成面积减损存在过错，但系混合过错的，由合同当事人按各自过错大小程度分担损害后果责任；（3）当事人对造成实际建成面积减损无过错，即不可归责于当事人的事由或对于当事人过错无法确定的，应遵循公平原则，灵活运用"权利与义务相一致"的原理变通处理，即依照合作开发合同约定的利润分配比例加以确定，由所涉合同当事人各方分担责任。

---

① 该司法解释已于 2020 年 12 月 23 日修正，本案所涉第 18 条修改为第 15 条："房屋实际建筑面积少于合作开发房地产合同的约定，对房屋实际建筑面积的分配比例，当事人协商不成的，按照当事人的违约情况确定；因不可归责于当事人的事由或者当事人违约情况无法确定的，按照约定的利润分配比例确定。"

（一）准确把握本条规则适用前提

本条规则适用必须满足以下四个前提条件：

1. 所涉合作开发合同，必须是合作开发房地产合同法律性质，除具备常规意义上的一方出土地、一方出资金合作建房的基本构成条件外，还需在合作开发合同主要权利义务内容上能够充分体现"共同出资、共享利益、共担风险"这三个基本法律特征。根据《国有土地使用权司法解释》第21条至第24条的规定，如合作开发合同约定当事人一方只获得固定收益，不承担项目经营风险的，应当作穿透性审查撕去其表面合作开发名义的假象，按照当事人实际承担的权利义务性质从实认定，并相应做"转性处理"。审判实践中，名为合作建房实为借贷融资、名为合作开发实为项目工程代建或售楼包销等层出不穷，应当在具体处理这类案件中保持高度警觉而不被表象所惑。但是在审查判断所涉合同是否存在只收取固定收益而不承担项目经营风险的问题上应特别注意到：不光考察其在项目操作顺利情形下获取的收益是否固定，还需考察其在项目推进不顺、无法完工或出现亏损情形下其是否与合作相对方共担经营风险。

2. 所涉合作开发合同对项目建成建筑面积已有明确约定。常规交易习惯是，当事人在项目正式立项报建之前就已商议确定合作建房面积，且通常会在合作开发合同中有所体现。因此，审查该类合同时应对合同中是否对合作建房建成面积进行明确约定予以关注，因为这是判断实际建成面积与约定面积是否存在增减的前提。如果所涉合同有约定，才能适用本条规则；反之，所涉合同如无明确约定，则无法适用本条规则。但是，在审判实践中，需要注意合作开发合同并非只有单一的合同文本，还应关注项目是否进行过招投标，其招投标文件同样应作为合同实质性内容（详见《招标投标法》第46条）。[①] 只有全面审查合同文本以及相关组成附件后，才能得出是否存在合作项目房屋面积少于合同约定的最终结论。在例案三中，工贸公司与凯利公司的案件焦点就集中在约定建成面积的确定上，双方各自举证了包括《招商比选文件》《竞争性谈判公告》《招商引资协议》等与约定建成面积有关的证据材料，最终法院认为：（1）《招商比选文件》的真实性存疑；（2）从其整体内容看该文件欠缺合同成立的必要要素，也仅能认定为要约邀请。最终确认以双方签订的《招商引资协议》中约定面积作为约定建筑面积。

_____

① 《招标投标法》第46条第1款规定："招标人和中标人应当自中标通知书发出之日起三十日内，按照招标文件和中标人的投标文件订立书面合同。招标人和中标人不得再行订立背离合同实质性内容的其他协议。"

3. 所涉合作开发项目实际建成房屋面积少于合同约定面积数。实务中应注意把握两个层面：一是实际建成面积必须少于当事人原合作开发合同约定的面积数，从而导致因开发面积减少而产生了对合作各方投资收益降低或可分配利润减少的实际经济损失；二是虽然总的建成面积减少，但因房屋类别或户型合理调整而使实际价值提升或销售回报增加的，当作例外情形予以剔除，不宜简单机械地套用本条规则作出错误认定与处理。

4. 对出现此类造成面积减少损失怎样进行归责处理，所涉合作开发合同本身有无约定，有约定的根据"当事人意思自治"[①]原则按合同约定处理；只有所涉合作开发合同没有相关约定的，才可以适用本条规则进行处理。

（二）区分造成实际建成面积减损的情形

首先，应区分所涉合同当事人对实际建成面积减损的后果处理能否协商一致。"意思自治"和"契约自由"是贯穿我国《民法典》的根本原则之一，处理合作开发房地合同纠纷也不例外，根据合同当事人能否就建成面积减损的后果处理协商一致，可分为两条不同的处理路径：（1）当事人能够协商一致的，充分尊重当事人的意愿直接按协商结果予以归责和处理，不需要适用本条规则进行裁判；（2）当事人不能协商一致的，则应当按照本条规则的规定进行归责和处理。

其次，当合同当事人对实际建成面积减损后果处理不能协商一致时，应进一步查明造成建成面积减损后果的真实原因。"过错责任"是我国民法对民事法律责任如何归责的最基本原则要求，只有查明导致实际建成房屋面积少于合作开发合同约定面积减损后果的真正原因，才能分清当事人之间责任大小，最终合法、合理地归责处理。造成实际建成面积比原合同约定面积减损的原因实践中有多种可能，但适用本条规则进行认定只需要按照是否与合同当事人自身履约行为有关区分主观、客观两个方面的原因加以审查和认定：

1. 与当事人自身履约行为无关的客观原因认定上，应注意区分"不可归责于当事人的事由"和"当事人过错无法确定"这两种原因的差异。不可归责于当事人的事由在合作开发房地产合同纠纷中，通常包括但不限于以下情形：（1）因国家宏观政策调控、出台限高、限户型而导致的实际允许项目建设面积的减少；（2）因服从

[①] 《民法典》第5条规定："民事主体从事民事活动，应当遵循自愿原则，按照自己的意思设立、变更、终止民事法律关系。"

旧城改造、重点项目或民生工程建设等国家利益或社会公共利益需要，对项目用地规划退让红线、增加公共道路或基础配套建设而导致可建面积减少的；（3）因城市发展规划变更或区域控规调整，项目开发用地局部被政府收储、回购或置换而导致占地面积与建筑面积同步减少的；（4）因原项目规划审批许可因影响周边居民通风、采光、通行等遭公示异议而被行政复议或引起诉讼变更或撤销，导致规划许可降低层高、减少建筑密度等指标。当事人过程无法确定的情形有别于不可归责于当事人的事由的上述表现形式，往往在审判实践中表现为：（1）一方分工负责办理项目报建，但却非因主观努力原因，而是因负责报建审批的相关政府部门审批失误或行政不作为造成项目实际可建面积减少的；（2）一方分工负责提供项目合作开发土地的，但因政府承诺的地上征迁未完成而导致分期施工，后续项目建设用地迟迟未能交付导致建设面积不足的。通过比较不难发现，不可归责于当事人的事由与当事人过错无法确定两者实质性差异在于：前者完全是合同当事人履约行为之外，由第三方原因而直接导致；而后者则表面上看与当事人一方未履行合同义务有关，但其未能履行的真实原因在于第三方的不当行为所导致，即由第三方原因间接导致。

2. 与当事人自身履约有关的主观原因认定上，应注意区分不履约与履行不能、单方过错与混合过错的差异。不履约即构成违约，其主观上无论是故意还是过失，均应对所造成的损害后果承担责任；而履行不能往往隐含着当事人自身意志之外其他客观原因的影响，上述当事人过错无法确定所列举的两种第三方原因间接导致的情形，即属于履约不能的情形。

（三）既要合法又要合理地对于造成建成面积减损进行归责与处理

在查明造成建成面积减损原因后，适用本条规则进行归责处理上应注意区分合法性与合理性两个层次：

1. 按照合法性原则进行归责

所谓的合法性原则所指的就是"过错责任原则"[1]。过错责任原则是《民法典》相关规定[2]保留并进一步完善处理民事权益争议的基本原则。据此，在处理涉及合作开

---

[1] 《民法典》第1165条规定："行为人因过错侵害他人民事权益造成损害的，应当承担侵权责任。依照法律规定推定行为人有过错，其不能证明自己没有过错的，应当承担侵权责任。"

[2] 《民法典》第157条规定："民事法律行为无效、被撤销或者确定不发生效力后，行为人因该行为取得的财产，应当予以返还；不能返还或者没有必要返还的，应当折价补偿。有过错的一方应当赔偿对方由此所受到的损失；各方都有过错的，应当各自承担相应的责任。法律另有规定的，依照其规定。"

发房地产合同纠纷案件时，首要考虑的合法性准则便是按照过错责任原则，区分出合同当事人是否存在过错而分别予以处理：

第一，合同当事人存在过错的，依据过错责任划分，依法分配当事人之间的责任承担。所谓过错，是指合作开发当事人主观上存在选择性履约或不完全履约的不正当动机，客观上实施了不履行或不完全履行合同义务的违约行为，且该违约行为与实际建成面积减损后果之间构成法律上的因果关系。尽管过错责任又可以分为故意或过失两种形态，而故意还可以区分为直接故意和间接故意的差异形态，但在审查和认定所涉合作开发房地产合同纠纷具体案件中，只要当事人的过错行为与实际建成面积减损后果之间能够构成因果关系，就可以按照过错责任原则予以归责，而不论其具体责任形态。实践中较为典型的过错行为通常表现为：

提供项目开发土地义务一方当事人，未按合同约定的时间进度和面积要求如期足额提供项目开发建设用地从而造成实际可建面积减损后果，或者虽不存在逾期交付、未足额供地的情况，但却存在土地用途未按合同约定及时办理变更、土地使用权未及时办理过户而导致实际开发建设受阻，建成面积减损后果的。

负有提供项目开发建设资金并负责工程建设一方当事人，未按合同约定足额提供资金或未按期全面开工，导致项目因工期延误或土地闲置遭受用地规划调整或部分土地收回的行政处罚；或者擅自变更规划设计改建、扩建甚至加建地面建筑，导致项目遭到全部拆除行政处罚，造成项目实际可建面积减损后果发生的。

基于一方具备开发资质和经营经验，另一方仅提供土地或资金入股合作，双方合作开发合同明确将项目开发日常运营管理全部委托单方负责，在此情形下，负责开发运营一方当事人利用其分工与管理上的优势便利，违背诚信原则而单方对项目报建方案或投资规模压缩调整，并就实际变更行为向对方隐瞒不报，最终导致项目可建面积减损后果发生。在例案一中，安徽御园置业有限公司作为合同约定中负责项目前期图纸设计、规划调整审批、施工许可审批等相关手续办理的一方，同时作为具有房地产开发经营资质的企业，在报批过程中调整报批方案使项目容积率显著降低，故应当对面积减少的后果承担全部责任。

司法实践中对过错责任进行归责时，还应注意区分单方过错与混合过错的处理差异。所谓单方过错，是指造成合作开发房地产项目实际建成房屋面积少于合同约定面积的减损后果，完全是因一方当事人的过程行为所导致的情形，如上述所列三种典型的过程表现形态均系单方过错。若认定属于单方过错，应由过错方承担全部损害后果责任。所谓混合过错，是指造成合作开发房地产项目实际建成房屋面积少于合同约定面积的减损后果，并非单方过错行为所导致，而是合同各方当事人均存在不同形式和不同程度的过错责任，相互交织或彼此混合。较为典型的混合过错通常表现为：

项目用地因未按照出让合同约定完成开发量，或部分土地闲置导致政府作出调整规划许可或部分土地收回的。究其原因，不仅存在负责出资一方资金未及时到位的问题，同时还存在负责建设一方未按时开工或擅自停工的问题，两方面原因均与导致处罚后果具有因果关系。

合作开发项目因未依法办理划拨用地变更用地性质，或者未及时补缴土地出让金，导致项目工程建设被政府叫停或者不予办理土地使用权过户登记。其中，负责提供划拨土地的一方存在未及时配合办理变更土地性质和用途的相应手续，而另一方作为负责提供资金的义务方，也存在未提供办理土地变更和产权过户所需补缴的土地出让金等应缴纳税费的过错行为，两者的违约行为相互交织，共同导致了责令停工、不予办理产权过户登记的后果发生。

未经批准项目擅自实施改建、扩建或加建而被认定为违建，导致全部拆除的严重后果。对此，各方当事人不仅有共同合谋主观故意，而且违建过程存在分工协作、共同实施违法行为，双方对造成违法后果负有共同的过错责任。若认定属于混合过错的，应对所涉合作开发合同相关当事人按照各自过错行为表现程度和作用大小不同，分别承担相应比例过错责任份额。

第二，合同当事人不存在过错的，在合作开发房地产纠纷审判实践中通常是指不可归责于当事人的事由或当事人的过错无法确定这两种情形。对此，因为目前无法援引到相关法律法规或司法解释的具体规定可作为裁判依据，因此应当适用本条规则所规定的办法加以处理。

2. 按照合理性原则进行归责

所谓合理性原则，实质是遵循公平原则，[①] 采用权利与义务相一致的处理办法，即按照合作开发合同约定的利润分配比例确定建成面积减损后果的分担原则。合作开发房地产合同纠纷审判实践中，往往会出现当事人不存在过错或者过错无法确定的情况，本规则将此类情况界定为不可归责于当事人的事由或当事人的过错无法确定的情形，该情况下是无法适用过错责任原则加以归责处理，但可以遵循我国民事

---

① 《民法典》第6条规定："民事主体从事民事活动，应当遵循公平原则，合理确定各方的权利和义务。"

法律关系调整的最根本原则——公平原则，采取权利义务相一致的变通办法进行处理。因为"共享利益、共担风险"是合作开发合同最基本的法律特征，如果合作开发合同中有利润分配比例的明确约定，就可以参照该利润分配比例作为确定合同当事人之间承担实际损失的责任分担办法。由此可见，本条规则在如何认定与处理合作开发合同中实际建成面积少于合作开发合同约定面积的减损责任及其归属上，具有一个十分显著的司法特点，具体表现为既充分体现了一般常规下必须坚持按过错责任归责的原则，也完美揭示了特殊情形下按照公平原则，灵活运用权利与义务相一致基本法理进行变通归责的处理方法。

需要提请注意的是，并非所有合作开发合同均有利润分配比例的明确约定，实践中基于对投资回报形式需求差异，合同当事人在订立合同时，对利益分配有的约定以货币形式分配，有的约定以实物分割形式进行分配或者两种分配形式兼而有之。虽然合同没有明确约定利润分配比例，但对货币分配或实物分配有明确约定分配方法的，实务处理中可以将货币分配值或实物分割值进行换算，计算出各方当事人所占收益分配比例值，从而便于对本条规则的适用。

四、辅助信息

《国有土地使用权司法解释》

第二十一条　合作开发房地产合同约定提供土地使用权的当事人不承担经营风险，只收取固定利益的，应当认定为土地使用权转让合同。

第二十二条　合作开发房地产合同约定提供资金的当事人不承担经营风险，只分配固定数量房屋的，应当认定为房屋买卖合同。

第二十三条　合作开发房地产合同约定提供资金的当事人不承担经营风险，只收取固定数额货币的，应当认定为借款合同。

第二十四条　合作开发房地产合同约定提供资金的当事人不承担经营风险，只以租赁或者其他形式使用房屋的，应当认定为房屋租赁合同。

《招标投标法》

第四十六条第一款　招标人和中标人应当自中标通知书发出之日起三十日内，按照招标文件和中标人的投标文件订立书面合同。招标人和中标人不得再行订立背离合同实质性内容的其他协议。

《民法典》

第五条　民事主体从事民事活动，应当遵循自愿原则，按照自己的意思设立、变更、终止民事法律关系。

第六条　民事主体从事民事活动，应当遵循公平原则，合理确定各方的权利和义务。

第一百五十七条　民事法律行为无效、被撤销或者确定不发生效力后，行为人因该行为取得的财产，应当予以返还；不能返还或者没有必要返还的，应当折价补偿。有过错的一方应当赔偿对方由此所受到的损失；各方都有过错的，应当各自承担相应的责任。法律另有规定的，依照其规定。

第一千一百六十五条　行为人因过错侵害他人民事权益造成损害的，应当承担侵权责任。

依照法律规定推定行为人有过错，其不能证明自己没有过错的，应当承担侵权责任。

国有土地使用权合同纠纷案件裁判规则第 7 条：

房地产建设项目未取得建设工程规划许可证，合作开发房地产合同当事人的分配利益请求不予受理

【规则描述】　　　城市、镇规划区内的建设活动应当符合规划要求。在城市、镇规划区内进行建筑物、构筑物、道路、管线和其他工程建设的，建设单位或者个人应当向城市、县人民政府城乡规划主管部门或者省、自治区、直辖市人民政府确定的镇人民政府申请办理建设工程规划许可证。合作开发房地产，是指当事人间以提供出让土地使用权、资金等作为共同投资，共享利润、共担风险的房地产开发建设行为。合作开发房地产项目未予办理建设工程规划许可证或擅自变更建设工程规划的属违章建筑，合作开发房地产合同的当事人请求分配房地产项目利益的，不予受理；已经受理的，驳回起诉。

一、类案检索大数据报告

时间：2021 年 4 月 28 日之前；案例来源：Alpha 案例库；检索条件：法院认为包含"合作开发房地产合同的当事人请求分配房地产项目利益的，不予受理""房地产建设项目未取得建设工程规划许可证"。本次检索获取了 2021 年 4 月 28 日前共 100 篇裁判文书。整体情况如图 7-1 所示，其中：

1. 涉及依法需经批准的房地产建设项目未经有批准权的人民政府主管部门批准，合作开发房地产合同的当事人请求分配房地产项目利益认为应当不予受理或驳回起诉的共计 4 件，占比为 4%；

2. 涉及房地产建设项目未取得建设工程规划许可证的合作开发房地产合同的当事人请求分配房地产项目利益的，应当驳回起诉的共计 54 件，占比为 54%；

3. 涉及擅自变更建设工程规划合作开发房地产合同的当事人请求分配房地产项目利益的，应当驳回起诉的共计 2 件，占比为 2%；

4. 涉及房地产建设项目未取得建设工程规划许可证的合作开发房地产合同的当事人请求分配房地产项目利益的，应当不予受理的共计 12 件，占比为 12%；

5. 合作开发房地产合同的当事人请求分配房地产项目利益的，已经受理应当驳回起诉的共计 28 件，占比为 28%。

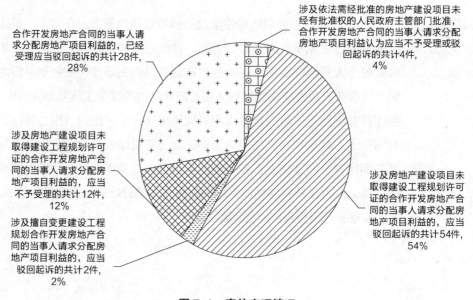

图 7-1　案件审理情况

如图 7-2 所示，以法院认为包含：同句"合作开发房地产合同的当事人请求分配房地产项目利益的，不予受理"；法院认为包含：同句"房地产建设项目未取得建设工程规划许可证"作为检索条件，从下方的年份分布可以看到当前条件下案件数量的变化趋势。

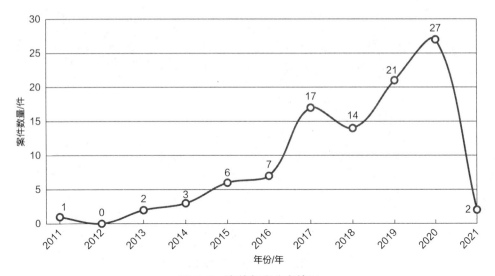

图 7-2　案件年度分布情况

如图 7-3 所示，从下面的程序分类统计可以看到当前的审理程序分布状况。一审案件有 38 件，二审案件有 47 件，再审案件有 14 件，执行案件有 1 件。

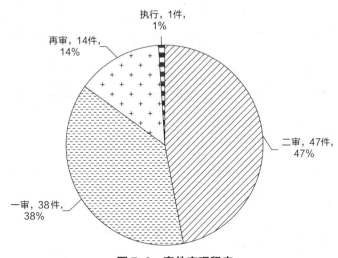

图 7-3　案件审理程序

如图 7-4 所示，通过对一审裁判结果的可视化分析可以看到，当前条件下驳回起诉的有 32 件，占比为 84.21%；全部 / 部分支持的有 5 件，占比为 13.16%；全部驳回的有 1 件，占比为 2.63%。

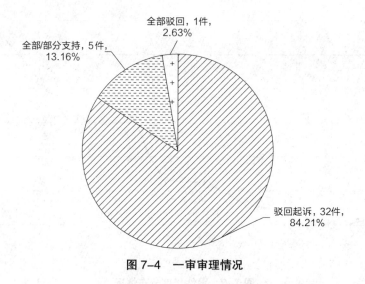

图7-4 一审审理情况

如图7-5所示，通过对二审裁判结果的可视化分析可以看到，当前条件下维持原判的有23件，占比为48.94%；其他的有12件，占比为25.53%；改判的有12件，占比为25.53%。

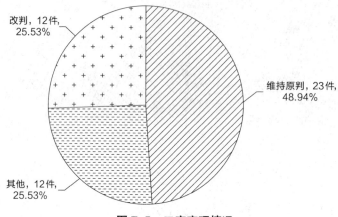

图7-5 二审审理情况

图7-6所示，通过对再审裁判结果的可视化分析可以看到，当前条件下维持原判的有11件，占比为78.57%；改判的有3件，占比为21.43%。

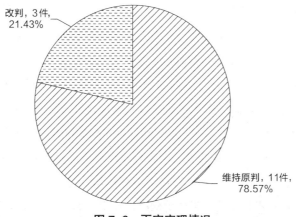

改判，3件，21.43%

维持原判，11件，78.57%

图 7-6　再审审理情况

二、可供参考的例案

例案一：黄某瑞与黄某光合资、合作开发房地产合同纠纷案

【法院】

　　湖北省黄石市中级人民法院

【案号】

　　（2019）鄂 02 民终 2313 号

【当事人】

　　上诉人（原审原告）：黄某瑞

　　被上诉人（原审被告）：黄某光

【基本案情】

　　2013 年 5 月，黄某瑞、黄某光双方约定联合建房，由黄某瑞提供自己的房屋以及从案外人黄某龙处购买的旧房联合建房，黄某光支付黄某瑞 45 万元联合建房收益，并承诺在 2015 年 8 月 14 日前付清。2016 年 9 月 15 日，双方签订补充协议，黄某光将未收回的房屋收益交由黄某瑞收取。后因房屋买受人不愿意支付收益，致黄某瑞的收益未收回，双方遂成讼。一审法院经审理后裁定驳回了黄某瑞的起诉，黄某瑞不服提出上诉。

【案件争点】

　　房地产建设项目未取得建设工程规划许可证的当事人的利益分配问题。

【裁判要旨】

二审法院经审理后认为，根据《国有土地使用权司法解释》第19条第1款^①规定："在下列情形下，合作开发房地产合同的当事人请求分配房地产项目利益的，不予受理；已经受理的，驳回起诉：（一）依法需经批准的房地产建设项目未经有批准权的人民政府主管部门批准；（二）房地产建设项目未取得建设工程规划许可证；（三）擅自变更建设工程规划。"原告黄某瑞自有宅基地和购买房屋的土地使用权系划拨取得的国有土地，黄某瑞用上述土地与被告黄某光合作建造六层住宅对外销售，既未经有批准权的人民政府主管部门批准，也未取得建设工程规划许可证。因此，黄某瑞要求分配联合建房利益的请求，人民法院应当不予受理，已经受理的，应当驳回起诉。

【裁判结果】

驳回上诉，维持一审原裁定。

例案二：新疆某投资公司与新疆某房产开发公司合资、合作开发房地产合同纠纷案

【法院】

新疆维吾尔自治区高级人民法院

【案号】

（2014）新民一终字第223号

【当事人】

上诉人（原审原告）：新疆某投资公司

被上诉人（原审被告）：新疆某房产开发公司

【基本案情】

2013年4月11日，新疆某投资公司（甲方）王某与新疆某房产开发公司（乙方）黄某文签订《地下商业街项目合作协议书》，内容为：项目名称阿克苏市北大街地下商业街项目。合作原则：（1）甲方主要负责项目的立项审批手续；乙方负责项目的开发建设管理等及办理相关手续。（2）乙方是阿克苏市北大街地下商业街项目的开发主体，本项目所有的对外合同、报建审批、竣工验收等手续的办理均以乙方

---

① 该司法解释已于2020年12月23日修正，本案所涉第19条第1款修改为第16条第1款，内容未作修改。

名义进行。虽然土地使用权证名义上归乙方所有，但是甲乙双方必须按照本合同约定的出资比例来享有该项目土地的使用权和收益权。（3）甲乙双方是阿克苏市北大街地下商业街项目的共同投资主体，项目计划投资总金额约为4000万元，甲乙双方各出资2000万元，双方各占投资金额的50%，双方各占有项目50%的股权。在甲方完成项目立项审批后的10日内，乙方必须先将应出资的2000万元，直接划入工程项目专用账户；甲方应出资的2000万元，在政府完成土地划拨程序的五个月内，直接划入工程项目专用账户。双方的权利义务：甲方的权利和义务。（1）甲方对乙方的项目建设、施工管理的自主权，享有监督指导权，并有权要求乙方及时以书面形式提供项目建设情况与资金安排情况。（2）甲方负责项目立项审批手续。（3）甲方按照约定承担项目建设费用。乙方的权利和义务。（1）乙方享有项目建设、施工管理的自主权，但必须服从甲方和监理单位的指导监督管理，并及时以书面形式向甲方提供项目建设情况及资金安排情况。（2）乙方负责项目的开发建设、施工管理、安全生产、质量保证、竣工验收等具体工作，并办理相关手续，同时承担办理上述事项所涉及的各项费用。（3）乙方按照约定承担项目建设费用。同日，双方又签订《地下商业街项目补充协议书》，约定：甲方主要负责项目的立项审批；乙方负责项目的资金筹集、开发建设、施工管理等及办理相关手续。

新疆某投资公司向阿克苏地区发展和改革委员会递交申请，2013年6月5日，该委以阿地发改产业函（2013）85号文复函：同意你公司联合新疆某房产开发公司投资4000万元，共同开发阿克苏市北大街地下商业街项目。

新疆某房产开发公司于2013年6月10日致函新疆某投资公司：由于本公司项目调整，经研究决定退出项目合作，同时请贵公司返回本公司已缴纳的履约保证金。

2013年12月17日，阿克苏地区发展和改革委员会出具证明：我委于2013年6月5日签发的《关于新疆某投资公司项目投资的答复函》真实有效，支持申请单位开发北大街地下商业街项目，但该项目正式开工建设必须再到建设局、规划局等政府相关部门办理开发建设、施工管理、安全生产等具体工作所需的相关手续。同时阿克苏地区发展和改革委员会针对黄某平在网上的投诉，答复主要内容如下：答复函表示同意建设的意向，并不代表项目通过审批，若项目进行实质性投资开发，必须按照基本建设项目管理程序办理项目审批（核准、备案）和规划、土地、环保等相关审批，方可实施建设。

【案件争点】

房地产建设项目未取得建设工程规划许可证，合作开发房地产合同的当事人的利益分配问题。

【裁判要旨】

原审法院认为，新疆某投资公司与新疆某房产开发公司签订《地下商业街项目合作协议书》及补充协议书系双方真实意思表示，不违反相关的法律规定，合法有效，双方当事人均应依约履行各自的义务。本案的争议焦点为违约金及可得利益应否赔偿。《合同法》第 114 条①等规定已经确定违约金具有补偿和惩罚双重性质，系以赔偿非违约方的损失为主要功能，而非旨在严厉惩罚违约方。本案中新疆某房产开发公司确有未按合同约定的时间及时支付履约保证金，同时合同对新疆某投资公司应予履行的主要义务负责项目的立项审批没有规定期限。新疆某投资公司在收到新疆某房产开发公司要求解除合同的函后，亦同意解除合同。《合同法》第 67 条②规定："当事人互负债务，有先后履行顺序，先履行一方未履行的，后履行一方有权拒绝其履行要求。先履行一方履行债务不符合约定的，后履行一方有权拒绝其相应的履行要求。"新疆某投资公司在合同签订后只进行了项目申请，发改委答复函只是表明政府部门支持企业进行投资，答复函的内容充分证实此行为不是立项审批的法律、行政法规规定的程序，新疆某投资公司在庭审中明确其损失没有证据提交，只有合同依据。新疆某投资公司作为先履行一方没有全部履行其合同义务，存在违约行为，应承担相应的违约责任。关于违约金的适用问题。违约金的性质主要体现为一种民事责任形式，以维护民法的公平和诚信原则。违约金应当以实际损失为基础，兼顾合同的履行情况、当事人的过错程度以及预期利益等因素，由人民法院根据公平原则、诚信原则、个案情况予以衡量。本案中新疆某投资公司没有相关损失的证据，其主要合同义务立项审批并没有履行，同时新疆某房产开发公司缴纳的保证金被新疆某投资公司使用，新疆某投资公司占用保证金期间的利息足以弥补其履约行为应受到的损失，对于新疆某投资公司要求赔偿违约金的诉讼请求，不予支持。关于可得利益损失的问题。可得利益损失是指在生产、销售或提供服务的合同中，生产者、

---

① 参见《民法典》第 585 条规定："当事人可以约定一方违约时应当根据违约情况向对方支付一定数额的违约金，也可以约定因违约产生的损失赔偿额的计算方法。约定的违约金低于造成的损失的，人民法院或者仲裁机构可以根据当事人的请求予以增加；约定的违约金过分高于造成的损失的，人民法院或者仲裁机构可以根据当事人的请求予以适当减少。当事人就迟延履行约定违约金的，违约方支付违约金后，还应当履行债务。"

② 参见《民法典》第 526 条规定："当事人互负债务，有先后履行顺序，应当先履行债务一方未履行的，后履行一方有权拒绝其履行请求。先履行一方履行债务不符合约定的，后履行一方有权拒绝其相应的履行请求。"

销售者或服务提供者因对方的违约行为而受到的预期纯利润的损失。通常而言，常见的可得利益损失包括生产利润损失、经营利润损失、转售利润损失等。《国有土地使用权司法解释》第19条^①规定，在下列情形下，合作开发房地产合同的当事人请求分配房地产项目利益的，不予受理；已经受理的，驳回起诉：（1）依法需经批准的房地产建设项目未经有批准权的人民政府主管部门批准；（2）房地产建设项目未取得建设工程规划许可证。根据本案情况，双方合同约定的建设项目既未获得批准，又未取得许可证，新疆某投资公司要求赔偿可得利益损失没有法律依据，原审法院不予支持。遂判决：驳回新疆某投资公司的诉讼请求。原审原告新疆某投资公司不服提起上诉，二审法院认定争议焦点与一审一致。

【裁判结果】

驳回上诉，维持原判。

例案三：石家庄市军某老干部俱乐部诉河北盈某房地产开发有限公司合作开发房地产合同纠纷再审案

【法院】

最高人民法院

【案号】

（2015）民申字第2563号

【当事人】

再审申请人（一审原告、二审被上诉人）：石家庄市军某老干部俱乐部

被申请人（一审被告、二审上诉人）：河北盈某房地产开发有限公司

【基本案情】

2009年12月21日，石家庄市军某老干部俱乐部（以下简称军某俱乐部）（作为甲方）与河北盈某房地产开发有限公司（以下简称盈某公司）（作为乙方），签订了《合作开发改造协议》，经双方协商达成如下协议："一、项目概况：本合作项目位于石正公路64号，总用地分为两块共计27321.2平方米，实行总体规划设计报批计划分两期升级改造建设。经甲乙双方协商进行一期改造，占地约14666.7平方米，规划设计总建筑面积约4.4万平方米。总体规划方案须经甲方认可。二、合作方式：（1）甲

---

① 该司法解释已于2020年12月23日修正，本案所涉第19条修改为第16条，内容未作修改。

方提供改造用地，乙方出资进行合作改造建设（工期计划为30个月）。（2）合作协议签订后，双方协商成立项目筹建办公室，由甲方协助，乙方负责具体改造建设工作。（3）甲方参与建房筹建办公室，乙方负责项目前期运作、筹划、规划报批、投资、工程施工、预售、资金回笼等全程工作。三、效益分配：（1）乙方付清甲方款后，乙方建设的建筑物归乙方所有。销售款额用于抵顶乙方前期投资。一期工程乙方分期付给甲方合作议定款共计4550万元人民币。（2）乙方销售平均售价超过4250元/平方米或建筑面积超过4.4万平方米后超出的利润，按甲乙双方各占50%比例分配。四、双方责任：1.甲方责任：（1）甲方应保证项目用地无界址纠纷，产权明晰，无抵押、查封等他项权利。（2）甲方协助乙方办理本项目的前期报批手续及房屋产权过户手续。（3）甲方协调单位内部纠纷、干扰，保证乙方开发建设的顺利进行。（4）项目建成后，优先考虑甲方接管物业服务，以解决家属子女就业之问题。（5）甲方协助乙方在规定时间内完成现场拆迁腾场工作，费用由乙方负责。2.乙方责任：（1）乙方负责按时支付甲方合作补偿款。（2）乙方负责筹措项目所需所有资金。（3）乙方责任项目规划、设计、工程施工及工程质量监督、验收、销售工作。（4）乙方无条件办理项目的房屋产权过户等各项手续，并承担由此产生的一切费用。"

以军某俱乐部和干休所为土地使用权人的"国粹"项目没有办理相关报建手续，政府相关主管部门对该项目多次作出行政处罚决定书，其中石家庄市城乡规划局在2010年两次作出行政处罚决定书，指明军某俱乐部的项目未取得建设工程规划许可证并进行处罚，石家庄市政府也曾召开会议并形成纪要，指出由于干休所军兴宾馆改造建设"国粹"项目，在用地、建设等方面存在违规行为，干休所要积极与土地、规划、建设等有关部门进行沟通，尽快接受处罚，缴纳相关费用，并补办相关手续。在一审期间，盈某公司已向法院提交了上述证据，到该院二审庭审时，该房地产建设项目仍没有办理相关审批手续，未取得建设工程规划许可证。

【案件争点】

房地产建设项目未取得建设工程规划许可证，合作开发房地产合同的当事人的利益分配问题。

【裁判要旨】

依照《国有土地使用权司法解释》第19条第1款① 规定："在下列情形下，合作

---

① 该司法解释已于2020年12月23日修正，本案所涉第19条第1款修改为第16条第1款，内容未作修改。

开发房地产合同的当事人请求分配房地产项目利益的，不予受理；已经受理的，驳回起诉：（一）依法需经批准的房地产建设项目未经有批准权的人民政府主管部门批准；（二）房地产建设项目未取得建设工程规划许可证；（三）擅自变更建设工程规划。"本案中涉案土地分为两部分，一部分属于干休所为划拨地，另一部分属于军某俱乐部为出让地，故该合作开发用地涉及军产，需经干休所的上级主管部门批准方可用于开发，但直至本案发生纠纷诉讼时军某俱乐部未能提供相关文件，导致土地无法收储挂牌出让，更无法办理建设工程规划许可证等报建手续。因此，该情况符合上述法律规定，二审法院撤销一审判决，驳回军某俱乐部的起诉，并无不当。

【裁判结果】

撤销一审判决，驳回军某俱乐部的起诉。

三、裁判规则提要

（一）合作开发房地产合同的定义及法律特征

合作开发房地产合同[①]，是指当事人订立的以提供出让土地使用权、资金等作为共同投资，共享利润、共担风险合作开发房地产为基本内容的合同。合作开发房地产法律关系的特征可概况为：主体上为二人以上，一方提供出让土地使用权、一方提供开发建设的资金，共同投资，各方对合作开发完成的房地产项目共享利润、共担风险，包括合作开发而发生的市场经营风险及因开发项目不合法而受到的相应行政处罚风险等，由各方按合同约定或投资比例或过错大小共担。

1. 合作开发房地产合同的本质特征是"共同投资、共享利润、共担风险"

司法实务中通常所说的联建协议、联合开发合同都属于合作开发房地产合同。从合作开发房地产合同的司法规范历史沿革来看，1992年的《划拨土地使用权管理暂行办法》中规定的联建房屋，1994年的《城市房地产管理法》，1995年的《城市房地产转让管理规定》中的合资、合作开发经营房地产，均是以一方提供土地使用权作为出资参与合作。由此可见，合作开发房地产合同是以当事人取得土地使用权为

---

① 《国有土地使用权司法解释》第12条规定："本解释所称的合作开发房地产合同，是指当事人订立的以提供出让土地使用权、资金等作为共同投资，共享利润、共担风险合作开发房地产为基本内容的合同。"

前提，是在土地的二级开发①过程中开发房地产的一种合作模式。

房地产合作开发法律关系具有监管规范多、周期长、专业性强、风险高等特点，共享利润和共担风险是合作关系的基本准则，各方共享的利润是房地产开发后带来的红利，包括按比例分配房产、取得销售分红等；共担风险，则包括因合作开发而发生的市场经营风险及因开发项目不合法而受到的相应行政处罚风险等，通常由各方按合同约定或投资比例或违约比例共担。

2. 在合作开发房地产法律关系中，合同的一方应是具备房地产开发资质的企业

房地产开发企业是以营利为目的，从事房地产开发和经营的企业。《城市房地产管理法》规定，从事房地产开发和经营必须依法设立房地产开发企业。根据《国有土地使用权司法解释》的规定，即便合作合同各方都不具有房地产开发资质，只要在起诉前当事人一方已经取得房地产开发经营资质或已经依法合作成立具有房地产开发经营资质的房地产开发企业，则应当认定合同有效。因此，进行房地产开发经营活动必须设立房地产开发企业法人，否则严格禁止房地产开发经营。

设立房地产开发企业，应当具备下列条件：（1）有自己的名称和组织机构；（2）有固定的经营场所；（3）有符合国务院规定的注册资本；（4）有足够的专业技术人员；（5）法律、行政法规规定的其他条件。其中有足够的专业技术人员是房地产开发企业区分于其他企业的本质要求。

3. 从事房地产开发应当取得相应的开发资质

房地产开发是一个特殊行业，应当有严格的市场准入制度，根据《城市房地产管理法》的规定，从事房地产开发经营的企业，应当经工商行政管理部门核准登记领取营业执照，并在规定的时间内到当地建设行政管理部门办理备案登记，方可从事经营活动。房地产开发直接关系到国家民众的生命、财产安全，因此，无论是法律、法规，还是行业规范都要求从事房地产开发的企业必须具备一定的资质，以确保房地产开发的顺利进行。《房地产开发企业资质管理规定》第3条明确规定，房地产开发企业应当按照本规定申请核定企业资质等级。未取得房地产开发资质等级证书（以下简称资质证书）的企业，不得从事房地产开发经营业务。第5条规定："房地产开发企业按照企业条件分为一、二两个资质等级。各资质等级企业的条件如下：（一）一级资质：1. 从事房地产开发经营5年以上；2. 近3年房屋建筑面积累计竣工

① 土地二级开发即土地使用者将达到规定可以转让的土地通过流通领域进行交易的过程，包括土地使用权的转让、出租、抵押等。

30万平方米以上，或者累计完成与此相当的房地产开发投资额；3.连续5年建筑工程质量合格率达100%；4.上一年房屋建筑施工面积15万平方米以上，或者完成与此相当的房地产开发投资额；5.有职称的建筑、结构、财务、房地产及有关经济类的专业管理人员不少于40人，其中具有中级以上职称的管理人员不少于20人，专职会计人员不少于4人；6.工程技术、财务、统计等业务负责人具有相应专业中级以上职称；7.具有完善的质量保证体系，商品住宅销售中实行了《住宅质量保证书》和《住宅使用说明书》制度；8.未发生过重大工程质量事故。（二）二级资质：1.有职称的建筑、结构、财务、房地产及有关经济类的专业管理人员不少于5人，其中专职会计人员不少于2人；2.工程技术负责人具有相应专业中级以上职称，财务负责人具有相应专业初级以上职称，配有统计人员；3.具有完善的质量保证体系。"根据该规定的要求，任何单位和个人不得涂改、出租、出借、转让、出卖资质证书。一级资质的房地产开发企业承担房地产项目的建筑规模不受限制。二级资质的房地产开发企业可以承担建筑面积25万平方米以下的开发建设项目。各资质等级企业应当在规定的业务范围内从事房地产开发经营业务，不得越级承担任务。

（二）房地产建设项目未取得建设工程规划许可证，合作开发房地产合同的当事人的分配利益请求不予受理

1.建设工程规划许可证的定义及规划事项

《国家标准（GB/T50280-98）城市规划基本术语标准》中定义"建设工程规划许可证"为"城市规划行政主管部门依法核发的有关建设工程的法律凭证"。城乡规划行政主管部门根据依法制定的城乡规划及有关法律规范、技术规范，对各类建设工程进行组织、控制、引导和协调，通过核发有关建设工程许可证的方式确保建设工程符合城乡规划的规定。

城乡规划主管部门就建设工程规划许可程序，具体管理事项如下：

（1）建筑物使用性质的控制，如住宅、商业等；

（2）建筑容积率的控制；

（3）建筑密度控制；

（4）建筑高度的控制；

（5）建筑间距的控制（日照、消防、卫生、安全、空间等）；

（6）建筑退让控制（退界、退红线、退铁路线、退电力线、退河道线等）；

（7）建筑基地绿地率控制；

（8）基地出入口，停车和交通组织控制；

（9）建筑基地标高控制；

（10）建设环境的管理；

（11）各类公建用地指标和无障碍设施的控制；

（12）综合有关专业管理部门的意见。

2. 未取得建设工程规划许可证的合作开发房地产当事人分配利益请求权不予受理

《国有土地使用权司法解释》第16条明确规定，房地产建设项目未取得建设工程规划许可证的合作开发房地产项目，当事人请求分配房地产项目利益的，不予受理。

（1）不予受理是人民法院根据《民事诉讼法》的规定对原告的起诉进行审查，认为不符合法定受理条件，在程序上决定不予受理，是人民法院的司法行为。不予受理具有以下法律特征：①只能发生在案件立案之前；②是人民法院对当事人程序上的起诉权的否定；③只能适用书面形式；④当事人如果不服，可以上诉；⑤上诉期限为10天。

（2）《城乡规划法》第64条规定，未取得建设工程规划许可证或者未按照建设工程规划许可证的规定进行建设的，由县级以上地方人民政府城乡规划主管部门责令停止建设；尚可采取改正措施消除对规划实施的影响的，限期改正，处建设工程造价5%以上10%以下的罚款；无法采取改正措施消除影响的，限期拆除，不能拆除的，没收实物或者违法收入，可以并处建设工程造价10%以下的罚款。从该条规定来看，在行政执法层面上对于未取得建设工程规划许可证或者未按照建设工程规划许可证的规定进行建设的建筑其有两种处置方式，可以采取措施消除规划影响的，限期改正，并处罚款；无法消除影响的，依法拆除或没收。即未取得建设工程规划许可证的建筑权利状态是待定的，需要经过相关的行政程序确认使其恢复合法状态或依法拆除、没收等结束违法状态。而法律所保护和支持的利益只能是正当利益，非法利益不受保护。在合作开发房地产项目中，项目用地经出让取得合法使用权，符合城市规划、年度建设用地计划和房地产开发年度计划，合作开发主体一方具备相应资质，开发的过程合法、合规，项目经验收合格的，是为法律所保护的正当利益。否则，如上述过程中的任何一个环节不被现有法律、法规所积极评价，即为违章建筑，合作开发的违章建筑有可能被依法强制拆除或承担巨额罚款，因此，建筑物权利状态不明的情况下，合作各方所主张的利益分配，有可能是不正当的利益，法院依法不予受理。

（3）《国有土地使用权司法解释》第16条同时规定，房地产建设项目未取得建设工程规划许可证的合作开发房地产项目，当事人请求分配房地产项目利益的，已经受理的，驳回起诉。根据《民事诉讼法》规定，驳回起诉是指法院对于无正当理由或缺乏法律依据的诉讼当事人或其法定代理人提起的诉讼请求拒绝审理而予以驳回的诉讼行为。即对于未取得建设工程规划许可证的合作开发房地产项目，即便人民法院受理了当事人请求分配房地产项目利益的起诉，但是因违章建筑的权利状态不明，法院将拒绝审理而直接予以驳回起诉。

（4）未取得建设工程规划许可证的合作开发房地产项目当事人的请求利益分配主张不予受理或驳回起诉后，在违章建筑被有批准权的政府主管部门作出罚款或被拆除、没收后，通常无违约一方当事人可以要求违约方赔偿损失。当事人对于损失承担协商不成的，按照当事人违约责任大小确定责任分担，违约责任大小无法确定的，可按照约定的投资比例确定各自责任，没有约定投资比例的，按照约定的利润分配比例确定责任。

四、辅助信息

《城乡规划法》

第三十七条　在城市、镇规划区内以划拨方式提供国有土地使用权的建设项目，经有关部门批准、核准、备案后，建设单位应当向城市、县人民政府城乡规划主管部门提出建设用地规划许可申请，由城市、县人民政府城乡规划主管部门依据控制性详细规划核定建设用地的位置、面积、允许建设的范围，核发建设用地规划许可证。

建设单位在取得建设用地规划许可证后，方可向县级以上地方人民政府土地主管部门申请用地，经县级以上人民政府审批后，由土地主管部门划拨土地。

第三十八条　在城市、镇规划区内以出让方式提供国有土地使用权的，在国有土地使用权出让前，城市、县人民政府城乡规划主管部门应当依据控制性详细规划，提出出让地块的位置、使用性质、开发强度等规划条件，作为国有土地使用权出让合同的组成部分。未确定规划条件的地块，不得出让国有土地使用权。

以出让方式取得国有土地使用权的建设项目，建设单位在取得建设项目的批准、核准、备案文件和签订国有土地使用权出让合同后，向城市、县人民政府城乡规划主管部门领取建设用地规划许可证。

城市、县人民政府城乡规划主管部门不得在建设用地规划许可证中，擅自改变作为国有土地使用权出让合同组成部分的规划条件。

第四十条第一款 在城市、镇规划区内进行建筑物、构筑物、道路、管线和其他工程建设的，建设单位或者个人应当向城市、县人民政府城乡规划主管部门或者省、自治区、直辖市人民政府确定的镇人民政府申请办理建设工程规划许可证。

第四十三条 建设单位应当按照规划条件进行建设；确需变更的，必须向城市、县人民政府城乡规划主管部门提出申请。变更内容不符合控制性详细规划的，城乡规划主管部门不得批准。城市、县人民政府城乡规划主管部门应当及时将依法变更后的规划条件通报同级土地主管部门并公示。

建设单位应当及时将依法变更后的规划条件报有关人民政府土地主管部门备案。

第六十四条 未取得建设工程规划许可证或者未按照建设工程规划许可证的规定进行建设的，由县级以上地方人民政府城乡规划主管部门责令停止建设；尚可采取改正措施消除对规划实施的影响的，限期改正，处建设工程造价百分之五以上百分之十以下的罚款；无法采取改正措施消除影响的，限期拆除，不能拆除的，没收实物或者违法收入，可以并处建设工程造价百分之十以下的罚款。

《国有土地使用权司法解释》

第十六条 在下列情形下，合作开发房地产合同的当事人请求分配房地产项目利益的，不予受理；已经受理的，驳回起诉：

（一）依法需经批准的房地产建设项目未经有批准权的人民政府主管部门批准；

（二）房地产建设项目未取得建设工程规划许可证；

（三）擅自变更建设工程规划。

因当事人隐瞒建设工程规划变更的事实所造成的损失，由当事人按照过错承担。

国有土地使用权合同纠纷案件裁判规则第 8 条：

合作开发房地产合同约定提供土地使用权的当事人不承担经营风险，只收取固定利益的，应当认定为土地使用权转让合同

【规则描述】　　合作开发房地产合同，是指当事人订立的以提供出让土地使用权、资金等作为共同投资，共享利润、共担风险合作开发房地产为基本内容的合同。合作投资法律关系的法律特征是共同经营、共担风险、共享收益。土地使用权转让合同，是指土地使用权人作为转让方将出让土地使用权转让于受让方，受让方支付价款的合同。土地使用权转让法律关系的法律特征是出让剩余期限内的土地使用权，并获得收益。

如果合作开发房地产合同约定以土地使用权投资的当事人不承担经营风险，只收取固定利益，则双方当事人间法律关系已经不具备合作开发房地产所应具备的"共担风险"特征。其所收取的固定利益已经成为"投入"的土地使用权的对价，这与土地使用权转让法律关系的权利义务内容是一致的。

一、类案检索大数据报告

时间：2021 年 4 月 28 日之前；案例来源：Alpha 案例库；案由：民事；检索条件：法院认为包含"合作开发房地产合同约定提供土地使用权的当事人不承担经营风险，只收取固定利益的，应当认定为土地使用权转让合同"。本次检索获取了民事2021 年 4 月 28 日前共 974 篇裁判文书。整体情况如图 8-1 所示，其中：

1. 认为合作开发房地产合同约定提供土地使用权的当事人不承担经营风险，只收取固定利益的，应当认定为土地使用权转让合同的案件共计 939 件，占比为96.41%；

2. 认为双方协议违反强制性法律规定而无效的共计9件，占比为0.93%；

3. 认为双方协议无效的共计13件，占比为1.33%；

4. 认为无适用本条规则的前提条件的共计5件，占比为0.51%；

5. 起诉前经有批准权的人民政府批准办理土地使用权出让手续的，应当认定合同有效的案件共计8件，占比为0.82%。

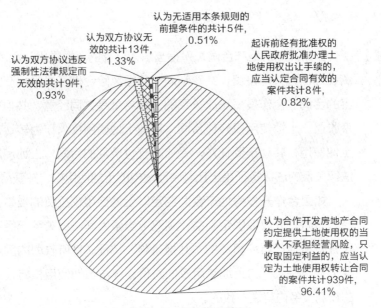

图8-1　案件审理情况

如图8-2所示，按照检索条件：法院认为包含同句"合作开发房地产合同约定提供土地使用权的当事人不承担经营风险，只收取固定利益的，应当认定为土地使用权转让合同"的情况来看，从下方的年份分布可以看到当前条件下民事案件数量的变化趋势。

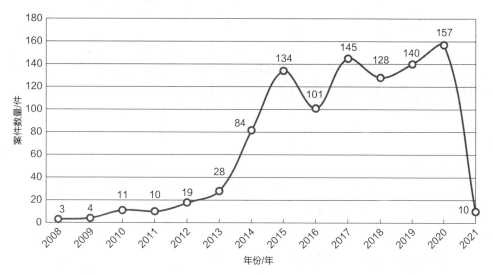

图 8-2　案件年份审理变化情况

如图 8-3 所示，从下面的程序分类统计可以看到民事下当前的审理程序分布状况。一审案件有 383 件，二审案件有 461 件，再审案件有 128 件，执行案件有 2 件。

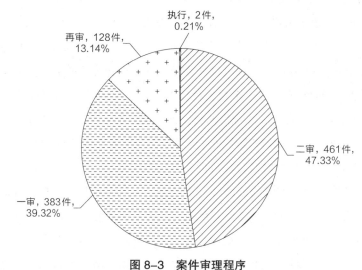

图 8-3　案件审理程序

二、可供参考的例案

例案一：福建德华建设工程有限公司与南充市嘉陵区嘉铭房地产开发有限公司合资、合作开发房地产合同纠纷案

【法院】

最高人民法院

【案号】

（2019）最高法民终 628 号

【当事人】

上诉人（原审原告）：福建德华建设工程有限公司

被上诉人（原审被告）：南充市嘉陵区嘉铭房地产开发有限公司

原审第三人：四川德华置业有限公司

【基本案情】

2014 年 1 月 5 日，南充市嘉陵区嘉铭房地产开发有限公司（以下简称嘉铭公司）（甲方）与四川德华置业有限公司（以下简称德华置业）（乙方）签订《合作协议》。主要内容："第 1 条项目概况。第 2 条合作方式。甲方以总承包方式将南山府邸项目承包给乙方，由乙方负责工程建设、项目经营和项目管理。甲方需要住房不超过 1780 套，建筑面积不超过 206000 平方米，车位不超过 1500 个，住房 2600 元／平方米（按建筑面积计算），车位每个 4 万元。此价格包括：土地及相关费用、一切工程建设费用、设计地勘费用、应缴税金、应缴规费等相关费用（不含甲方管理费和工程监理费），前述单价为最终交房价，在任何时候，任何情况下不再作调整，同时，甲方也不能在设计规范和双方约定事项外另提要求。甲方需求房屋、车位以外的商品房、商铺和车位均由乙方自行经营、销售或持有，其获得收益中的部分用来弥补甲方所购住房和车位建设的差价，盈亏由乙方自负，甲方概不负责。物业管理用房由物业管理公司管理和使用。乙方不承担购房者按国家规定在购房过程中应由购房者支付的相关税费。第三条合作要求。3.1 甲方合作要求。甲方负责南山府邸工程项目开发报建的手续办理，负责土地竞拍、土地款缴纳及颁发土地证手续办理、本工程的立项、规划设计审批、建设用地规划许可证、建设工程规划许可证的办理；红线外的市政配套工程由甲方负责协调政府相关部门实施；甲方按合同约定价格及付款方式拨付工程款；在本合作开发项目开发建设完成后 3 个月内，甲方将"嘉铭公司"（含相关资质和相关人员）无偿转让

给乙方，甲方协助乙方无偿办理相关转让手续，转让过程中涉及的相关费用由乙方承担。3.2 乙方合作要求。乙方以总承包方式负责项目建设、经营和管理；乙方必须自行组织施工，不得转让、转包和挂靠经营；乙方必须依法经营，遵章守纪，依法缴纳各种税、费。"

2014 年 6 月 20 日，甲方嘉铭公司与乙方德华置业签订《关于南山府邸项目对外办理手续、签署合同的协议书》，主要内容：根据《合作协议》的约定，甲方以总承包方式将南山府邸项目承包给乙方，由乙方负责工程建设、项目经营和项目管理，开发报建的相关手续由甲方负责办理。为了办理施工手续，房产备案等相关手续及对外广告宣传的需要，经甲乙双方反复协商达成以下协议：（1）《合作协议》是合作双方法定合同，涉及南山府邸项目的其他协议不能违背此合同执行。（2）项目涉及各种手续的办理，对外宣传、广告、装饰等相关合同的签署仍以甲方的名义签署、签章并存档，相关事项的洽谈、文件起草、费用支付及一切法律、经济责任由乙方完全负责。

2015 年 1 月 28 日，嘉铭公司向福建德华建设工程有限公司（以下简称德华建司）、德华置业发出《解除合同通知书》。

2015 年 2 月 17 日，嘉铭公司（甲方）与德华置业及德华建司（乙方）签订了《解除协议》，后双方成讼。

【案件争点】

案涉法律关系应如何认定。

【裁判要旨】

最高人民法院经审查认为，根据《国有土地使用权司法解释》第 24 条① 规定："合作开发房地产合同约定提供土地使用权的当事人不承担经营风险，只收取固定利益的，应当认定为土地使用权转让合同。"本案中，嘉铭公司分别与德华建司、德华置业签订的《合作框架协议》《合作协议》主要内容是：双方合作开发南山府邸工程项目，嘉铭公司负责所有建设手续审批、土地竞拍和土地款缴纳，德华建司与德华置业以总承包方式负责项目建设、经营和管理；嘉铭公司按合同约定价格及付款方式拨付工程款，即按购房款总价款收入的 80% 计算，支付的土地出让金、规划设计等前期费用在收取的购房款中列支，剩余部分按每月已完成的实物工程量按比例拨付购房款；嘉铭公司需要住房不超过 1780 套，建筑面积不超过 206000 平方米，车位不超过 1500 个；住房 2600 元／平方米（按建筑面积计算），车位每个 4 万元；此价格为最终交房价格，不再

---

① 该司法解释已于 2020 年 12 月 23 日修正，本案所涉第 24 条修改为第 21 条，内容未作修改。

作调整，并且该价格包括：土地及相关费用、一切工程建设费用、设计地勘费用、应缴税金、应缴规费等相关费用（不含嘉铭公司管理费和工程监理费）；嘉铭公司需求房屋、车位以外的商品房、商铺和车位均由德华建司与德华置业自行经营、销售或持有，其获得收益中的部分用来弥补嘉铭公司所购住房和车位建设的差价，盈亏由德华建司与德华置业自负，嘉铭公司概不负责；在合作开发项目开发建设完成后 3 个月内，嘉铭公司将"嘉铭公司"（含相关资质和相关人员）无偿转让给德华建司与德华置业。2014 年 6 月 20 日，嘉铭公司与德华置业签订《关于南山府邸项目对外办理手续、签署合同的协议书》明确："项目涉及各种手续的办理，对外宣传、广告、装饰等相关合同的签署仍以嘉铭公司的名义签署、签章并存档，相关事项的洽谈、文件起草、费用支付及一切法律、经济责任由德华置业完全负责。"前述合同约定的内容表明，嘉铭公司在与德华建司、德华置业联合开发过程中的主要义务是提供土地并办理相关手续，所分配的利益是不超过 1780 套的住房（建筑面积不超过 206000 平方米）和不超过 1500 个的车位。嘉铭公司实际上是在不承担经营风险的前提下，以不受市场因素影响的固定优惠价格购买房屋和土地，从而将案涉土地使用权以不过户的方式转让给德华建司与德华置业。一审法院认定案涉法律关系为土地使用权转让合同关系，并无不当。《国有土地使用权司法解释》第 9 条① 规定："转让方未取得出让土地使用权证书与受让方订立合同转让土地使用权，起诉前转让方已经取得出让土地使用权证书或者有批准权的人民政府同意转让的，应当认定合同有效。"由于嘉铭公司已在 2014 年 7 月 4 日取得案涉土地使用权证，一审法院据此认定《合作协议》的性质和效力，适用法律并无不当。

例案二：丁某军与张家界顺地置业有限公司合资、合作开发房地产合同纠纷案

【法院】

湖南省高级人民法院

---

① 该司法解释已于 2020 年 12 月 23 日修正，本案所涉第 9 条修改为第 8 条："土地使用权人作为转让方与受让方订立土地使用权转让合同后，当事人一方以双方之间未办理土地使用权变更登记手续为由，请求确认合同无效的，不予支持。"

【案号】

（2018）湘民终 891 号

【当事人】

上诉人（一审原告）：丁某军

上诉人（一审被告）：张家界顺地置业有限公司

【基本案情】

2015 年 12 月 29 日，张家界顺地置业有限公司（以下简称顺地置业）（甲方）、丁某军（乙方）签订了《项目合作开发协议书》，就顺地置业坐落于张家界市永定区崇文街道办事处凤湾社区一宗土地的国有土地使用权土地进行合作开发，协议的主要内容有：

1. 合作方式：顺地置业将开发交由丁某军全权负责，不参与建设、销售，以土地出资收益的方式与丁某军进行合作。

2. 投资与开发：（1）顺地置业将地块交由丁某军具体进行项目投资建设及销售。（2）顺地置业派出财务总监及一位监督人员全程参与项目的监督，但不参与项目事项决策。（3）项目的建设投资由丁某军全部负责，但除协议约定由顺地置业承担的除外。

3. 顺地置业的权利义务：（1）负责项目的规划、设计、可行性研究等前期工作，设计产生的费用由丁某军负责。（2）对项目建设中丁某军实施情况享有建议权、监督权。（3）负责地块上的拆迁，将土地交付丁某军。（4）有获得土地出资收益 7500 万元的权利。（5）有义务协助丁某军办理项目建设的各项手续，（除报建费及拆迁费由顺地置业承担外）其费用由丁某军承担；负责项目周边邻居关系的处理，由此产生的费用由顺地置业负责，如因此造成丁某军在施工期间长时间停工、阻工的损失应由顺地置业承担，但丁某军不按规定施工造成的由丁某军自行负责。（6）有按协议约定按月从销售收入中提前收取 70% 用以支付土地投资收益，直到收足 7500 万元为止。

4. 丁某军的权利义务：（1）根据项目投资需求，保证资金落实到位按时保质按规划要求完成项目建设。（2）根据项目的规划和设计要求，负责对项目建设的组织和实施。（3）享有对项目咨询论证、实地考察的权利，顺地置业应积极配合。（4）项目由丁某军独立投资建设。（5）对项目的策划、设计、建设、销售市场营销独立进行，费用独自承担，顺地置业不予干涉。（6）对外以顺地置业名义进行任何民事经济活动均由丁某军独立承担责任，如有第三方对顺地置业主张权利，其责任也应由丁某军承担，丁某军不得以顺地置业名义对外签订民商事合同，如有需要须经顺地置业书面同意。（7）应与有相应资质的建设单位签订项目建筑施工合同，严格按照规划设计施工，确保项目顺利进行。（8）应在2016年1月15日支付500万元，1月30日前支付300万元，以便顺地置业用于前期的拆迁和支付报建费，此笔800万元系土地投资回报的组成部分，丁某军支付后顺地置业应在3个月内办理完报建手续通知乙方开工。（9）自行组织建设单位施工及房屋销售。（10）对开发项目的盈利与亏损均与顺地置业无关，不影响顺地置业收回土地收益。

2016年11月17日，张家界市规划管理局给顺地置业颁发了建规〔地〕字第SY201611003号建设用地规划许可证，用地项目名称张家界鼎力大厦；2017年9月11日，鼎力大厦项目取得了建筑工程施工许可证，建设单位为顺地置业；2017年12月25日，鼎力大厦项目取得商品房预售许可证，售房单位为顺地置业。2018年1月，鼎力大厦开盘销售，现已销售部分；2018年3月，主体封顶；2018年5月停工至今。项目土地范围内，尚有一栋房屋没有拆迁。

2017年8月16日，顺地置业向张家界市永定区人民法院提起诉讼，以丁某军未按约定支付800万元、拒不接受顺地置业委派财务总监和监督人员、擅自进行项目施工为由，请求判决解除《项目合作开发协议书》，对丁某军已支付的前期费用约800万元据实进行结算，丁某军赔偿损失10万元。

【案件争点】

涉案《项目合作开发协议书》的性质、是否有效。

【裁判要旨】

湖南省高级人民法院经审查认为，根据《国有土地使用权司法解释》第24条[①]规定："合作开发房地产合同约定提供土地使用权的当事人不承担经营风险，只收取固定利益的，应当认定为土地使用权转让合同。"从涉案《项目合作开发协议书》的约定以及双方履行合同的情况看，该合同符合上述司法解释规定的情形，应当认定为土地使用权转让合同。根据该合同约定，顺地置业（提供土地使用权的当事人）将涉案项目交给丁某军全权负责，不参与建设、销售，其享有的权利就是按月提取项目收益，直至收足7500万元为止，项目盈亏与顺地置业无关，因此，不论顺地置业提取收益的方式如何，均属于收取固定利益，顺地置业并不承担经营风险，故本案应当适用上述司法解释规定认定合同性质。顺地置业认为本案的土地使用权转让

---

① 该司法解释已于2020年12月23日修正，本案所涉第24条修改为第21条，内容未作修改。

违反了《城市房地产管理法》第39条和第40条规定，且存在出借房地产开发资质的情形，故应当认定无效。经查，顺地置业虽提出上述主张，但并无证据证明本案涉及的土地使用权转让违反了上述第39条和第40条第2项规定，况且涉案项目已经基本建成，丁某军也支付了合同约定的对价；同时，由于涉案合同应认定为土地使用权转让，双方法律关系的核心系一方支付土地价款、一方交付土地，至于项目如何开发，是否借用资质，不影响涉案合同的效力。综上，涉案合同不违反法律法规的禁止性规定，合法有效。

例案三：海南香江实业有限公司、海南赤龙令置业有限公司诉新华通讯社海南分社、海口市自然资源和规划局建设用地使用权转让合同纠纷案

【法院】

最高人民法院

【案号】

（2021）最高法民终445号

【当事人】

上诉人（原审原告）：海南香江实业有限公司

上诉人（原审原告）：海南赤龙令置业有限公司

被上诉人（原审被告）：新华通讯社海南分社

被上诉人（原审被告）：海口市自然资源和规划局

被上诉人（原审第三人）：海南民联实业有限公司

【基本案情】

1997年4月19日，新华通讯社海南分社（以下简称新华社海南分社）作为甲方与海南民联实业有限公司（以下简称民联公司）作为乙方签订《合同书》，主要内容为：（1）甲乙双方合作开发甲方所属位于海口市楼用地和二期开发用地（即金泓江酒店占地除外），该地块四至以红线图为准。（2）乙方出资为甲方在其自留20亩地块上建设总层数为16层（其中地下1层，地上15层），总建筑面积为1.4万平方米的新闻中心大厦。（3）甲方出让该地块西侧20亩土地全部权益予乙方，其范围四至分别为：东临甲方新闻中心大厦，南临华西公司工地，西临明珠路，北临滨海大道，甲乙双方各拥有该地块现围墙内实际用地面积的50%。（4）乙方对受让地块拥有完全的开发权和处置权，但在完成甲方新闻大厦之前，不得将该地块转让第三者或抵

押出租。（5）乙方负责全部双方合作项目用地的总体规划、甲方新闻大厦及乙方建设项目的建筑设计、报建、施工，并承担双方合作涉及的一切费用（包括土地转让增值费，但甲方办理自己的新闻大厦房产证的费用自理）。甲方协助乙方办理各项手续，并对小区总体规划进行审查、监督。（6）双方签订本合同后，乙方应向甲方分期支付补偿金 400 万元（因甲方建筑面积由 1.6 万平方米减至 1.4 万平方米）……合同还对其他内容进行了约定。该合同落款处新华社海南分社的签字代表是肖辉家，民联公司的签字代表是林炳乐。随后，新华社海南分社以自己的名义办理了海南香江德福大酒楼（以下简称原香江酒楼）以及附属用房、员工宿舍、食堂等临时建筑的临时建设工程报建手续。民联公司出资修建了上述临时建筑，原香江酒楼随后在此经营。因经营亏损，原香江酒楼称其已于 2003 年 5 月 1 日将酒楼承包他人，更名为满福隆酒楼。2001 年 5 月，新闻中心大厦封顶，同年 12 月竣工验收合格。2003 年 5 月 26 日，海口市房产管理局为新闻中心大厦颁发了海口市房权证字第××号房产证，该房屋坐落海口市滨海大道 89 号，房屋所有权人为新华社海南分社。

2001 年 7 月 18 日，新华社海南分社（甲方）与民联公司（乙方）签订《办理土地转让协议书》，主要内容为：根据乙方要求，就合作开发甲方所属土地事宜达成补充协议：（1）将甲乙双方所签订合作合同书中的乙方名称改为海南香江实业有限公司（以下简称香江公司）、原香江酒楼；（2）乙方改名后双方原合同书（1997 年 4 月 19 日签）合作方式不变，债权债务不变；（3）乙方改名后的合作合同书只作转让土地过户使用，土地过户完成后新合同书作废；（4）甲方协助办理土地转让手续，所有费用由乙方承担。随后，新华社海南分社（作为甲方）与香江公司、原香江酒楼（作为乙方）签订了一份落款日期为 1997 年 4 月 19 日的《合同书》，其落款处新华社海南分社签字代表为邓全施，香江公司、原香江酒楼的签字代表为林炳乐，内容与新华社海南分社与民联公司于 1997 年 4 月 19 日签订的《合同书》内容完全一致。同日，新华社海南分社与香江公司、原香江酒楼签订《土地使用权转让合同》，主要内容为：第 1 条：转让人为新华社海南分社（甲方），受让人为香江公司、原香江酒楼（乙方）；第 2 条：甲方根据海口市国用（籍）字第 Q 2××88 号取得土地使用权（土地所有权属国有），自愿将土地使用权有偿转让给乙方；第 4 条：甲方转让给乙方的地块位于海口东侧，土地所有权归国家所有，该地面积 9608.29 平方米，四至为东至交通银行，南至玉沙村，西至明珠路，北至滨海大道；第 7 条：同时转让地上的附属物，附属物名称香江德福大酒楼，占地面积 2600 平方米，建筑面积 6600 平方米；第 8 条：该地块的土地使用权转让金为每平方米 1147 元，总额为 11020709 元；第

11 条：甲乙双方应在土地使用权转让合同签订之日起 10 天内，到海口市国土资源局办理土地变更登记手续，更改或更换土地使用证，同时按规定缴税费；第 24 条：本合同双方签字盖章后，经海口市国土资源局办理变更登记手续后生效。

2001 年 7 月 18 日，新华社海南分社与香江公司、原香江酒楼共同向原海口市国土资源局及海口市土地交易所提交《土地使用权转受让申请书》。2001 年 8 月 31 日，海口市土地信息服务中心制作发布了《土地产权交易公示牌》，其中标注转让方为新华社海南分社，受让方为香江公司、原香江酒楼，土地证号为海口市国用（籍）字第 02188 号，转让面积为 9608.29 平方米，评估地价为 1147 元 / 平方米。

2001 年 10 月 10 日，海口市规划用地报建评审小组向海口市人民政府呈报拟同意办理相关土地使用权转让手续。2001 年 10 月 10 日，海口市规划用地报建评审小组向市政府呈报拟同意办理相关土地使用权转让手续。2001 年 10 月 17 日，海口市规划用地报建评审小组在《海口市划拨土地使用权转让审批表》中的"市政府审批意见栏"中加盖海口市规划用地报建评审小组评审业务专用章，填写意见为："经讨论，同意补办土地使用权出让手续，按土地评估价的 40% 收取出让金，并直接办理出让给香江公司、原香江酒楼。"

2001 年 4 月 28 日，新华社海南分社向海口市人民政府递交《关于请求减免土地出让费用的再次报告》，主要内容为：由于新华社海南分社拨款逐年减少，只得采取以土地换房方式，与民联公司合作，建设新华社海南分社新闻中心大厦，面积 1.6 万平方米，于 1997 年 11 月动工，历时 3 年，现已接近尾声；根据协议要求，在合作方将大楼交付时，该分社必须将部分土地使用权出让给对方；请求免去新华社海南分社出让土地时的出让金及其他费用。2001 年 6 月 20 日，新华社海南分社再次致函海口市人民政府表达相同请求。海口市人民政府两次批准给予支持，同意减免 65% 土地出让金。2001 年 12 月 3 日，原海口市国土资源局向海口市人民政府提交《关于新华社海南分社转让土地有关情况的汇报》，主要内容为：转让土地评估价为 1147 元 / 平方米，按评估价的 40% 收取出让金，应交土地出让金为 440.8283 万元；市政府二次批准给予支持，同意减免 65% 土地出让金，计 286.5383 万元，实际现只需交缴土地出让金 154.29 万元。2001 年 12 月 6 日，新华社海南分社致函原海口市国土资源局，主要内容为：新华社海南分社新建的新闻中心大厦已竣工验收投入使用，但所持的国有土地使用证（证号：Q2188）于 2001 年 9 月 4 日已上交贵局办理部分土地转让给香江公司的有关手续；现该大厦需办理房产证，特向贵局申请借回该土地使用证，办理房产证后再归还贵局办理有关转让手续。2003 年 3 月 5 日，新华社海南分社又向时任×××海口市市委书记、海口市人民政府递交了《关于缓交土地转让费的报告》，主要内容为：2002 年以前新华社海南分社连续 6 年没有被总社列入财政拨款单位，实行自收自支；新华社海南分社只能采取以土地换房的方式与民联公司合作建设新闻大厦，按照新华社海南分社与民联公司签订的协议，新华社海南分社以一半的土地（总面积为 1.87 万平方米）换取民联公司给该分社建设面积 1.6 万平方米的新闻大厦；经市政府批准，先后为新华社海南分社共减少了 65% 的土地出让金，但是仍需交纳 154 万多元；为此，申请缓交此笔费用 2 年，先办理土地转让手续，待总社划拨该款项到账后予以缴清。2003 年 3 月 18 日，原海口市国土资源局在其公文处理卡上的办理意见为：鉴于新华社海南分社的特殊情况，可考虑土地出让金缓交 1 年，待其完税后先办理土地证。2003 年 5 月 12 日，原海口市国土资源局向香江公司和原香江酒楼下发《关于办理纳税手续的通知》，并抄送海口市地税局，内容为：报经有批准权一级人民政府批准，同意我局将位于滨海大道南、明珠路东侧的 9608.29 平方米国有土地出让给你单位作为建设用地；土地评估总价值 11020709 元（1147.00 元 / 平方米）；请贵单位持本通知于 6 月 1 日前到市地税局办理完税手续。

2004 年 1 月 8 日，原香江酒楼向法院出具《关于香江德福大酒楼的财产状况说明和债务解决方案》称：民联公司修建新闻中心大厦，并在案涉土地上临时修建酒楼和办公楼，原香江酒楼不享有案涉土地即酒楼的土地使用权和房屋所有权。

【案件争点】

双方当事人所签订合同的法律性质。

【裁判要旨】

基于本案已经查明的事实，1997 年 4 月 19 日，新华社海南分社（甲方）与民联公司（乙方）签订《合同书》，就双方合作开发甲方所属位于海口市楼用地和二期开发用地（即金泓江酒店占地除外）达成一致，约定新华社海南分社一方提供土地使用权，民联公司一方出资，合作进行房地产土地开发；但纵观该合同内容，新华社海南分社并不承担合作开发经营的风险，只收取固定的利益，即获得民联公司出资建设的新闻中心大厦及 400 万元补偿金，不符合合作开发房地产合同"共同投资、共享利润、共担风险"的基本特征。依据《国有土地使用权司法解释》第 24 条①关于"合作开发房地产合同约定提供土地使用权的当事人不承担经营风险，只收取固定利益的，应当认定为土地使用权转让合同"的规定，新华社海南分社与民联公司基于

---

① 该司法解释已于 2020 年 12 月 23 日修正，本案所涉第 24 条修改为第 21 条，内容未作修改。

《合同书》所形成的法律关系实质上符合土地使用权转让合同的特征，确切地说是新华社海南分社向民联公司转让划拨土地使用权的合同关系。

三、裁判规则提要

合作开发房地产，是指当事人间以提供出让土地使用权、资金等作为共同投资，共享利润、共担风险的房地产开发建设行为。土地使用权转让，是指土地使用权人作为转让方将出让土地使用权转让于受让方，受让方支付价款的合同行为。

（一）合作开发房地产合同的类型及风险防范

1. 合作开发房地产法律关系的类型

在合作开发房地产法律关系中，一般情况下，会有以下三种比较常见的投资合作类型：

（1）规范的联建合作模式。即 A 企业出地、B 企业出资金，双方合作开发。项目开发需要以合作双方的名义向政府部门办理审批手续和各种证件许可，同时，A、B 双方还需要到国土部门办理土地权属的变更手续，依法将该宗土地使用权按照合作开发协议约定分成比例变更登记到 B 公司名下。除了规范的依法登记的联建合作模式外，司法实践中，也存在大量的"非规范"的联建合作模式，即合作双方虽然签订合作开发协议，但项目的开发立项通常由有房地产开发资质的 B 企业单独主导开发经营活动，合作双方之间按照合作开发协议享有权利、承担义务。（2）以土地使用权投资的合作模式。即 A 企业以土地使用权作为对 B 房地产企业的投资，项目开发以 B 企业名义立项。即 B 企业购买 A 企业实质经营性资产的交易方式，一般情况下，B 企业支付对价的形式包括股权支付、非股权支付或两者的组合。该种模式区别于单纯的土地使用权转让，A 企业获得的收益是土地使用权的投资收益而非转让土地使用权的对价收益。（3）整体产权转移的合作模式。即如果 A 企业除土地使用权外，没有其他重要经营项目，可以通过将整体产权与 B 房地产企业合并的方式实现合作，合并后以 B 房地产企业的名义立项开发。该种模式即 A 企业将其全部资产和负债转让给 B 房地产企业，A 企业的股东换取合并企业的股权或非股权支付，实现两个企业的依法合并再开发建设。

2. 合作开发房地产法律关系中的共担风险

虽然合作开发房地产法律关系的类型不同，但是合作关系的基础特征是利润共同分享、风险共同承担，无论是哪种方式，合作方之间通过合作开发协议约定进行合作，按照约定承担经营风险，享有合作收益。但合作方之间的合作开发协议仅对合作双方具有约束力，因合作开发事项产生的合作纠纷适用该协议处理，合作开发协议对合同当事人以外的人不发生法律效力。即在对外债务关系上，合作方是一个主体身份，在民事诉讼法律关系上，或为共同原告或为共同被告。

一般情况下，合作开发房地产法律关系中全体合作人应当对任何一方因合作项目产生的对外债务承担连带责任，债权人有权向合作的任何一方主张部分或全部债务，合作各方在合同中约定的各自责任范围通常只能够作为内部追偿的依据，对外不产生效力。

共担风险是民事权利义务相统一原则的体现和内在要求。如果合作开发房地产合同中约定仅享受利润，不承担任何风险，该合同的性质即不再是合作开发房地产法律关系，转换为土地使用权转让法律关系、商品房买卖法律关系或借款法律关系，因此，共担风险是合作开发房地产合同的最本质特征，该特征是区分是否构成合作开发房地产法律关系的本质要件。

3. 合作开发房地产合同的利润分配

在分配问题上，违章建筑不得分配利润，各方不得对违章建筑主张利润分配。合作开发房地产的任何一方都有权从合作的房地产开发项目中获得利益，这也是合作开发房地产各方当事人的合同约定和基本诉求，可分配利润应该是扣除亏损后的盈余，它在通常情况下体现的是经营性投资的收益。

一般情况下，在合作开发房地产合同中，如双方仅约定按投资数额作为利润分配比例，按照约定处理，但如果一方违约未能足额出资的，应当按当事人的实际投资比例分配利润；对于用于分配的房产，如实际建筑面积少于合同约定的，可按协商、过错、约定的利润分配比例顺序，确定实际房屋分配比例。实际建筑面积超出规划面积的，在该部分面积取得相关合法手续后，对超出部分的分配按协商、约定的利润分配比例确定。

4. 合作开发房地产合同纠纷的常见争议类型

在合作开发房地产合同纠纷中，常见的争议有：案涉合同是否为合作开发房地产合同，即对合同性质的争议；合作开发房地产合同的效力争议，影响合作开发房地产合同效力的因素通常包括开发主体资质、土地使用权性质、规划报建手续是否完善等；合作开发房地产合同的违约责任承担、合同解除法律后果等。

5. 合作开发房地产合同的风险防范

结合上述争议焦点，合作开发房地产合同的主要风险防范也集中体现在合同性质、合同效力和合同内容的完善上。

在合同性质方面，应当把握"共同投资、共享利润、共担风险"的核心特征，尤其对共担风险特征的要求，往往成为判断合同性质的主要依据。

在合同的效力方面，注重对土地性质、开发主体资质、规划报建等建设手续的判断及完善，根据《民法典》第153条第1款规定："违反法律、行政法规的强制性规定的民事法律行为无效。但是，该强制性规定不导致该民事法律行为无效的除外。"强制性规定，是指效力性强制性规定[①]，原则上，管理性强制性规定不能作为认定合同无效的依据。

在合同具体内容的完善方面，对合同的主要条款如合作方式、投资方式、税收缴纳、销售方式、分配方式、违约责任、合同解除后的处理等，结合合作开发房地产各方的各自利益诉求及共同的合作目标，尽量对合同内容作出具体明确的约定，防范风险。

（二）土地使用权转让合同的法律特征、效力，土地使用权转让的条件、限制及特殊类型

1. 土地使用权转让合同的定义及法律特征

《城镇国有土地使用权出让和转让暂行条例》第19条规定，土地使用权转让是指土地使用者将土地使用权再转移的行为，包括出售、交换和赠与。《国有土地使用权司法解释》第7条规定，土地使用权转让合同是指土地使用权人作为转让方将出让土地使用权转让于受让方，受让方支付价款的合同。上述法律规定表明土地使用权转让合同的实质：土地使用者将土地使用权作为标的再次转移，以直接获得对价等为目的，转让人不承担土地开发等经营风险。

土地使用权转让的法律特征：土地使用权转让是平等主体之间的转让，区分于土地出让行为；转让行为应符合法律规定；房地产转让时，土地使用权出让合同载

---

① 《九民会议纪要》第30条规定，人民法院在审理合同纠纷案件时，要依据《民法总则》第153条第1款和《合同法司法解释二》第14条的规定慎重判断"强制性规定"的性质，特别是要在考量强制性规定所保护的法益类型、违法行为的法律后果以及交易安全保护等因素的基础上认定其性质，并在裁判文书中充分说明理由。下列强制性规定，应当认定为"效力性强制性规定"：强制性规定涉及金融安全、市场秩序、国家宏观政策等公序良俗的；交易标的禁止买卖的，如禁止人体器官、毒品、枪支等买卖；违反特许经营规定的，如场外配资合同；交易方式严重违法的，如违反招投标等竞争性缔约方式订立的合同；交易场所违法的，如在批准的交易场所之外进行期货交易。关于经营范围、交易时间、交易数量等行政管理性质的强制性规定，一般应当认定为"管理性强制性规定"。

明的权利、义务随之转移，转让行为是权利和义务的一并转让；房地产转让、抵押时，房屋的所有权和该房屋占用范围内的土地使用权同时转让、抵押，即土地使用权与地上建筑物所有权一并转让；转让是有期限的，转让房地产后，其土地使用权的使用年限为原土地使用权出让合同约定的使用年限减去原土地使用者已经使用年限后的剩余年限。

2. 土地使用权转让的条件

根据《城市房地产管理法》的相关规定，依据土地使用权取得的方式不同，转让的条件亦不相同。

以出让方式取得土地使用权的，转让房地产时，应当符合下列条件：（1）按照出让合同约定已经支付全部土地使用权出让金，并取得土地使用权证书；（2）按照出让合同约定进行投资开发，属于房屋建设工程的，完成开发投资总额的25%以上，属于成片开发土地的，形成工业用地或者其他建设用地条件。转让房地产时房屋已经建成的，还应当持有房屋所有权证书。

以划拨方式取得土地使用权的，转让房地产时，应当按照国务院规定，报有批准权的人民政府审批。有批准权的人民政府准予转让的，应当由受让方办理土地使用权出让手续，并依照国家有关规定缴纳土地使用权出让金。以划拨方式取得土地使用权的，转让房地产报批时，有批准权的人民政府按照国务院规定决定可以不办理土地使用权出让手续的，转让方应当按照国务院规定将转让房地产所获收益中的土地收益上缴国家或者作其他处理。

《城市房地产管理法》第38条明确规定下列房地产，不得转让：（1）以出让方式取得土地使用权的，不符合本法第39条规定的条件的；（2）司法机关和行政机关依法裁定、决定查封或者以其他形式限制房地产权利的；（3）依法收回土地使用权的；（4）共有房地产，未经其他共有人书面同意的；（5）权属有争议的；（6）未依法登记领取权属证书的；（7）法律、行政法规规定禁止转让的其他情形。

3. 土地使用权转让合同效力争议

土地使用权转让合同涉及的土地使用权不符合法律规定的转让条件的，土地使用权转让合同的效力如何认定，司法实践中存争议。

（1）有观点认为土地使用权不符合法律规定的转让条件，双方签订的土地使用权转让合同为无效合同。其理由是，根据《城市房地产管理法》第38条明确规定，以出让方式取得土地使用权的，不符合本法第39条规定的条件的，不得转让。第39条规定，以出让方式取得土地使用权的，转让房地产时，应当符合下列条件：

（1）按照出让合同约定已经支付全部土地使用权出让金，并取得土地使用权证书；

（2）按照出让合同约定进行投资开发，属于房屋建设工程的，完成开发投资总额的 25% 以上，属于成片开发土地的，形成工业用地或者其他建设用地条件。因此，司法实践中有观点认为《城市房地产管理法》第 38 条、第 39 条为法律的强制性规定，土地使用权转让合同不符合上述规定的，依法为无效合同。

（2）另一种观点认为《城市房地产管理法》第 39 条规定的"按照出让合同约定已经支付全部土地使用权出让金"和"完成开发投资总额的百分之二十五以上"这两个条件，不能作为认定土地使用权转让合同的效力要件。理由是，根据《民法典》第 153 条^① 及第 215 条^② 的规定，当事人之间订立有关设立、变更、转让和消灭不动产物权的合同，除法律另有规定或者当事人另有约定外，自合同成立时生效；未办理物权登记的，不影响合同效力。即登记公示是不动产物权变动的生效要件，而非合同生效要件，登记前合同有效但不发生物权变动的法律后果，登记始产生物权变动效力。该条确立了物权变动与其原因行为的区分原则，将物权变动效力与其基础关系或者说原因关系的合同效力进行了相互区分，以发生物权变动为目的的基础关系（主要是合同），属于债权法律关系范畴，成立及生效应该依据《民法典》来判断。不动产物权的变动只能在登记时生效，依法成立生效的合同也许不能发生物权变动的结果。登记是针对民事权利的变动而设定的，是一种物权的公示方法。同时，《最高人民法院关于已经取得土地使用权证，但未交清土地使用权出让金的当事人所订立房地产转让合同是否有效的答复》明确规定，土地受让人虽未全部交纳土地使用权出让金，但已取得土地使用权证书的，其与他人签订的房地产转让合同可以认定有效。由此可见，《城市房地产管理法》第 39 条规定的交清土地出让金及转让土地没有达到法定投资开发条件不得转让的条件，仅仅是行政管理部门对不符合法定投资条件的土地使用权权属变更登记问题上所作出的限制性规定，而非认定土地使用权转让合同的效力的要件。

4. 集体土地能否用于合作开发房地产

按照《土地管理法》确立的土地用途管制制度和基本农田保护制度，我国土地分为农用地、建设用地和未利用地，对按照土地利用总体规划划入基本农田保护区

---

① 《民法典》第 153 条规定："违反法律、行政法规的强制性规定的民事法律行为无效。但是，该强制性规定不导致该民事法律行为无效的除外。违背公序良俗的民事法律行为无效。"

② 《民法典》第 215 条规定："当事人之间订立有关设立、变更、转让和消灭不动产物权的合同，除法律另有规定或者当事人另有约定外，自合同成立时生效；未办理物权登记的，不影响合同效力。"

的农用地要严格管理，涉及农用地转为建设用地的，应当办理农用地转用审批手续，严格限制农用地转为建设用地。

根据《城市房地产管理法》的规定，房地产开发是指在依法取得的国有土地使用权的土地上进行基础设施、房屋建设的行为，由此决定房地产开发所需要的土地仅限于国有土地，而非集体土地。城市规划区内的集体所有的土地，需经依法征用转为国有土地后，其国有土地的使用权方可有偿出让。《土地管理法》也明确规定，任何单位和个人进行建设，需要使用土地的，必须依法申请使用国有土地；农民集体所有的土地的使用权不得出让、转让或者出租用于非农业建设。因此，集体所有土地不能用于合作开发房地产。

四、辅助信息

《国有土地使用权司法解释》

第七条 本解释所称的土地使用权转让合同，是指土地使用权人作为转让方将出让土地使用权转让于受让方，受让方支付价款的合同。

第十二条 本解释所称的合作开发房地产合同，是指当事人订立的以提供出让土地使用权、资金等作为共同投资，共享利润、共担风险合作开发房地产为基本内容的合同。

第二十一条 合作开发房地产合同约定提供土地使用权的当事人不承担经营风险，只收取固定利益的，应当认定为土地使用权转让合同。

《城市房地产管理法》

第二条第三款 本法所称房地产开发，是指在依据本法取得国有土地使用权的土地上进行基础设施、房屋建设的行为。

第八条 土地使用权出让，是指国家将国有土地使用权（以下简称土地使用权）在一定年限内出让给土地使用者，由土地使用者向国家支付土地使用权出让金的行为。

第二十八条 依法取得的土地使用权，可以依照本法和有关法律、行政法规的规定，作价入股，合资、合作开发经营房地产。

国有土地使用权合同纠纷案件裁判规则第 9 条：

合作开发房地产合同约定提供资金的当事人不承担经营风险，只分配固定数量房屋的，应当认定为房屋买卖合同

【规则描述】　　　　合作开发房地产合同，是指当事人订立的以提供出让土地使用权、资金等作为共同投资，共享利润、共担风险合作开发房地产为基本内容的协议。合作投资法律关系的法律特征是共同经营、共担风险、共享收益。合作开发房地产合同的当事人需共享利润、共担风险，即合同当事人未来可获得的利润或需承担的风险存在不确定性。若合同明确约定部分当事人不承担风险，可获得固定利润，则失去了"共担风险"的特征，人民法院不应当认定为合作开发房地产合同。

一、类案检索大数据报告

时间：2021 年 4 月 28 日之前；案例来源：Alpha 案例库；案由：民事；检索条件：法院认为包含"合作开发房地产合同约定提供资金的当事人不承担经营风险，只分配固定数量房屋的，应当认定为房屋买卖合同"；数据采集时间：2021 年 4 月 28 日。本次检索获取了民事 2021 年 4 月 28 日前共 844 篇裁判文书。整体情况如图 9-1 所示，其中：

1. 认为合作开发房地产合同约定提供资金的当事人不承担经营风险，只分配固定数量房屋的，应当认定为房屋买卖合同的案件共计 747 件，占比为 88.51%；

2. 认为房屋在双方签订合同时尚未建成，故双方成立的是商品房预售合同关系的案件共计 46 件，占比为 5.45%；

3. 认为双方的合作建房协议书属于无效合同的共计 37 件，占比为 4.38%；

4. 驳回诉讼请求的共计 5 件，占比为 0.6%；

5. 审理主要内容未涉及合作开发或房屋买卖的共计 9 件，占比为 1.06%。

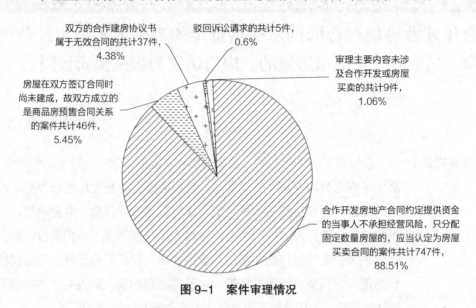

图 9-1　案件审理情况

如图 9-2 所示，通过设置检索条件：法院认为包含同句"合作开发房地产合同约定提供资金的当事人不承担经营风险，只分配固定数量房屋的，应当认定为房屋买卖合同"，可从下方的年份分布可以看到当前条件下民事案件数量的变化趋势。

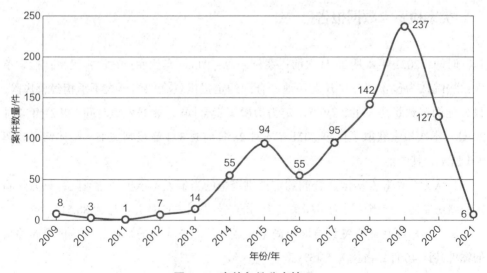

图 9-2　案件年份分布情况

如图 9-3 所示，从上面的程序分类统计可以看到民事下当前的审理程序分布状况。一审案件有 503 件，二审案件有 195 件，再审案件有 145 件，执行案件有 1 件。

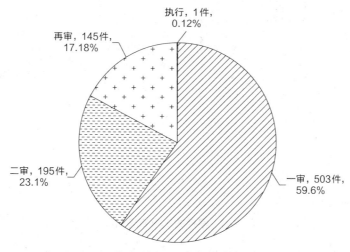

图 9-3　案件的程序分类

如图 9-4 所示，通过对一审裁判结果的可视化分析可以看到，当前条件下全部 /
部分支持的有 480 件，占比为 95.43%；全部驳回的有 14 件，占比为 2.78%；其他的
有 6 件，占比为 1.19%，驳回起诉的有 3 件，占比为 0.6%。

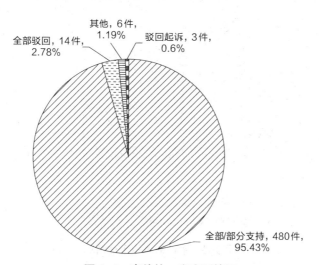

图 9-4　案件的一审审理情况

如图 9-5 所示，通过对二审裁判结果的可视化分析可以看到，当前条件下维持
原判的有 106 件，占比为 54.36%；改判的有 56 件，占比为 28.72%；其他的有 32
件，占比为 16.41%，发回重审的有 1 件，占比为 0.51%。

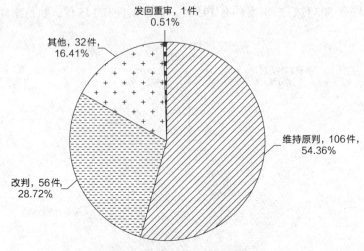

图 9-5　案件的二审审理情况

　　如图 9-7 所示，通过对再审裁判结果的可视化分析可以看到，当前条件下维持原判的有 142 件，占比为 97.93%；其他的有 1 件，占比为 0.69%；提审 / 指令审理的有 1 件，占比为 0.69%，改判的有 1 件，占比为 0.69%。

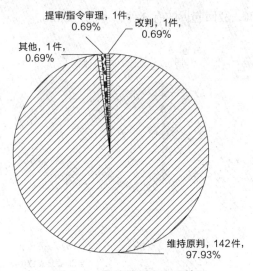

图 9-6　案件的再审审理情况

二、可供参考的例案

例案一：鄂尔多斯市海业房地产开发有限公司与内蒙古能源发电投资集团有限公司房屋买卖合同纠纷案

【法院】

最高人民法院

【案号】

（2019）最高法民申 2705 号

【当事人】

再审申请人（一审原告、二审上诉人）：鄂尔多斯市海业房地产开发有限公司

被申请人（一审被告、二审被上诉人）：内蒙古能源发电投资集团有限公司

【基本案情】

2010 年 11 月 5 日，内蒙古能源发电投资集团有限公司（以下简称能源公司）杭锦发电厂与鄂尔多斯市海业房地产开发有限公司（以下简称海业公司）签订《项目合作协议书》，双方就合作开发建设东胜区教育园区杭锦电厂住宅小区事宜进行了约定。该协议部分主要条款节选如下："二、甲方的权利义务：2.能源公司杭锦发电厂协助海业公司办理项目的报批手续。4.能源公司杭锦发电厂承诺购买双方合作开发的住宅为 400 套。6.能源公司杭锦发电厂应当在项目具备开工建设条件正式开工前向乙方交纳上述 35 套联排或者复式住宅和 75 套 130 ～ 150 平方米住宅的首付款，首付款为 35%。其余 290 套首付款应当在 2011 年 6 月 30 日前逐步付清，剩余购房款向银行办理按揭贷款，同时签订《商品房买卖合同》。三、乙方的权利义务：1.海业公司负责承担本合同所指项目的报批、投资、建设及销售。除为能源公司杭锦发电厂定向开发的商品房屋外，因合作项目所产生的一切受益归海业公司所有。2.海业公司负责提供土地出让金和商品房建设等资金。4.海业公司承担该项目的盈余，承担该项目的亏损。"

2010 年 10 月 6 日、10 月 7 日，能源公司杭锦发电厂与海业公司签订两份《补充协议》，约定海业公司向李某田账户汇入 1000 万元和 6000 万元作为杭锦电厂住宅小区用地的购地款。2010 年 11 月 17 日，能源公司杭锦发电厂与海业公司签订《补充合作协议》，约定能源公司杭锦发电厂承诺 2010 年 12 月底以前办理好土地证手续，海业公司积极配合办理土地证等相关手续。海业公司就涉案土地依法缴纳土地出让

金 1683 万元。2010 年 11 月 25 日，海业公司取得涉案土地的土地使用权证书。2011 年 5 月 14 日，能源公司杭锦发电厂与海业公司签订《协议书》，约定如下：由于能源公司杭锦发电厂未能按照约定付款，另外由于规划原因，导致海业公司不能按时开工。双方协商中止 2010 年 10 月 5 日的《项目合作协议书》，海业公司全额退还能源公司杭锦发电厂预付定金 300 万元。2012 年，海业公司取得了案涉小区的相关部门的立项审批文件，并进行了可行性研究及工程设计。2016 年 12 月 9 日，海业公司向能源公司公证送达了《关于处理〈项目合作协议书〉后续问题的函》，要求能源公司就后续问题进行协商。2016 年 12 月 9 日，海业公司向能源公司公证送达了《关于解除〈项目合作协议书〉的函》，要求解除双方于 2010 年 11 月 5 日签订的《项目合作协议书》，能源公司向其返还购地款及支付违约金。

案涉项目至今未取得建设工程规划许可。

【案件争点】

《项目合作协议书》的性质及效力应如何认定。

【裁判要旨】

最高人民法院经审查认为，案涉《项目合作协议书》第 3 条第 1 项、第 4 项约定，海业公司负责承担本合同项目的报批、投资、建设及销售，除为能源公司定向开发的商品房屋外，因合作项目所产生的一切收益归海业公司所有；海业公司享有该项目盈余，承担该项目亏损。同时，该协议第 1 条第 3 项、第 2 条第 1 项、第 2 项、第 4 项还约定，海业公司开发本合同项目的占地总面积为 110.56 亩，定向为能源公司开发的住宅面积为 69950 平方米（包括地下车库）；能源公司保证海业公司取得该地块的合法用地手续，协助海业公司办理项目建设报批手续并承诺购买双方合作开发的住宅 400 套。上述合同内容表明，案涉商品房开发项目由海业公司单方投资、独享收益、独自负担风险。协议中关于能源公司购买合作开发房屋、分期支付房款、办理按揭贷款后签订《商品房买卖合同》的约定，体现了能源公司获得固定收益、不承担风险的特征，故不应认定上述约定为合作方投资分配利润的约定；协议中约定的能源公司"协助"办理项目整体开发所需相关行政审批手续、保证海业公司取得合法用地手续的义务，属于协助履行义务，能源公司处于履行辅助人而非履行义务人的地位，因为案涉协议中明确约定了项目的报批由海业公司负责，且土地使用权的受让人和土地款的支付主体仍然是海业公司而非能源公司，能源公司并不因协助履行而成为共同投资、共担风险、共享收益的合作开发主体。据此，案涉《项目合作协议书》虽名为项目合作协议，但其不符合《国有土地使用权司法解释》

第 14 条①关于"本解释所称的合作开发房地产合同，是指当事人订立的以提供出让土地使用权、资金等作为共同投资，共享利润、共担风险合作开发房地产为基本内容的协议"规定的合作开发房地产的情形，双方并非合作开发房地产合同关系。本案能源公司分期支付购房款购买固定数量的 400 套房屋，不承担合作开发的风险，亦不共享收益，符合《国有土地使用权司法解释》第 25 条②"合作开发房地产合同约定提供资金的当事人不承担经营风险，只分配固定数量房屋的，应当认定为房屋买卖合同"规定的情形，本案一审、二审判决认定案涉《项目合作协议书》为房屋买卖合同并无不当。

例案二：新疆金百胜贸易有限公司与新疆傅琳房地产开发有限公司房屋买卖合同纠纷案

【法院】

新疆维吾尔自治区高级人民法院

【案号】

（2015）新民一终字第 408 号

【当事人】

上诉人（原审原告）：新疆金百胜贸易有限公司

被上诉人（原审被告）：新疆傅琳房地产开发有限公司

【基本案情】

2009 年 6 月 5 日，新疆傅琳房地产开发有限公司（以下简称傅琳房产公司）（甲方）与新疆金百胜贸易有限公司（以下简称金百胜公司）（乙方）经公证签订《合作开发协议》，约定：（1）该宗地已由甲方与宗地原使用单位签订转让补充协议，拥有完全的所有权和支配权。（2）经协商，由甲乙双方合作开发上述宗地。其中由乙方投入人民币 1180 万元整，余额概由甲方投入。（3）双方约定项目建成后，一层商铺（总建筑面积不低于 1000 平方米，层高 4.5 米），由乙方按 7500 元／平方米取得所有权，另外二层商铺（总建筑面积不低于 1000 平方米，层高 4.3 米），按 4300 元／

---

① 该司法解释已于 2020 年 12 月 23 日修正，本案所涉第 14 条修改为第 12 条，内容修改为："本解释所称的合作开发房地产合同，是指当事人订立的以提供出让土地使用权、资金等作为共同投资，共享利润、共担风险合作开发房地产为基本内容的合同。"

② 该司法解释已于 2020 年 12 月 23 日修正，本案所涉第 25 条修改为第 22 条，内容未作修改。

平方米的价格由乙方取得所有权。超出1000平方米面积以上部分，一层按7000元/平方米、二层按4300元/平方米的价格由乙方向甲方购买，价款在扣除相应投资款后，余额不足部分，由乙方另行支付。（4）该房产一至二层按照乙方所要求的酒店模式设计和建造，为此甲方在必须符合国家有关建筑施工政策要求的前提下，还必须满足乙方要求，符合以后乙方开设酒店的有关要求。甲方的设计最终方案必须征得乙方的书面确认同意……（6）在本协议签订并办妥相关公证手续后，在两个工作日内，乙方须将人民币600万元汇至甲方指定账户，待甲方取得房屋预售许可证后，将余款配合乙方办妥上述条款所约定房产的过户手续。（7）甲方应保证本项目在18个月内完成，并向乙方交付上述条款所约定的房产。如延期交房则每月向乙方赔偿合同总金额的2%。如甲方违约不能交房或者另售的，则甲方须按乙方合同总金额的双倍返还给乙方。（8）如果乙方未能在合同约定期限内履行付款责任，甲方有权单方解除合同，并要求乙方按合同总金额的5%进行赔偿……2009年6月8日，金百胜公司分两次共向傅琳房产公司汇款600万元，傅琳房产公司向金百胜公司出具600万元收据一份。2013年10月14日，傅琳房产公司取得傅琳杰座商住楼商品房预售许可证。2014年1月22日，傅琳房产公司将傅琳杰座商住楼二层、三层房屋抵押给乌鲁木齐县农村信用社贷款2300万元。傅琳房产公司于2014年6月18日与中国建设银行股份有限公司新疆维吾尔自治区分行营业部（以下简称建行新疆分行营业部）签订商品房买卖合同一份，将傅琳杰座综合商住楼一层530平方米的房屋以41000元/平方米的价格出售给建行新疆分行营业部。

2014年7月9日，傅琳房产公司向金百胜公司送达一份《解除〈合作开发协议〉通知书》。2014年7月16日，金百胜公司向傅琳房产公司送达《不同意解除〈合作开发协议〉通知》一份，后成讼。

【案件争点】

《合作开发协议》的性质。

【裁判要旨】

新疆维吾尔自治区高级人民法院经审查认为，依法成立的合同，受法律保护，对当事人具有法律约束力，当事人应当按照约定履行自己的义务。《国有土地使用权司法解释》第25条①规定："合作开发房地产合同约定提供资金的当事人不承担经营风险，只分配固定数量房屋的，应当认定为房屋买卖合同。"据此，傅琳房产公司

---

① 该司法解释已于2020年12月23日修正，本案所涉第25条修改为第22条，内容未作修改。

与金百胜公司签订的《合作开发协议》虽名为合作开发协议，实为商品房买卖合同。协议系双方当事人在平等协商的基础上达成的真实意思表示，内容未违反法律、法规及《商品房买卖司法解释》的强制性规定，当属有效，双方当事人均应按约履行。协议第 7 条约定："如傅琳房产公司违约不能交房或者另售的，则傅琳房产公司须按金百胜公司合同总金额的双倍返还给金百胜公司。"该约定系双方当事人在合同中对违约责任达成的合意，因违约责任同时具有补偿和惩罚的双重性质，该违约责任的约定应当视为双方当事人对于合同履行过程中对因傅琳房产公司的违约行为可能给金百胜公司造成的损失的预见及如何进行补偿，同时应视对傅琳房产公司的违约行为进行的惩罚。因此，傅琳房产公司在与金百胜公司签订合同之后，又将傅琳杰座商住楼一层及二层商铺中的部分面积出售给案外人，并将二层商铺进行了抵押，导致合同目的不能实现，其行为构成违约，应当按协议第 7 条之约定承担违约责任。

例案三：曹某生与淮南市荣胜昕安房地产开发有限公司合同纠纷案

【法院】

安徽省淮南市中级人民法院

【案号】

（2017）皖 04 民终 638 号

【当事人】

上诉人（原审原告）：曹某生

被上诉人（原审被告）：淮南市荣胜昕安房地产开发有限公司

【基本案情】

乙方曹某生与甲方淮南市荣胜昕安房地产开发有限公司（以下简称荣胜昕安公司）于 2012 年 12 月 11 日签订一份《联建协议书》，协议约定：甲方拥有一宗地块，位于淮南市 ×× 路与人民路的交汇处，甲方欲在该宗地块建一栋商业与住宅为一体的综合楼，乙方与甲方联合建设；甲方以土地作为出资，乙方按建筑面积每平方米 3820 元出资，由甲方包干，乙方投入现金人民币 394848 元，该楼房建成后，乙方分得 1 号楼第 12 层 05 号，建筑面积约 109.68 平方米的住宅用房；甲方保证在本协议生效后 3 年左右将乙方应分得的房产交付给乙方，并负责为乙方办理房产证书；待甲方取得预售许可证后，通知乙方签订补充协议；若延期交房超过 6 个月，乙方有权要求退出出资，甲方将按乙方全部投资款到位之日起按年 15% 与本金一起返还。

2012 年 12 月 7 日，曹某生将 394848 元资金支付给荣胜昕安公司，荣胜昕安公司出具收据确认。协议签订后，荣胜昕安公司未能按照《联建协议书》的约定如期交付房屋。2016 年 1 月 17 日，荣胜昕安公司向业主曹某生出具一份《承诺书》，另外，荣胜昕安公司累计支付给曹某生违约金 44420.4 元，荣胜昕安公司至今未取得涉案房屋的商品房预售许可证。后双方成讼。

【案件争点】

联建协议书的性质。

【裁判要旨】

安徽省淮南市中级人民法院经审查认为，根据《国有土地使用权司法解释》第 14 条①、第 25 条②规定，合作开发房地产合同是指当事人订立的以提供出让土地使用权、资金作为共同投资，共享利润、共担风险合作开发房地产为基本内容的协议。合作开发房地产合同约定提供资金的当事人不承担经营风险，只分配固定数量房屋的，应当认定为房屋买卖合同。曹某生与荣胜昕安公司签订的《联建协议书》名义上为双方联合建设住宅楼，但曹某生仅需要提供现金，承建等建设过程中的任何事宜均由荣胜昕安公司负责，曹某生并不参与荣胜昕安公司的管理和分红，也不拥有股份，曹某生按照协议仅能获得特定房屋，故《联建协议书》并非合作开发房地产合同，而是商品房买卖合同。一审认定《联建协议书》的性质为商品房买卖合同正确。

三、裁判规则提要

合作开发房地产合同，是指当事人订立的以提供出让土地使用权、资金等作为共同投资，共享利润、共担风险合作开发房地产为基本内容的合同。因此，合作开发房地产合同的合作方式以"共同投资、共享利润、共担风险"为基本内容。商品房买卖合同，是指房地产开发企业将尚未建成或者已竣工的房屋向社会销售并转移房屋所有权于买受人，买受人支付价款的合同。房屋买卖合同的出卖人主要义务是转移房屋所有权于买受人，买受人的主要义务是支付价款。

---

① 该司法解释已于 2020 年 12 月 23 日修正，本案所涉第 14 条修改为第 12 条，内容修改为："本解释所称的合作开发房地产合同，是指当事人订立的以提供出让土地使用权、资金等作为共同投资，共享利润、共担风险合作开发房地产为基本内容的合同。"

② 该司法解释已于 2020 年 12 月 23 日修正，本案所涉第 25 条修改为第 22 条，内容未作修改。

（一）房屋买卖合同的构成要件

合作开发房地产合同的性质决定了合同当事人均是房地产开发项目的投资人，本规则中所称"固定数量房屋"，即"房屋买卖合同"的标的物，是指房地产开发企业开发的新房。因此，本规则中所称"房屋买卖合同"，应指商品房买卖合同。

商品房买卖合同①，是指房地产开发企业将尚未建成或者已竣工的房屋向社会销售并转移房屋所有权于买受人，买受人支付价款的合同。房屋买卖合同当事人主要是两方，一方是房地产开发企业，另一方是买受人。出卖人的主要义务是转移房屋所有权于买受人，买受人的主要义务是支付价款。相应地，出卖人的主要权利是取得价款，买受人的主要权利是取得房屋所有权。

综上可知，商品房买卖合同构成要件为：

1. 主体方面，需房地产开发企业作为出卖人，买受人则无限制；

2. 客体方面，需为尚未建成或已竣工的房屋；

3. 权利义务方面，需一方以转移房屋所有权为主要义务，另一方以支付价款为主要义务。

（二）"共担风险"的认定

1. 开发房地产，主要分为几个阶段：取得土地使用权阶段、建设开发阶段、销售回款阶段。在这几个阶段中，风险体现为不同形式。

在取得土地使用权阶段，风险体现为土地使用权价格浮动的风险、取得土地使用权的时间滞后甚至最终无法顺利取得土地使用权的风险、与地上原有业主拆迁补偿纠纷的相关风险、土地性质从非国有转为国有土地的过程中存在的风险、土地从商业用地转为住宅用地的过程中存在的风险等。

在建设开发阶段，风险体现为建筑材料价格和人工成本浮动的风险、建筑企业停窝工导致工期滞后的风险、不可抗力导致工期滞后的风险、与建筑企业发生纠纷的风险、建筑工程质量问题的风险等。

在销售回款阶段，风险体现为预售许可证办理过程中发生的风险、市场供求关系变化的风险、政府限购限价等相关政策的风险、与代理销售公司发生纠纷的风险、

---

① 《商品房买卖司法解释》第 1 条规定："本解释所称的商品房买卖合同，是指房地产开发企业（以下统称为出卖人）将尚未建成或者已竣工的房屋向社会销售并转移房屋所有权于买受人，买受人支付价款的合同。"

与房屋买受人发生纠纷的风险等。贯穿房地产开发全过程的，还有市场利率变化的风险、不可抗力等风险。

2. 民事主体的市场行为均存在风险，不仅是合作开发房地产合同的当事人，商品房买卖合同的当事人也需要承担风险。商品房买卖合同通常自房地产开发企业办理预售许可证后签订，至房屋建成正式交付、买受人支付全部价款为履行完毕的标志。房屋买卖合同的出卖方需承担的即前文提到的房地产开发商在销售回款阶段的风险，房屋买卖合同的买方需承担卖方逾期交房的风险、房屋质量问题的风险、卖方"一房二卖"的风险。双方均要承担商品房买卖合同履行过程中市场利率变化的风险、政府"限价限购"政策、不可抗力等外部因素导致的风险。

3. 典型的商品房买卖合同的当事人需承担的风险与合作开发房地产合同当事人需承担的风险有一定区别。本规则中的"共担风险"所指的"共担"应是狭义上的共担，合作开发房地产合同的各方当事人，在与外部主体发生法律关系时，其首先是以"同一主体"承担责任后，才依据合作开发房地产合同在各方当事人间分配风险。即合作各方当事人需共同承担相同性质的风险，而不仅仅是各方当事人都承担了风险。

商品房买卖合同当事人需承担的风险是有一定补救措施的，即这些风险一旦发生，可以依据合同及法律规定将该风险在当事人各方之间进行分配，可能存在先后承担顺序，且各方当事人承担的风险性质可能不同。例如，由于建设单位拖延工期导致的逾期交房，需房地产开发企业向买受人承担违约责任后，再向建设单位主张。此时买受人需承担的风险是房地产开发企业不能承担违约责任的风险；出卖人向买受人承担违约责任后，风险转嫁给出卖人，此时出卖人承担的风险变为建筑企业不能赔偿拖延工期应承担的违约责任的风险。在这个过程中，由于两个违约责任依据的合同和适用的法律规定不同，在金额上可能不能相互冲抵，在违约责任的表现形式上可能也不尽相同。

（三）"认定为房屋买卖合同"的法理基础

合同的性质应当结合合同约定的具体权利义务内容、合同目的予以认定。本规则所称"认定为房屋买卖合同"并不是违背合同当事人对各方权利义务的安排，而是基于当事人约定的权利义务，对当事人约定的法律责任进行重新分配。其本质是对合同当事人订立的合同的重新解释，并在法律规定的范围内对当事人利益和风险进行重新分配。

房屋买卖合同买受人通过支付价款，其获得收益具有稳定性。合作关系中的投资人所期望获得的是投资利润，属于一种投资行为，其无法确保能够获得收益，存在投资不能收回的风险或者不能达到预期收益率的风险。合作合同中投资方的目的与房屋买卖合同中转让人的目的完全不相同。因此，在认定合同的法律性质时要严格探究当事人签订合同的真实目的，不能违背当事人的真实目的，而随意将资金提供方承担经营风险的合作合同认定为房屋买卖合同。即使在合作合同中 合同一方给予投资人保底承诺，但只要同时约定资金提供方享有盈余分配的权利，而非单纯地获得固定面积或比例的房屋，仍应根据合同真实目的将双方的关系认定为合作关系，而非房屋买卖关系。

（四）"认定为房屋买卖合同"的法律后果

合作开发房地产合同约定提供资金的当事人不承担经营风险，只分配固定数量的房屋时，合同当事人之间的法律关系为房屋买卖合同法律关系，提供资金取得固定数量房屋的一方，地位相当于商品房买卖合同法律关系中的买受人，其受出卖人"一房二卖"应对买受人承担的惩罚性赔偿责任、出卖人对房屋质量问题应承担的修复责任、出卖人因未及时办理房屋产权证书应向买受人承担违约责任等规则约束和保护。

对比商品房买卖合同的相关规定和合作开发房地产合同的相关规定可以看出，认定为房屋买卖合同，是加强了对买受人一方的保护，对合同其他方，或因合作形成的房地产开发企业提出了更多要求。这是因为在商品房买卖合同关系中，房地产开发企业是强势一方，拥有经济实力和专业知识方面的双重优势，因此，需要对相对弱势的买受人设置特殊的保护。而在合作开发房地产法律关系中，合作各方往往均具备房地产开发行业一定程度的专业知识，往往可以在各方意思自治的基础上达成相对公平的合作协议。

四、辅助信息

《国有土地使用权司法解释》

第二十二条　合作开发房地产合同约定提供资金的当事人不承担经营风险，只分配固定数量房屋的，应当认定为房屋买卖合同。

《商品房买卖司法解释》

第一条　本解释所称的商品房买卖合同，是指房地产开发企业（以下统称为出卖人）将尚未建成或者已竣工的房屋向社会销售并转移房屋所有权于买受人，买受人支付价款的合同。

国有土地使用权合同纠纷案件裁判规则第 10 条：

合作开发房地产合同约定提供资金的当事人不承担经营风险，只收取固定数额货币的，应当认定为借款合同

【规则描述】　　房地产开发周期长，资金需求量大，导致在实践操作中，我国房地产市场存在大量以合作开发之名，向企业或个人借贷的房地产开发经营模式。依据《国有土地使用权司法解释》第 12 条规定，合作开发房地产合同是当事人订立的以提供出让土地使用权、资金等作为共同投资，共享利润、共担风险的合同。若合作合同约定提供资金的一方当事人，不承担经营风险，只收取固定数额货币的，该约定不具备合作合同的法律属性，结合《国有土地使用权司法解释》第 23 条规定，应当认定为借款合同。

一、类案检索大数据报告

时间：2021 年 4 月 28 日之前；案例来源：Alpha 案例库；数据采集时间：2021 年 4 月 28 日；检索条件：法院认为包含"合作开发房地产合同约定提供资金的当事人不承担经营风险，只收取固定数额货币的，应当认定为借款合同"。本次检索获取了 2021 年 4 月 28 日前共 339 篇裁判文书。整体情况如图 10-1 所示，其中：

其中：

1. 认为合作开发房地产合同约定提供资金的当事人不承担经营风险，只收取固定数额货币的，应当认定为借款合同的案件共计 265 件，占比为 78.17%；

2. 认为本案的民事法律关系应为民间借贷法律关系的案件共计 63 件，占比为 18.58%；

3. 判决驳回诉讼请求的共计 7 件，占比为 2.07%；

4. 审理主要内容未涉及合作开发或认定借款合同的共计 4 件，占比为 1.18%。

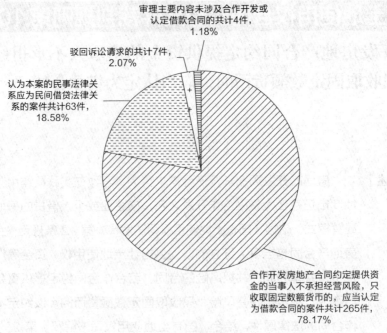

审理主要内容未涉及合作开发或认定借款合同的共计4件，1.18%

驳回诉讼请求的共计7件，2.07%

认为本案的民事法律关系应为民间借贷法律关系的案件共计63件，18.58%

合作开发房地产合同约定提供资金的当事人不承担经营风险，只收取固定数额货币的，应当认定为借款合同的案件共计265件，78.17%

图 10-1　案件整体情况

如图 10-2 所示，在检索条件：法院认为包含同句"合作开发房地产合同约定提供资金的当事人不承担经营风险，只收取固定数额货币的，应当认定为借款合同"条件下，从下方的年份分布可以看到当前条件下案件数量的变化趋势。

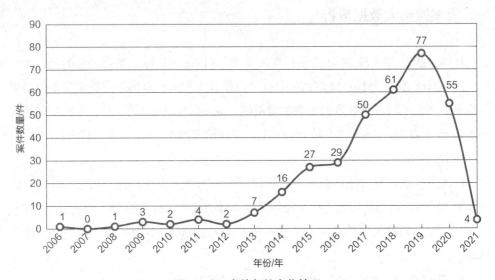

图 10-2　案件年份变化情况

如图 10-3 所示，从上面的程序分类统计可以看到当前的审理程序分布状况。一审案件有 174 件，二审案件有 134 件，再审案件有 31 件。

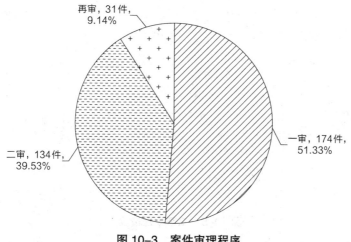

图 10-3　案件审理程序

如图 10-4 所示，通过对一审裁判结果的可视化分析可以看到，当前条件下全部 / 部分支持的有 159 件，占比为 91.38%；全部驳回的有 12 件，占比为 6.9%；驳回起诉的有 3 件，占比为 1.72%。

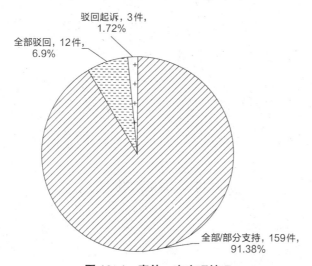

图 10-4　案件一审审理情况

如图 10-5 所示，通过对二审裁判结果的可视化分析可以看到，当前条件下维持原判的有 82 件，占比为 61.19%；改判的有 36 件，占比为 26.87%；其他的有 13 件，占比为9.7%，发回重审的有3件，占比为2.24%。

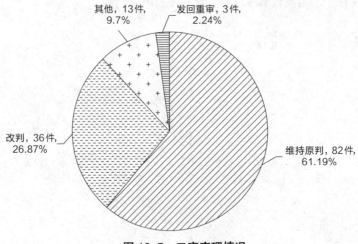

图 10-5　二审审理情况

如图10-6所示，通过对再审裁判结果的可视化分析可以看到，当前条件下维持原判的有25件，占比为80.65%；改判的有6件，占比为19.35%。

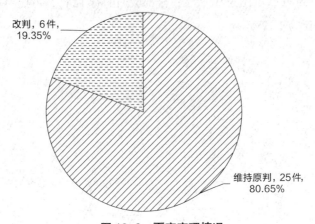

图 10-6　再审审理情况

二、可供参考的例案

例案一：武汉华享置业有限公司与武汉中森华永红房地产开发有限公司合同纠纷案

【法院】

最高人民法院

【案号】

（2019）最高法民终 881 号

【当事人】

上诉人（原审原告）：武汉华享置业有限公司

被上诉人（原审被告）：武汉中森华永红房地产开发有限公司

【基本案情】

2012 年 8 月 8 日，武汉中森华永红房地产开发有限公司（以下简称永红公司）与武汉华享置业有限公司（以下简称华享公司）签订《房地产合作开发协议书》，主要约定：双方联合开发位于武汉市江岸区后湖街永红村"城中村改造"项目中的 K1 开发用地。永红公司负责协调武汉市政府及规划、国土等部门，合作开发模式：永红公司按照楼面地价 3000 元/平方米标准向华享公司转让 40% 的 K1 地块项目份额，项目所占比例（永红公司 60%，华享公司 40%）共同出资开发，享有项目开发经营权利、权益，承担项目开发经营风险、亏损、责任。双方出资约定：土地权益取得阶段，华享公司以楼面地价 3000 元/平方米及 40% 的股权比例为基准出资，华享公司应出资暂计算为 1.68 亿元，其余由永红公司负责出资，本协议另有约定除外。华享公司付款时间：本协议签订后 3 日内支付 5040 万元，K1 地块摘牌前 3 日支付 5040 万元，剩余款项在 K1 地块土地摘牌后 2 个月内一次性全部付支付。权利限制：本项目土地使用权虽登记在永红公司名下，但系双方按股份比例共同享有。利润分配及亏损风险：整个项目开发建设完毕，支付所有建设成本和费用（即扣除工程款、双方出资，双方后期投入，本协议约定或其他应列入项目成本的一切税费开支等）后，再按双方所占份额分配利润。在项目最终清盘时，由双方以货币方式进行结算。如项目没有全部售完时，在归还双方出资后，双方按所占份额分配实物资产，税费各自承担。本项目的盈亏及债权债务，按双方所占项目份额享受和承担。

特别约定：（1）本协议自签订日满一年之次日，永红公司以楼面地价 6000 元/平方米标准向华享公司收购原华享公司投资（指华享公司 3000 元／平方米楼面地价的投资）的 K1 地块项目份额。如华享公司依照本协议约定追加投资款项（指华享公司 3000 元／平方米楼面地价以外的投资部分）的，对于华享公司追加投资部分，永红公司另按追加投资款项月息 4% 的标准退还华享公司本息（从永红公司实际收到华享公司追加投资款次日起算）。永红公司收购资金的支付，亦按华享公司付款的每笔资金支付的时间节点支付。永红公司延期支付华享公司款项的，应按日向华享公司承担 2‰ 的违约金。（2）永红公司收购华享公司投资份额的，华享公司不再参与本项目的利润分配等。

2013 年 9 月 5 日，永红公司与华享公司签订《还款协议书》，内容为：鉴于双方曾于 2012 年 8 月 8 日就合作开发后湖乡永红村 K1 地块项目签订了《房地产合作开发协议书》，华享公司已按协议书约定支付或委托指定的单位、个人支付给永红公司出资款为 15930 万元。依据《房地产合作开发协议书》第 11 条特别约定，永红公司应于 2013 年 8 月 9 日收购原华享公司投资，支付华享公司项目股权回购款。鉴于此，双方达成如下补充协议：（1）永红公司确认，截至 2013 年 8 月 24 日，永红公司应支付华享公司项目回购款为 31860 万元。（2）永红公司拖欠的华享公司项目回购款，从华享公司原分期投资款到永红公司账户满一年之日开始分别计息（华享公司原分期投资款及投资时间见双方原对华享公司投资款的确认函，计息基础为华享公司原分期投资款项的 2 倍计算），月息为 4 分，永红公司于 2013 年 11 月 30 日之前结清华享公司利息，永红公司于 2014 年 3 月底之前结清 2013 年 11 月 30 日—2014 年 3 月底间的利息，以后按每三个月结息一次利息，直至华享公司项目回购款全部还清为止。（3）经华享公司书面同意，永红公司可以转让 K1 地块项目，或以 K1 地块项目向银行抵押融资贷款，转让所得、贷款或销售款所得应优先偿还拖欠华享公司项目回购款、利息、违约金。永红公司应及时、尽快对外转让 K1 地块项目或以 K1 地块项目向银行抵押贷款，以转让所得和贷款所得尽快优先清偿华享公司项目回购款本息等。（4）永红公司承诺将原双方合作开发后湖乡永红村城中村改造 K1 地块项目抵押给华享公司，作为偿还华享公司本协议第 1 条、第 2 条所约定的项目回购款及利息、违约金的担保。

【案件争点】

永红公司与华享公司之间存在何种法律关系。

【裁判要旨】

最高人民法院经审查认为，根据《国有土地使用权司法解释》第 26 条① 规定：

---

① 该司法解释已于 2020 年 12 月 23 日修正，本案所涉第 26 条修改为第 23 条，内容未作修改。

"合作开发房地产合同约定提供资金的当事人不承担经营风险，只收取固定数额货币的，应当认定为借款合同。"共同投资、共享利润、共担风险为合作开发房地产合同的基本内容，而当事人在协议中所约定提供资金的一方当事人不承担经营风险，只收取固定数额货币的内容，与以"共同投资、共享利润、共担风险"为基本内容的合作开发房地产合同相悖，即提供资金一方的当事人不论双方当事人合作开发的结果如何，均可获得固定数额的货币。此种协议名为合作开发房地产合同，实为借款合同。根据上述司法解释的规定，当事人签订的合作开发房地产合同在符合下列条件的情况下，认定为借款合同：一是合同约定提供资金的一方当事人不承担经营风险；二是提供资金的一方当事人只收取固定数额的货币。本案中，永红公司与华享公司于2012年8月8日签订一份《房地产合作开发协议书》，该《房地产合作开发协议书》第2条约定："华享公司按照楼面地价3000元／平方米标准向永红公司转让40%的K1地块项目份额，永红公司与华享公司双方按项目所占比例（永红公司60%，华享公司40%）共同出资开发，享有项目开发经营权利、权益，承担项目开发经营风险、亏损、责任。"虽然该条约定的外在表现形式基本符合法律规定的合作开发房地产所要求的共同投资、共享利润、共担风险的基本法律特征，但《房地产合作开发协议书》特别约定："本协议自签订日满一年之次日，永红公司承诺以楼面地价6000元／平方米标准向华享公司收购原华享公司投资（指华享公司3000元／平方米楼面地价的投资）的K1地块项目份额。如华享公司依照本协议约定追加投资款项（指华享公司原3000元／平方米楼面地价以外的投资部分）的，对于华享公司追加投资部分，永红公司另按追加投资款项月息4%的标准退还华享公司本息（从中森永红实际收到华享公司追加投资款之日起算）。永红公司收购资金的支付，亦按华享公司付款的每笔资金支付的时间节点支付。永红公司延期支付华享公司款项的，应按日向华享公司承担2‰的违约金。永红公司收购华享公司投资份额的，华享公司不再参与本项目的利润分配。"上述条款实为约定华享公司不承担任何合作开发的投资风险，在一年后按100%的固定回报收回投资款。结合双方于2013年9月5日签订的《还款协议书》，约定依据《房地产合作开发协议书》第11条的特别约定，永红公司应于2013年8月9日收购华享公司投资，支付华享公司项目股权回购款，中森华永红公司确认截至2013年8月24日应支付华享公司项目回购款为31860万元。从《房地产合作开发协议书》的双方真实意思表示和实际履行情况看，即不论合作项目是否盈亏，永红公司在一年后将向华享公司支付100%的固定回报，故案涉《房地产合作开发协议书》是名为合作开发，实为借贷。一审法院认定双方之间存在借贷法律关系，并适用相关法律进行审理，认定事实清楚，适用法律正确。

【裁判结果】

驳回上诉，维持原判。

例案二：朱某与海南维德投资有限公司、海南开维集团有限公司等民间借贷纠纷案

【法院】

海南省高级人民法院

【案号】

（2016）琼民终 18 号

【当事人】

上诉人（原审被告）：海南维德投资有限公司

上诉人（原审原告）：朱某

被上诉人（原审被告）：海南开维集团有限公司

原审被告：李某明

【基本案情】

2007 年 12 月 24 日起，朱某向海南乐万全环境工程有限公司、海南维德投资有限公司（以下简称维德公司）、海南华夏神宫健康文化投资有限公司即更名前的维德公司（以下简称华夏公司）多次汇款合计 1000 万元。

2009 年 8 月或 11 月间，朱某与李某明签订了一份未注明日期的《协议书》，约定：朱某从维德公司处购买位于 1703 地块上的 30 亩地，并全权委托维德公司开发销售，朱某收取包干利润 3248 万元（土地款 1400 万元），包干利润支付时间为 3 年支付，原则上 2011 年支付 1000 万元，2012 年支付 1000 万元，2013 年视土地增值税清算结果支付余下款项。

2012 年 5 月 22 日起，开维公司向朱某转账合计 1020 万元。

2015 年 1 月 11 日，开维公司出具《对账单》7 笔款项收款人均为朱某，明细表备注一栏注明："朱某及王某茂。"

根据海南省工商行政管理局出具的企业机读档案登记资料的记载，开维公司是 2002 年 6 月 12 日注册成立的有限责任公司，注册资本 7000 万元，李某明是该公司法定代表人及持股 70% 的股东。维德公司是 2003 年 11 月 27 日注册成立的有限责任

公司，原名华夏公司，2009 年 9 月 29 日更名为海南华神机电集成有限公司，同年 11 月 10 日再次更名为现名，公司注册资本 29200 万，法定代表人李某明，开维公司持有维德公司 67.123% 的股权份额。

开维公司、维德公司不服海南省海口市中级人民法院作出的（2015）海中法民一初字第 29 号民事判决，向海南省高级人民法院提起上诉。

【案件争点】

该案系属民间借贷法律关系还是合作开发房地产法律关系。

【裁判要旨】

海南省高级人民法院经审查认为，对于朱某与李某明签订的《协议书》，李某明虽然不是维德公司的法定代表人，但庭审中维德公司对该协议是认可的，因此，维德公司在二审中的陈述可视为对李某明签署《协议书》行为的追认，该《协议书》可约束朱某与维德公司。《协议书》约定："朱某从维德公司处购买位于 1703 地块上的 30 亩地，并全权委托维德公司开发销售；朱某收取包干利润 3248 万元（土地款 1400 万元），包干利润支付时间为 3 年支付，原则上 2011 年支付 1000 万元，2012 年支付 1000 万元，2013 年视土地增值税清算结果支付余下款项。"从本案证据看双方并没有购买土地的合意，仅是朱某以土地款作为出资与维德公司合作开发房地产。《国有土地使用权司法解释》第 14 条① 规定，合作开发房地产合同，是指当事人订立的以提供出让土地使用权、资金等作为共同投资，共享利润、共担风险合作开发房地产为基本内容的协议。该解释第 26 条② 同时规定，合作开发房地产合同约定提供资金的当事人不承担经营风险，只收取固定数额货币的，应当认定为借款合同。根据上述《协议书》的约定，朱某只收取固定利润，不承担经营风险，故一审认定双方之间的法律关系名为房地产开发合作，实为民间借贷关系并无不当。

【裁判结果】

驳回上诉，维持原判。

---

① 该司法解释已于 2020 年 12 月 23 日修正，本案所涉第 14 条修改为第 12 条，内容修改为："本解释所称的合作开发房地产合同，是指当事人订立的以提供出让土地使用权、资金等作为共同投资，共享利润、共担风险合作开发房地产为基本内容的合同。"

② 该司法解释已于 2020 年 12 月 23 日修正，本案所涉第 26 条修改为第 23 条，内容未作修改。

例案三：胡某与海南省经济发展咨询公司企业借贷纠纷案

【法院】

广东省东莞市中级人民法院

【案号】

（2018）粤19民终11865号

【当事人】

上诉人（原审原告）：胡某

被上诉人（原审被告）：海南省经济发展咨询公司

被上诉人（原审被告）：深圳市亚泰科技发展有限公司

被上诉人（原审被告）：姜某喜

原审被告：东莞市横沥镇房地产开发公司

【基本案情】

1997年2月14日，海南省经济发展咨询公司（以下简称发展公司）与河南思达自动化设备有限公司（以下简称思达公司）签订了《合作开发〈横沥自建代建别墅区〉合同》，约定"华侨新村"项目由发展公司负责开发运作，思达公司只有出资的义务和收回资金及利润的权利，不参与项目管理。合同签订后，思达公司从未参与过项目的建设和经营。按约定，项目地块开发总投资1800万元，思达公司投入800万元，故首先卖出的800万元必须继续滚动至投入1800万元为止。投资完毕，先还思达公司800万元本金，再还200万元利润，净利润按照发展公司6成、思达公司4成比例分配。2005年9月25日，胡某代表思达公司和发展公司签订《返还河南思达自动化设备有限公司投资款的协议书》。2008年1月，发展公司向东莞市横沥建达实业公司（以下简称横沥公司）融资6921400元，全部投入了"华侨新村"项目运营。根据东莞市常信税务师事务所有限公司出具《华侨新村企业所得税汇算清缴纳税调整报告》，2016年1月1日至2016年12月31日期间的报告显示，项目净资产仅40余万元，历年亏损数额12296981.21元，且仍有外债3000余万元。在项目存在巨额亏损的情况之下，发展公司历年仍然支付胡某借款本金共计791万元。

【案件争点】

涉案《合作开发〈横沥自建代建别墅区〉合同》法律性质的认定。

【裁判要旨】

　　广东省东莞市中级人民法院审理后认为本案为借款合同纠纷，原审法院将其定性为名为合作开发房地产实为借款合同定性准确。《国有土地使用权司法解释》第14条①规定："本解释所称的合作开发房地产合同，是指当事人订立的以提供出让土地使用权、资金等作为共同投资，共享利润、共担风险合作开发房地产为基本内容的协议。"第26条②规定："合作开发房地产合同约定提供资金的当事人不承担经营风险，只收取固定数额货币的，应当认定为借款合同。"本案中，发展公司与思达公司签署的《合作开发〈横沥自建代建别墅区〉合同》似为合作开发合同，但从合同约定的内容来看，思达公司出资给发展公司进行房地产开发，不论该开发的结果是盈利还是亏损，思达公司不承担开发经营的风险，也不参与经营管理，不符合合作开发共同经营、共担风险、同负盈亏的法律特征，而与借款合同的法律特征相符，故原审法院将其定性为借款合同完全正确，二审法院予以确认。胡某在一审时主张本案案由为合资、合作开发房地产合同纠纷及在二审时主张本案案由为普通合作合同纠纷均不能成立。

　　一审认定事实清楚，适用法律正确，依法应予以维持。

【裁判结果】

　　驳回上诉，维持原判。

三、裁判规则提要

　　合作开发房地产合同是指当事人订立的以提供出让土地使用权、资金等作为共同投资，共享利润、共担风险合作开发房地产为基本内容的合同。③合作开发房地产合同的合作方式以"共同投资、共享利润、共担风险"为基本内容。正如前文所论述，合作开发合同一方主体具有房地产开发经营资质是合同有效的前提。

---

　　①　该司法解释已于2020年12月23日修正，本案所涉第14条修改为第12条，内容修改为："本解释所称的合作开发房地产合同，是指当事人订立的以提供出让土地使用权、资金等作为共同投资，共享利润、共担风险合作开发房地产为基本内容的合同。"

　　②　该司法解释已于2020年12月23日修正，本案所涉第26条修改为第23条，内容未作修改。

　　③　《国有土地使用权司法解释》第12条规定，本解释所称的合作开发房地产合同，是指当事人订立的以提供出让土地使用权、资金等作为共同投资，共享利润、共担风险合作开发房地产为基本内容的合同。

（一）借款合同的定义与基本法律特征

1. 民间借贷行为的概述。民间借贷是指自然人、法人和非法人组织之间进行资金融通的行为。经金融监管部门批准设立的从事贷款业务的金融机构及其分支机构，因发放贷款等相关金融业务引发的纠纷，不适用民间借贷规定。[①] 民间借贷是出借方把货币或者有价证券等借贷物有偿或者无偿出借给借贷方的一种契约行为，是民间自发创造的一种古老融资方式，在现代发达的金融社会中依旧占有重要的地位。它不仅解决中小企业融资难的问题，提供方便、快捷的融资服务，而且也能够充分使用社会闲置资金，给资本富余的个体提供新兴的投资方式。

2. 借款合同的定义。借款合同是指借款人向贷款人借款，到期返还借款并支付利息的合同。其中向对方借款的一方称为借款人，出借钱款的一方成为贷款人。借款合同应当采用书面形式，借款合同的内容一般包括借款种类、币种、用途、数额、利率、期限和还款方式等条款。[②] 借款合同的出借人只享有请求返还本金及固定利息的权利，没有获得额外收益的权利。

3. 借款合同的基本特征是不承担任何经营风险，只要求保护本金及固定收益。借贷法律关系的法律特征是让渡资金使用权，日后收回本金并收取固定收益。凡具备此特征的即可认定为借贷。《民法典》等法律规定反映了借款合同的本质在于提供资金的当事人不承担经营风险，其对本金享有固定的收益，但是对增值部分不享有利润分配的权利。

借款合同具有以下法律特征：

第一，借款合同是诺成合同。借款合同从双方当事人达成协议之日发生法律效力，并不以合同标的物的交付作为合同成立的要件。但是自然人之间的借款合同，自贷款人提供借款时成立。[③]

第二，借款合同是双务合同。借款人享有使用借款的权利的同时也承担按时偿还借款及支付利息的义务。出借人享有按照合同约定的期限和利息收回借款和取得

---

① 《民间借贷司法解释》第1条规定："本规定所称的民间借贷，是指自然人、法人和非法人组织之间进行资金融通的行为。经金融监管部门批准设立的从事贷款业务的金融机构及其分支机构，因发放贷款等相关金融业务引发的纠纷，不适用本规定。"

② 参见《民法典》第667条规定："借款合同是借款人向贷款人借款，到期返还借款并支付利息的合同。"第668条规定："借款合同应当采用书面形式，但是自然人之间借款另有约定的除外。借款合同的内容一般包括借款种类、币种、用途、数额、利率、期限和还款方式等条款。"

③ 《民法典》第679条规定："自然人之间的借款合同，自贷款人提供借款时成立。"

利息的权利，同时又负有按照合同约定提供借款的义务。但是出借人只享有请求返还本金及固定利息的权利，没有获得额外收益的权利。

第三，借款合同可以是有偿合同，也可以是无偿合同。借款合同当事人可以约定利息，公民之间的借款合同也可以不约定利息。但是借款合同禁止高利放贷，借款利率不得违反国家有关法律规定。我国法律明确规定，禁止高利放贷，借款利率不得违反国家有关法律规定。① 《民间借贷司法解释》第 24 条② 也明确规定，自然人之间借贷对利息约定不明，出借人主张支付利息的，人民法院不予支持。除自然人之间借贷的外，借款合同对支付利息约定不明确，当事人达不成补充协议的，按照当地或者当事人的交易方式、交易习惯，市场报价利率等因素确定利息。《民间借贷司法解释》第 25 条规定，以合同成立时一年期贷款市场报价利率（LPR）的 4 倍为标准确定民间借贷利率的司法保护上限。

第四，借款合同的分类。借款合同依据不同的划分标准，可作出不同的分类：①按照借贷的币别划分为人民币借款合同和外币借款合同。②按照借款用途划分为股东资产借款合同和流动资金借款合同。③按照借款所采取的担保方式划分为信用借款合同和担保借款合同。④按照借贷主体划分为金融借贷合同和民间借贷合同。《民间借贷司法解释》第 1 条规定，民间借贷是指自然人、法人和非法人组织之间进行资金融通的行为。民间借贷作为借款合同的一种形式，应当坚持自愿原则，即借款人与贷款人之间有权按照自己的意思设立、变更、终止民事法律关系。借贷双方可以就借款期限、利息计算、逾期利息、合同解除进行自愿协商，并自愿承受相应的法律后果。长期以来，民间借贷作为多层次信贷市场的重要组成部分，凭借其形式灵活、手续简便、融资快捷等特点为人民群众生产生活带来了诸多便利，满足了社会多元化融资需求，一定程度上也缓解了我国房地产开发经营中融资难、融资贵的问题。

第五，借款合同的效力认定。根据《民间借贷司法解释》第 1 条规定，民间借

---

① 《民法典》第 680 条规定："禁止高利放贷，借款的利率不得违反国家有关规定。借款合同对支付利息没有约定的，视为没有利息。借款合同对支付利息约定不明确，当事人不能达成补充协议的，按照当地或者当事人的交易方式、交易习惯、市场利率等因素确定利息；自然人之间借款的，视为没有利息。"

② 《民间借贷司法解释》第 24 条规定："借贷双方没有约定利息，出借人主张支付利息的，人民法院不予支持。自然人之间借贷对利息约定不明，出借人主张支付利息的，人民法院不予支持。除自然人之间借贷的外，借贷双方对借贷利息约定不明，出借人主张利息的，人民法院应当结合民间借贷合同的内容，并根据当地或者当事人的交易方式、交易习惯、市场报价利率等因素确定利息。"

贷是指自然人、法人和非法人组织之间进行资金融通的行为。第 13 条规定，具有下列情形之一的，人民法院应当认定民间借贷合同无效：（1）套取金融机构贷款转贷的；（2）以向其他营利法人借贷、向本单位职工集资，或者以向公众非法吸收存款等方式取得的资金转贷的；（3）未依法取得放贷资格的出借人，以营利为目的向社会不特定对象提供借款的；（4）出借人事先知道或者应当知道借款人借款用于违法犯罪活动仍然提供借款的；（5）违反法律、行政法规强制性规定的；（6）违背公序良俗的。可见，合法有效的民间借贷行为不得违反法律、行政法规的强制性规定，不得违背公共秩序和善良风俗。

第六，合作开发房地产合同与借款合同的联系和区别。（1）两者之间的联系。合作关系的模式为共同投资，共享利润、共担风险。只要一方当事人不承担经营风险，应当认定为借款合同。合作开发房地产合同在符合特定条件的情况下，应当认定为借款合同。当事人签订合作开发房地产的协议，协议约定无论经营盈亏，提供资金的某一方都享有固定收益，在这种情况下，提供资金的一方当事人不论合作开发的结果如何，均可获得固定数额的货币，协议的性质不再和它的名称一致，应认定为名为投资实为借贷合同。（2）两者之间的区别。判断合同的性质应当结合合同约定的具体权利义务内容、合同目的予以认定。在合作开发合同中，合作关系中的投资人提供资金所期望获得的是投资利润，属于一种投资行为，其无法确保能够获得收益，存在投资不能收回或者不能达到预期收益率的风险。而在借款合同中，出借人通过借款期望获得的是资金利息，其获得收益具有稳定性。合作合同中投资人的目的与借款合同中出借人的目的完全不相同。

（二）区分合作法律关系与借贷法律关系的司法实践

从司法实践来看，区分合作法律关系与借贷法律关系主要有法律关系特征法和法律条文法两种方法。在借贷这种法律关系中，其本质特征应是让渡资金使用权，日后收回本金并收取固定收益。凡具备此特征的即可认定为借贷，不应因其另外还具有一些非常态的特征而否认其借贷的性质。在合作开发房地产合同中，约定提供资金的当事人不承担经营风险，只收取固定数额货币的，应当认定为借款合同。但如果当事人之间仅对收益分配约定了限制和浮动条件，则不能简单认定收益方"只收取固定数额货币，不承担经营风险"，当事人之间仍为合作法律关系。

四、辅助信息

《民法典》

第六百六十七条　借款合同是借款人向贷款人借款，到期返还借款并支付利息的合同。

第六百六十八条　借款合同应当采用书面形式，但是自然人之间借款另有约定的除外。

借款合同的内容一般包括借款种类、币种、用途、数额、利率、期限和还款方式等条款。

第六百七十九条　自然人之间的借款合同，自贷款人提供借款时成立。

第六百八十条　禁止高利放贷，借款的利率不得违反国家有关规定。

借款合同对支付利息没有约定的，视为没有利息。

借款合同对支付利息约定不明确，当事人不能达成补充协议的，按照当地或者当事人的交易方式、交易习惯、市场利率等因素确定利息；自然人之间借款的，视为没有利息。

《民间借贷司法解释》

第一条第一款　本规定所称的民间借贷，是指自然人、法人和非法人组织之间进行资金融通的行为。

第十条　法人之间、非法人组织之间以及它们相互之间为生产、经营需要订立的民间借贷合同，除存在民法典第一百四十六条、第一百五十三条、第一百五十四条以及本规定第十三条规定的情形外，当事人主张民间借贷合同有效的，人民法院应予支持。

第十一条　法人或者非法人组织在本单位内部通过借款形式向职工筹集资金，用于本单位生产、经营，且不存在民法典第一百四十四条、第一百四十六条、第一百五十三条、第一百五十四条以及本规定第十三条规定的情形，当事人主张民间借贷合同有效的，人民法院应予支持。

第十三条　具有下列情形之一的，人民法院应当认定民间借贷合同无效：

（一）套取金融机构贷款转贷的；

（二）以向其他营利法人借贷、向本单位职工集资，或者以向公众非法吸收存款等方式取得的资金转贷的；

（三）未依法取得放贷资格的出借人，以营利为目的向社会不特定对象提供借款的；

（四）出借人事先知道或者应当知道借款人借款用于违法犯罪活动仍然提供借款的；

（五）违反法律、行政法规强制性规定的；

（六）违背公序良俗的。

《国有土地使用权司法解释》

第十二条　本解释所称的合作开发房地产合同，是指当事人订立的以提供出让土地使用权、资金等作为共同投资，共享利润、共担风险合作开发房地产为基本内容的合同。

第二十三条　合作开发房地产合同约定提供资金的当事人不承担经营风险，只收取固定数额货币的，应当认定为借款合同。

国有土地使用权合同纠纷案件裁判规则第 11 条：

合作开发房地产合同的当事人双方均不具备房地产开发经营资质的，应当认定合同无效

【规则描述】　　房地产开发关系到国计民生和社会公共安全，《城市房地产开发经营管理条例》第 9 条对房地产开发企业的资质要求是效力性强制性规定，是国家用来管理、控制和监督房地产业发展的重要手段，涉及了社会公共利益。房地产合作开发合同是房地产开发的一种手段，对合作开发房地产中一方的经营资质进行必要的限制，是对《城市房地产开发经营管理条例》第 9 条进一步的落实，所以对于双方均不具备房地产开发经营资质的合作开发房地产合同应当认定无效。但基于鼓励交易原则、尊重当事人合同自由原则，在起诉前当事人一方已经取得房地产开发经营资质或者已依法合作成立具有房地产开发经营资质的房地产开发企业的，应当认定合同有效。

一、类案检索大数据报告

时间：2021 年 4 月 28 日之前；案例来源：Alpha 案例库；案由：民事；检索条件：法院认为包含"当事人双方均不具备房地产开发经营资质的，应当认定合同无效"；案件数量：466 件；数据采集时间：2021 年 4 月 28 日。本次检索获取了民事 2021 年 4 月 28 日前共 466 篇裁判文书。整体情况如图 11-1 所示，其中：

1. 认为当事人双方均不具备房地产开发经营资质的，应当认定合同无效的共计 367 件，占比为 78.76%；

2. 认为合作开发房地产合同的当事人一方具备房地产开发经营资质的，应当认定合同有效的共计 29 件，占比为 6.22%；

3. 认为起诉前当事人一方已经取得房地产开发经营资质或者已依法合作成立具有房地产开发经营资质的房地产开发企业的，应当认定合同有效的案件共计 41 件，占比为 8.8%；

4. 认为虽借用房地产开发经营资质进行开发，应当认定合同有效的共计 8 件，占比为 1.72%；

5. 认为借用房地产开发经营资质进行开发，违反强制性法律规定应当认定合同无效的共计 21 件，占比为 4.5%。

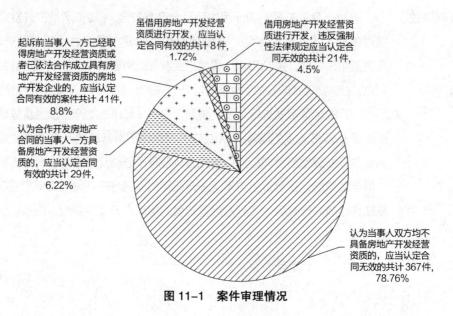

图 11-1 案件审理情况

如图 11-2 所示，通过设置检索条件：法院认为包含同句"当事人双方均不具备房地产开发经营资质的，应当认定合同无效"；可从下方的年份分布可以看到当前条件下民事案件数量的变化趋势。

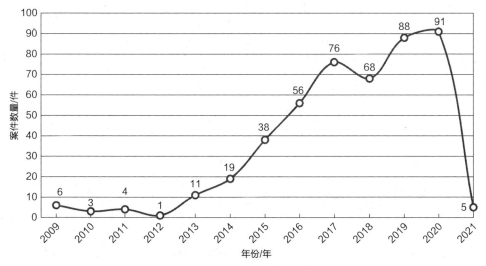

图 11-2　案件的年份分布情况

如图 11-3 所示，从下面的程序分类统计可以看到民事下当前的审理程序分布状况。一审案件有 240 件，二审案件有 192 件，再审案件有 34 件。

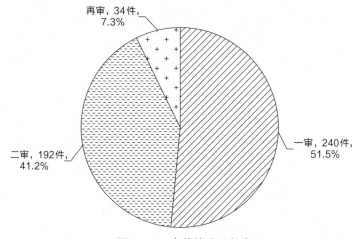

图 11-3　案件的审理程序

如图 11-4 所示，通过对一审裁判结果的可视化分析可以看到，当前条件下全部 / 部分支持的有 155 件，占比为 64.59%；全部驳回的有 80 件，占比为 33.33%；驳回起诉的有 3 件，占比为 1.25%；其他的有 2 件，占比为 0.83%。

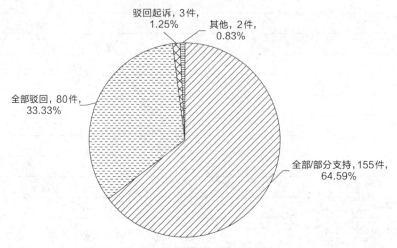

图 11-4　案件的一审审理情况

　　如图 11-5 所示，通过对二审裁判结果的可视化分析可以看到，当前条件下维持原判的有 105 件，占比为 54.69%；改判的有 67 件，占比为 34.9%；其他的有 18 件，占比为 9.37%，发回重审的有 2 件，占比为 1.04%。

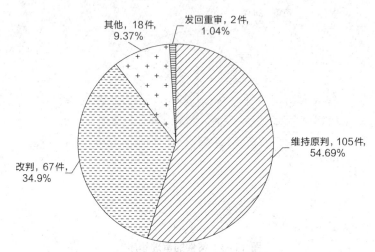

图 11-5　案件的二审审理情况

　　如图 11-6 所示，通过对再审裁判结果的可视化分析可以看到，当前条件下维持原判的有 25 件，占比为 73.53%；改判的有 6 件，占比为 17.65%；其他的有 1 件，占比为 2.94%，发回重审的有 1 件，占比 2.94%，提审 / 指令审理的有 1 件，占比为 2.94%。

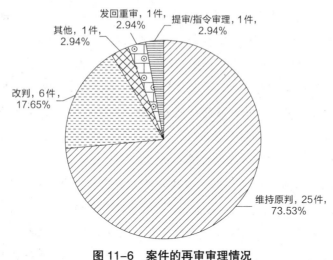

图 11-6 案件的再审审理情况

二、可供参考的例案

例案一：海南弘美丽岛旅游投资有限公司与海南金凯汽车工业有限公司合资、合作开发房地产合同纠纷案

【法院】

最高人民法院

【案号】

（2019）最高法民申 1150 号

【当事人】

再审申请人（一审原告、二审被上诉人）：海南弘美丽岛旅游投资有限公司

被申请人（一审被告、二审上诉人）：海南金凯汽车工业有限公司

【基本案情】

2009 年 10 月 23 日，海南金凯汽车工业有限公司（以下简称金凯公司）、海南弘美丽岛旅游投资有限公司（以下简称弘美丽岛公司）、吕某签订《合作开发合同书》，约定：金凯公司将其拥有的位于三亚市××镇的 45048.01 平方米土地使用权（扣除规划道路和绿地后约 55 亩）与弘美丽岛公司、吕某合作开发商品房；弘美丽岛公司和吕某负责全程开发建设与管理，并按 36%、29% 的比例提供全部开发建设资金；

合同签订后 7 个工作日内三方共同设立有限责任公司，金凯公司同意新公司设立后 110 个工作日内完成土地使用权过户至新公司并变更为商住用地；项目建设完毕后，金凯公司、弘美丽岛公司、吕某按 35%、36%、29% 的比例分配房产。

2009 年 12 月 31 日，三方签订《补充协议（一）》，约定吕某退出项目开发，并将其在《合作开发合同书》中 29% 的权利义务转让给弘美丽岛公司。

金凯公司营业执照经营范围有房地产开发内容，弘美丽岛公司营业执照经营范围有房地产投资内容，但双方在取得营业执照后，均未持有关文件到登记机关所在地的房地产开发主管部门备案，未向房地产开发主管部门申请核定企业资质等级，也未取得房地产开发主管部门核发的房地产开发资质等级证书。

金凯公司和弘美丽岛公司依据《合作开发合同书》而成立的项目公司德怡和公司营业执照经营范围没有房地产开发经营内容，也未取得房地产开发主管部门核发的房地产开发资质等级证书。

【案件争点】

《合作开发合同书》是否合法有效。

【裁判要旨】

最高人民法院认为，《国有土地使用权司法解释》（法释〔2005〕5 号）第 14 条①规定："本解释所称的合作开发房地产合同，是指当事人订立的以提供出让土地使用权、资金等作为共同投资，共享利润、共担风险合作开发房地产为基本内容的协议。"第 15 条第 2 款②规定："当事人双方均不具备房地产开发经营资质的，应当认定合同无效。但起诉前当事人一方已经取得房地产开发经营资质或者已依法合作成立具有房地产开发经营资质的房地产开发企业的，应当认定合同有效。"考查《合作开发合同书》的内容，金凯公司以其所有的土地使用权与弘美丽岛公司、吕某合作开发商品房，三方共同设立项目公司，由金凯公司负责变更土地属性并过户至项目公司名下，由弘美丽岛公司、吕某负责全程开发建设与管理及提供所需资金，三方按照 35%、36%、29% 的比例分配利润，并对风险承担作出了约定。上述内容完全符合该司法解释规定的合作开发房地产合同的基本要件，应当认定为合作开发房地产

---

① 该司法解释已于 2020 年 12 月 23 日修正，本案所涉第 14 条修改为第 12 条，内容修改为："本解释所称的合作开发房地产合同，是指当事人订立的以提供出让土地使用权、资金等作为共同投资，共享利润、共担风险合作开发房地产为基本内容的合同。"

② 该司法解释已于 2020 年 12 月 23 日修正，本案所涉第 15 条第 2 款修改为第 13 条第 2 款，内容未作修改。

合同。

虽然《合作开发合同书》中对项目公司的成立作出了初步约定，但也同时明确设立项目公司的目的是进行房地产开发，合作中的利益分配、权利义务仍由《合作开发合同书》调整，并未改变合作开发房地产合同的基本内容和特征，不能认为是以公司设立为主要内容的合同。故弘美丽岛公司主张《国有土地使用权司法解释》不适用于本案的再审事由不能成立。由于金凯公司、弘美丽岛公司、海南德怡和实业投资有限公司至起诉前均未取得房地产开发的资质，且《国有土地使用权司法解释》（法释〔2005〕5号）第15条①明确规定当事人均不具备房地产开发经营资质的将导致合同无效，显然属于效力性强制规范。海南省高级人民法院适用该司法解释第15条认定《合作开发合同书》无效并无不当，应予以维持。

例案二：林某与张某、凌某合资、合作开发房地产合同纠纷案

【法院】

最高人民法院

【案号】

（2017）最高法民申 2904 号

【当事人】

再审申请人（一审被告、二审被上诉人）：张某

再审申请人（一审被告、二审被上诉人）：凌某

被申请人（一审原告、二审上诉人）：林某

【基本案情】

株洲市商业汽车队经改制成立株洲市御林贸易有限公司（以下简称御林公司），林某担任公司法定代表人。御林公司系一人独资有限公司。

2006 年，御林公司与张某、凌某签订《房地产联合开发意向书》，就"原株洲市商业汽车队"的闲置土地的联合开发确定了基本宗旨和方式。

2009 年 7 月 19 日，为了明确各合作人的权利和义务，林某与张某、凌某签订了《房地产开发合作协议书》。协议约定："第一条合作项目内容及规模项目是将'原株洲市商业汽车队'的闲置土地约 15 亩进行开发建设；第二条合作方式合作人张

---

① 该司法解释已于 2020 年 12 月 23 日修正，本案所涉第 15 条修改为第 13 条，内容未作修改。

某、凌某负责筹集房地产开发的所有资金，用于房屋拆迁、房屋建设、房屋销售费用；林某负责取得位于株洲市芦淞区原株洲市商业汽车队的土地使用权，并将该土地使用权过户到御林公司名下。在此后的项目开发中林某不再投入资金，但应按照本协议的第五条约定的比例享有利润。该宗土地使用权过户到御林公司后由包括林某在内的全体合作人共同享有该宗土地使用权的实体权利，并用于房地产项目的合作开发。"

之后，林某以御林公司名义办理了"原株洲市商业汽车队"土地的出让审批手续，并于 2009 年 2 月 28 日与株洲市国土资源局签订了《国有建设用地使用权出让合同》。

2009 年 9 月 21 日，林某将御林公司变更登记为株洲市御林房地产开发经营有限公司，经营范围增加了房地产开发经营（凭资质证经营）。2010 年，株洲市工商行政管理局在企业年检时取消了该公司经营范围中的房地产开发经营（凭资质证经营）。

2011 年 12 月 14 日，株洲市御林房地产开发经营有限公司取得了该土地的使用权证。至今该公司没有取得房地产开发经营资质。林某向一审法院起诉，请求：（1）判令林某与张某、凌某签订的《房地产开发合作协议书》无效；（2）判令张某赔偿林某经济损失 132.92 万元，凌某赔偿林某经济损失 66.46 万元。一审法院认为，房地产开发合作协议合法有效，林某要求确认该合作协议无效的请求不能成立。林某主张的损失是其支出的员工工资、房租费、物业费、水电费、财务费用等，依据《房地产开发合作协议书》约定，这些费用应计入共同经营成本，不属于损失范畴。故法院对林某赔偿损失的这些请求不予支持。其后林某上诉，二审法院支持其主张，撤销一审法院民事判决，判决《房地产开发合作协议书》无效。张某、凌某申请再审。

【案件争点】

林某与张某、凌某于 2009 年 7 月 19 日签订的《房地产开发合作协议书》是否为无效合同。

【裁判要旨】

最高人民法院认为，关于案涉《房地产开发合作协议书》的性质及效力的问题。《国有土地使用权司法解释》（法释〔2005〕5 号）第 14 条[①] 规定，本解释所称的合作

---

① 该司法解释已于 2020 年 12 月 23 日修正，本案所涉第 14 条修改为第 12 条，内容修改为："本解释所称的合作开发房地产合同，是指当事人订立的以提供出让土地使用权、资金等作为共同投资，共享利润、共担风险合作开发房地产为基本内容的合同。"

开发房地产合同，是指当事人订立的以提供出让土地使用权、资金等作为共同投资，共享利润、共担风险合作开发房地产为基本内容的协议。本案中，双方当事人在《合作协议书》中约定，双方合作的项目是对"原株洲市商业汽车队"约 15 亩闲置土地进行开发建设，由林某负责取得该土地使用权并将土地使用权过户到御林公司名下，再将御林公司变更为房地产开发企业，张某、凌某则负责提供开发建设该土地所需的资金，双方还对利润分配及风险承担作出约定。该协议完全符合上述司法解释规定的合作开发房地产合同的基本要件，应当认定为合作开发房地产合同。至于签订协议时负责提供土地使用权一方是否已经实际享有土地使用权，影响的是合同履行问题，并不涉及合同定性；虽然案涉《合作协议书》对成立房地产开发项目公司的具体方式、步骤作出约定，但从合同内容来看，设立项目公司是为了开发房地产，公司的设立亦未改变合作开发房地产合同的特征，故张某、凌某主张案涉协议书不属于合作开发房地产合同的再审申请理由均不成立，法院不予采纳。因《合作协议书》签订后，至本案起诉前，双方成立的项目公司仍不具备房地产开发经营资质，根据《国有土地使用权司法解释》（法释〔2005〕5 号）第 15 条第 2 款①规定，应当认定案涉《房地产开发合作协议书》无效。

例案三：刘某与祝某乙合资、合作开发房地产合同纠纷案

【法院】

　　广东省高级人民法院

【案号】

　　（2017）粤民终 3091 号

【当事人】

　　上诉人（原审原告）：刘某

　　被上诉人（原审被告）：祝某甲

　　被上诉人（原审被告）：祝某乙

　　被上诉人（原审被告）：张某

　　被上诉人（原审第三人）：清远市益民房地产有限公司

---

　　①　该司法解释已于 2020 年 12 月 23 日修正，本案所涉第 15 条第 2 款修改为第 13 条第 2 款，内容未作修改。

【基本案情】

2001年3月21日，张某、刘某登记成立清远市益民房地产有限公司（以下简称益民公司），张某任法定代表人。

2003年6月2日，张某与清远市房地产开发总公司（以下简称清远房产公司）签订《土地转让合同》，约定清远房产公司向张某转让坐落于清远市新城东八号区⑧-2A号和⑧-3号土地使用权，建筑基底面积为2458平方米，总价格为909.46万元。2005年3月23日，益民公司与清远市国土资源局签订两份国有土地使用权出让合同，其中一份约定新城东八号区⑧—2A号用地面积1185.29平方米，每平方米土地使用权出让金30元，总额35559元。

2005年2月25日，刘某（甲方）与祝某乙签订《关于共同投资开发建设新城八号区⑧—2A号的用地合同》（以下简称《用地合同》）。合同主要约定：（1）原甲方在益民公司的新城东八号区⑧—2A用地项目的所属股份的土地与乙方成立项目公司共同投资开发。（2）上述土地的开发建设项目，甲、乙双方另注册房地产开发公司进行开发，实行分账管理，独立经营，独立核算。根据项目工程进度实际所需资金双方共同分阶段按期投入等事项，张某以证明人身份在合同上签字。

2005年3月12日，张某、刘某两人签订《益民公司新城区八号区⑧—3号地和⑧—2A号地所有权（使用权）确认书》（以下简称《土地使用权确认书》），内容为："益民公司是由股东张某和刘某共同出资成立，各占公司50%股份。张某于2003年6月与清远房产公司购买新城东八号区⑧—3和⑧—2A号地。因业务发展需要，经公司股东一致同意将上述两块地的所有权（使用权）进行分配，分配如下：⑧—3号地分配给股东张某，⑧—2A号地分配给股东刘某。各自承担所属土地的购买、办证费用，双方都可以将自己所分配到的土地进行合作或自行开发建设，独立经营，今后各自在开发建设上述土地所发生的一切经济责任以及债权债务等各自承担负责，与益民公司无关。任何一方需要利用或挂靠益民公司进行开发建设的必须订挂靠协议和上缴10万元人民币的劳务费。确认书经股东签名生效。"该确认书上除张某、刘某签名外，还加盖有益民公司印章。

2006年1月5日，清远市人民政府分别颁发了清远市新城东八号区⑧—2A和⑧—3号地的国有土地使用证，两证所记载的土地使用权人均为益民公司。完税证所记载的纳税人亦均为益民公司。

2006年11月3日，张某以益民公司的名义出具一份确认书给祝某乙、祝某甲，为了便于开发，该地块土地使用权证暂登记于益民公司名下，但本公司确认祝某乙

（祝某甲）上述购地（使用权）投入，并确认投入人实质为该地块使用权人之一。该份确认书上盖有益民公司的财务专用章，张某在该确认书上注明："以上情况属实。"

2006年12月10日，祝某乙出具《证明》，内容表明其受祝某甲委托与刘某（益民公司）签订《用地合同》，该合同项下的其权利义务均归祝某。

后因⑧—2A号土地长期遭到闲置而不能开发，刘某以不能实现共同投资开发及赚取合理利润等向法院提起诉讼，广东省清远市中级人民法院认为《用地合同》属于合作开发房地产合同，但合同双方均为自然人，并不具备房地产开发资质，违反了我国法律关于房地产开发必须具备房地产开发经营资质的强制性规定，且双方签订合同后至本案诉讼期间并未成立具有房地产开发经营资质的房地产开发企业，最终认定《用地合同》为无效合同。刘某不服上述判决，提起上诉。

【案件争点】

《用地合同》的效力问题。

【裁判要旨】

广东省高级人民法院认为，刘某与祝某乙于2005年2月25日签订涉案《用地合同》，从该合同的名称及合同目的来看，涉案《用地合同》的性质属于合作开发房地产合同。由于合同双方均为自然人，并不具备房地产开发经营资质，且双方签订合同后至本案诉讼期间并未成立具有房地产开发经营资质的房地产开发企业。一审法院根据《国有土地使用权司法解释》（法释〔2005〕5号）第15条第2款①认定涉案《用地合同》无效正确，法院予以维持。

三、裁判规则提要

本规则提要首先阐述了本裁判规则所涉及的两个专有概念。一是房地产合作开发合同，其中介绍了实践中法人型合作开发及合同型合作开发的两大类房地产合作开发模式，解释了房地产合作开发合同的概念及特征，展现了实践中一些名为房地产合作开发实为其他法律关系的合同；二是房地产开发企业经营资质，其中根据有关法律法规的规定介绍了房地产开发企业经营资质的内涵、分类、取得条件以及房地产开发企业经营资质在房地产开发行业中的意义。

---

① 该司法解释已于2020年12月23日修正，本案所涉第15条第2款修改为第13条第2款，内容未作修改。

其次，详细阐述了现行法中无效合同的判断标准，并从房地产开发企业经营资质对房地产开发的意义角度阐述了如房地产合作开发中任一方均不具备房地产开发企业经营资质，则无法达到国家对房地产业监督和管理的目的，从而论证《城市房地产开发经营管理条例》第9条属于效力性强制性规定，所以合作开发房地产合同的当事人双方均不具备房地产开发经营资质的，应当认定合同无效。

最后，简单阐述了合作开发房地产合同无效后的处理原则。

（一）房地产合作开发合同

认定房地产合作开发合同的效力，必须先明确何为本裁判规则所述的房地产合作开发合同，是指两方或两方以上的当事人约定由一方提供土地，另一方提供资金、技术、劳务等，共同开发土地、建筑房屋，并在项目开发完成后按约定比例分享利益的协议。① 实践中，当事人可能在未能完全理解房地产合作开发概念时签订了所谓的合作开发合同，但究其实质，并不符合房地产合作开发合同的标准。因此，在适用本条规则时，首先应对合同的性质进行明确的界定。

1. 房地产合作开发模式

根据是否成立专门的项目公司进行开发，房地产合作开发模式大致分为两类，分别为"法人型"合作开发和"合同型"合作开发。②

"法人型"合作开发，一般是指合作各方以共同成立房地产开发项目公司为平台，通过持有项目公司股权的模式进行房地产合作开发，按项目公司的运作模式进行管理和分红。合作各方构建法人型合作开发的主要方式包括：（1）共同设立项目公司；（2）合作方通过增资取得项目公司股权；（3）合作方通过股权收购取得项目公司股权。

"合同型"合作开发，一般是指合作各方不成立项目公司，仅通过协议约定的形式进行合作开发，由合作一方以其名义进行取地、对外项目报批、工程发包和房屋销售，合作各方按照协议约定的方式参与管理和分红。以是否组建管理为标准，该种合作开发方式，还可继续细分二类：（1）组建联合管理机构：联合管理机构与项目公司的最大区别在于其仅能作为内部管理机构而非独立的民事主体，不具有缔结合同等民事权利能力，也不能办理项目开发所需的相关审批手续，亦不能独立对外

---

① 最高人民法院民事审判第一庭编著：《最高人民法院国有土地使用权合同纠纷司法解释的理解与适用》，人民法院出版社 2015 年版，第 159 页。

② 周胜：《房地产投资与开发法律实务》，法律出版社 2012 版，第 87 页。

承担民事责任。（2）合作双方不组建项目公司而是根据合同约定共同投资、共享利润、共担风险。对外表现出来的项目建设主体只有一方，双方对于合作开发的权利、义务具体体现在双方的合作开发合同中。未被登记为项目建设主体的一方（即出资方）则依照合作开发合同的约定，对开发项目享受收益，承担风险。

2. 合作开发房地产合同的概念及特征

根据《城市房地产开发经营管理条例》第2条规定："本条例所称房地产开发经营，是指房地产开发企业在城市规划区内国有土地上进行基础设施建设、房屋建设，并转让房地产开发项目或者销售、出租商品房的行为。"根据《国有土地使用权司法解释》第12条规定："本解释所称的合作开发房地产合同，是指当事人订立的以提供出让土地使用权、资金等作为共同投资，共享利润、共担风险合作开发房地产为基本内容的合同。"

因此，合作开发房地产合同的约定内容首先要满足房地产开发经营的特点：（1）在城市规划区内国有土地上进行基础设施建设、房屋建设；（2）转让房地产开发项目或者销售出租商品房。在此基础上，合作方还应具备以下意思表示：（1）共同投资，即合作各方约定以包括土地、资金等作为资本，投入到合作项目之中；（2）共享利润，即合作各方对合作开发建设的利润按约定比例共同分配利益；（3）共担风险，即合作各方不仅仅享有对合作项目的利润分配，更要按照约定比例承担合作项目的经营风险及不利后果。

3. 不属于房地产合作开发的情形

在司法实践中，市场主体常常以合作建房、联合开发、联建等形式进行合作开发，但是否构成法律意义上的房地产合作开发，主要取决于具体合作模式是否符合共同投资、共享利润、共担风险的特征。因此，对于一些名为合作开发房地产，实际上具有其他目的的合同，应认定为其他法律关系，例如：（1）名为合作开发房地产实为土地使用权转让合同，合作开发房地产合同约定提供土地使用权的当事人不承担经营风险，只收取固定利益的，应当认定为土地使用权转让合同；（2）名为合作开发房地产实为房屋买卖合同，合作开发房地产合同约定提供资金的当事人不承担经营风险，只分配固定数量房屋的，应当认定为房屋买卖合同；（3）名为合作开发房地产实为借款合同，合作开发房地产合同约定提供资金的当事人不承担经营风险，只收取固定数额货币的，应当认定为借款合同；（4）名为合作开发房地产实为租赁合同，合作开发房地产合同约定提供资金的当事人不承担经营风险，只以租赁或者其他形式使用房屋的，应当认定为房屋租赁合同。

4. 司法实践中的其他特殊情形

除了上述四种有名无实的"房地产合作开发合同"外，司法实践中还有一些其他需要判断的特殊情形，例如：（1）合作双方分别享有不同的土地使用权，但仅一方具备房地产开发资质，双方约定交换建设，双方自负费用、自取利润、自担风险，此类合同的本质为以物易物合同，不能认定为合作开发房地产合同。无资质一方依此合同借用对方的开发资质，此部分法律关系应视情况单独处理。（2）双方不以营利为合作目的，如一方出地，另一方出资，合作建房用于自用而非销售的。司法实践中，多数意见认为，此类合作行为不能认定为是开发经营房地产行为，只能看作是一般的合建、联建房屋行为，因此，也必然不能按照合作开发房地产合同的效力标准进行约束。

综上，在司法实践中，认定纠纷所涉合同是否为房地产合作开发合同需综合合同约定以及当事人的真实意思，并参照是否符合房地产合作开发合同的特征，进而对所涉合同的本质进行分析，才能得出准确的结论。

（二）房地产开发企业经营资质

房地产经营资质是指房地产开发企业依法取得的某种资质从而获得能够从事房地产开发经营的身份和条件。[①]

1. 房地产开发企业经营资质内涵

房地产开发关系到国计民生和社会公共安全，作为一个特种行业，房地产的开发经营应受房地产市场准入许可限制。根据《城市房地产管理法》规定[②]，从事房地产开发设立房地产开发企业，应当向工商行政管理部门申请设立登记，符合规定条件的，予以登记，发给营业执照。所以，房地产开发企业经营资质内涵之一，即"有房地产开发的营业执照"。

根据《城市房地产开发经营管理条例》《房地产开发企业资质管理规定》相关规

---

① 最高人民法院民事审判第一庭编著：《最高人民法院国有土地使用权合同纠纷司法解释的理解与适用》，人民法院出版社 2015 年版，第 165 页。

② 参见《城市房地产管理法》第 30 条第 2 款规定："设立房地产开发企业，应当向工商行政管理部门申请设立登记。工商行政管理部门对符合本法规定条件的，应当予以登记，发给营业执照；对不符合本法规定条件的，不予登记。"

定①，房地产开发企业应当自领取营业执照之日起 30 日内持有关文件到登记机关所在地的房地产开发主管部门备案，房地产开发主管部门应当根据房地产开发企业的资产、专业技术人员和开发经营业绩等，对备案的房地产开发企业核定资质等级，未取得房地产开发资质等级证书的企业，不得从事房地产开发经营业务。所以，房地产开发企业经营资质内涵之二，即"取得房地产开发资质等级证书"。综上，营业执照上载有"房地产开发经营"的经营范围不能等同于有房地产开发经营资质。只有取得了房地产开发资质等级证书，才能具备房地产开发经营资质，从事房地产开发经营业务。

2. 房地产开发企业经营资质的取得条件

房地产开发企业应先按照《公司法》《城市房地产管理法》等相关法律法规取得营业执照，然后再根据相关的资质条件申请取得资质等级。

房地产开发企业资质等级按照企业条件分为一、二两个资质等级。房地产开发企业资质等级实行分级审批，一级资质由省、自治区、直辖市人民政府住房和城乡建设主管部门初审，报国务院住房和城乡建设主管部门审批，二级资质由省、自治区、直辖市人民政府住房和城乡建设主管部门或者其确定的设区的市级人民政府房地产开发主管部门审批。经资质审查合格的企业，由资质审批部门发给相应等级的资质证书，资质证书有效期为 3 年。

根据《房地产开发企业资质管理规定》第 5 条，各资质等级企业的条件如下：

（1）一级资质：

①从事房地产开发经营 5 年以上；

②近 3 年房屋建筑面积累计竣工 30 万平方米以上，或者累计完成与此相当的房地产开发投资额；

③连续 5 年建筑工程质量合格率达 100%；

④上一年房屋建筑施工面积 15 万平方米以上，或者完成与此相当的房地产开发

---

① 参见《城市房地产开发经营管理条例》第 8 条规定："房地产开发企业应当自领取营业执照之日起 30 日内，提交下列纸质或者电子材料，向登记机关所在地的房地产开发主管部门备案：（一）营业执照复印件；（二）企业章程；（三）专业技术人员的资格证书和聘用合同。"第 9 条规定："房地产开发主管部门应当根据房地产开发企业的资产、专业技术人员和开发经营业绩等，对备案的房地产开发企业核定资质等级。房地产开发企业应当按照核定的资质等级，承担相应的房地产开发项目。具体办法由国务院建设行政主管部门制定。"《房地产开发企业资质管理规定》第 3 条："房地产开发企业应当按照本规定申请核定企业资质等级。未取得房地产开发资质等级证书（以下简称资质证书）的企业，不得从事房地产开发经营业务。"

投资额；

⑤有职称的建筑、结构、财务、房地产及有关经济类的专业管理人员不少于40人，其中具有中级以上职称的管理人员不少于20人，持有资格证书的专职会计人员不少于4人；

⑥工程技术、财务、统计等业务负责人具有相应专业中级以上职称；

⑦具有完善的质量保证体系，商品住宅销售中实行了《住宅质量保证书》和《住宅使用说明书》制度；

⑧未发生过重大工程质量事故。

（2）二级资质：

①有职称的建筑、结构、财务、房地产及有关经济类的专业管理人员不少于5人，其中专职会计人员不少于2人；

②工程技术负责人具有相应专业中级以上职称，财务负责人具有相应专业初级以上职称，配有统计人员；

③具有完善的质量保证体系。

在上述资质等级中，一级资质的房地产开发企业承担房地产项目的建设规模不受限制，二级资质的房地产开发企业可以承担建筑面积25万平方米以下的开发建设项目。各资质等级房地产开发企业应当在规定的业务范围内从事房地产开发经营业务，不得越级承担任务。

3. 房地产经营资质在房地产开发中的意义

房地产开发企业是以营利为目的，从事房地产开发和经营的企业。房地产经营资质，是指房地产开发企业依法获得的一种能够从事房地产开发的身份和条件。房地产经营资质是用来证明房地产开发企业开发经营能力和资信度的证明，审核和发放房地产企业的营业执照、资质等级，是国家用来管理、控制和监督房地产业发展的重要手段。

房地产作为现代社会一种重要的生活和生产资料，它与千千万万个家庭和社会公共安全关系密切。也正是由于房地产业利润大、风险小，对投资具有较强的吸引力，国内各行各业的资金都容易流向房地产。据统计资料显示，近十年来，房地产业的平均利润一直高于其他产业的平均利润。而与此形成强烈对比的是，由房地产质量所引发的投诉率一直持高不下，社会公众对房地产业内存在的虚假广告、面积缩水、室内空气超标等现象意见很大。因此，建立房地产业统一的市场准入制度，从源头上加强防范，是完善房地产市场的重要举措。

（三）合作开发房地产合同当事人双方均不具备房地产经营资质的，合同无效

房地产合作开发中双方均不具备房地产开发经营资质的房地产合作开发合同违反了效力性强制性规定，也违背公序良俗，应当认定合同无效。

1. 无效合同的判断标准

无效制度是对合同自由的一种干预，是法律对当事人的私人意志越界的一种否定性评价。[①] 根据现行法律，无效合同大致有以下原因：

（1）与无民事行为能力人订立的合同无效。《民法典》第 144 条规定："无民事行为能力人实施的民事法律行为无效。"无民事行为能力人尽管在民事权利能力方面同其他民事主体一律平等，但由于其不具备自己实施民事行为的能力，因此在法律上规定由其法定代理人代理其实施民事法律行为，而将其自身实施的民事法律行为则一律规定为无效。这样规定，符合民事法律行为有效要件中"行为人具有相应的民事行为能力"的要求。

（2）行为人与相对人以虚假的意思表示订立的合同无效。《民法典》第 146 条第 1 款规定："行为人与相对人以虚假的意思表示实施的民事法律行为无效。"之所以对通过虚伪表示实施的民事法律行为的效力予以否定，是因为这一"意思表示"所指向的法律效果并非双方当事人的内心真意，双方对此相互知晓，如果认定其为有效，有悖于意思自治的原则。

（3）违反法律、行政法规的强制性规定的合同无效。《民法典》第 153 条第 1 款规定："违反法律、行政法规的强制性规定的民事法律行为无效。但是，该强制性规定不导致该民事法律行为无效的除外。"在民事法律行为有效的三项要件中，不违反法律、行政法规的强制性规定是其中能够体现对个人意思自治与行为限制的重要条件之一。民事法律行为虽然是彰显意思自治、保障权利实现的主要制度，但这种自由必须限定在不损害国家利益、社会公共利益的范围之内。民事主体的民事法律行为一旦超越法律所容许的限度，构成对国家利益、社会公共利益的侵害，其效力就必须被否定。

根据《九民会议纪要》第 30 条的规定，"违反法律、行政法规的强制性规定的民事法律行为无效"中所指的"强制性规定"特指"效力性强制性规定"，而与效力性强制性规定对应的则是管理性强制性规定；所谓效力性强制性规定，就是指违反了那些直接决定合同效力的法律法规的规定，该强制性规定涉及金融安全、市场秩

[①]　王利明：《合同无效制度》，载《人大法律评论》2012 卷第 1 辑。

序、国家宏观政策等公序良俗的；交易标的禁止买卖的，如禁止毒品、枪支等买卖；违反特许经营规定的，如场外配资合同；交易方式严重违法的，如违反招投标等竞争性缔约方式订立的合同；交易场所违法的，如在批准的交易场所之外进行期货交易。而关于经营范围、交易时间、交易数量等行政管理性质的强制性规定，一般认定为管理性强制性规定。

（4）违背公序良俗的合同无效。《民法典》第153条第2款规定："违背公序良俗的民事法律行为无效。"该项合同无效原因与上一项原因相同，在民事法律行为有效的三项要件中，不违背公序良俗也是其中能够体现对个人意思自治与行为限制的重要条件之一。该项合同无效原因在整个无效制度的判断过程中发挥着兜底性功能。首先，如果在法律、行政法规层面，找不到对应的依据判断合同是否无效时，需要借助公序良俗原则来判断；其次，如果在法律、行政法规层面有判断合同是否无效的依据，且根据法律、行政法规判断合同有效，但是其损害了社会公共利益，此时亦需要借助公序良俗来判断。综上，公序良俗体现着社会上不特定的多数人利益，当合同自由、私法自治与社会公共利益发生冲突时，其效力就有可能被否定。

（5）恶意串通的合同无效。《民法典》第154条规定："行为人与相对人恶意串通，损害他人合法权益的民事法律行为无效。"所谓恶意串通，是指行为人与相对人互相勾结，为谋取私利而实施的损害他人合法权益的民事法律行为。恶意串通的民事法律行为在主观上要求双方有互相串通、为满足私利而损害他人合法权益的目的，客观上表现为实施了一定形式的行为来达到这一目的。尽管民法的基本原则中包含自愿原则，即当事人可以按照自己的意思设立、变更、终止民事法律关系，但民事主体却不得滥用民事权利损害国家利益、社会公共利益或者他人合法权益。

2. 房地产合作开发中双方均不具备房地产开发经营资质的房地产合作开发合同违反了效力性强制性规定

（1）《城市房地产开发经营管理条例》第9条对房地产企业资质的要求是效力性强制性规定。正如本文"房地产经营资质在房地产开发中的意义"所述，房地产作为现代社会一种重要的生活和生产资料，其与千千万万个家庭和社会公共安全关系密切相关。例如，房屋建设质量就关乎着人民群众的人身安全和财产安全，同时在开发房地产过程中，涉及国有土地的合法使用，亦涉及在土地上开发、建设时劳动人民、广大消费者等多方的利益牵掣，因此房地产开发融入了社会公共利益的考量，需要国家和政府"这只看得见的手"进行有效的监管。

相关法律、法规便是通过设定严格的资质管理制度以约束房地产开发从业者的方式，来保证房地产开发中建筑工程的质量与安全，对遏制"豆腐渣工程"起到了积极作用，从而保护了社会公共利益。结合《九民会议纪要》第30条，涉及金融安全、市场秩序、国家宏观政策等公序良俗的，应认定为"效力性强制性规定"，故不管是从立法目的，还是从其规定背后所涉的公共利益考量，均可以认定《城市房地产开发经营管理条例》第9条为效力性强制性规定。

（2）对合作开发房地产中一方的经营资质进行必要的限制，是对《城市房地产开发经营管理条例》第9条中对房地产企业资质的要求的进一步落实。在房地产开发合同纠纷的审判实践中，以合作形式开发房地产项目非常普遍，房地产合作开发是房地产开发的一种途径及方式，而在"房地产合作开发合同"部分中，已阐明合作开发房地产合同，是指当事人订立的以提供出让土地使用权、资金等作为共同投资，共享利润、共担风险合作开发房地产为基本内容的合同。并且房地产开发合同内容涉及土地权属、批准登记手续等，法律关系错综复杂，涉及的人员广泛、财产巨大，因此，对合作开发房地产中一方的经营资质进行必要的限制，反映了国家公权力对房地产业健康发展的必要控制和合理干预。

在房地产合作开发中，如若双方均不具备房地产开发经营资质，则无法达到国家对房地产业监督和管理的目的，所以，合作开发房地产中必须有一方具有房地产经营资质，这也是对《城市房地产开发经营管理条例》第9条中对房地产企业资质的要求的进一步落实。综上，房地产合作开发中双方均不具备房地产开发经营资质的房地产合作开发合同违反了法律、行政法规的效力性强制性规定，亦违背了公序良俗，应属无效。

3. 双方均不具备房地产开发经营资质，但起诉前一方取得经营资质或者合作成立有房地产经营资质的房地产开发企业的处理原则

合同无效的直接后果是交易成本的扩大和社会财产的巨大浪费，因此，在平衡合同自由与社会公共利益的基础上，立法和司法均应当为当事人的意思自治拓展更为广阔的领域和空间。房地产开发既涉及不动产的物权变动，又需要大量的资金投入，也关系到广大消费者的切身利益，如果合同一概认定无效，不仅会给合作各方造成巨大的经济损失，同时也给国家和社会带来许多不稳定的因素。因此，在合作开发房地产合同中当事人各方均无房地产经营资质时，应根据以下不同情况，给予当事人补正条件和补正期限。

（1）当事人各方均不具有房地产开发经营资质，但起诉前当事人一方取得房地产开发经营资质的，不影响合作合同的效力。起诉是当事人因私权纠纷请求国家司

法救济的一种专门活动，它是当事人在通过协商、斡旋等方式无法解决争议时的最后选择。一般而言，只要合同是当事人真实的意思表示，合作各方均愿意通过积极的努力使合同有效。因此，只要当事人在起诉之前取得房地产开发经营资质的，即应当认定合作合同有效。

（2）当事人各方均不具有房地产开发经营资质，但起诉前当事人各方合作成立具有房地产经营资质房地产开发企业的，不影响合作合同的效力。房地产项目公司是以明确、具体的工程项目为开发对象，由合作各方按照国家法律规定共同成立的具有房地产开发经营资质的房地产开发企业。成立项目公司是合作开发房地产的一种重要形式，它相比一方出地、另一方出钱的合作开发而言，在形式上更具有紧密性。因此，只要当事人在起诉前已成立具有房地产经营资质的项目公司，即使双方在订立合作合同时均无房地产开发经营资质，也不影响合作合同效力。

（四）合作开发房地产合同无效后的法律后果

合作开发房地产合同被确认无效后，虽然不能产生当事人预期的法律效果，但当事人之间基于法律的规定而产生了新的债权债务关系。根据《民法典》第157条规定："民事法律行为无效、被撤销或者确定不发生效力后，行为人因该行为取得的财产，应当予以返还；不能返还或者没有必要返还的，应当折价补偿。有过错的一方应当赔偿对方由此所受到的损失；各方都有过错的，应当各自承担相应的责任。法律另有规定的，依照其规定。"

1. 关于合作开发房地产合同无效后的返还财产

返还财产旨在使双方的财产关系恢复到合同订立前的状况，它不是违反合同义务所产生的法律后果，也不是法律对当事人主观状态的否定性评价。但是合作开发房地产合同较为特殊，首先，在合同被认定无效时房地产项目可能已建成建筑物，而基于绿色原则，无法再拆除建筑物返还土地；其次，仅是返还出资方签订合同时的投资款亦不能填补其损失；最后，涉及不动产，没有办法分割，如何返还成为难题。参考《最高人民法院关于审理房地产管理法施行前房地产开发经营案件若干问题的解答》[1]第46条规定，合作开发房地产合同被确认无效后，在建或已建成的房屋，其所有权可确认归以土地使用权作为投资的一方所有，对方的投资可根据资金的转

---

[1] 《最高人民法院关于审理房地产管理法施行前房地产开发经营案件若干问题的解答》于1995年12月27日发布，现已失效。

化形态，分别处理：

（1）资金尚未投入实际建设的，可由以土地使用权作为投资的一方将对方投入的资金予以返还，并支付同期同类银行贷款的利息；（2）资金已转化为在建中的建筑物，并有一定增值的，可在返还投资款的同时，参照当地房地产业的利润情况，由以土地使用权作为投资的一方给予对方相应比例的经济赔偿；（3）房屋已建成的，可将约定出资方应分得的房产份额按现行市价估值或出资方实际出资占房屋造价的比例，认定出资方的经济损失，由以土地使用权作为投资的一方给予赔偿。

2. 关于合作开发房地产合同无效后的赔偿损失

合作合同被确认无效后，凡在主观上对于合同无效有过错的一方当事人，应当赔偿对方因该合同无效而遭受的损失。如果双方当事人都有过错，则不论哪一方有损失，均应适用过错相抵原则，由双方根据自身过错的程度和性质，各自向对方承担相应的责任。

因合同无效所产生的赔偿损失责任的性质，一般认为属于缔约过失责任。缔约过失行为所造成的损失为信赖利益的损失，即无过错的一方当事人信赖合作合同有效，在订立和履行合同中支出了一定的费用和代价，从而在合同无效或被撤销后，当事人就会遭受一定的损失。这些损失包括：缔约费用，如为订约而赴实地考察所支付的费用，为订约而支付的往来函电的费用；履约的费用，包括准备履约支出的费用和实际履行支出的费用，如规划设计、建筑设计等前期费用；等等。

四、辅助信息

《城市房地产管理法》

第三十条　房地产开发企业是以营利为目的，从事房地产开发和经营的企业。设立房地产开发企业，应当具备下列条件：

（一）有自己的名称和组织机构；

（二）有固定的经营场所；

（三）有符合国务院规定的注册资本；

（四）有足够的专业技术人员；

（五）法律、行政法规规定的其他条件。

设立房地产开发企业，应当向工商行政管理部门申请设立登记。工商行政管理部门对符合本法规定条件的，应当予以登记，发给营业执照；对不符合本法规定条件的，不予登记。

设立有限责任公司、股份有限公司，从事房地产开发经营的，还应当执行公司法的有关规定。

房地产开发企业在领取营业执照后的一个月内，应当到登记机关所在地的县级以上地方人民政府规定的部门备案。

《城市房地产开发经营管理条例》

第二条　本条例所称房地产开发经营，是指房地产开发企业在城市规划区内国有土地上进行基础设施建设、房屋建设，并转让房地产开发项目或者销售、出租商品房的行为。

第八条　房地产开发企业应当自领取营业执照之日起 30 日内，提交下列纸质或者电子材料，向登记机关所在地的房地产开发主管部门备案：

（一）营业执照复印件；

（二）企业章程；

（三）专业技术人员的资格证书和聘用合同。

第九条　房地产开发主管部门应当根据房地产开发企业的资产、专业技术人员和开发经营业绩等，对备案的房地产开发企业核定资质等级。房地产开发企业应当按照核定的资质等级，承担相应的房地产开发项目。具体办法由国务院建设行政主管部门制定。

国有土地使用权合同纠纷案件裁判规则第 12 条：

当事人仅以转让国有土地使用权未达到完成开发投资总额的 25% 以上的条件为由，请求确认转让合同无效的，不予支持

【规则描述】 土地使用权人未按照土地出让合同约定完成投资额，具体情形包括房屋建设工程的没有完成开发投资总额的 25% 以上，以及成片开发土地没有形成工业用地或者其他建设用地条件。在此两种情形下，不影响签订的土地使用权转让合同的效力，但受让人要求继续履行、协助过户的，人民法院不予支持。

一、类案检索大数据报告

时间：2021 年 4 月 28 日之前；案例来源：Alpha 案例库；检索条件：全文包含"当事人仅以转让国有土地使用权未达到该项规定条件为由，请求确认转让合同无效的，不予支持"；案件数量：19 件；数据采集时间：2021 年 4 月 28 日。本次检索获取了 2021 年 4 月 28 日前共 19 篇裁判文书。整体情况如图 12-1 所示，其中：

1. 认为以转让国有土地使用权未达到该项规定条件为由，请求确认转让合同无效的，不予支持的案件共计 14 件，占比为 73.68%；

2. 认为土地使用权的转让至今未取得相应不动产权证，该部分协议因违反法律、行政法规的强制性规定应确认无效的共计 2 件，占比为 10.53%；

3. 认为案涉合同难以认定为国有建设用地使用权转让合同，故不适用于本案情形的共计 2 件，占比为 10.53%；

4. 驳回原告诉讼请求的共计 1 件，占比为 5.26%。

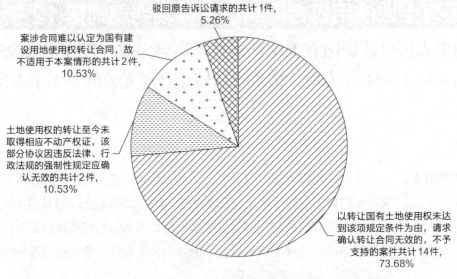

图 12-1　案件审理情况

如图 12-2 所示，在设置检索条件：全文包括当事人仅以转让国有土地使用权未达到该项规定条件为由，请求确认转让合同无效的，不予支持的条件下，从下方的年份分布可以看到当前条件下案件数量的变化趋势。

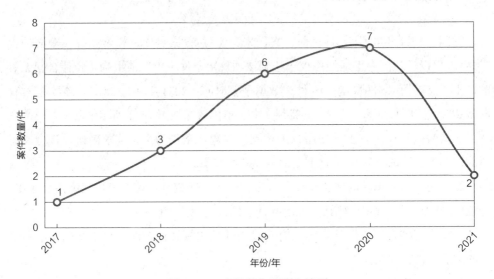

图 12-2　案件的年份分布情况

如图 12-3 所示，从上面的程序分类统计可以看到当前的审理程序分布状况。一审案件有 4 件，二审案件有 10 件，再审案件有 5 件。

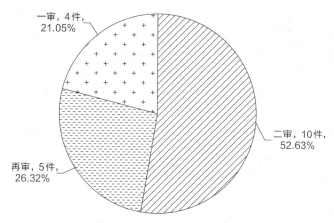

图 12-3　案件的审理程序分布

如图 12-4 所示，通过对一审裁判结果的可视化分析可以看到，当前条件下全部 / 部分支持的有 2 件，占比为 50%；全部驳回的有 2 件，占比为 50%。

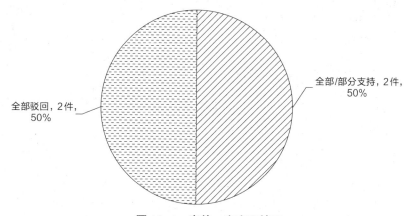

图 12-4　案件一审审理情况

如图 12-5 所示，通过对二审裁判结果的可视化分析可以看到，当前条件下维持原判的有 6 件，占比为 60%；其他的有 2 件，占比为 20%；改判的有 2 件，占比为 20%。

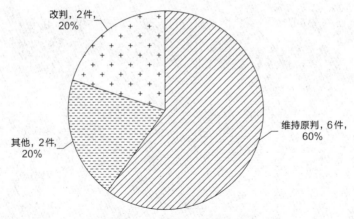

图 12-5　案件的二审审理情况

如图 12-6 所示，通过对再审裁判结果的可视化分析可以看到，当前条件下改判的有 2 件，占比为 40%；维持原判的有 2 件，占比为 40%；提审 / 指令审理的有 1 件，占比为 20%。

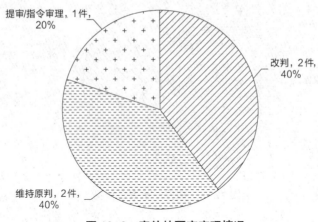

图 12-6　案件的再审审理情况

二、可供参考的例案

例案一：南宁桂馨源房地产有限公司与柳州市全威电器有限责任公司等土地使用权转让合同纠纷案

【法院】

最高人民法院

【案号】

（2004）民一终字第 46 号

【当事人】

上诉人（原审被告）：柳州市全威电器有限责任公司

上诉人（原审被告）：柳州超凡房地产开发有限责任公司

被上诉人（原审原告）：南宁桂馨源房地产有限公司

【基本案情】

2003 年 9 月 18 日，柳州市全威电器有限责任公司（以下简称全威公司）、柳州超凡房地产开发有限责任公司（以下简称超凡公司）与南宁桂馨源房地产有限公司（以下简称桂馨源公司）签订《土地开发合同》约定，全威公司、超凡公司同意将全威公司 51.9979 亩土地转让给桂馨源公司；在桂馨源公司代全威公司、超凡公司向土地局支付宗土地变性费及契税的同时，全威公司须将该宗土地过户给桂馨源公司控股或桂馨源公司法定代表人控股的在柳州新成立的公司。2003 年 11 月、12 月，桂馨源公司两次函告全威公司、超凡公司，要求该两公司按合同约定将土地过户。2003 年 12 月 29 日，全威公司、超凡公司致函桂馨源公司，以抵押担保等问题为由，决定终止《土地开发合同》。2004 年 1 月 3 日，桂馨源公司回函，拒绝终止合同。2004 年 1 月 13 日，桂馨源公司于向广西壮族自治区高级人民法院提起诉讼，主张各方签订的《土地开发合同》合法有效，全威公司与超凡公司应当继续履行，双倍返还定金并赔偿由此给桂馨源公司造成的一切经济损失。

一审法院认为：本案性质为土地使用权转让合同纠纷。三方当事人签订的《土地开发合同》是在自愿、协商一致基础上签订的，合同约定转让的标的物亦系全威公司通过出让而取得的拥有使用权并经有关部门批准进行房地产开发的土地，该土地可以进入市场，合同内容没有违反法律规定，故本案合同为有效合同，并判令桂馨源公司、全威公司、超凡公司继续履行三方于 2003 年 9 月 18 日所签订的《土地开发合同》。全威公司、超凡公司不服一审判决，向最高人民法院提起上诉。

【案件争点】

案涉《土地开发合同》是否无效。

【裁判要旨】

最高人民法院认为，全威公司在本案一审起诉前就办理了国有土地使用权证，讼争土地具备了进入市场进行依法转让的条件。《城市房地产管理法》第 38 条① 关于土地转让时投资应达到开发投资总额 25% 的规定，是对土地使用权转让合同标的物设定的于物权变动时的限制性条件，转让的土地未达到 25% 以上的投资，属合同标的物的瑕疵，并不直接影响土地使用权转让合同的效力，《城市房地产管理法》第 38 条② 不是认定土地使用权转让合同效力的法律强制性规定，遂认定《土地开发合同》有效。

例案二：广西合正房地产开发有限公司与南宁市国凯实业有限责任公司、南宁金沙湾实业有限责任公司建设用地使用权纠纷案

【法院】

最高人民法院

【案号】

（2015）民申字第 1951 号

【当事人】

再审申请人（一审本诉原告、反诉被告，二审被上诉人）：广西合正房地产开发有限公司

被申请人（一审本诉被告、反诉原告，二审上诉人）：南宁市国凯实业有限责任公司

被申请人（一审被告）：南宁金沙湾实业有限责任公司

一审第三人：南宁壮宁资产经营有限责任公司

一审第三人：广西骏成投资有限公司

一审第三人：广西骏威投资有限公司

【基本案情】

2006 年 9 月 6 日，南宁市国凯实业有限责任公司（以下简称国凯公司）（甲方）与广西骏威投资有限公司（以下简称骏威公司）（乙方）签订《房地产项目转让合同》，约定乙方以现金方式购买甲方权属的南湖苑二期项目（含土地使用权）。2006 年 9 月 13 日，国凯公司（甲方）与广西合正房地产开发有限公司（以下简称合正公司）（乙方）签订《合作开发合同》，约定甲方以其南湖苑小区第三期商住用地作为

---

①② 该法已于 2019 年 8 月 26 日第三次修正，本案所涉第 38 条修改为第 39 条，内容未作修改。

合作开发的全部投入，乙方投入本项目建设的全部资金。2006 年 12 月 19 日，国凯公司（甲方）、合正公司（乙方）、骏威公司（丙方）、南宁金沙湾实业有限责任公司（以下简称金沙湾公司）（丁方）签订《〈合作开发合同〉及〈担保合同〉变更协议》，约定甲、丁方同意乙方将其在原合同中的权利义务全部转给丙方。2008 年 2 月 22 日，国凯公司（甲方）、骏威公司（乙方）、广西骏成投资有限公司（以下简称骏成公司）（丙方）、金沙湾公司（丁方）签订《〈合作开发合同〉及〈担保合同〉变更协议的变更协议》，约定甲、乙方同意乙方将其在原合同中的权利义务全部转给丙方。2008 年 7 月 15 日，合正公司（甲方）、国凯公司（乙方）、金沙湾公司、骏成公司、骏威公司签订《协议书》，约定：2006 年 9 月 13 日，甲、乙双方签订《合作开发合同》，约定合作开发南宁市青山路 1、2 号土地（土地宗地号分别为 0414101、0414124），约定所开发的项目在符合转让条件时，由乙方将该项目的土地使用权变更为甲方。

后国凯公司两次致函合正公司表明：（1）合正公司未能在期限内垫付增加的土地出让金及契税，致使协议无法履行；（2）合正公司投入未达到法律规定的项目投资必须至 25% 的规定，依法不能办理项目土地转让手续。因此，项目不能转让至合正公司名下。

2008 年 12 月、2009 年 6 月，国凯公司、金沙湾公司分别致函南宁市人民政府，表明：国凯公司同意将项目用地转至合正公司名下。

国凯公司与南宁市国土资源局签订《0414625 宗地协议书》后，至今未向南宁市国土资源局缴纳因调整土地使用条件而产生的土地出让价款，南宁市国土资源局遂于 2013 年 6 月 27 日请示南宁市人民政府撤销已批准的该宗地调整土地使用条件的行政许可，同时解除上述宗地协议书，并终止办理该宗地相关调整土地使用条件手续。该请示获南宁市人民政府批准。上述宗地协议书解除后，两宗地仍为国凯公司出让用地。

2006 年 7 月 26 日，南宁市国资委作出批复，同意金沙湾公司整体兼并国凯公司，兼并工作完成后，由南宁壮宁资产经营有限责任公司办理国凯公司国有产权注销登记手续。

一审法院认定国凯公司与合正公司之间的土地使用权转让合同合法有效。国凯公司不服一审判决，向广西壮族自治区高级人民法院提起上诉。

二审法院查明，2012 年 12 月 12 日，南宁市人民政府办公厅向一审法院出具复函，"关于是否同意该项目土地使用权转让问题"的处理意见为："根据《城市房地产管理法》第 39 条①的规定，以出让方式取得土地使用权的，转让房地产时，应当符合下列条件：1. 按照出让合同约定已经支付全部土地使用权出让金，并取得土地使用权证书；2. 按照出让合同约定进行投资开发，属于房屋建设工程的，完成开发投资总额的百分之二十五以上，属于成片开发土地的，形成工业用地或者其他建设用地条件。目前该宗地不符合土地转让条件。国凯公司如申请转让该宗地的行政许可，有关部门将依法审批。"

二审法院认为，《合作开发合同》及《补充合同》是当事人的真实意思表示，内容未违反法律法规的禁止性规定，应当认定合法有效，双方当事人应依约履行，《协议书》也是经各方当事人协商一致后签订，虽然其中有部分涉及当事人如何到法院诉讼和解"以地抵债"的约定因违反了法律规定无效，但不影响合同其他内容的效力，对各方当事人仍有法律约束力。

从《城市房地产管理法》第 39 条②规定的内容来看，其关于土地转让时投资应达到开发投资总额 25% 的条件虽然不是认定土地使用权转让合同效力的禁止性规定，但该规定仍是对土地使用权转让合同标的物设定的于物权变动时的约束，是行政管理部门对不符合法定投资开发条件的土地在办理土地使用权权属变更登记问题上所作出的限制性规定，应由行政管理部门行使具体审批权。而根据 2012 年 12 月 12 日南宁市人民政府出具的复函，政府已经作出本案讼争土地"目前不符合土地转让条件"的意见。因此，本案讼争合同虽然有效，应当继续履行，但土地转让过户条件尚未成就，基于司法权不能代替行政权作出行政许可的精神，一审判决国凯公司配合合正公司完成土地使用权转让过户手续未考虑本案的现实状况，应予纠正。

合正公司不服二审判决，向最高人民法院申请再审。

【案件争点】

案涉《合作开发合同》是否有效以及是否应支持上诉人提出的土地过户请求。

【裁判要旨】

最高人民法院认为，根据《合作开发合同》的约定，在项目符合转让条件后 20 个工作日内，将项目土地的使用权人变更为合正公司，故案涉土地使用权过户到合正公司名下的前提是项目符合转让条件。《城市房地产管理法》第 39 条③规定，土地转让时投资应达到开发投资总额的 25%，该规定是对土地使用权转让合同标的物设定的于物权变动时的约束，是行政管理部门对不符合法定投资开发条件的土地在

———————

①②③　该法已于 2019 年 8 月 26 日第三次修正，本案所涉第 39 条条数、内容均未作修改。

办理土地使用权权属变更登记问题上作出的限制性规定。南宁市人民政府出具复函，认为案涉土地目前不符合土地转让条件，原判决据此认定土地转让条件尚未成就，不支持合正公司关于土地过户的诉讼请求并无不当。对于合正公司提出的关于土地过户的诉讼请求系适用法律错误的再审申请理由不予支持。

例案三：四川省聚丰房地产开发有限责任公司与达州广播电视大学合资、合作开发房地产合同纠纷案

【法院】

　　最高人民法院

【案号】

　　（2013）民一终字第 18 号

【当事人】

　　上诉人（一审原告）：四川省聚丰房地产开发有限责任公司

　　被上诉人（一审被告）：达州广播电视大学（达州财贸学校）

【基本案情】

　　2005 年 1 月 30 日，达州广播电视大学（达州财贸学校）（以下简称电大财校）通过招商引资形式与四川省聚丰房地产开发有限责任公司（以下简称聚丰公司）签订《引资协议书》，将约 18 亩土地使用权作价投资与聚丰公司合作建设。2005 年 3 月 15 日，电大财校与聚丰公司签订《联合开发投资新建西外校区临街部分协议书》约定：电大财校以面积约 8422 平方米性质为商住用地的土地的使用权作为投资，不承担项目投资盈亏风险及销售之责，聚丰公司筹集工程建设所需的资金，并负责工程的开发建设及房地产销售。2008 年 3 月 15 日，电大财校与聚丰公司签订《合作开发协议书》，主要载明：电大财校以达州市政府批准的《校园总体规划调整方案》及学校临街开发的出让土地使用权作为投资，聚丰公司以现金全额投资并独立开发建设学府铭苑；电大财校有权按约定获取开发效益，且不承担项目开发建设风险；将达州市政府批准的《校园总体规划调整方案》中的由聚丰公司独自开发部分的土地使用权转让至聚丰公司名下。

　　2011 年 5 月 9 日，电大财校向聚丰公司发出《解除函》，主要载明：2010 年 6 月 22 日达州市政府召开专题会议，对学校临街出让土地实行阳光操作，以招拍挂方式公开进行交易。因此，学校已无法履行《合作开发协议书》，并决定解除此协议。

2011 年 11 月 17 日，达州市政府在《达州日报》刊登公告载明：决定注销市广播电视大学案涉两份土地使用证。2012 年 4 月 27 日，电大财校向聚丰公司发出《解除通知》，以聚丰公司未按期支付 500 万元首付款、达州市政府不予批准《校园规划整体方案》导致合同无法履行、达州市政府要求收回土地为由，通知解除合同。

聚丰公司提起诉讼，要求电大财校立即全面履行与聚丰公司的《合作开发协议书》。一审法院认为，电大财校与聚丰公司签订的《合作开发协议书》系合资、合作开发房地产合同，认定《合作开发协议书》合法有效。聚丰公司不服一审判决，向最高人民法院提起上诉。

【案件争点】

案涉《合作开发协议书》的性质以及效力。

【裁判要旨】

最高人民法院认为，涉案合同虽然冠以"合作开发协议书"之名，但合同中明确约定电大财校只享有固定开发收益，不承担开发经营的风险。根据《国有土地使用权司法解释》第 24 条①"合作开发房地产合同约定提供土地使用权的当事人不承担经营风险，只收取固定利益的，应当认定为土地使用权转让合同"的规定，《合作开发协议书》性质为土地使用权转让合同。

根据《合同法司法解释一》②第 4 条"合同法实施以后，人民法院确认合同无效，应当以全国人大及其常委会制定的法律和国务院制定的行政法规为依据，不得以地方性法规、行政规章为依据"的规定，以及《合同法司法解释二》③第 14 条关于"合同法第五十二条第（五）项规定的'强制性规定'，是指效力性强制性规定"的规定，因"违反法律、行政法规的强制性规定"而无效的合同，是指违反了法律、行政法规中的效力性强制性规定，法律、行政法规中的管理性强制性规定不能作为认定合同无效的依据。本案中，电大财校主张合同无效的理由是《合作开发协议书》违反了《国有资产评估管理办法》第 3 条第 1 项、《招标拍卖挂牌出让国有建设用地使用权规定》《事业单位国有资产管理暂行办法》第 28 条以及《城镇国有土地使用权出让和转让暂行条例》第 19 条、《城市房地产管理法》第 39 条第 2 项④的规定，但《国有资产评估管理办法》《招标拍卖挂牌出让国有建设用地使用权规定》和《事

---

① 该司法解释已于 2020 年 12 月 23 日修正，本案所涉第 24 条修改为第 21 条，内容未作修改。
②③ 该司法解释已失效。
④ 该法已于 2019 年 8 月 26 日第三次修正，本案所涉第 39 条第 2 项条数、内容均未作修改。

业单位国有资产管理暂行办法》系行政规章，而《城市房地产管理法》第 39 条第 2 项①、《城镇国有土地使用权出让和转让暂行条例》第 19 条为法律、行政法规中的管理性强制性规定，均不能作为认定合同无效的依据。电大财校关于合同无效的主张，缺乏法律依据，不予支持。聚丰公司和电大财校之间订立的《合作开发协议书》是双方当事人真实的意思表示，不违反法律、行政法规的强制性规定，合同有效。

三、裁判规则提要

国有土地使用权转让问题是当前民事审判的一个难点问题，在土地使用权人未按照土地出让合同约定完成投资额而进行转让的情况下，是否影响土地转让合同的效力，存在现实讨论意义。本提要拟从如下三方面进行分析：

首先，在法律层面上有两种具体情形会被认定为未按照出让合同约定进行投资开发。对于违反该两种情形的行为，是应被认定为违反效力性强制性规定还是违反管理性强制性规定，司法实践对此存在渐进修正过程。这亦直接影响法院对未达到投资开发条件订立的出让合同的效力的认定。

其次，土地使用权的转让需要具备有效合同与登记公示两个要件。不动产物权变动除当事人之间的债权合意外，还需要履行登记的法定形式。因此，完成土地使用权转让还需要具备土地使用权过户登记的要件。

最后，转让合同有效，不代表受让人可以要求转让人协助过户。完成土地使用权过户登记还需满足土地投资开发限制条件，在行政法的领域仍需遵循相关法律程序。

（一）对"国有土地使用权人未按照出让合同约定进行投资开发的，不影响土地使用权转让合同的效力"的理解及司法实践的演变

根据《城市房地产管理法》第 39 条第 1 款②规定，"按照出让合同约定进行投资开发"，包括房屋建设工程的，未完成开发投资总额的 25% 以上，以及属于成片开

---

① 该法已于 2019 年 8 月 26 日第三次修正，本案所涉第 39 条第 2 项条数、内容均未作修改。

② 《城市房地产管理法》第 39 条第 1 款规定："以出让方式取得土地使用权的，转让房地产时，应当符合下列条件：（一）按照出让合同约定已经支付全部土地使用权出让金，并取得土地使用权证书；（二）按照出让合同约定进行投资开发，属于房屋建设工程的，完成开发投资总额的百分之二十五以上，属于成片开发土地的，形成工业用地或者其他建设用地条件。"

发土地的，未形成工业用地或者其他建设用地条件。这里"成片开发"主要是指在国土空间规划确定的城镇开发边界内的集中建设区，由县级以上地方人民政府组织的对一定范围的土地进行的综合性开发建设活动。在审判实践中，《城市房地产管理法》第 39 条第 1 款的规定是否为效力性强制性规定争议较大，这直接影响对于未达到投资开发条件订立的土地使用权转让合同的效力问题。而最高人民法院对此问题的认识，也存在渐进的修正过程。

在早期的司法裁判观点中，为了遏制当时普遍存在的"炒地皮"现象，一般认为不符合投资开发条件的土地使用权转让合同无效，例外情形方认定为有效。如最高人民法院答复广西壮族自治区高级人民法院（桂高法〔2001〕342 号）《关于土地转让方未按规定完成对土地的开发投资即签订土地使用权转让合同是否有效问题的请示》①（已废止）时明确，未按照出让合同约定进行投资开发的，其转让合同无效。认定有效的例外情形只有："以出让方式取得土地使用权后转让房地产的，转让方已经支付全部土地出让金，并且转让方和受让方前后投资达到完成开发投资总额的百分之二十五以上，已经办理了登记手续，或者虽然没有办理登记手续，但当地有关主管部门同意补办土地使用权转让手续的，转让合同可以认定有效。"根据该答复观点，《城市房地产管理法》原第 37 条②、原第 38 条③（该法修正前条款，现为第 38

---

① 《最高人民法院关于土地转让方未按规定完成土地的开发投资即签订土地使用权转让合同的效力问题的答复》规定："根据《中华人民共和国城市房地产管理法》第三十八条的规定，以出让方式取得土地使用权的，转让房地产时，应当符合两个条件：（一）按照出让合同约定已经支付全部土地使用权出让金，并取得土地使用权证书；（二）按照出让合同约定进行投资开发，属于房屋建设工程的，完成开发投资总额的百分之二十五以上。因此，未同时具备上述两个条件，而进行转让的，其转让合同无效。"

② 《城市房地产管理法》（1994 年）第 37 条规定："下列房地产，不得转让：（一）以出让方式取得土地使用权的，不符合本法第三十八条规定的条件的；（二）司法机关和行政机关依法裁定、决定查封或者以其他形式限制房地产权利的；（三）依法收回土地使用权的；（四）共有房地产，未经其他共有人书面同意的；（五）权属有争议的；（六）未依法登记领取权属证书的；（七）法律、行政法规规定禁止转让的其他情形。"

③ 《城市房地产管理法》（1994 年）第 38 条第 1 款规定："以出让方式取得土地使用权的，转让房地产时，应当符合下列条件：（一）按照出让合同约定已经支付全部土地使用权出让金，并取得土地使用权证书；（二）按照出让合同约定进行投资开发，属于房屋建设工程的，完成开发投资总额的百分之二十五以上，属于成片开发土地的，形成工业用地或者其他建设用地条件。转让房地产时房屋已经建成的，还应当持有房屋所有权证书。"

条①、第 39 条②）所规定的两个转让条件是对土地使用权出让行为的效力性强制性规定。根据《民法典》第 153 条的规定，土地使用权转让如不完全具备原第 38 条规定的两个转让条件，即是违反法律、行政法规强制性规定的行为，不仅出让土地使用权不得转让，而且转让合同也应认定为无效。这样可有效规范当时的土地交易行为，防止投机炒地。

其后，随着投机炒地现象已经得到基本遏制，而出现的新的情况是，在房地产价格上涨时，出让方往往援引该条规定，违背诚信原则，恶意主张合同无效；在房地产价格出现下浮时，受让方也会据此作为其违约的挡箭牌。法院若仍像以往的审判实践一样，将该等法律规定作为效力性强制性规定，从而判定合同无效，则存在助长部分当事人不诚信行为之可能。因此，最高人民法院在 2005 年《最高人民法院公报》发布的权威案例中，转变了不符合投资开发条件的转让合同无效的观点，转而采用认定转让合同有效的观点。在南宁桂馨源房地产有限公司与柳州市全威电器有限责任公司等土地使用权转让合同纠纷案中，当事人以合同签订时国有土地出让金未全部付清，尚未取得国有土地使用权证，转让的工业用地没有投入开发资金，更未达到 25% 的投资标准，不符合法律规定的转让条件为理由，请求确认土地使用权转让合同无效。最高人民法院判决认为：关于投资开发的问题，《城市房地产管理法》（1994 年）第 38 条关于土地转让时投资应达到开发投资总额 25% 的规定，是对土地使用权转让合同标的物设定的于物权变动时的限制性条件，转让的土地未达到 25% 以上的投资，属合同标的物的瑕疵，并不直接影响土地使用权转让合同的效力；认为《城市房地产管理法》（1994 年）第 38 条中的该项规定，不是认定土地使用权转让合同效力的法律强制性规定。因此，最高人民法院认为超凡公司关于《土地开发合同》未达到 25% 投资开发条件应认定无效的诉讼请求主张，

---

① 《城市房地产管理法》（2019 修正）第 38 条规定："下列房地产，不得转让：（一）以出让方式取得土地使用权的，不符合本法第三十九条规定的条件的；（二）司法机关和行政机关依法裁定、决定查封或者以其他形式限制房地产权利的；（三）依法收回土地使用权的；（四）共有房地产，未经其他共有人书面同意的；（五）权属有争议的；（六）未依法登记领取权属证书的；（七）法律、行政法规规定禁止转让的其他情形。"

② 《城市房地产管理法》（2019 年修正）第 39 条规定："以出让方式取得土地使用权的，转让房地产时，应当符合下列条件：（一）按照出让合同约定已经支付全部土地使用权出让金，并取得土地使用权证书；（二）按照出让合同约定进行投资开发，属于房屋建设工程的，完成开发投资总额的百分之二十五以上，属于成片开发土地的，形成工业用地或者其他建设用地条件。转让房地产时房屋已经建成的，还应当持有房屋所有权证书。"

不予支持。

随后，在《最高人民法院印发〈关于当前形势下进一步做好房地产纠纷案件审判工作的指导意见〉的通知》中进一步明确，不可轻易认定确认合同无效，尽可能维护合同效力。该法立法本意是规范房地产经营行为，是对"炒地"行为的限制，并非针对土地使用权转让合同的效力问题。① 在最高人民法院转变司法裁判态度之后，许多地方法院对《城市房地产管理法》第 39 条的态度也随之逐步改变。尤其是 2009 年最高人民法院发布《合同法司法解释二》（已废止）后，这一态度更为明确。《合同法司法解释二》第 14 条明确规定："合同法第五十二条第（五）项规定的'强制性规定'，是指效力性强制性规定。"对于《城市房地产管理法》第 39 条，多数法院也转变态度认为是"管理性强制性规定"，因此对于未满足投资开发条件订立的土地使用权转让合同也不再以违反《城市房地产管理法》第 39 条规定为由一律将其认定为无效合同。

2016 年 11 月 21 日，《八民会议纪要》第 13 条明确规定，《城市房地产管理法》第 39 条第 1 款第 2 项规定并非效力性强制性规定，当事人仅以转让国有土地使用 权未达到该项规定条件为由，请求确认转让合同无效的，不予支持。该纪要实际上从司法审判层面对未满足投资开发条件的土地使用权转让合同的效力给予肯定。

前述纪要进一步表明，合同效力的认定不仅关系着土地交易关系的稳定和当事人合法权益的保护，而且关系到房地产市场的有序发展。根据《民法典》的规定以及结合社会现状和审判实际，在对欠缺生效条件合同的效力认定处理上，采取了补救性的措施，即当事人只要在向人民法院起诉前，符合法律、行政法规规定的条件，不存在《民法典》规定的无效情形②，就应当认定合同有效，尽量尊重当事人双方的意思表示，不轻易确认合同无效，以促进合同加速履行和社会资源的有效利用。此外，在合同的解除上，《民法典》及其司法解释严格限制了当事人行使解除权的条件，只有出现根本违约，合同目的无法实现的情况下，当事人请求解除合同的才予以支持。

综上所述，对于不符合《城市房地产管理法》第 39 条第 1 款第 2 项规定的土地

---

① 《最高人民法院印发〈关于当前形势下进一步做好房地产纠纷案件审判工作的指导意见〉的通知》规定："切实依法维护国有土地使用权转让市场。要正确理解城市房地产管理法等法律、行政法规关于土地使用权转让条件的规定，准确把握物权效力与合同效力的区分原则，尽可能维持合同效力，促进土地使用权的正常流转。"

② 参见《民法典》第 144 条、第 146 条、第 153 条、第 154 条、第 497 条、第 506 条、第 508 条等。

使用权转让合同，从物权变动与债权合同效力的关系的物权区分原则角度，应认为不影响转让合同的效力。根据《民法典》第 153 条第 1 款规定："违反法律、行政法规的强制性规定的民事法律行为无效。但是，该强制性规定不导致该民事法律行为无效的除外。"适用该条判断合同效力时，仍需根据一定的标准综合认定某一强制性规定究竟是属于该条前半句所谓的效力性规定，还是属于后半句所谓的管理性规定，进而确定合同有效还是无效，区分效力性规定及管理性规定仍具有积极意义。① 因此，应从两方面分别进行理解：一是对效力性的判断，从调整对象来看，该法律条款是针对土地受让者再行转让的资格条件的限制，主要规范的是开发企业。从立法目的来看，根据《城市房地产管理法》第 1 条② 规定可见，《城市房地产管理法》的主要目的是加强对城市房地产管理的需要而设置，更多的是规制土地市场的秩序，并非主要针对行为内容本身，属于行政法类范畴，故其不属于效力性规定而应界定为管理性规定。二是对强制性的判断，该法律条款是针对土地使用权转让的规定，其对土地使用权转让的条件和程序作出了具体要求，且该规定为应为模式，故应属于强制性规定。基于上述两方面考虑，可以明白第 39 条第 1 款第 2 项的规定应属于管理性强制性规定，而非效力性强制性规定，不影响相关合同的效力认定。土地使用权转让合同效力一般仅受到是否具备土地使用权证书和合同一般生效条款的限制，不受投资开发比例的限制，也不受是否办理过户登记的影响。

（二）土地使用权的转让需要具备有效合同与登记公示两个要件

我国土地实行公有制，土地所有权不能流转，土地使用权作为一种独立的用益物权发挥着所有权的功能，其权利移转遵循不动产物权变动的模式。我国立法在对大陆法系各国物权变动模式的利弊进行深入研究和经验借鉴的基础上确立了折中主义的物权变动模式，即物权移转可通过当事人合意和物权变动的公示相结合而完成。

土地使用权转让合同订立的目的是通过土地使用权的流转使土地得到合理的利用与开发，土地使用权变更登记既是转让方的合同义务，也是受让方的合同权利。采用登记公示为物权变动要件的国家和地区，登记的作用主要表现在：决定因法律

---

① 最高人民法院民法典贯彻实施工作领导小组主编：《民法典总则编理解与适用（下）》，人民法院出版社 2020 年版，第 757 页。

② 《城市房地产管理法》第 1 条规定："为了加强对城市房地产的管理，维护房地产市场秩序，保障房地产权利人的合法权益，促进房地产业的健康发展，制定本法。"

行为发生的不动产物权能否生效的效力、权利正确性推定的效力、善意保护的效力以及风险警示的效力。可见，登记制度存在的主要目的是保护物权交易的安全，即通过将权利的变动情况记载于登记簿，第三人可以查阅并知晓权利状况，从而作出交易决策；即使登记的权利不存在或者有瑕疵，法律也保护善意第三人依据登记所作出的交易行为，以此保障交易安全。

我国立法长期坚持不动产转让须登记的做法。1989年我国国家土地管理局发布的《土地登记规则》第25条规定："国有土地使有权、集体土地所有权、集体土地建设用地使用权、他项权利及土地的主要用途发生变更的，土地使用者、所有者及他项权利拥有者，必须及时申请变更登记。不经变更登记的土地使用权、所有权及他项权利的转移，属于非法转让，不具有法律效力。"1990年《城镇国有土地使用权出让和转让暂行条例》第25条 ① 规定，土地使用权和地上建筑物、其他附着物所有权转让，应当按照规定办理过户登记。1994年《城市房地产管理法》第40条 ② 和第60条 ③ 也规定，房地产转让应当向县级以上地方人民政府房产管理部门申请土地使用权变更登记。

因此，不动产物权变动除当事人之间的债权合意外，还需要履行登记的法定形式，并且相关合同就是所有权移转的内在动力和根本原因。《民法典》第209条规定，不动产物权的设立、变更、转让和消灭，经依法登记，发生效力；未经登记，不发生效力，但是法律另有规定的除外。《民法典》第215条 ④ 进一步明确区分了合同效力与物权变动效力的不同，认定有效的合同是物权变动能够生效的基础关系或

---

① 《城镇国有土地使用权出让和转让暂行条例》第25条规定："土地使用权和地上建筑物、其他附着物所有权转让，应当依照规定办理过户登记。土地使用权和地上建筑物、其他附着物所有权分割转让的，应当经市、县人民政府土地管理部门和房产管理部门批准，并依照规定办理过户登记。"

② 《城市房地产管理法》（1994年）第40条规定："房地产转让，应当签订书面转让合同，合同中应当载明土地使用权取得的方式。"

③ 《城市房地产管理法》（1994年）第60条规定："以出让或者划拨方式取得土地使用权，应当向县级以上地方人民政府土地管理部门申请登记，经县级以上地方人民政府土地管理部门核实，由同级人民政府颁发土地使用权证书。在依法取得的房地产开发用地上建成房屋的，应当凭土地使用权证书向县级以上地方人民政府房产管理部门申请登记，由县级以上地方人民政府房产管理部门核实并颁发房屋所有权证书。房地产转让或者变更时，应当向县级以上地方人民政府房产管理部门申请房产变更登记，并凭变更后的房屋所有权证书向同级人民政府土地管理部门申请土地使用权变更登记，经同级人民政府土地管理部门核实，由同级人民政府更换或者更改土地使用权证书。法律另有规定的，依照有关法律的规定办理。"

④ 《民法典》第215条规定："当事人之间订立有关设立、变更、转让和消灭不动产物权的合同，除法律另有规定或者当事人另有约定外，自合同成立时生效；未办理物权登记的，不影响合同效力。"

者说原因关系。

在我国现行法律框架下，基于转让合同而发生土地使用权变动的逻辑是债权合同有效＋登记公示＝物权变动。转让人对于不动产有权处分且双方达成合意是权利转移的前提，为债权合同的生效要件，而将权利转移的状况记载于登记簿的登记公示，可使第三人知晓权利的变动从而谨慎交易，是物权变动的生效要件。

基于转让合同而发生土地使用权转移的，需要具备土地使用权转让合同有效和土地使用权过户登记两个要件，其中，转让合同是债权行为，过户登记为物权变动要件，债权合同是物权变动的基础行为和法律上的原因；债权合同和物权变动各有其不同的生效要件和法律效力，转让合同具备法律行为生效要件即可以产生债权合同的约束力，但不能当然产生物权变动的效力，受让人有权请求转让人继续履行合同办理土地使用权的权属变更登记，使之如约发生物权变动，也可选择追究转让人不履行的违约责任以弥补经济损失；土地使用权过户登记仅发生物权变动的效力，未办理登记不影响转让合同生效；转让合同不成立、无效或被撤销，土地使用权则因丧失法律原因而无法办理移转登记，即使已办理登记，也会因法律原因的不存在而存在消灭风险。

（三）土地使用权转让合同有效，不代表受让人可以要求转让人协助过户

基于上述种种，针对土地使用权转让合同，投资开发限制条件是否应作为物权变动的限制条件，在司法实践中也存在渐进修正的过程。在早期的司法裁判中，有观点认为土地使用权转让合同被确定为有效，即意味着当事人之间的交易应如约发生物权变动的法律效力，所以将当事人的合意提交登记机关，按照登记的法定程序，将权利的内容记载于登记簿即可完成导致物权变动的登记。否则，土地使用权转让合同有效，但是转让方拒不办理过户登记，将导致受让方无法开发建设而遭受经济损失。因此，物权公示的法律效力决定了登记仅审查当事人合意即可。司法实践中有观点认为，25％的投资开发条件不但不影响合同效力，而且不影响过户登记，转让人"以自己不具备土地使用权转让条件为由，拒绝履行合同约定的过户登记义务，该行为不仅违背了《民法通则》规定的诚实信用原则，也违背了市场经济条件下交易主体应遵循和认同的交易规则，以达到索要土地增值收益的非法目的"。

土地管理部门依据《城市房地产管理法》和《城镇国有土地使用权出让转让和暂行条例》审查土地使用权过户登记申请人提交的资料，主要包括出让土地使用权首次转让申请审批表；受让方身份证明；国有土地使用权出让合同；土地使用权证

复印件；已投入开发建设资金的验资报告；转让双方协议或人民法院裁定等转让法定文件；地上房屋已建成的，提交房屋所有产权证；申请转让的用地涉及抵押的，提交抵押权人同意转让的意见；共有土地使用权的，提交其他共有人同意转让的意见等。

可见，土地管理部门审批土地使用权过户登记的条件主要有：（1）双方当事人的身份证明；（2）转让方已具备国有土地的土地使用权；（3）土地使用权转让合同有效；（4）符合《城市房地产管理法》第 39 条第 1 款中规定的投资开发条件。如该宗土地上有其他共有人和抵押权人，还需该宗土地上的其他权利人同意转让的证明。"已投入开发建设资金的验资报告"成为办理土地使用权权属变更必备的手续，第 39 条第 1 款中规定的投资开发条件成为土地使用权属变更登记的物权变动限制要件。也就是说，虽然法院认可之前所述债权合同的效力，但办理不动产过户登记仍需遵循《城市房地产管理法》的规定，在行政法的领域仍需遵循相关法律程序，因此，在土地转让合同纠纷中，转让投资总额未达到 25% 的土地使用权时，交易双方是无法通过民事诉讼判决来实现土地使用权合法转移的。

综上，土地使用权转让合同生效和物权变动的效力不同，发生效力的要件不同。当事人之间根据转让合同办理土地使用权转让登记的，如因不符合《城市房地产管理法》关于转让方未达到 25% 的投资开发条件的，土地管理部门不予办理转让变更登记的话，转让方不符合转让条件而导致其不能履行合同约定的过户登记的义务，转让方应当承担不能履行合同的违约责任；受让方可以要求转让人继续履行，满足投资开发限制的条件，办理变更登记；如转让人无力继续开发，则受让人有权要求转让方赔偿合同的履行利益；也可以约定由受让人投资开发，但是，未办理土地使用权转让的变更登记的，受让人仍不享有土地的使用权。

四、辅助信息

《城市房地产管理法》

第一条 为了加强对城市房地产的管理，维护房地产市场秩序，保障房地产权利人的合法权益，促进房地产业的健康发展，制定本法。

第三十九条 以出让方式取得土地使用权的，转让房地产时，应当符合下列条件：

（一）按照出让合同约定已经支付全部土地使用权出让金，并取得土地使用权证书；

（二）按照出让合同约定进行投资开发，属于房屋建设工程的，完成开发投资总额的百分之二十五以上，属于成片开发土地的，形成工业用地或者其他建设用地条件。

转让房地产时房屋已经建成的，还应当持有房屋所有权证书。

第四十条　以划拨方式取得土地使用权的，转让房地产时，应当按照国务院规定，报有批准权的人民政府审批。有批准权的人民政府准予转让的，应当由受让方办理土地使用权出让手续，并依照国家有关规定缴纳土地使用权出让金。

以划拨方式取得土地使用权的，转让房地产报批时，有批准权的人民政府按照国务院规定决定可以不办理土地使用权出让手续的，转让方应当按照国务院规定将转让房地产所获收益中的土地收益上缴国家或者作其他处理。

《民法典》

第一百五十三条　违反法律、行政法规的强制性规定的民事法律行为无效。但是，该强制性规定不导致该民事法律行为无效的除外。

违背公序良俗的民事法律行为无效。

第二百零九条　不动产物权的设立、变更、转让和消灭，经依法登记，发生效力；未经登记，不发生效力，但是法律另有规定的除外。

依法属于国家所有的自然资源，所有权可以不登记。

第二百一十五条　当事人之间订立有关设立、变更、转让和消灭不动产物权的合同，除法律另有规定或者当事人另有约定外，自合同成立时生效；未办理物权登记的，不影响合同效力。

《城镇国有土地使用权出让和转让暂行条例》

第二十五条　土地使用权和地上建筑物、其他附着物所有权转让，应当依照规定办理过户登记。

土地使用权和地上建筑物、其他附着物所有权分割转让的，应当经市、县人民政府土地管理部门和房产管理部门批准，并依照规定办理过户登记。

《八民会议纪要》

13.城市房地产管理法第三十九条第一款第二项规定并非效力性强制性规定，当事人仅以转让国有土地使用权未达到该项规定条件为由，请求确认转让合同无效的，不予支持。

国有土地使用权合同纠纷案件裁判规则第 13 条：

市、县人民政府自然资源主管部门作为出让方将国有土地使用权在一定年限内让与受让方，受让方支付土地使用权出让金的合同纠纷，其请求权属于民事诉讼受案范围

【规则描述】　　土地出让人与受让人依法签订土地出让合同后，因履行产生的纠纷属于民事诉讼。出让人向受让人追讨土地出让金的行为是代表国家主体行使国有土地所有权、要求合同另一方履行合同义务的行为，属于民事行为，而非行政行为，对此类案件的审理应适用民事诉讼程序进行。

一、类案检索大数据报告

时间：2021 年 4 月 28 日之前；案例来源：Alpha 案例库；案由：民事；检索条件：法院认为包含"指市、县人民政府土地管理部门作为出让方将国有土地使用权在一定年限内让与受让方，受让方支付土地使用权"；案件数量：244 件；数据采集时间：2021 年 4 月 28 日。本次检索获取了民事 2021 年 4 月 28 日前共 244 篇裁判文书。整体情况如图 13-1 所示，其中：

1. 认为市、县人民政府土地管理部门作为出让方将国有土地使用权在一定年限内让与受让方，受让方支付土地使用权出让金属于民事诉讼的案件共计 237 件，占比为 97.13%；

2. 认为已经超过诉讼时效等驳回原告诉讼请求的共计 7 件，占比为 2.87%。

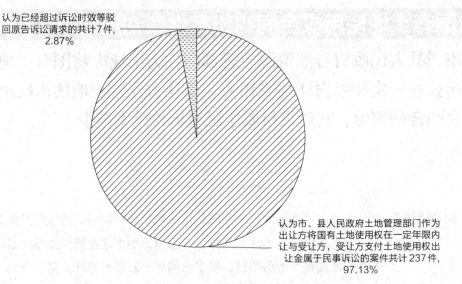

认为已经超过诉讼时效等驳回原告诉讼请求的共计7件，2.87%

认为市、县人民政府土地管理部门作为出让方将国有土地使用权在一定年限内让与受让方，受让方支付土地使用权出让金属于民事诉讼的案件共计237件，97.13%

图 13-1　案件审理情况

如图 13-2 所示，设置检索条件：法院认为包含：同句"指市、县人民政府土地管理部门作为出让方将国有土地使用权在一定年限内让与受让方，受让方支付土地使用权"后，可从下方的年份分布可以看到当前条件下民事案件数量的变化趋势。

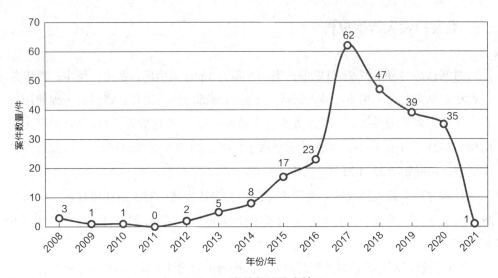

图 13-2　案件年份分布情况

如图 13-3 所示，从上面的程序分类统计可以看到民事下当前的审理程序分布状况。一审案件有 125 件，二审案件有 94 件，再审案件有 22 件，执行案件有 2 件，其他案件有 1 件。

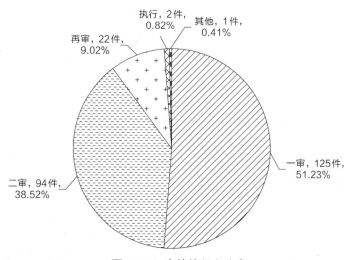

图 13-3　案件的程序分类

如图 13-4 所示，通过对一审裁判结果的可视化分析可以看到，当前条件下全部 / 部分支持的有 85 件，占比为 68%；全部驳回的有 34 件，占比为 27.2%；驳回起诉的有 5 件，占比为 4%；其他的有 1 件，占比为 0.8%。

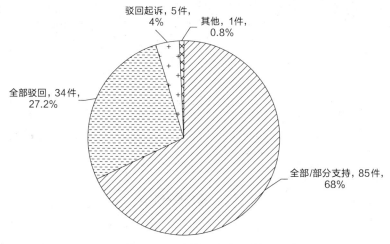

图 13-4　案件一审审理情况

如图 13-5 所示，通过对二审裁判结果的可视化分析可以看到，当前条件下维持原判的有 54 件，占比为 57.45%；其他的有 26 件，占比为 27.66%；改判的有 14 件，占比为 14.89%。

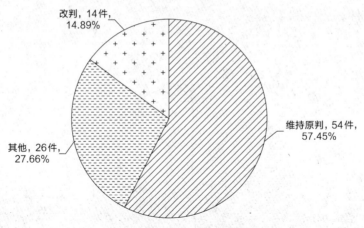

图 13-5　案件二审审理情况

如图 13-6 所示，通过对再审裁判结果的可视化分析可以看到，当前条件下维持原判的有 9 件，占比为 40.91%；改判的有 7 件，占比为 31.82%；提审 / 指令审理的有 5 件，占比为 22.73%；其他的有 1 件，占比为 4.54%。

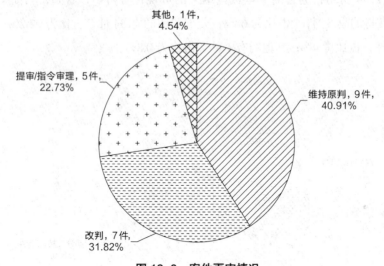

图 13-6　案件再审情况

二、可供参考的例案

例案一：福清市国土资源局与胜田（福清）房地产开发有限公司建设用地使用权出让合同纠纷案

【法院】

最高人民法院

【案号】

（2017）最高法民再 179 号

【当事人】

再审申请人（一审原告、二审被上诉人）：福清市国土资源局

被申请人（一审被告、二审上诉人）：胜田（福清）房地产开发有限公司

【基本案情】

1997 年 3 月 20 日，福清市国土资源局（原福清市土地管理局，以下简称福清国土局）与胜田（福清）房地产开发有限公司（以下简称胜田公司）签订《国有土地使用权出让合同》，约定向胜田公司出让福清市音西镇音西村面积 33900 平方米、折合 50.85 亩土地（1998 年 12 月 5 日经福建省人民政府批准出让土地为 44.84 亩），出让金总额为 1222 万元。该宗地建成后，福清市城乡规划局于 2007 年 1 月 19 日出具《建设项目规划验收意见书》，计建筑面积为 88141 平方米，容积率为 3.829。

福清国土局于 2012 年 1 月 30 日向福州市中级人民法院起诉，称：在福清国土局与胜田公司履行《国有土地使用权出让合同》过程中，因涉案地存在超容积率问题，根据《福建省政府办公厅关于加强房地产开发项目容积率管理意见的通知》[闽政办（2007）190 号]的规定，请求法院：（1）判令胜田公司支付土地出让金 38181419 元及逾期付款利息（利息按照同期同类银行贷款利率计算自起诉之日起至付清款项之日止)；（2）判令胜田公司承担本案的评估费 143601 元。

诉讼中，双方确认《国有土地使用权出让合同》约定的涉案宗地的土地出让金均已缴清。

福州市中级人民法院经审理认为，双方签订的《国有土地使用权出让合同》系真实意思表示，且不违反法律、行政法规的禁止性规定，合法有效。双方均应按照合同约定履行。判决胜田公司支付福清国土局土地出让金 38181419 元。

胜田公司不服该判决，向福建省高级人民法院提起上诉。福建省高级人民法院经

审查后认为，福清国土局提起本案诉讼并非基于合同约定，其依据福建省人民政府的有关文件要求胜田公司补交增加容积率的土地出让金，属行政机关的职权范围，此纠纷不属民事案件受理范围。一审法院对此纠纷予以受理并作出实体判决不当，应予撤销。裁定：一、撤销福州市中级人民法院（2012）榕民初字第65号民事判决；二、驳回福清国土局的起诉。

福清国土局向最高人民法院申请再审。

【案件争点】

双方因《国有土地使用权出让合同》产生的纠纷是否属于民事合同纠纷。

【裁判要旨】

最高级人民法院经审理认为，《物权法》第138条第1款①规定："采取招标、拍卖、协议等出让方式设立建设用地使用权的，当事人应当采取书面形式订立建设用地使用权出让合同。"本案所涉《国有土地使用权出让合同》中，福清国土局代表国家以土地所有权人的身份与土地使用人胜田公司订立合同，是以民事主体的身份与其他民事主体从事交易行为，他们之间发生的法律关系属于平等主体之间的民事关系。双方因该合同产生的纠纷属于民事合同纠纷。原审法院以本案不属于民事案件受理范围而驳回福清国土局的起诉，属于适用法律错误，法院应予纠正。至于福清国土局以胜田公司在使用涉案土地时存在超容积率的违约行为，请求根据《福建省政府办公厅关于加强房地产开发项目容积率管理意见的通知》规定的标准判令胜田公司补缴土地出让金的诉讼请求是否能够成立，法院应该在实体审理中按照合同约定的有关条款及《合同法》的相关法律原则进行处理。

例案二：包头市白云鄂博矿区自然资源局与包头钢铁（集团）有限责任公司建设用地使用权出让合同纠纷案

【法院】

内蒙古自治区高级人民法院

【案号】

（2020）内民终123号

---

① 参见《民法典》第348条第1款规定："通过招标、拍卖、协议等出让方式设立建设用地使用权的，当事人应当采用书面形式订立建设用地使用权出让合同。"

【当事人】

　　上诉人（一审原告）：包头市白云鄂博矿区自然资源局

　　被上诉人（一审被告）：包头钢铁（集团）有限责任公司

【基本案情】

　　2013 年，原告包头市白云鄂博矿区自然资源局与被告包头钢铁（集团）有限责任公司签订《国有建设用地使用权出让合同》，合同编号为：BY〔2013〕007，本合同出让宗地编号为〔2013〕007，坐落于距城区西北 4 公里处。出让宗地的用途为工业用地，宗地总面积为 522085 平方米，每平方米人民币 103 元，本合同项下宗地国有建设用地使用权出让价款为 53774800 元。合同第 10 条约定，定金为 1613 万元人民币，总价款分 3 期支付，最后 1 期付款时间为 2014 年 1 月 10 日之前。另约定，受让人在支付第 2 期及以后各期国有建设用地使用权出让价款时，同意按照支付第 1 期土地出让价款之日中国人民银行公布的贷款利率向出让人支付利息。但被告支付定金之后再未付款，截至起诉时，被告仍有 2084400 元人民币未支付。

　　原告向内蒙古自治区包头市中级人民法院起诉请求判令被告支付原告国有建设用地出让价款 2084400 元，判令被告自逾期付款之日起付清全部土地使用权出让金及利息之日止，向原告每日按照逾期付款款项的 1‰支付逾期支付国有建设用地使用权出让价款的违约金，暂计算至 2019 年 9 月 30 日违约金为 53905900 元；判令被告支付原告利息 191500 元。以上土地出让金、违约金、利息截至 2019 年 9 月 30 日合计为 56181700 元；判令被告承担本案全部诉讼费。

　　内蒙古自治区包头市中级人民法院经审查认为，原告系白云区政府下属的，负责管理国有土地资源的行政职能部门。原告与被告签订的《国有建设用地使用权出让合同》系政府的职能部门和企业法人之间签订的国有土地使用权出让协议，属于行政协议范畴，并非《合同法》第 2 条① 所称的平等主体之间设立、变更、终止民事权利义务关系的协议。故原告、被告之间建设用地使用权出让合同纠纷不属于《民法通则》第 2 条② 规定的民法调整范围，当然不属于人民法院受理民事纠纷案件范

---

　　①　参见《民法典》第 464 条规定："合同是民事主体之间设立、变更、终止民事法律关系的协议。婚姻、收养、监护等有关身份关系的协议，适用有关该身份关系的法律规定；没有规定的，可以根据其性质参照适用本编规定。"

　　②　参见《民法典》第 2 条规定："民法调整平等主体的自然人、法人和非法人组织之间的人身关系和财产关系。"

畴。故原告的起诉不符合《民事诉讼法》第119条①规定的条件，依照《民事诉讼法》第119条②、第124条第3项③、第154第1款第3项④、《民事诉讼法司法解释》第208条第3款⑤的规定，裁定驳回原告的起诉。

包头市白云鄂博矿区自然资源局因不服包头市中级人民法院的民事裁定，向内蒙古自治区高级人民法院提起上诉。包头市白云鄂博矿区自然资源局上诉称，2013年3月7日，上诉人与被上诉人签订《国有建设用地使用权出让合同》，出让宗地的用途为工业用地，截至2019年9月30日，被上诉人累计欠土地出让金、利息、违约金人民币191784900元。《国有建设用地使用权出让合同》的性质为民事合同，请求依法撤销一审裁定，将本案指定包头市中级人民法院继续审理。内蒙古自治区高级人民法院受理后，依法组成合议庭对本案进行了审理。

【案件争点】

双方因《国有土地使用权出让合同》产生的纠纷是否属于民事合同纠纷。

【裁判要旨】

内蒙古自治区高级人民法院经审理认为，《行政诉讼法》第2条规定，公民、法人或者其他组织认为行政机关和行政机关工作人员的行政行为侵犯其合法权益，有权依照本法向人民法院提起诉讼。《行政协议规定》第2条明确规定"公民、法人或其他组织就下列行政协议提起行政诉讼的，人民法院应当依法受理……"基于此，行政诉讼的原告是公民、法人或其他组织也就是行政行为的相对人或利害关系人，是典型的"民告官"诉讼。被告是作出具体行政行为的行政机关。本案原告是政府行政职能部门，被告是法人单位，不符合《行政诉讼法》被告为行政机关的原则。本案原告的诉讼请求为要求判令被告支付拖欠的土地出让金及利息、违约金，是因履行合同产生的合同之债，无法通过行政诉讼实现诉讼目的，原裁定告知原告另行提起行政诉讼错误。

---

①② 该法已于2021年12月24日第四次修正，本案所涉第119条修改为第122条，内容未作修改。

③该法已于2021年12月24日第四次修正，本案所涉第124条第3项修改为第127条第3项，内容未作修改。

④该法已于2021年12月24日第四次修正，本案所涉第154条第1款第3项修改为第157条第1款第3项，内容未作修改。

⑤该司法解释2022年3月22日第二次修正，本案所涉第208条第3款修改为："立案后发现不符合起诉条件或者属于民事诉讼法第一百二十七条规定情形的，裁定驳回起诉。"

例案三：马迭尔宾馆与哈尔滨市自然资源和规划局建设用地使用权出让合同纠纷案

【法院】

黑龙江省高级人民法院

【案号】

（2019）黑民终 490 号

【当事人】

上诉人（一审被告）：马迭尔宾馆

被上诉人（一审原告）：哈尔滨市自然资源和规划局

【基本案情】

1994 年 3 月 11 日，哈尔滨市自然资源和规划局（以下简称市资源局）向马迭尔宾馆出具《哈尔滨市规划土地管理局用地的批复》，将位于哈尔滨市道里区西七道街 14-48 号和西八道街 7-35 号地段 5241 平方米国有土地使用权出让给马迭尔宾馆作为综合楼建设使用，马迭尔宾馆应缴纳土地出让金 27422169.84 元。该宗土地交付后，马迭尔宾馆仅在 1994 年、1996 年分两笔缴纳 150 万元土地出让金。2004 年 9 月 8 日，马迭尔宾馆又缴纳 30 万元。至此马迭尔宾馆共计缴纳 180 万元，尚欠土地出让金 25622169.84 元。

2005 年马迭尔宾馆向市政府报告申请调整涉案土地出让价格，以土地出让价格 5232.24 元/平方米虚高为由请求按照 1993 年当时市场价格定价。2008 年马迭尔宾馆向市资源局、市国资委请示报告上述请求。2015 年 12 月 7 日，马迭尔宾馆向上级主管单位文旅集团请示，请求协调有关部门研究对马迭尔大厦欠缴土地出让金 2592 万元给予减免。

2015 年 12 月 30 日，市资源局在哈尔滨日报上刊登《催缴土地出让金通知书》向马迭尔宾馆催收欠缴的土地出让金。

后市资源局起诉请求判令：（1）马迭尔宾馆向市资源局缴纳土地出让金 25622169.84 元、滞纳金 25126109.28 元（暂计算至 2016 年 5 月 31 日），合计 50748279.12 元；（2）判令马迭尔宾馆按照日 2‰ 的标准给付市资源局自 2016 年 6 月 1 日至实际给付之日的滞纳金。

哈尔滨市中级人民法院一审认为，黑龙江省高级人民法院（2018）黑民终 645 号民事裁定书已经认定土地使用权出让是创设土地使用权的一种民事行为，双方当事人间已形成国有土地使用权出让合同的民事法律关系，故本案纠纷属于民事诉讼受案范围应无疑义，遂判决：一、马迭尔宾馆自本判决生效之日起 10 日内给付市资源局欠缴的土地出让金 25622169.84 元及滞纳金 25126109.28 元（自 2003 年 1 月 1 日至 2016 年 5 月 31 日按照日 2‰ 计算），合计 50748279.12 元；二、马迭尔宾馆自本判决生效之日起 10 日内给付市资源局 2016 年 6 月 1 日至实际给付之日的滞纳金（以欠缴的土地出让金 25622169.84 元为基数按照日 2‰ 计算）。

马迭尔宾馆向黑龙江省高级人民法院提起上诉，请求：依法撤销一审判决并改判，理由：一是本案应当属于行政诉讼，通过行政程序解决纠纷。被上诉人提供的证据显示，以批复形式确定的马迭尔公司享有该宗土地使用权利和缴纳出让金的义务，此批复行为属于行政管理范畴。根据《国有土地使用权司法解释》第 1 条的规定，双方没有签订《国有土地使用权出让合同》且司法解释明确规定适用于已签订合同的案件，故本案不适用该司法解释，应属于行政诉讼范畴。二是市资源局没有权利收取滞纳金，且计算数额错误。第一，被上诉人通过诉讼程序主张权利，认为双方是平等的民事主体，双方在 2001 年 11 月 9 日签订的《欠款合同书》违约责任第 1 条中约定："合同到期后，乙方如未能上缴所欠费用造成违约，乙方应按每日万分之二向甲方缴纳滞纳金。"滞纳金是指行政机关对不按期履行金钱给付义务的相对人，科以新的金钱给付义务的方法，目的是促使其尽快履行义务，属于行政强制执行中执行罚的一种具体形式。且滞纳金具有法定性，是由国家法律、法规明文规定的款项。市资源局没有权利向上诉人收取滞纳金。第二，被上诉人主张滞纳金，是行使行政权力的一种体现，应当按照行政诉讼程序解决。第三，一审法院片面否定市资源局的行政主体属性，违反基本事实。第四，即使以违约金的形式向马迭尔宾馆收取，也存在计算上错误的问题。

【案件争点】

关于本案是否属于民事案件受理范围的问题。

【裁判要旨】

黑龙江省高级人民法院经审理认为，关于本案是否属于民事案件受理范围的问题。根据《国有土地使用权司法解释》第 1 条 ① 规定，国有土地使用权出让合同系土地管理部门作为出让方将国有土地使用权在一定年限内出让给受让方，受让方支付

① 该司法解释已于 2020 年 12 月 23 日修正，本案所涉第 1 条修改为："本解释所称的土地使用权出让合同，是指市、县人民政府自然资源主管部门作为出让方将国有土地使用权在一定年限内让与受让方，受让方支付土地使用权出让金的合同。"

使用权出让金的协议。该协议应系平等民事主体之间遵循平等自愿原则，签订的具有对等权利义务的民事合同，受民事法律调整与规范。根据《合同法》第 36 条①"法律、行政法规规定或者当事人约定采用书面形式订立合同，当事人未采用书面形式但一方已经履行主要义务，对方接受的，该合同成立"之规定，市资源局与马迭尔宾馆虽然最初系以批复形式确定的双方权利义务，并未签订书面的土地使用权出让合同，但市资源局已经履行了其主要义务，将涉案出让土地登记在马迭尔宾馆名下，马迭尔宾馆亦因接受出让土地向市资源局交付了部分土地出让金，本案当事人双方之间国有土地使用权出让合同关系依法成立，亦应受《国有土地使用权司法解释》的约束。故本案纠纷属于平等民事主体间因合同履行发生的争议，一审法院认定属于民事案件受理范围并无不当。

三、裁判规则提要

对于土地出让人"追索土地出让金"引起的相关纠纷应当适用民事诉讼程序解决这一规则，应从实体法及程序法两方面进行综合判断，一方面，追索土地出让金是土地出让人在与受让人签订国有土地使用权出让合同后，对合同权利义务的正常履行，包括由于改变土地用途、使用条件或划拨用地转让而需补交土地出让金的情形，均属于民事法律行为，理应适用民事诉讼程序审理；另一方面，基于我国现行的行政诉讼法律规定，目前该类纠纷不属于行政诉讼受案范围，从实践操作层面暂无法通过行政诉讼审理解决。

（一）土地出让人"追索土地出让金"的行为是国家相关主体行使民事合同权利，要求合同另一方履行合同义务的行为，属于民事法律行为，引起的纠纷适用民事诉讼程序

根据《民法典》第 133 条规定："民事法律行为是民事主体通过意思表示设立、变更、终止民事法律关系的行为。"民事行为与行政行为不同之处在于：（1）民事主体之间地位相对平等，而行政主体作为管理方，与行政相对方的地位不平等；（2）民事行为以双方意思表示一致为前提，行政行为是行政主体为了实现国家的行

---

① 参见《民法典》第 490 条第 2 款规定："法律、行政法规规定或者当事人约定合同应当采用书面形式订立，当事人未采用书面形式但是一方已经履行主要义务，对方接受时，该合同成立。"

政职能，运用行政权力对公共事务实施的管理行为；（3）民事行为的内容往往表现为权利义务的一致性和对应性，行政行为则是行政主体为相对人设定、变更、消灭或确认权利与义务，且可能涉及公共利益。

要判断土地出让人"追讨土地出让金"的行为是属于民事行为还是行政行为，首先需对国土资源部门出让国有建设用地使用权的过程中涉及的具体事项进行梳理。通常情况下，国土资源部门会采取招标、拍卖或挂牌方式出让土地使用权，按如下流程进行：（1）国有土地使用权挂牌程序：制定挂牌文件、发布挂牌公告、出售挂牌文件、竞买人交纳保证金、受理竞买申请、挂牌、竞买人报价、更新价格、竞买人摘牌、出让人与买受人签订成交确认书、出让人与受让人签订出让合同、买受人交纳土地出让金、竞买人竞得后凭《国有土地使用权挂牌出让成交确认书》《国有土地使用权出让合同》办理项目审批等有关手续。（2）国有土地使用权招标程序：拟定招标方案、报市政府批准招标出让方案、编制招标文件、成立评标小组、发布招标公告、受理交易等级、投标报名、投标资格审查、投标人交纳保证金、递交投标保证金、开标与评标、招标人定标并颁发《中标通知书》、签订土地出让合同、中标人交纳土地出让金、地块交付并办理相关用地手续。（3）国有土地使用权拍卖程序：发布拍卖公告、竞买人报名并获取资料、竞买人递交资料、竞买人资格审查、竞买人交纳保证金、领取竞买通知书、公开拍卖、选定中标人、公示、签订成交确认书、签订出让合同且交易中心备案、交纳土地出让金、地块交付并办理相关用地手续。

在上述土地招拍挂的全过程中，涉及多种具体行为，应当将国土资源部门针对资源管理作出的行政行为与其代表国家这一特殊民事主体以"国有土地所有权者"身份所实施的签订、履行出让合同等民事法律行为区分开来分析。例如，属于国土资源部门作为行政机关，行使行政管理权的行政行为包括：发布招拍挂出让公告行为，制定招拍挂交易规则行为，竞拍成交确认行为，对竞买人和买受人等因违反竞买规则所实施的行政处罚、没收保证金的行为、设定土地使用权登记行为以及因行使行政优益权而对出让合同行使单方解除权等行为。在作出上述行为过程中，如公民、法人或者其他组织认为行政机关和行政机关工作人员的行政行为侵犯其合法权益，有权依照《行政诉讼法》的规定向人民法院提起行政诉讼，通过行政诉讼程序维护其合法权益。在土地招拍挂成交确认后，土地管理部门与受让人签订《国有土地使用权出让合同》、履行出让合同义务等行为则属于民事法律行为，双方实际通过签订土地出让合同这一行为构建起民事法律关系。

因此，与土地出让合同相关的纠纷是适用民事还是行政诉讼程序，要根据该纠纷涉及的行为类型进行判断。2004 年 9 月 22 日，全国人大常委会法制工作委员会在答复最高人民法院时认为："……在国有土地使用权出让合同履行过程中，土地管理部门解除出让合同，是代表国家行使国有土地所有权，追究合同另一方的违约责任，不是行使行政管理权，由此产生的争议应属于民事争议。你院 2001 年印发的《民事案件案由规定（试行）》中也已列明，作为民事案件案由的房地产开发经营合同纠纷，包括土地使用权出让合同纠纷。"虽然该答复针对的系土地出让人解除出让合同争议，但确定了追究违约责任的行为不是行使行政管理权，而是追讨土地出让金及利息或违约金，与解除合同、追究违约责任同样属于在签订土地出让合同后的履约行为，也应属于民事法律行为，而不属于国土资源部门作为行政机关行使行政管理权的行政行为。[①]

（二）当事人选择民事诉讼途径解决争议的，人民法院应当尊重当事人的选择

在 2015 年《行政诉讼法》施行之前，虽然我国没有法律明确规定土地出让合同是民事合同还是行政协议，但是，结合《城镇国有土地使用权出让和转让暂行条例》《物权法》（已失效）《民事案件案由规定》及《国有土地使用权司法解释》等相关规定及最高人民法院的案例来看，将该类合同认定为民事合同及土地出让合同纠纷作为民事诉讼案件审理，是司法实践中的主流观点。

2015 年《行政诉讼法》（2014 年修正）通过列举的方式将"政府特许经营协议、土地房屋征收补偿协议等协议"作为行政协议纳入行政诉讼受案范围，但仍未明确国有土地使用权出让协议是否属于行政协议。2018 年 7 月 23 日，最高人民法院第一巡回法庭发布《关于行政审判法律适用若干问题的会议纪要》，其中第 22 条对"国有土地使用权出让协议是否属于行政协议，相关行为引发的争议，应当通过民事诉讼，还是行政诉讼解决"的意见是"国有土地出让合同属于典型的行政协议，因为签订行政协议行为，行政机关不依法履行、未按照约定履行协议行为，行政机关单方变更、解除协议引发的纠纷，应当通过行政诉讼的途径解决"，但是，该会议纪要还是认为，目前《国有土地使用权司法解释》依然有效，该司法解释将国有土地出让合同纠纷作为民事案件受理，而行政诉讼法和相关行政诉讼的司法解释尚未明确国有土地出让合同属于行政诉讼的受案范围，当事人选择民事诉讼途径解决争议的，人民法院应当尊重当事人的选择。

[①] 参见全国人大网，http：//www.npc.gov.cn/npc/c724/200412/acd9d0045c254897bc7ea671e98e200f.shtml，访问时间为 2022 年 8 月 7 日。

（三）因改变土地用途及使用条件、划拨用地转让而需补交土地出让金引起的纠纷，也应适用民事诉讼程序

1. 因改变土地用途及使用条件而需补交土地出让金

变更土地用途及使用年限、变更出让地块容积率等使用条件、调整配套建设要求、调整地块交付条件等，均有可能导致土地出让金数额变更，从而引发土地出让人追讨土地出让金的纠纷。

如前所述，因履行土地出让合同产生的纠纷应当适用民事诉讼程序还是行政程序进行审理，应根据该行为的性质确定，因此需对土地出让金调整补交的行为进行定性。实践中，土地出让合同通常会对于改变土地用途和土地使用条件进行约定，根据《国土资源部、国家工商行政管理总局关于发布〈国有建设用地使用权出让合同〉示范文本的通知》第 18 条规定，依法办理改变土地用途批准手续，签订国有建设用地使用权出让合同变更协议或者重新签订国有建设用地使用权出让合同，由受让人按照批准改变时新土地用途下建设用地使用权评估市场价格与原土地用途下建设用地使用权评估市场价格的差额补缴国有建设用地使用权出让价款，办理土地变更登记。据此，在双方签订的土地出让合同约定允许变更土地用途及使用条件的情况下，根据土地用途及使用条件的变更导致补交土地出让金的行为，仍然属于履行土地出让合同的义务，因此土地出让人在此情形下向土地受让人追讨土地出让金的行为，也属于民事法律行为，适用民事诉讼程序。即便土地出让合同中未明确约定可以调整土地使用条件，实践中如出现了规划条件调整的情况，通常亦通过签订土地出让合同补充协议的形式对此进行明确，行为性质未发生改变，也应适用民事诉讼程序进行审理。

2. 因划拨用地转让而需补交土地出让金

在我国，取得国有土地使用权同时存在划拨和出让两种形式，根据《城市房地产管理法》① 规定，以划拨方式取得土地使用权的，转让房地产时，应当按照国务院规定，报有批准权的人民政府审批。有批准权的人民政府准予转让的，应当由受让方办理土地使用权出让手续，并依照国家有关规定缴纳土地使用权出让金。据此，土地使用权

---

① 《城市房地产管理法》第 40 条规定："以划拨方式取得土地使用权的，转让房地产时，应当按照国务院规定，报有批准权的人民政府审批。有批准权的人民政府准予转让的，应当由受让方办理土地使用权出让手续，并依照国家有关规定缴纳土地使用权出让金。以划拨方式取得土地使用权的，转让房地产报批时，有批准权的人民政府按照国务院规定决定可以不办理土地使用权出让手续的，转让方应当按照国务院规定将转让房地产所获收益中的土地收益上缴国家或者作其他处理。"

受让方如需将划拨用地使用权转让的，也需补交相应土地使用权出让金。考虑到其中涉及政府审批的流程，补交该笔土地出让金是否属于民事行为同样可能存在争议。

根据《城市房地产管理法》及《国有土地使用权司法解释》第 10 条至第 11 条^①的规定，划拨土地使用权经有批准权的人民政府准予转让后，有以下几种处理方式：（1）原土地使用权人与政府土地管理部门办理土地使用权出让手续，划拨土地变性为出让土地后再行转让；（2）受让方直接与政府土地管理部门办理土地使用权出让手续，原土地使用权人与受让方订立的土地使用权转让合同按照补偿性质的合同处理；（3）如果受让方具备划拨土地使用资格，政府土地管理部门可将划拨土地使用权从土地使用权人手中收回，再划拨给受让方，这种情形下，实际不存在划拨用地转为出让用地的操作，应按照补偿性质的合同处理。

在上述三种处理方式中，第一种方式，受让人从原土地使用权人处受让土地使用权时，原土地使用权人已经与国土资源部门重新办理了土地出让手续，并重新签订了土地出让合同，原土地使用权人基于新的土地出让合同交纳土地出让金，因此如前所述，由于交纳土地出让金引发的争议应适用民事诉讼程序；第二种方式，政府批准该划拨用地转让行为后，由受让方直接与国土资源部门办理土地使用权出让手续，相当于该土地使用权回收后再次出让，国土资源部门基于与受让方签订的土地出让合同追讨土地出让金，至于原土地使用权人与受让方之间签订的转让合同，实际仅为补偿性质的合同，不存在交纳土地出让金的相关权利义务；第三种方式，国土资源部门将该划拨土地使用权另行直接划拨给受让方使用，则在这一过程中不存在需补交土地出让金的环节，故不存在上述争议。

综上，因划拨用地变更为出让用地并转让而需补交土地出让金时，如发生原土地所有权人或受让方延迟补交土地出让金的行为，国土资源部门仍需通过民事诉讼解决该争议。

---

① 《国有土地使用权司法解释》第 10 条规定："土地使用权人与受让方订立合同转让划拨土地使用权，起诉前经有批准权的人民政府同意转让，并由受让方办理土地使用权出让手续的，土地使用权人与受让方订立的合同可以按照补偿性质的合同处理。"第 11 条："土地使用权人与受让方订立合同转让划拨土地使用权，起诉前经有批准权的人民政府决定不办理土地使用权出让手续，并将该划拨土地使用权直接划拨给受让方使用的，土地使用权人与受让方订立的合同可以按照补偿性质的合同处理。"

（四）土地出让合同约定的逾期支付土地出让金而应承担的违约金过高，可请求法院予以适当减少，是否予以调整，由人民法院根据个案实际情况裁决

土地出让人在通过民事诉讼追讨受让人欠付的土地出让金时，通常会根据合同约定同时诉请受让人支付逾期支付土地出让金的利息或违约金，但土地出让合同中约定的利息或违约金数额是否能够获得法院支持，实践中存在不同处理方式，整体可归纳为以下两类：

1. 应当适用。从规范角度来看，针对不按时足额缴纳土地出让金的行为，《国务院办公厅关于规范国有土地使用权出让收支管理的通知》第7条第2款规定，土地出让合同、征地协议等应约定对土地使用者不按时足额缴纳土地出让收入的，按日加收违约金额1‰的违约金。有观点认为，该通知属于国务院规范性文件，现行有效，相关当事人均应遵守规范性文件的规定。其主要理由是：从当事人意思自治的角度来看，双方当事人如果在国有建设用地使用权出让合同中明确约定了适用该规范性文件的，在没有特殊事由的情况下，应尊重双方当事人的合同约定而不宜行使自由裁量权进行调整。从法律适用的角度来看，《国务院办公厅关于规范国有土地使用权出让收支管理的通知》对于国有土地出让合同中土地使用者不按时足额缴纳土地出让收入的违约金标准作了明确规定，并明确了对违反本通知规定的责任后果，相关当事人均应遵守规范性文件的规定。从合同效力的角度来看，双方当事人的出让合同约定符合《国务院办公厅关于规范国有土地使用权出让收支管理的通知》要求，不存在违反法律、行政法规强制性效力性规定之情形的，应当予以支持。

2. 裁量适用。《国务院办公厅关于规范国有土地使用权出让收支管理的通知》系政府对于国有土地使用权出让合同的签订及出让收入的缴纳的行政管理规范，不属于法律、行政法规效力性强制性规定，不应作为是否调整违约金标准的法律依据。其主要理由是：从法律适用的角度来看，国办发（2006）100号通知系政府从行政管理角度规范国有土地使用权出让合同的签订及出让收入的缴纳，不能直接作为土地使用权出让合同诉讼纠纷中计算违约金的法律依据。

3. 从司法裁量权的角度来说，依据当事人的申请，人民法院有权综合衡量实际损失、合同履约等情况对合同双方约定的违约金进行适当调整。即对于土地受让人逾期缴纳土地出让金的利息或违约金缴纳标准是否可以根据实际损失调整，法院可根据个案实际情况进行裁量。

从效力角度来看，《国务院办公厅关于规范国有土地使用权出让收支管理的通

知》仅为国务院规范性文件，不属于法律、行政法规的强制性规定，且该通知更多从行政管理角度，对于国有土地使用权出让合同的签订及出让收入的缴纳事项进行规范，即便土地出让合同未按该通知规定设定土地出让金逾期缴纳的违约责任，该合同条款也不必然无效，因此不应以该通知为确定能否调整违约金标准的依据。此外，《国有建设用地使用权出让合同》示范文本中也未对逾期支付土地出让金的违约金比例直接进行明确，而是留空由土地出让受让双方确定填入，侧面印证土地出让受让双方并非必须按《国务院办公厅关于规范国有土地使用权出让收支管理的通知》执行违约金标准。

因此，在不考虑必须严格遵循《国务院办公厅关于规范国有土地使用权出让收支管理的通知》情况下，根据《民法典》第585条第2款的规定，依据当事人的申请，人民法院有权依据个案的具体情况，综合衡量实际损失、合同履约等情况对合同双方约定的逾期支付土地出让金的违约金标准进行适当调整。

四、辅助信息

《民法典》

第一百三十三条　民事法律行为是民事主体通过意思表示设立、变更、终止民事法律关系的行为。

第五百八十五条第二款　约定的违约金低于造成的损失的，人民法院或者仲裁机构可以根据当事人的请求予以增加；约定的违约金过分高于造成的损失的，人民法院或者仲裁机构可以根据当事人的请求予以适当减少。

《行政诉讼法》

第二条第一款　公民、法人或者其他组织认为行政机关和行政机关工作人员的行政行为侵犯其合法权益，有权依照本法向人民法院提起诉讼。

《城市房地产管理法》

第四十条第一款　以划拨方式取得土地使用权的，转让房地产时，应当按照国务院规定，报有批准权的人民政府审批。有批准权的人民政府准予转让的，应当由受让方办理土地使用权出让手续，并依照国家有关规定缴纳土地使用权出让金。

《国有土地使用权司法解释》

第十条　土地使用权人与受让方订立合同转让划拨土地使用权，起诉前经有批准权的人民政府同意转让，并由受让方办理土地使用权出让手续的，土地使用权人与受让方订立的合同可以按照补偿性质的合同处理。

第十一条　土地使用权人与受让方订立合同转让划拨土地使用权，起诉前经有批准权的人民政府决定不办理土地使用权出让手续，并将该划拨土地使用权直接划拨给受让方使用的，土地使用权人与受让方订立的合同可以按照补偿性质的合同处理。

《国务院办公厅关于规范国有土地使用权出让收支管理的通知》

第七条第二款　土地出让合同、征地协议等应约定对土地使用者不按时足额缴纳土地出让收入的，按日加收违约金额1‰的违约金……

国有土地使用权合同纠纷案件裁判规则第 14 条：

国有土地使用权受让人虽未全部缴纳土地使用权出让金，但已取得国有土地使用权证书的，其与他人签订的房地产转让合同有效

【规则描述】　　　基于物权效力与合同效力的区分原则，维持当事人之间的正常合同关系，有利于促进合同的履行和土地使用权的正常流转，维护房地产市场正常的交易秩序，维护当事人的合法权益。本条规则意在明确受让人在未全额缴纳土地使用权出让金情况下，与他人之间的房地产转让行为是否有效的问题。"未足额缴纳土地出让金"只是未满足房地产转让条件，影响转让房地产登记，影响的是房地产转让的物权变动效力，属于转让标的瑕疵，不属于违反法律的效力性强制规定而导致合同无效的情形。房地产转让合同效力的认定应遵循物权效力与合同效力相分离的原则，未办理物权登记的，不影响转让合同的效力，因此，国有土地使用权受让人已取得国有土地使用权证，但未足额缴纳土地出让金，其与他人签订的房地产转让合同若是基于转让合同当事人双方协商一致后所作出的真实意思表示，且其内容不存在《民法典》规定的无效情形，[①] 房地产转让合同应当被认定为有效。

一、类案检索大数据报告

时间：2021 年 4 月 29 日之前；案例来源：Alpha 案例库；案由：民事；检索条件：全文模糊——土地受让人虽未全部交纳土地出让金，但已取得国有土地使用权证书的，其与他人签订的房地产转让合同可以认定合同有效；案件数量：29 件；数

---

① 《民法典》第 144 条、第 146 条、第 153 条、第 154 条、第 497 条、第 506 条、第 508 条。

据采集时间：2021 年 4 月 29 日。本次检索获取了民事 2021 年 4 月 29 日前共 29 篇裁判文书。整体情况如图 14-1 所示，其中：

1. 认为土地受让人虽未全部交纳土地出让金，但已取得国有土地使用权证书的，其与他人签订的房地产转让合同可以认定合同有效的案件共计 18 件，占比为 62.07%；

2. 认为当事人未按照出让合同约定完成开发投资总额的 25% 以上的投资开发违反了法律的强制性规定，应为无效合同的案件共计 3 件，占比为 10.34%；

3. 认为当事人双方均不具备房地产开发经营资质的，应当认定合同无效的案件共计 5 件，占比为 17.24%；

4. 认为实际交纳了土地出让金和其他相关费用后的以房抵债行为有效的案件共计 2 件，占比 6.9%；

5. 涉及股权转让的效力但未涉及房地产转让合同效力的案件共计 1 件，占比为 3.45%。

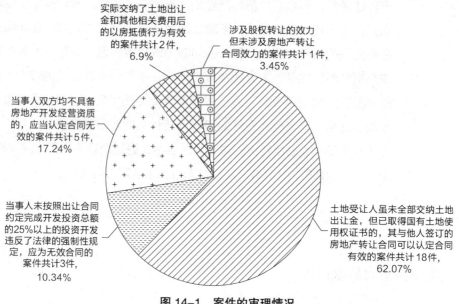

图 14-1　案件的审理情况

如图 14-2 所示，从下面的程序分类统计可以看到民事下当前的审理程序分布状况。一审案件有 6 件，二审案件有 20 件，再审案件有 3 件。

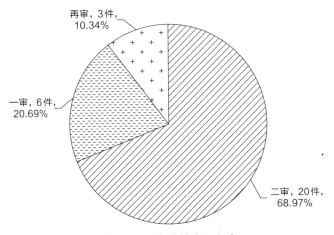

图 14-2　案件的审理程序

如图 14-3 所示，通过对一审裁判结果的可视化分析可以看到，当前条件下全部 / 部分支持的有 5 件，占比为 83.33%；全部驳回的有 1 件，占比为 16.67%。

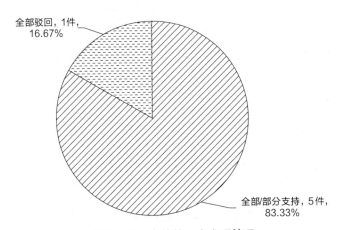

图 14-3　案件的一审审理情况

如图 14-4 所示，通过对二审裁判结果的可视化分析可以看到，当前条件下维持原判的有 10 件，占比为 50%；改判的有 6 件，占比为 30%；其他的有 4 件，占比为 20%。

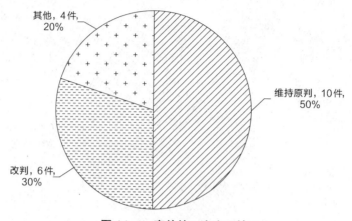

图 14-4　案件的二审审理情况

如图 14-5 所示，通过对再审裁判结果的可视化分析可以看到，当前条件下改判的有 2 件，占比为 66.67%；维持原判的有 1 件，占比为 33.33%。

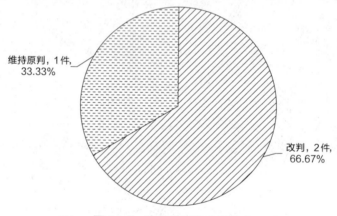

图 14-5　案件的再审审理情况

二、可供参考的例案

例案一：北海市创基房地产有限公司与北海市建筑材料市场发展中心土地使用权转让合同纠纷案

【法院】

　　广西壮族自治区高级人民法院

【案号】

（2014）桂民再字第 7 号

【当事人】

抗诉机关：最高人民检察院

申诉人（一审原告、二审被上诉人）：北海市创基房地产有限公司

被申诉人（一审被告、二审上诉人）：北海市建筑材料市场发展中心

【基本案情】

2002 年 1 月 31 日，北海市创基房地产有限公司（以下简称创基公司）与北海市建筑材料市场发展中心（以下简称建材中心）签订一份《土地转让合同》，合同约定：建材中心将所使用的划拨用地：北土建（1996）第 037 号《建设用地许可证》中的 16560 平方米土地的使用权转让给创基公司，转让价为 4601000 元，双方在合同中确认该土地需向土地管理局补交土地出让金 2515020 元、税金 234660 元，并约定在办理过户时，由创基公司代建材中心补交以上两项款项，余下 1851320 元为创基公司实际付给建材中心的转让款。此后，双方为该土地使用权转让分别于 2002 年 4 月 1 日、4 月 6 日、7 月 26 日再签订《地产转让合同》《地产转让补充合同》《房地产买卖契约》，该三份合同均为上述同一标的物设定双方各自的权利和义务。2002 年 2 月 4 日、4 月 8 日，创基公司分两次支付给建材中心购地定金 50 万元、土地款 1351320 元，共计 1851320 元。1996 年 6 月 6 日，建材中心与北海市土地管理局签订了 91470 平方米土地出让合同，至今建材中心未缴足该土地出让金。因建材中心不同意将双方合同约定的土地使用权转让给创基公司，并认为该合同属无效合同，致使创基公司未能依合同约定代建材中心补交土地出让金、税金等必要的费用，土地使用权证过户手续至今未办至创基公司名下。

2005 年 10 月 21 日，创基公司起诉至北海市中级人民法院，要求建材中心协助创基公司将约定的土地使用权过户到其名下。北海市中级人民法院经审理认为，2002 年 1 月 31 日、4 月 1 日、4 月 6 日、7 月 26 日，建材中心为转让属于其使用的 16560 平方米国有划拨土地的使用权而与创基公司签订了《土地转让合同》《地产转让合同》《地产转让补充合同》《房地产买卖契约》等四份合同，均为上述同一标的物设定双方各自的权利和义务，是双方当事人的真实意思表示。虽然被转让的土地未缴足出让金，但建材中心已与北海市土地管理局签订土地出让合同，北海市土地管理局也确认该 16560 平方米土地需补交出让金等各项费用 2696060 元，双方在合同中约定办理土地使用权过户时，由创基公司代建材中心补交上述土地出让金。因此，双方签订的合同不能因建材中心未缴足土地出让金而导致合同无效。双方签订合同后，

创基公司按约定支付给建材中心土地转让款 1851320 元。但该土地使用权证没有办理过户变更登记手续，创基公司也没有代建材中心缴交该土地出让金给北海市土地管理局，因此，合同属有效合同，但没有完全履行完毕。创基公司请求建材中心协助其将讼争的土地使用权过户到创基公司的名下有理，法院予以支持。

随后，建材中心不服一审判决，向广西壮族自治区高级人民法院提起上诉。

【案件争点】

案涉《土地转让合同》《地产转让合同》《地产转让补充合同》《房地产买卖契约》等四份合同是否有效。

【裁判要旨】

广西壮族自治区高级人民法院审理认为，从历史来看，本案所诉争的土地符合北海市当时的交易状况，是一宗已经出让的土地。根据最高人民法院（2004）民一他字第 18 号《关于已经取得国有土地使用权证，但未交清土地使用权出让金的当事人所订立的房地产转让合同是否有效的答复》中"土地受让人虽未全部交纳土地使用权出让金，但已取得国有土地使用权证书的，其与他人签订的房地产转让合同可以认定有效"的解释精神和本案的实际情况，本案争议的土地性质如再认为是一种划拨性质，显然与当时的历史情况和背景不相符。并且，从土地局给法院的复函以及北海市政府对 71173 平方米土地批复准予出让的函件看，只要按现行出让金标准补交了出让金，便可办理过户手续并变成出让土地。因此，仅从历史的状况进行考察，本案争议土地可以认定为是一种出让用地，由于购买人未及时交清土地出让金，造成付款迟延，应按照现行土地出让金标准，付清土地出让金后，可以适用最高人民法院的以上司法解释认定四份合同有效。

例案二：沈阳三江隆化工有限公司与辽宁鑫亿达置业有限责任公司房地产开发经营合同纠纷案

【法院】

辽宁省高级人民法院

【案号】

（2019）辽民终 305 号

【当事人】

上诉人（原审被告）：沈阳三江隆化工有限公司

被上诉人（原审原告）：辽宁鑫亿达置业有限责任公司

原审被告：铁岭市荣盛房地产开发有限公司

【基本案情】

2003 年 5 月 28 日，铁岭市国土资源局与房管处［铁岭市荣盛房地产开发有限公司（以下简称荣盛公司）前身］签订《国有土地使用权出让合同》，铁岭市国土资源局出让给房管处面粉厂土地 61600 平方米，房管处用于建设广裕新苑一期住宅小区。2007 年 10 月 15 日，荣盛公司与沈阳三江隆化工有限公司（以下简称三江隆公司）签订《协议书》，约定双方同意将广裕新苑小区内办公楼及土地联合开发商住综合楼。2007 年 11 月 10 日，三江隆公司通过拍卖取得面粉厂办公楼所有权及该地块的土地使用权。2009 年 4 月 2 日，荣盛公司与铁岭市国土资源局签订《国有建设用地使用权出让合同》，铁岭市国土资源局向荣盛公司出让新世界百货商场南侧 1496 平方米土地。2010 年 10 月 24 日，三江隆公司（甲方）与辽宁鑫亿达置业有限责任公司（以下简称鑫亿达公司）签订《房地产项目转让合同》约定：项目位置为广裕街新世界百货南侧地块；该项目的使用性质为商业住宅；占地面积为 3543 平方米；总建筑面积 31790 平方米；项目转让金为 4000 万元。2011 年 12 月 19 日，三江隆公司（甲方）、鑫亿达公司（乙方）、荣盛公司（丙方）签订了《补充协议》，约定：甲、乙双方于 2011 年 10 月 24 日签订了广裕新苑二期《房地产项目转让合同》，双方明确了项目转让后的权利和义务。甲、丙双方于 2007 年 10 月 15 日签订的《协议书》第 5 条之丙方所欠铁岭市银州区地方税务局的税款 700 万元，由丙方（此处笔误，应为乙方）在本项目开工时缴交。转让合同签订后，鑫亿达公司陆续向三江隆公司支付转让款，截至 2014 年 5 月，鑫亿达公司共计支付 2550 万元。另外，鑫亿达公司接手广裕新苑二期项目之后，为了该项目的开发建设进行了投资，缴纳了税费等各种费用。但因三江隆公司、荣盛公司没有取得 2047 平方米国有建设用地使用权，鑫亿达公司无法进行开发建设，现广裕新苑二期已经停工。

此后，鑫亿达公司向铁岭市中级人民法院提起诉讼，要求确认鑫亿达公司与三江隆公司于 2010 年 10 月 24 日签订的《房地产项目转让合同》及鑫亿达公司与三江隆公司、荣盛公司于 2011 年 12 月 19 日签订的《补充协议》无效。

铁岭市中级人民法院一审认为，三江隆公司与鑫亿达公司签订的《房地产项目转让合同》及三江隆公司、鑫亿达公司、荣盛公司签订的《补充协议》约定转让的开发土地面积为 3543 平方米，该地块由两个相邻 1496 平方米土地及 2047 平方米土地组成铁岭市国土资源局给该院出具的《答复函》称：原铁岭市面粉厂办公楼之地使用权（面积 2047 平方米），为房管处于 2003 年 5 月 8 日摘得面粉厂地块的其中一部分，面粉厂地块用地 61600 平方米，用地性质为居住用地，取得该地块土地使用证时间为 2003 年 5 月 29 日。经查看 2003 年出让面粉厂地块的控规图，面粉厂办公楼属于保留建筑，如需开发应重新履行相关用地手续。据此答复意见，该地块在开发广裕新苑一期住宅小区时即为保留地块，不得开发建设。2007 年 11 月 10 日，三江隆公司通过拍卖取得面粉厂办公楼所有权及该 2047 平方米地块的土地使用权。三江隆公司与荣盛公司均未办理开发该地块的国有建设用地手续。《城市房地产管理法》第 38 条规定："下列房地产，不得转让：（一）以出让方式取得土地使用权的，不符合本法第三十九条规定的条件的……（六）未依法登记领取权属证书的……"第 39 条规定："以出让方式取得土地使用权的，转让房地产时，应当符合下列条件：（一）按照出让合同约定已经支付全部土地使用权出让金，并取得土地使用权证书……"三江隆公司出让的 3543 平方米土地中有 2047 平方米尚未办理广裕新苑二期的国有建设用地手续。根据法律规定本案诉争的房地产项目不得转让。因此鑫亿达公司与三江隆公司签订的《房地产项目转让合同》无效。因主合同无效，三江隆公司、鑫亿达公司、荣盛公司签订的《补充协议》也无效。

上诉人三江隆公司不服一审判决，向辽宁省高级人民法院提起上诉。

【案件争点】

案涉《房地产项目转让合同》及《补充协议》是否为无效合同。

【裁判要旨】

辽宁省高级人民法院经审理认为，《城市房地产管理法》第 38 条第 1 项、第 6 项及第 39 条第 1 款第 1 项均为行政管理部门对不符合规定条件的土地在办理土地使用权权属变更登记问题上所作出的行政管理性质的规定，是涉及物权变动效力的强制性规定，而不是针对转让合同效力的强制性规定。就本案而言，《房地产项目转让合同》为三江隆公司和鑫亿达公司的真实意思表示，两公司作为案涉房地产项目的转让方和受让方，均应知晓《城市房地产管理法》第 38 条、第 39 条规定的以出让方式取得土地使用权而转让房产时所必须满足的转让条件，即"按照出让合同约定已经支付全部土地使用权出让金，并取得土地使用权证书"，此为案涉房地产项目转让的前提条件，也是转让方三江隆公司应当履行的法定义务。在对此明知的情况下，双方仍基于真实意表签订《房地产项目转让合同》，并在合同第 3 条三江隆公司应履行的法律手续中约定三江隆公司以挂牌及拍卖方式取得该项目国有土地使用权，在合同第 6 条又约定三江隆公司将各项法律手续和证件交付、转移给鑫亿达公司的时间，足见双方当事人在签订合同时把《城市房地产管理法》规定的上述转让条件又作为转让方三江隆公司的合同义务作出约定，三江隆公司通过该合同义务的履行即可成就转让条件。因此，《城市房地产管理法》关于土地转让条件的规定在本案中是约束转让方的合同履行问题，如果认定转让合同因不符合该规定而无效，实际上会封闭转让方通过履行其合同义务进而完成《城市房地产管理法》规定的转让条件的可能，且如果因转让方未完成该转让条件而认定转让合同无效，则违背诚信的一方只需承担缔约过失责任，这对诚实履约的合同相对方来说也有违公平。综上，案涉《房地产项目转让合同》及《补充协议》的签订体现了各方当事人意思自治的原则，且三江隆公司和鑫亿达公司在诉讼中无论主张继续履行合同抑或解除合同，都是以认可上述合同效力为前提的，故从尊重当事人意思自治和维护交易稳定出发，结合《城市房地产管理法》的立法本意和本案双方当事人的合同约定，《房地产项目转让合同》及《补充协议》的效力应被认定为有效。

三、裁判规则提要

房地产转让是目前房地产市场的重要合作模式之一，在转让方未全额缴纳土地使用权出让金的情况下，是否影响转让方与受让方之间签署的房地产转让合同的效力，存在争议。房地产转让是目前房地产市场的重要合作模式之一，在转让方未全额缴纳土地使用权出让金的情况下，是否影响转让方与受让方之间签署的房地产转让合同的效力，存在现实讨论意义。本提要拟从转让方未全额缴纳土地使用权出让金情形下，是否导致房地产转让合同无效、能否办理土地使用权变更登记及认定房地产转让合同有效的理论及现实意义三方面进行分析：

（一）"未全部缴纳土地使用权出让金"而转让土地使用权的，属于违反法律管理性强制规定，而不属于违反效力性强制规定

1. 关于房地产转让时"土地出让金缴纳"及"土地使用权证取得"的法律规定及实践情况

根据《城市房地产管理法》第39条[①]规定"按照出让合同约定已经支付全部土

[①] 《城市房地产管理法》（2019修正）第39条规定："以出让方式取得土地使用权的，转让房地产时，应当符合下列条件：（一）按照出让合同约定已经支付全部土地使用权出让金，并取得土地使用权证书；（二）按照出让合同约定进行投资开发，属于房屋建设工程的，完成开发投资总额的百分之二十五以上，属于成片开发土地的，形成工业用地或者其他建设用地条件。转让房地产时房屋已经建成的，还应当持有房屋所有权证书。"

地使用权出让金"及"取得土地使用权证书"是国有土地使用权受让人转让土地使用权的两个前提条件。根据《城镇国有土地使用权出让和转让暂行条例》第16条规定："土地使用者在支付全部土地使用权出让金后，应当依照规定办理登记，领取土地使用证，取得土地使用权。"在正常情况下，若受让人未按时全部支付土地使用权出让金，将无法取得土地使用权证书，因而《城市房地产管理法》第39条第1款第1项将上述两项条件合并规定，作为一项土地使用权转让的前置条件。该项要求作为国有土地使用权转让的前提条件，从1994年《城市房地产管理法》颁布时即已明确规定，其间历经三次修正均未作调整。[①]

但是，实践中也存在例外情形，即国有土地使用权人虽然未全部支付土地使用权出让金，但仍然能够先行取得土地使用权证书，如地方政府为支持房地产业的发展或其他原因，同意开发商分期缴付土地使用权出让金，在出让金缴清前就向受让人核发土地使用证，或取得土地使用权证书后因调整土地规划指标从而导致需补交土地使用权出让金等。在此种情况下，可能存在转让人与受让人在签订转让合同时，不符合《城市房地产管理法》第39条第1款第1项规定。

2.《城市房地产管理法》第39条第1款第1项属于管理性强制性规定而非效力性强制性规定

根据《民法典》第153条第1款规定，违反法律、行政法规的强制性规定的民事法律行为无效。但是，该强制性规定不导致该民事法律行为无效的除外。适用该条判断合同效力时，仍需根据一定的标准综合认定某一强制性规定究竟是属于该条前半句所谓的效力性规定，还是属于后半句所谓的管理性规定，进而确定合同有效还是无效，区分效力性规定及管理性规定仍具有积极意义。[②]

《九民会议纪要》第30条第2款指出，人民法院在审理合同纠纷案件时，要依据《民法总则》第153条第1款[③]和《合同法司法解释二》第14条[④]的规定慎重判断"强制性规定"的性质，特别是要在考量强制性规定所保护的法益类型、违法行为的法律后果以及交易安全保护等因素的基础上认定其性质，并在裁判文书中充分说明

---

① 《城市房地产管理法》1994年颁布以来，经历了三次修正，分别为2007年8月30日第一次修正，2009年8月27日第二次修正，2019年8月26日第三次修正。

② 最高人民法院民法典贯彻实施工作领导小组主编，《民法典总则编理解与适用［下］》，人民法院出版社2020年版，第757页。

③ 已失效，对应《民法典》第153条第1款。

④ 已失效，《民法典》无对应条款。

理由。下列强制性规定，应当认定为"效力性强制性规定"：强制性规定涉及金融安全、市场秩序、国家宏观政策等公序良俗的；交易标的禁止买卖的，如禁止人体器官、毒品、枪支等买卖；违反特许经营规定的，如场外配资合同；交易方式严重违法的，如违反招投标等竞争性缔约方式订立的合同；交易场所违法的，如在批准的交易场所之外进行期货交易。关于经营范围、交易时间、交易数量等行政管理性质的强制性规定，一般应当认定为"管理性强制性规定"。

《城市房地产管理法》第39条第1款第1项针对的是土地使用权转让条件的规定，属于强制性规定。同时，该条规定中所设置的条件主要是监管土地转让行为，并未规定违反该条件将导致合同无效，并且违反该条件也并不会对国家利益和社会公共利益造成损害，仅关系合同当事人之间的利益，故该规定属于管理性强制性规定而非效力性强制规定。

对房地产转让合同效力的认定应遵循合同效力与物权效力相分离的原则，"未全部缴纳土地使用权出让金"的受让人取得土地出让证而转让房地产的，影响的是房地产物权变动的效力而非转让合同的效力，房地产转让合同应当被认定为有效。

（二）房地产转让合同效力的认定应遵循合同效力与物权效力相分离的原则

《民法典》第215条规定："当事人之间订立有关设立、变更、转让和消灭不动产物权的合同，除法律另有规定或者当事人另有约定外，自合同成立时生效；未办理物权登记的，不影响合同效力。"该条把合同效力和物权效力进行了区分，明确了物权效力与合同效力相分离的原则。

在《最高人民法院关于土地转让方未按规定完成土地的开发投资即签定土地使用权转让合同的效力问题的答复》中曾明确未同时具备《城市房地产管理法》第38条①（修正后第39条）规定的两个条件的，房地产转让合同无效，但该答复已经被2013年《最高人民法院关于废止1997年7月1日至2011年12月31日期间发布的部分司法解释和司法解释性质文件（第十批）的决定》（法释〔2013〕7号），以"与物权法关于不动产转让合同效力的规定相冲突"为由正式废止。

根据《民法典》第215条规定："当事人之间订立有关设立、变更、转让和消灭不动产物权的合同，除法律另有规定或者当事人另有约定外，自合同成立时生效；

---

① 1994年颁布的《城市房地产管理法》将该条规定为第38条，2007年第一次修正后，规定为第39条。

未办理物权登记的，不影响合同效力。"该条把合同效力和物权效力进行了区分。因此，房地产转让合同的签订若是基于当事人双方协商一致后作出的真实意思表示，其内容不违反法律、行政法规的效力性强制性规定，转让合同应属有效。"未足额缴纳土地出让金"只是导致房地产转让条件未满足，影响转让房地产登记，或者根本无法进行变更登记，影响房地产转让的物权变动的效力，属转让合同当事人之间的权利义务无法得到全面履行的情形，应认定为转让标的瑕疵，但该瑕疵并不影响转让合同的效力。

（三）国有土地使用权受让人虽未全部缴纳土地使用权出让金，但已取得土地使用权证书，其签订的房地产转让合同应当被认定为有效

第一，《城市房地产管理法》第 39 条第 1 款第 1 项规定虽属于强制性规定，但不必然导致民事法律行为无效。根据《民法典》第 508 条规定："本编对合同的效力没有规定的，适用本法第一编第六章的有关规定。"《民法典》第 153 条第 1 款规定："违反法律、行政法规的强制性规定的民事法律行为无效。但是，该强制性规定不导致该民事法律行为无效的除外。"而结合前述分析，《城市房地产管理法》第 39 条第 1 款第 1 项规定更倾向于管理性强制性规定，属于"该强制性规定不导致该民事法律行为无效的除外"的情形，因此不必然导致民事法律行为无效。

《城市房地产管理法》第 39 条第 1 项、第 2 项明确规定满足交清全部土地使用权出让金等房地产转让条件的才可以转让，认为违反此条件的房地产转让合同因属于违反了法律强制性规定而致合同无效。这样的观点实际上未明确区分《城市房地产管理法》第 39 条第 1 项是效力性强制性规定还是管理性强制性规定，未区分违反此规定是影响房地产转让物权变动效力还是转让合同本身的效力。如前所述，违反《城市房地产管理法》第 39 条第 1 项的规定属于违反法律的管理性强制性规定，不属于违反法律的效力性强制性规定而致使转让合同无效的情形，违反该规定只会影响房地产转让的物权变动效力而不会影响房地产转让的合同效力，因此，国有土地使用权受让人虽未全部缴纳土地使用权出让金，但已取得土地使用权证书，此种情况下，其与他人签订的房地产转让合同若是基于转让合同当事人双方协商一致后所作出的真实意思表示，且其内容不存在《民法典》规定的其他无效情形的，其签订的房地产转让合同应当被认定为有效。

第二，合同具有相对性，国有土地使用权出让合同与房地产转让合同是彼此独立的两个合同。缴付出让金是国有土地使用权出让合同中为买受人设定的义务，根

据合同之相对性，买受人应当按照该出让合同的约定向土地出让部门缴纳土地出让金。而转让合同的受让人不作为土地使用权出让合同的合同当事人，不负有确保土地使用权出让合同买受人足额支付土地出让金的义务，出让合同买受人是否已足额支付土地出让金，均不影响其与第三方另行签订转让合同，从该角度来说，以出让合同买受人未支付土地出让金为由否定转让合同效力，对转让合同受让方不具有公平性。

第三，根据《民法典》第 209 条规定："不动产物权的设立、变更、转让和消灭，经依法登记，发生效力；未经登记，不发生效力，但是法律另有规定的除外。"规定的不动产物权登记的公示效力，不动产物权的设立经登记生效，而土地使用权证作为土地的登记凭证，一经核发，即代表其登记资料已依法公示。对于以登记公示为物权变动要件的国家和地区而言，该项登记的作用不仅体现在明示权利主体、决定法律行为发生的不动产物权生效，也在于善意保护物权交易安全，对于转让方已经取得的土地使用权，受让人在通过公开渠道查询确认其权利状况后，有充分理由相信其有处置该土地使用权的权限，而对于转让方是否已经按照法律规定缴纳全部土地使用权出让金，受让人可以不予关注。再退一步来看，该等情况不属于《民法典》明确规定的无效情形，同时结合司法精神，合同的效力与当事人对合同标的物是否有处分权并无直接因果关系，判断合同的效力只应考虑当事人的主体资格、意思表示、是否违反法律、行政法规的强制性规定。也就是说，即便转让合同的转让方尚未取得土地使用权证书，也不影响其与受让方签订转让合同的效力，举重以明轻，在转让方已经取得土地使用权证书，仅是未支付土地出让金的情况下，对转让合同的效力更加不构成影响。

第四，最高人民法院（2004）民一他字第 18 号《关于已经取得国有土地使用权证，但未交清土地使用权出让金的当事人所订立的房地产转让合同是否有效的答复》明确规定："土地受让人虽未全部交纳土地出让金，但已取得国有土地使用权证书的，其与他人签订的房地产转让合同可以认定有效。"

因此，综合物权保护与合同效力认定来看，《城市房地产管理法》第 39 条第 1 款第 1 项的规定倾向于涉及物权变动效力的管理性强制性规定，而并非针对转让合同效力的效力性强制性规定。"未足额缴纳土地出让金"是出让合同当事人之间合同权利义务未完全履行的体现，属于转让标的物瑕疵，影响房地产转让物权变动的效力，不影响当事人之间房地产转让合同的效力，房地产转让合同应当被认定为有效。

（四）认定房地产转让合同有效，不代表转让双方能够依据转让合同，办理土地使用权变更登记

针对物权变动模式，我国立法及实践长期坚持通过当事人合意和物权变动公示相结合的方式进行，即物权变动经依法登记生效，而物权变动登记前提为双方当事人达成合意。在现行法律法规及规范性文件中，《民法典》第 209 条第 1 款规定："不动产物权的设立、变更、转让和消灭，经依法登记，发生效力；未经登记，不发生效力，但是法律另有规定的除外。"《民法典》第 215 条规定："当事人之间订立有关设立、变更、转让和消灭不动产物权的合同，除法律另有规定或者当事人另有约定外，自合同成立时生效；未办理物权登记的，不影响合同效力。"第 215 条进一步明确区分了合同效力与物权变动效力，认定有效的合同是物权变动能够生效的基础关系。《城镇国有土地使用权出让和转让暂行条例》第 25 条规定，土地使用权和地上建筑物、其他附着物所有权转让，应当按照规定办理过户登记。《城市房地产管理法》第 40 条和第 60 条也规定房地产转让应当向县级以上地方人民政府房产管理部门申请土地使用权变更登记。即始终明确债权合同有效与不动产登记公示相结合的不动产变更制度。

针对房地产转让行为，实现土地使用权权属变更同样需具备两项条件：一是房地产转让合同合法有效，二是进行土地使用权变更登记。双方当事人协商一致签署房地产转让合同作为进行变更登记的前提条件，转让合同具备生效要件且不存在无效事由即可产生债权合同的约束力，但无法直接实现物权变更的效力，在合同签订后未进行物权变更前，受让人有权请求转让人继续履行合同义务，实现物权变动，在转让人不及时变更的情形下，可以追究转让人不履行的违约责任。土地使用权变更登记作为物权变更的直接程序，仅发生物权变更的效力，即便不办理变更登记也不影响转让合同的效力；作为物权变更前提条件的转让合同不成立、无效或被撤销，则土地使用权变更登记缺少基础依据，即使已办理登记，通常情况下也可能因缺少基础依据存在撤销或变更风险。

基于此，对于"虽未全部缴纳土地使用权出让金，但已取得国有土地使用权证书"的房地产转让行为而言，如前所述，房地产转让合同在无其他无效事由的情况下不因此无效，但房地产转让合同的生效仅达成了土地使用权变更的前提条件，在转让方尚欠付土地出让金的情况下，房地产转让受让双方向行政管理部门申请变更土地使用权登记，可能将无法通过行政管理部门审批，无法实际办理变更登记。

从实操角度来看，《不动产登记暂行条例实施细则》（2019 修正）第 37 条① 对申请国有建设用地使用权及房屋所有权变更登记需提交的材料进行了规定，由该规定可见，申请变更国有土地使用权权属登记，本身即需要提供完整的国有建设用地使用权出让价款、税费等缴纳凭证，若转让人未足额缴纳土地出让金则无法通过变更登记审批，换言之，转让人足额缴纳土地出让金和取得国有土地使用权证书，同样作为办理土地使用权权属变更必备的手续，缺一不可。

综上，在土地使用权转让人未全部缴纳土地使用权出让金的情况下，其无法根据转让合同办理土地使用权变更登记，转让合同的受让人可以根据合同约定要求转让人履行合同义务，督促其实现土地使用权转让的前提条件，但在转让人确定无法实现时，仅能通过合同约定要求转让人承担无法履行合同的违约责任或赔偿应得利益，但无法实际取得拟转让的国有土地使用权。

（五）认定房地产转让合同有效的理论及现实意义

第一，从合同效力层面理解，依法维护国有土地使用权转让市场，需要正确理解城市房地产管理等法律、行政法规对于土地使用权转让条件的规定，准确把握物权效力与合同效力的区分原则，尽可能维持合同效力，促进土地使用权的正常流转。② 《城市房地产管理法》第 39 条第 1 款的设立主要是针对当时普遍存在的"炒地皮"现象所作出的限制，属于土地行政管理部门对土地转让的一种监管措施，但究其根本，其目的仍在于推动土地合法合规流转。

第二，从加速合同履行层面理解，最高人民法院负责人在就《国有土地使用权司法解释》答记者问中，提到该解释是根据《合同法》的规定，结合社会现状和审判实际，对欠缺生效条件合同的效力认定处理上，采取了补救性的措施，即当事人只要在向人民法院起诉前，符合法律、行政法规规定的条件，不存在《合同法》第 52 条③规定的无效情形，就应当认定合同有效，尽量尊重当事人双方的意思表示，不轻易确认合同无效，以促进合同加速履行和社会资源的有效利用。因此，确认转让合同有效，

---

① 《不动产登记暂行条例实施细则》（2019 修正）第 37 条规定："申请国有建设用地使用权及房屋所有权变更登记的，应当根据不同情况，提交下列材料：（一）不动产权属证书；（二）发生变更的材料；（三）有批准权的人民政府或者主管部门的批准文件；（四）国有建设用地使用权出让合同或者补充协议；（五）国有建设用地使用权出让价款、税费等缴纳凭证；（六）其他要材料。"

② 参照《最高人民法院关于当前形势下进一步做好房地产纠纷案件审判工作的指导意见》，2009 年 7 月 9 日公布，法发〔2009〕42 号。

③ 《民法典》中无对合同无效的直接规定。

也有利于促进合同的履行和社会资源的利用。

第三，从维护房地产市场交易秩序层面理解，在房地产价格上涨时，土地使用权转让方可能将援引《城市房地产管理法》第39条的规定，背信弃义，恶意主张合同无效；在房地产价格出现下浮时，土地使用权受让人则也可能据此作为其违约的挡箭牌。以往审判实践中，很多将该规定视为效力性强制性规定，从而据此判定合同无效的做法，实际上助长了当事人不诚信的行为，扰乱了正常的市场交易秩序。因此，将转让合同确认为有效，有利于遏制当事人上述恶意违约行为，维护正常的市场交易秩序。

第四，从维护当事人合法权益层面理解，认定转让合同的有效性，能够尽可能保障在发生土地使用权转让合同纠纷时，双方当事人可以依据合法有效的转让合同追究违约方的违约责任，而非仅能基于无效的合同主张其缔约过失责任。

四、辅助信息

《城市房地产管理法》

第三十九条　以出让方式取得土地使用权的，转让房地产时，应当符合下列条件：

按照出让合同约定已经支付全部土地使用权出让金，并取得土地使用权证书；

按照出让合同约定进行投资开发，属于房屋建设工程的，完成开发投资总额的百分之二十五以上，属于成片开发土地的，形成工业用地或者其他建设用地条件。

转让房地产时房屋已经建成的，还应当持有房屋所有权证书。

《民法典》

第一百五十三条　违反法律、行政法规的强制性规定的民事法律行为无效。但是，该强制性规定不导致该民事法律行为无效的除外。

违背公序良俗的民事法律行为无效。

第二百零九条　不动产物权的设立、变更、转让和消灭，经依法登记，发生效力；未经登记，不发生效力，但是法律另有规定的除外。

依法属于国家所有的自然资源，所有权可以不登记。

第二百一十五条　当事人之间订立有关设立、变更、转让和消灭不动产物权的合同，除法律另有规定或者当事人另有约定外，自合同成立时生效；未办理物权登记的，不影响合同效力。

第五百零八条　本编对合同的效力没有规定的，适用本法第一编第六章的有关规定。

国有土地使用权合同纠纷案件裁判规则第 15 条：

出资人以出让土地使用权出资，已经交付公司使用但未办理权属变更手续，公司、其他股东或者公司债权人主张认定出资人未履行出资义务的，人民法院应当责令当事人在指定的合理期间内办理权属变更手续

【规则描述】　　土地作为重要的生产资料，是企业进行经营和投资的重要工具和手段，尤其是房地产企业赖以生存和发展的前提和基础。以出让土地使用权作价出资与他人设立企业，是实践中常见的土地处置方式。土地使用权属于不动产用益物权，依据《民法典》第 209 条第 1 款^① 及《公司法司法解释三》第 10 条规定，出资人以出让土地使用权对公司出资，应当办理权属变更登记手续。土地使用权已交付公司但未办理过户手续的，公司、其他股东或者公司债权人享有诉权；出资人在法院指定的合理期间内办妥过户手续的，应当认定履行了出资义务，出资人可以主张自实际交付时起享有相应的股东权利。本条裁判规则旨在督促股东办理土地使用权过户手续，尽快促成公司资本充实与稳定，维护公司、其他股东及公司债权人的权益。

一、类案检索大数据报告

时间：2021 年 4 月 29 日之前；案例来源：Alpha 案例库；案由：民事；检索条件：法院认为包含"出资人以房屋、土地使用权或者需要办理权属登记的知识产权等财产出资，已经交付公司使用但未办理权属变更手续"；案件数量：101 件；数据

---

① 参见《民法典》第 209 条第 1 款规定："不动产物权的设立、变更、转让和消灭，经依法登记，发生效力；未经登记，不发生效力，但是法律另有规定的除外。"

采集时间：2021 年 4 月 29 日。本次检索获取了民事 2021 年 4 月 29 日前共 101 篇裁判文书。整体情况如图 15-1 所示，其中：

1. 认为出资人土地使用权出资，已经交付公司使用但未办理权属变更手续，公司、其他股东或者公司债权人主张认定出资人未履行出资义务的，涉及人民法院应当责令当事人在指定的合理期间内办理权属变更手续的案件共计 44 件，占比为 43.56%；

2. 认为在期间内办理了权属变更手续的，人民法院应当认定其已经履行了出资义务的案件共计 29 件，占比为 28.71%；

3. 认为出资人以财产出资，已经办理权属变更手续但未交付给公司使用，公司或者其他股东主张其向公司交付，并在实际交付之前不享有相应股东权利的案件共计 6 件，占比为 5.94%；

4. 判决驳回原告诉讼请求的案件共计 9 件，占比为 8.91%；

5. 认为土地出资属于虚假出资的案件共计 3 件，占比为 2.97%；

6. 认为未完成土地使用权作为出资的记载，该土地使用权不能抵顶债务的案件共计 2 件，占比 1.98%；

7. 认为公司债权人请求未履行或者未全面履行出资义务的股东在未出资本息范围内对公司债务不能清偿的部分承担补充赔偿责任应予支持的共计 8 件，占比为 7.93%。

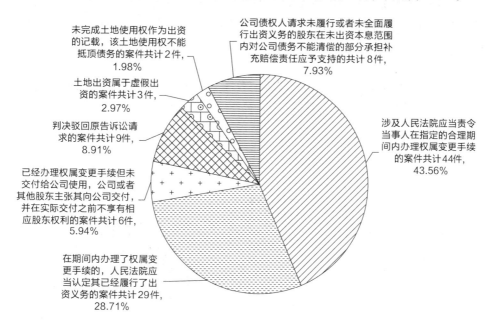

图 15-1 案件审理情况

如图 15-2 所示，按照检索条件：法院认为包含：资人以房屋、土地使用权或者需要办理权属登记的知识产权等财产出资，已经交付公司使用但未办理权属变更手续的情况下，从下方的年份分布可以看到当前条件下民事案件数量的变化趋势。

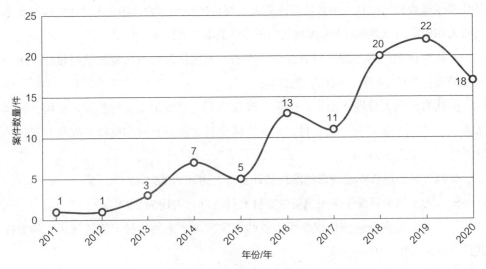

图 15-2　案件年度分布情况

如图 15-3 所示，从下面的程序分类统计可以看到当前的审理程序分布状况。一审案件有 50 件，二审案件有 42 件，再审案件有 6 件，执行案件有 2 件，其他案件有 1 件。

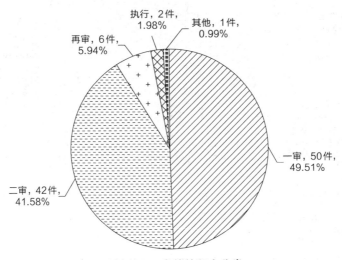

图 15-3　案件的程序分类

如图 15-4 所示，通过对一审裁判结果的可视化分析可以看到，当前条件下全部/部分支持的有 34 件，占比为 68%；全部驳回的有 14 件，占比为 28%；驳回起诉的有 2 件，占比为 4%。

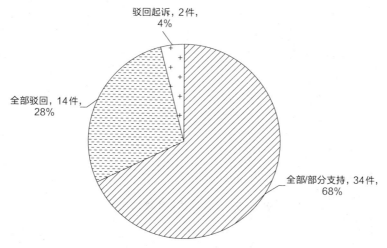

图 15-4　案件的一审审理情况

如图 15-5 所示，通过对二审裁判结果的可视化分析可以看到，当前条件下维持原判的有 23 件，占比为 54.76%；改判的有 12 件，占比为 28.57%；其他的有 6 件，占比为 14.29%，发回重审的有 1 件，占比为 2.38%。

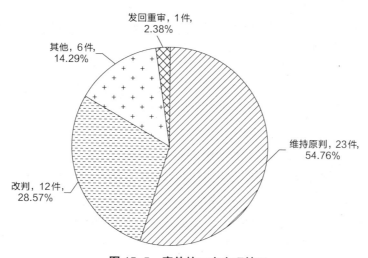

图 15-5　案件的二审审理情况

如图 15-6 所示，通过对再审裁判结果的可视化分析可以看到，当前条件下维持原判的有 3 件，占比为 50%；改判的有 2 件，占比为 33.33%；其他的有 1 件，占比为 16.67%。

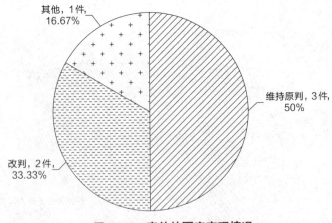

图 15-6　案件的再审审理情况

二、可供参考的例案

例案一：湖北美力高科技实业股份有限公司与荆州市美力世纪房地产开发有限公司一般股东权纠纷案 [①]

【法院】

湖北省高级人民法院

【案号】

（2013）鄂民二终字第 00060 号

【当事人】

上诉人（原审原告）：荆州市美力世纪房地产开发有限公司

被上诉人（原审被告）：湖北美力高科技实业股份有限公司

【基本案情】

2010 年 7 月 16 日，向某与湖北美力高科技实业股份有限公司（以下简称美

---

① 该例案经由最高人民法院再审，以（2013）民申字第 2479 号民事裁定书驳回了湖北美力高科技实业股份有限公司的再审申请，对该例案涉及的主要争议焦点未作新的详细的阐述，本文不予以引用参考。

力高科技公司）法定代表人樊某签订荆州市美力世纪房地产开发有限公司（以下简称美力世纪公司）章程，章程约定美力高科技公司以土地使用权出资（地号为141408020），公司注册之后1月内办理过户手续。美力高科技公司至今未履行出资义务，美力世纪公司故提起诉讼，请求判令美力高科技公司向美力世纪公司履行出资义务，将土地使用权过户到美力世纪公司名下［现土地使用权证号为荆州国用（2010）第104010608号］。

一审法院判决美力高科技公司在本判决生效之日起60日内，对证号为荆州国用（2010）第104010608号的土地使用权进行评估，并以其中价值1500万元的部分向美力世纪公司依法履行出资义务。

美力世纪公司不服一审判决，向湖北省高级人民法院提起上诉。

【案件争点】

美力高科技公司应否将其作价出资的土地使用权过户至美力世纪公司名下；补充评估作价是否是美力高科技公司将案涉土地使用权过户出资的前置条件。

【裁判要旨】

湖北省高级人民法院经审理认为：美力高科技公司违反法定出资义务属于完全不履行情形，即发起人在公司章程生效后拒绝按约定出资，而非不适当履行或瑕疵出资等情况。由于公司是追究股东出资义务最为主要的主体，根据《公司法司法解释三》第10条第1款关于"出资人以房屋、土地使用权或者需要办理权属登记的知识产权等财产出资，已经交付公司使用但未办理权属变更手续，公司、其他股东或者公司债权人主张认定出资人未履行出资义务的，人民法院应当责令当事人在指定的合理期间内办理权属变更手续"及第13条第1款关于"股东未履行或者未全面履行出资义务，公司或者其他股东请求其向公司依法全面履行出资义务的，人民法院应予支持"的规定，美力世纪公司有权要求美力高科技公司全面履行出资义务，其合法权益应受法律保护。故美力高科技公司依法应按约履行出资义务，在合理的期限内将涉案的土地使用权过户至美力世纪公司名下。考虑到设立公司之初，美力高科技公司已在公司章程中承诺于公司设立1个月后即办理涉案土地使用权的过户手续，故法院确定美力高科技公司履行出资义务的合理期限为本判决生效后30日内。

由于《公司法》及司法解释并未明确规定未经评估作价的土地使用权不得实际投入公司并办理过户手续，所以不宜以设立公司时土地使用权未进行评估作价为由而直接从程序上否定公司对不履行出资义务的股东要求办理土地使用权过户手续的请求权。《公司法》及司法解释对与本案类似的情形并未作出必须先行补充评估，而后才能办理过户的程序限定。在作为出资的土地使用权未经评估作价的情况下，负有出资义务的股东首先应依法将虽未评估作价但承诺作为出资的土地使用权转移至公司名下并完成实际交付。至于权属变更完成后，若相关权利人认为该土地使用权的实际价值与出资人认缴出资之间存在差异，继而主张出资人未全面履行出资义务且要求补足差额的，权利人则可依照《公司法司法解释三》第 9 条的规定另行提起诉讼。

例案二：广西金地房地产有限公司与廖某股东出资纠纷案

【法院】

广西壮族自治区高级人民法院

【案号】

（2018）桂民申 1151 号

【当事人】

再审申请人（一审原告、二审上诉人）：广西金地房地产有限公司

被申请人（一审被告、二审被上诉人）：廖某

被申请人（一审被告、二审被上诉人）：湘潭经济发展总公司北海公司

被申请人（一审被告、二审被上诉人）：北海南大焊接器材有限公司

【基本案情】

湘潭经济发展总公司北海公司（以下简称湘潭北海公司）于 1993 年 5 月 28 日与案外人南美金融投资（集团）有限公司签订《中外合资经营企业北海南大焊接器材有限公司合同书》，约定双方在合浦平头岭工业区建立合资经营企业北海南大焊接器材有限公司（以下简称南大公司），湘潭北海公司作为甲方出资 255 万美元，其中人民币现金折合 38.58 万美元，80 亩土地使用权折合 40 万美元，新建厂房 176.42 万美元。合同签订后，湘潭北海公司向南大公司提供了位于合浦平头岭工业区的 80 亩土地，供南大公司使用，但一直没有将该土地使用权办理过户登记至南大公司名下。

后南大公司与合浦公馆第二建筑工程公司（以下简称公馆二建公司）签约在该地上建设车间，因履约问题产生纠纷，诉至法院，合浦县人民法院于 1995 年 3 月 10 日作出（1994）合经初字第 93 号民事判决，判决被告南大公司偿付给公馆二建公司工程款及违约金共计 3145053.38 元。2011 年 9 月 26 日，公馆二建公司将经（1994）合经初字第 93 号民事判决书确定的其对南大公司享有的债权以 250 万元的价格转让给廖某。同年 11 月 14 日，合浦县人民法院裁定变更廖某为（1994）合经初字第 93

号案件的申请执行人，原申请执行人公馆二建公司对被执行人南大公司的权利义务由廖某继受。

廖某于 2013 年 8 月 1 日向合浦县人民法院提起诉讼，请求判决确认挂名在湘潭北海公司名下的合浦平头岭工业园 25 亩土地使用权属于南大公司所有。合浦县人民法院作出（2013）合民初字第 1289 号民事判决书，判决湘潭北海公司于判决发生法律效力之日起 1 个月内协助将登记在被告湘潭北海公司名下的位于合浦平头岭工业园区的 25 亩土地使用权登记过户到南大公司名下。

广西金地房地产有限公司（以下简称金地公司）系湘潭北海公司的债权人，因湘潭北海公司未履行对金地公司法院生效法律文书确定的义务，金地公司向法院申请执行。执行过程中，金地公司向合浦县人民法院起诉请求撤销（2013）合民初字第 1289 号民事判决。一审、二审法院判决驳回其诉讼请求。金地公司不服广西壮族自治区北海市中级人民法院（2017）桂 05 民终 182 号民事判决，故申请再审。

【案件争点】

湘潭北海公司应否将余下的 25 亩涉案土地登记过户到南大公司名下。

【裁判要旨】

广西壮族自治区高级人民法院经审理认为，湘潭北海公司是南大公司股东之一，其事实上已经履行了涉案 25 亩土地在内的 80 亩土地使用权的作价出资义务，南大公司也实际使用、利用了该土地并在土地上修建了建筑物，涉案土地也发挥了其作为公司资产的功能，达到了出资的目的。但因未办理土地权属的变更登记，构成出资义务的不完全履行，可能损害其他股东或者公司债权人的利益。廖某作为南大公司债权人提起本案诉讼时，涉案土地仍登记在湘潭北海公司名下，湘潭北海公司可以办理土地权属变更登记手续，以继续履行其出资义务。故一审、二审法院根据查明的事实，依照《公司法》第 28 条第 1 款以及《公司法司法解释三》第 10 条第 1 款的规定，判决湘潭北海公司全面履行出资义务，补办出资土地中余下的 25 亩涉案土地的过户手续，认定事实清楚，判决并无不当。

例案三：济南聚大纤维有限公司与将军控股有限公司股东出资纠纷案

【法院】

山东省高级人民法院

【案号】

（2011）鲁商终字第 206 号

【当事人】

上诉人（原审原告）：济南聚大纤维有限公司

被上诉人（原审被告）：将军控股有限公司

【基本案情】

1993 年 11 月 1 日，化学纤维厂、香港飞越公司和香港东山公司签订合资经营合同书，约定三方合资经营济南聚大纤维有限公司（以下简称聚大公司），注册资本为 6800 万美元，其中化学纤维厂以现金投入 2779 万美元，以场地及设施投入 213 万美元；香港飞越公司和香港东山公司全部以现金或设备出资。化学纤维厂负有向土地管理部门办理申请取得土地使用权手续的责任。同日，三方又签订合资经营章程一份。1994 年 1 月 27 日，聚大公司注册成立。对于化学纤维厂的出资场地，聚大公司一直未按有关外资企业法律法规的规定办理用地手续。

化学纤维厂原系全民所有制企业，后于 1996 年改制成济南八方锦纶集团有限公司（以下简称八方锦纶集团）。八方锦纶集团因拖欠银行借款未还而引发一系列诉讼、执行、债权转让及仲裁，并于 2004 年以其持有聚大公司 44% 的股权抵偿将军控股有限公司（以下简称将军控股公司）美元债务。另，八方锦纶集团提出申请并经土地管理部门批准，于 2007 年办理了案涉地块的土地使用权登记，领取了土地使用权证，经过诉讼和仲裁等法律程序，以该土地使用权折抵所欠将军控股公司人民币债务，按照规定办理了土地使用权转移登记，使将军控股公司取得了历下国用（2007）第 0100138 号国有土地使用权证。

2006 年 8 月 4 日，聚大公司董事会作出一份决议，内容包括将军控股公司可依法将其从原股东八方锦纶集团取得的土地及地上建筑物先行过户至将军控股公司名下，并保证在此过户手续办理完毕之日起 30 日内将该资产转过户至聚大公司名下，完成出资到位义务等内容。

2006 年 8 月 4 日，聚大公司董事会决议作出后，聚大公司代八方锦纶集团支付土地出让金变更了涉案土地性质，2007 年 7 月 25 日将土地过户至将军控股公司名下。后因相关行政部门审查、将军控股公司人事变更等原因土地一直未过户至聚大公司。涉案土地自 1993 年签订合资经营合同书后，一直被聚大公司占有使用。故聚大公司起诉至法院，请求判令将军控股公司履行对聚大公司的土地使用权出资义务，将历下国用（2007）第 0100138 号国有土地使用权证项下的土地使用权 33447.70 平方米过户登记于聚大公司。

【案件争点】

将军控股公司应否承担瑕疵出资责任，将涉案土地过户至聚大公司。

【裁判要旨】

山东省高级人民法院经审查认为，聚大公司的发起人化学纤维厂依照 1993 年 11 月 1 日签订的合资经营合同书，负有"以场地及设施"出资，并"向土地管理部门办理申请取得土地使用权手续"的责任，虽聚大公司一直占有使用该场地，但化学纤维厂以及其改制企业八方锦纶集团一直未将出资场地过户至聚大公司名下，违反了《中外合资经营企业法实施条例》[①] 第 28 条"合营各方应当按照合同规定的期限缴清各自的出资额"的规定，以及《公司法》第 28 条"以非货币财产出资的，应当依法办理其财产权的转移手续"的规定，应认定为未全面履行出资义务。将军控股公司认可 2006 年 8 月 4 日聚大公司董事会决议内容，其同意代原股东八方锦纶集团履行出资义务的意思表示，应视为知道该股权存在瑕疵，故将军控股公司应将涉案土地过户至聚大公司名下完成出资义务。另，依据《公司法司法解释三》第 10 条之规定，涉案土地虽已交付聚大公司使用，但将军控股公司仍负有将涉案土地使用权变更至聚大公司名下的责任。故，山东省高级人民法院改判将军控股公司于判决生效之日起 90 日内将历下国用（2007）第 0100138 号国有土地使用权证项下的土地使用权过户登记于聚大公司。

三、裁判规则提要

土地作为重要的生产资料被人们广泛利用，土地使用权是极其重要的不动产用益物权。随着土地使用权制度的变化和我国土地市场发展的进程，以土地使用权出资成为企业常见的出资形式，亦成为公司实务和司法实践中的热点和难点问题。在审理出让土地使用权出资纠纷时，应当厘清土地使用权的概念及分类、股东出资及出资违反义务类型，应当理解与把握必须履行权属变更登记的原则性要求与实际认定是否出资到位允许补正的灵活性要求。

[①]　该实施条例已被《外商投资法实施条例》废止。

（一）土地使用权的概念及分类

1. 土地使用权的概念

根据我国《宪法》规定，在我国现行制度下，土地实行社会主义公有制，属于国家或农民集体所有。但土地是人类重要的生产生活资料，人类很多活动都需要依靠土地才得以进行。土地使用的这种普遍性、社会性与土地所有的垄断性、排他性之间的矛盾，使得我国土地使用权与所有权分离成为一种必然的社会现象。因此，土地使用权脱离土地所有权，成为一项独立的权利类型，是我国土地法律制度的重要组成部分。①土地使用者取得土地使用权后，在土地使用权存续期间，土地使用者在设定的权利范围内，不仅享有对土地的实际占有权，而且还享有或部分享有诸如对土地的使用权、转让权、抵押权、租赁权等民事权利，其他任何人、任何单位不得非法干预。②

2. 土地使用权的分类

土地使用权按照所有权主体不同可分为国有土地使用权和集体土地使用权，按照设立方式不同可分为出让土地使用权和划拨土地使用权。

（1）国有土地使用权与集体土地使用权。要厘清国有土地使用权和集体土地使用权需先从国有土地所有权和集体土地所有权说起。根据《宪法》和《土地管理法》的规定，我国实行土地公有制，我国的土地所有权分为国有土地所有权和集体土地所有权两种。国有土地所有权是国家作为土地权利的主体依法对全民所有的土地享有占有、使用、收益和处分的权利。集体土地所有权是指劳动群众集体对属于其所有的土地依法享有的占有、使用、收益和处分的权利，是土地集体所有制在法律上的表现。

与土地所有制相对应，我国目前土地使用权也可分为国有土地使用权和集体土地使用权两类。国有土地使用权是指依法使用国家所有土地的权利。国家作为国有土地所有者并不直接使用土地，而是由具体单位和个人来使用。国有土地使用权的主体非常广泛，凡符合依法使用国有土地条件的，都可以成为国有土地使用者。集体土地使用权是农村集体经济组织及其成员以及符合法律规定的其他组织和个人在

---

① 最高人民法院民事审判第二庭编著，《最高人民法院关于公司法解释（三）、清算纪要理解与适用》，人民法院出版社 2016 年版，第 166 页。

② 最高人民法院民事审判第一庭编著，《最高人民法院国有土地使用权合同纠纷司法解释的理解与适用》，人民法院出版社 2015 年版，第 18 页。

法律规定的范围内对集体所有的土地享有的用益物权。集体土地使用权的主体为特殊民事主体，主要为集体经济组织及其成员，集体经济组织设立的企业和公益性组织，只有法律、行政法规规定允许的特定情况下，才包括集体经济组织以外的单位和个人。集体土地使用权分为农地使用权、宅基地使用权、建设用地使用权、乡镇企业用地使用权、乡村公益用地使用权。

2004年《土地管理法》第43条规定"任何单位和个人进行建设，需要使用土地的，必须依法申请使用国有土地"，且第63条对农民集体所有的土地使用权用于非农业建设持否定态度。①2019年《土地管理法》第63条②系新增规定，农村集体建设用地在符合规划、依法登记，并经集体经济组织成员的村民会议三分之二以上成员或者三分之二以上村民代表同意的情况下，可以通过出让、出租等方式交由农村集体经济组织以外的单位或个人直接使用，同时使用者在取得农村集体建设用地之后还可以通过转让、互换、出资、抵押等方式进行再次转让。这一重大制度创新，取消了多年来集体建设用地不能直接进入市场流转的二元体制，为城乡一体化发展扫除了制度性的障碍。

（2）出让土地使用权与划拨土地使用权。按照土地使用权的设立方式（或取得国有土地使用权的方式），可分为出让土地使用权和划拨土地使用权。依据《城市房地产管理法》第8条规定，土地使用权出让，是指国家将国有土地使用权在一定年限内出让给土地使用者，由土地使用者向国家支付土地使用权出让金的行为。具体出让方式为在土地交易一级市场中，由国土资源管理部门代表国家通过拍卖、招标、挂牌和协议四种方式出让土地。出让属于国有土地使用权的首次设立，属于创设的继受取得，属于初始取得。根据《城镇国有土地使用权出让和转让暂行条例》第12条规定，土地使用权出让最高年限为居住用地70年；工业用地50年；教育、科技、文化、卫生、体育用地50年；商业、旅游、娱乐用地40年；综合或者其他用地50年。通过出让方式取得土地使用权的土地使用者，在使用年限内可以转让、出租、

---

① 参见2004年《土地管理法》第63条规定："农民集体所有的土地的使用权不得出让、转让或者出租用于非农业建设；但是，符合土地利用总体规划并依法取得建设用地的企业，因破产、兼并等情形致使土地使用权依法发生转移的除外。"

② 参见2019年《土地管理法》第63条第1款、第2款规定："土地利用总体规划、城乡规划确定为工业、商业等经营性用途，并经依法登记的集体经营性建设用地，土地所有权人可以通过出让、出租等方式交由单位或者个人使用，并应当签订书面合同，载明土地界址、面积、动工期限、使用期限、土地用途、规划条件和双方其他权利义务。前款规定的集体经营性建设用地出让、出租等，应当经本集体经济组织成员的村民会议三分之二以上成员或者三分之二以上村民代表的同意。"

抵押或者将土地使用权用于其他经济活动，其合法权益受到法律法规的保护。

依据《城市房地产管理法》第 23 条规定，土地使用权划拨，是指县级以上人民政府依法批准，在土地使用者缴纳补偿、安置等费用后将该幅土地交付其使用，或者将土地使用权无偿交付给土地使用者使用的行为。与出让土地使用权可以在市场自由流通不同，划拨土地使用权因其无偿性、无期限性、公益性等特点，不能进入市场自由流转，即不能转让、出租和抵押。虽然，根据《城镇国有土地使用权出让和转让暂行条例》第 45 条规定，公司、企业、其他经济组织和个人使用的划拨土地，领有国有土地使用证，且具有地上建筑物、其他附着物的合法产权证明的，可以在补交土地使用权出让金以后，进行转让、出租、抵押。但是，这种情况属于划拨土地变更为出让土地以后的出让土地使用权入市交易，不应被理解为划拨土地使用权入市交易。①

（二）股东出资及出资义务违反类型

1. 股东出资的概念和出资方式

股东出资是指股东（包括发起人和认股人）在公司设立或者增加资本时，为取得股份或股权，根据协议的约定以及法律和章程的规定向公司交付财产或履行其他给付义务。② 出资是股东最基本、最重要的义务，这种义务是一种约定义务，股东一般通过签署公司设立协议或认股书的形式约定其各自的出资比例或金额。同时，出资义务又是《公司法》规定的股东必须承担的法定义务。作为公司成立的条件，不论股东之间作何种约定，都不能免除其出资义务。股东财产一经出资即成为公司责任财产，公司的信用基础与公司债权人的担保皆系于公司财产。

我国《公司法》第 27 条第 1 款规定："股东可以用货币出资，也可以用实物、知识产权、土地使用权等可以用货币估价并可以依法转让的非货币财产作价出资；但是，法律、行政法规规定不得作为出资的财产除外。"可见，随着科学技术的日新月异，物质形态和产权形态的表现形式多样化，创造公司商业价值的股东出资方式已不仅包括货币出资，实物、知识产权、土地使用权等非货币财产均可作为出资财产。

2. 股东违反出资义务的行为

出资既是股东的义务，也是其取得股权的事实根据和法律根据。按行为方式不

---

① 王卫国：《中国土地权利研究》，中国政法大学出版社 1997 年版，第 155 页。

② 赵旭东：《公司法学》（第四版），高等教育出版社 2015 年版，第 189 页。

同，股东违反出资义务的行为具体可分为完全未履行、未完全履行和不适当履行三种形式。①

完全未履行即股东根本未出资，具体又可分为拒绝出资、不能出资、虚假出资、抽逃出资。拒绝出资是指股东在设立协议或认股协议成立且生效后拒绝按规定出资；不能出资是指因股东客观条件的变化而不能履行出资义务；虚假出资是指宣称其已经出资而事实上并未出资，其性质为欺诈行为，如以虚假的实物投资手续骗取验资报告和公司登记；抽逃出资是指在公司成立或资本验资之后，将已缴纳的出资抽回。

《公司法司法解释三》所规定的未全面履行出资义务包括未完全履行和不适当履行两种情况。未完全履行，又可称为未足额履行，是指股东只履行了部分出资义务，未按规定数额足额交付，包括货币出资的不足，出资的实物、知识产权等非货币出资的价值显著低于章程所确定的价额等。不适当履行，是指出资的时间、形式或手续不符合规定，包括迟延出资和瑕疵出资。迟延出资是指股东不按约定的期限交付出资或办理实物等财产权的转移手续。瑕疵出资又可分为标的物瑕疵和出资行为瑕疵，其中出资行为瑕疵是指出资行为不完整，只交付了出资的标的物而未办理相应的权属变动手续，或者只办理了权属变动手续而未交付出资的标的物。② 股东以出让土地使用权出资的过程中常常出现瑕疵出资问题。

（三）土地使用权出资的法律要件

《公司法》第 27 条对非货币出资采取了允许存在、严加规制的立法态度。③ 所以出资人以土地使用权出资，不仅应当在《公司法》及其司法解释的框架下进行，还应当遵守《土地管理法》《土地管理法实施条例》《城市房地产管理法》《城镇国有土地使用权出让和转让暂行条例》等有关土地管理的法规，包括但不限于须取得相关主管部门的批准，并办理相应的权属变更手续。根据相关法律法规规定，以土地使用权出资的法律要件包括：

1. 土地使用权出资的实体性要件

（1）出资的标的是土地使用权，而不是土地的所有权。我国社会主义公有制的基本经济制度决定了土地的所有权只能归属于国家和集体，除此之外，单位和个人不享有土地所有权，而只能依法获得土地的使用权。因此出资人以土地出资时，出

---

① 赵旭东：《公司法学》（第四版），高等教育出版社 2015 年版，第 190 页。
② 赵旭东：《公司法学》（第四版），高等教育出版社 2015 年版，第 190 页。
③ 刘俊海：《公司法学》（第二版），北京大学出版社 2013 年版，第 94 页。

资的标的仅是土地的使用权，而不是土地的所有权。

（2）出资的土地使用权应为国有土地使用权或满足要求的特定集体土地使用权。根据《公司法》第 27 条确立的出资标准——"可以用货币估价并可以依法转让"，用于出资的土地使用权须具有可转让性。通过出让方式取得国有土地使用权的权利人可以行使土地使用权的转让、出资、租赁等处分权能，其具有可转让性，可以作为出资财产。而集体土地使用权进入市场的法律障碍破除始于 2019 年《土地管理法》。依据 2019 年《土地管理法》第 63 条规定，农村集体经营性建设用地在符合规划、依法登记，并经特定份额集体经济组织成员同意的情况下，可以出让、出租。该条不仅明确了农村集体经营性建设用地可以在土地一级市场出让、出租，而且明确了通过出让等方式取得的集体经营性建设用地使用权可以在土地二级市场进行转让、互换、出资、赠与或抵押，行使与国有建设土地同类用途的权利。故农村集体经营性建设用地也可作为出资的财产。必须注意的是，以集体经营性建设用地出资，必须满足三个条件：①该幅土地应符合土地利用总体规划、城乡规划，并被确定为工业或者商业等经营性用途；②该地块必须要经过依法登记，在自然资源部门已经取得集体土地所有权证、集体建设用地使用权证或不动产权证，产权明晰；③应经本集体经济组织成员的村民会议三分之二以上成员或者三分之二以上村民代表决议通过。

（3）用于出资的国有土地使用权的取得方式应为出让方式，划拨方式取得的土地使用权不得直接用于出资。以土地使用权出资的目的是获得收益，是一种营利性的投资行为，故该种出资只适用于有偿取得的出让土地使用权。而划拨土地使用权因系通过行政许可创设，具有无偿性、无期限性、公益性等特点，不能擅自进入市场流通，故不得直接用于出资。如以划拨方式取得的土地使用权进行出资，则需要先履行法定手续将之变性为出让土地使用权，补办土地使用权出让手续、补缴出让金、进行土地登记等之后，才能进行出资营利活动。

（4）出资的土地使用权应当没有权利负担。出资财产构成公司成立和运营的基础，也是对公司债权人利益的保障。如果作为出资的土地使用权上有权利负担，可能会因其他权利人行使权利追索而造成价值贬损或使用受限，这就违背了出资的初衷，属于瑕疵出资。故，出资人以土地使用权出资必须在无权利负担的基础上进行，如此，公司才能充分利用土地使用权来进行经营活动，出资人的出资才有效。

2. 土地使用权出资的程序性要件

（1）土地使用权应经评估作价。《公司法》第 27 条第 2 款规定，对作为出资的非货币财产应当评估作价，核实财产，不得高估或者低估作价。法律、行政法规对评估作价有规定的，从其规定。土地使用权的价值难以衡量，为了确定出资份额并实现资本充实目的，作为出资的土地使用权须经过评估。这不仅是保障公司资本确定、真实的要求，也是确定股东出资金额的依据，而且还是以土地使用权清偿公司债务时的计算依据。

（2）土地应交付使用。出资人用土地使用权出资是为了让公司获得对土地控制后利用土地取得收益，实现资本增值。如果出资人不交付土地，公司不能有效地占有土地，不能通过利用该土地使用权增加公司财产、实现营利，即便办理了权属登记，仍违背了出资的目的，属于未完整地履行出资义务。

（3）应办理土地权属登记。依据物权公示原则，物权变动需要经过登记或交付的法定形式。而在不动产的物权变动上，我国主要采登记生效主义。土地使用权属于不动产用益物权，应当依照法律规定办理土地使用权登记手续，过户至公司名下。只有交付并经过权属变更手续，获得出资的公司才最终取得完整的土地使用权，出资人的出资义务方才得以完全履行。[①]

（四）出让土地使用权出资瑕疵补正的情形及出资义务的认定

1. 出让土地使用权出资瑕疵类型

因集体土地使用权出资限制条件诸多，暂不在本规则讨论，本规则仅适用于以出让土地使用权出资的情形。出让土地使用权是一种财产权利，属无形财产，完整有效的权利交付应包括权属变更和权能移转两方面的内容。权属的变更是法律上的权利交付，权能的移转是事实上的权利交付，二者构成权利交付不可分割的两个方面。权属变更的价值在于法律对权利的认定和法律风险的防范，权能移转的价值在于公司对股东出资财产的实际利用和其他权益的实现。[②]股东以出让土地使用权出资时常做不到权属变更和权能移转的完整交付，容易出现出资行为瑕疵，即出资行为不完整，具体表现如下：

（1）出让土地使用权已经交付公司但未办理权属变更手续。如出让土地仅交付公司使用，则公司可以占有、控制土地使用权并实际利用该土地使用权进行正常经营，但是这种占有与控制严格意义上不受法律保护，公司的财产权仍容易受到侵害。此时，该土地使用权仍在出资人名下，公司对该土地使用权上是否存在其他权利并

[①]　最高人民法院民事审判第二庭编著，《最高人民法院关于公司法解释（三）、清算纪要理解与适用》，人民法院出版社 2016 年版，第 166 页。

[②]　赵旭东：《公司法学》（第四版），高等教育出版社 2015 年版，第 217 页。

不知晓也无法控制，出资人若以该土地使用权设定他项权利或者进行转让并过户登记，则公司作为形式上的占有人，无法对抗相关权利人对该土地的权利主张，此时公司及其股东和债权人的利益必然受到严重影响。因此，这种"出资行为"只是行为意义上的出资，不是法律意义上的出资，必然构成未全面履行出资义务的瑕疵出资。

（2）出让土地使用权已经办理权属变更手续但未交付给公司。此种情形下出资人已经完成了法律意义上的出资义务，符合《公司法》等法律法规的规定，其他股东及公司的债权人能在不动产登记机关查询到该土地使用权是公司的财产。但是，土地的交付仍然是土地使用权出资的程序之一。虽然土地使用权未交付给公司对债权人的影响不大，因为土地使用权已登记在公司名下，债权人的债权若得不到实现，可以通过诉讼等手段拍卖、变卖公司财产实现其债权。但是，公司未能实际占有并使用土地，是对公司利益和股东权益的严重侵犯。出资人合意出资设立公司，是为了通过出资获取利润，公司如若不能有效地占有土地，不能通过利用该土地使用权增加公司财产、实现营利，则违背各出资人设立公司的目的。公司和股东的利益受到威胁，则必然要求负有出资义务的出资人将土地使用权交付给公司。

2. 若出让土地使用权的出资瑕疵在法院指定的合理期间内得以补正的，应当认定履行了出资义务

本规则所述出资瑕疵的补正即对存在瑕疵的出资行为进行修正，消除其违法或违规的内容，使瑕疵出资转化为合法有效的出资。具体表现为已交付未过户情形应在合理期间办理过户手续以及已过户未交付情形应在合理期间内将土地使用权交付公司。

已交付但未过户情形中，出资人已将出让土地实际交付公司，公司事实上实际占有、管理、使用该土地，且可以享受到利用该财产产生的收益。未办理权属变更登记可能不会造成公司显著损失，也不会严重损害公司的股东利益，故属于可以补正的瑕疵。此种情形下，若出资人能在法院指定的合理期间内及时办理权属变更手续，人民法院出于维护经济秩序稳定的考虑，应当认定出资人已履行出资义务。而如无法在合理期间内补正，或存在其他客观情形不能办理权属变更手续，人民法院应作出未全面履行出资义务的认定并给予主张权利的公司、其他股东或者债权人相应的救济手段。

已过户未交付情形中，公司未能实际占有并使用土地，也无法从出资财产中取收益，公司利益和股东权益都将受到严重侵害。根据权利义务相一致的原则，股东享有权利，就应承担义务，股东既享有股权，就应承担出资的义务，出资实质上是

股权的对价。出资的财产要为公司所实际利用才得以发挥效用，故交付是重要的条件。如果出资人事后能够履行交付义务，从公司运营的现实来看，公司收益中将凝结该土地使用权的价值，则可以认定从土地使用权实际交付公司使用时起，出资人享有相应的股东权利。

（五）裁判规则适用时应当注意的问题

1. 人民法院应当在裁判之前指定合理期间办理权属变更手续

根据《公司法司法解释三》第 10 条第 1 款关于"出资人以房屋、土地使用权或者需要办理权属登记的知识产权等财产出资，已经交付公司使用但未办理权属变更手续，公司、其他股东或者公司债权人主张认定出资人未履行出资义务的，人民法院应当责令当事人在指定的合理期间内办理权属变更手续；在前述期间内办理了权属变更手续的，人民法院应当认定其已经履行了出资义务；出资人主张自其实际交付财产给公司使用时享有相应股东权利的，人民法院应予以支持"的规定，在上述情形中，人民法院应当在诉讼的过程中给予出资人合理期间办理权属变更手续，并视变更手续完成的结果再行作出判决，即合理期间应当在案件裁判之前给出。当然，如果当事人在一审指定期间内未办理过户手续，在二审期间办完过户手续的，仍应认定出资人履行了出资义务。

实践中也不乏法院作出裁判时责令出资人在合理期间内履行土地使用权的权属变更手续，此种裁判带来的问题是如果出资人在判令的期间内未履行变更手续，则对于出资人是否履行出资义务，法院并未作出认定，因未履行出资义务而涉及的违约责任、损害赔偿责任等如何承担也无法得到解决。如此，则无法实现定分止争目的，当事人需要另行起诉方能解决责任承担问题，徒增诉累。故此，人民法院应当在作出裁判之前指定合理期间办理权属变更登记，再行依据补正结果认定出资人是否全面履行出资义务。

2. 人民法院应当综合考虑当事人之间的约定和办理过户手续所需时间以确定"合理期间"

如果出资时各设立人对于将土地使用权过户到公司的期间有约定的，或者公司章程对于土地使用权过户有时间限制的，人民法院可以借鉴原有约定的时间，指定合理期间办理过户手续，如 30 日、90 日等。如果出资人之间对于土地使用权过户时间没有约定、章程中对此也没有规定，则需要人民法院综合考虑该土地使用权过户时存在的障碍和困难，给予补正出资瑕疵的合理期间。

3. 评估作价并非办理土地使用权过户手续以补正出资瑕疵的前置条件

虽然我国《公司法》和相关部门规章已对非货币财产出资应评估作价作了比较严格的规定，但在现实中，仍存在较多非货币资产出资未经评估作价的情形。在《公司法》相关管理性规范未被遵守而纠纷不断涌现的情况下，《公司法司法解释三》第9条相应地引入了关于非货币财产未依法评估时出资人未履行出资义务如何认定的规定，为公司股东未依法对非货币财产出资评估作价所可能遭受权利侵害的主体设立了救济路径。但由于《公司法》及其司法解释并未明确规定未经评估作价的土地使用权不得实际投入公司并办理过户手续，所以不宜以设立公司时土地使用权未进行评估作价为由，直接从程序上否定公司要求出资人补办土地使用权过户手续的请求权。在作为出资的土地使用权未经评估作价的情况下，负有出资义务的股东首先应依法将虽未评估作价但承诺作为出资的土地使用权转移至公司名下并完成实际交付。至于权属变更完成后，若相关权利人认为该土地使用权的实际价值与出资人认缴出资之间存在差异，继而主张出资人未全面履行出资义务且要求补足差额的，权利人则可依照《公司法司法解释三》第9条规定另行提起诉讼。此时，为便捷地解决纠纷，尽快充实公司资本，应由人民法院在诉讼中委托专业机构进行评估，然后将评估价与章程中的认缴出资额相比较，以确定出资人是否完全履行出资义务。但无论补充评估价值和认缴出资之间差额的正负值为多少，均不能免除股东履行实际交付土地使用权并依法办理过户手续的法定出资义务。

四、辅助信息

《公司法》

第二十七条　股东可以用货币出资，也可以用实物、知识产权、土地使用权等可以用货币估价并可以依法转让的非货币财产作价出资；但是，法律、行政法规规定不得作为出资的财产除外。

对作为出资的非货币财产应当评估作价，核实财产，不得高估或者低估作价。法律、行政法规对评估作价有规定的，从其规定。

第二十八条第一款　股东应当按期足额缴纳公司章程中规定的各自所认缴的出资额。股东以货币出资的，应当将货币出资足额存入有限责任公司在银行开设的账户；以非货币财产出资的，应当依法办理其财产权的转移手续。

《土地管理法》

第六十三条　土地利用总体规划、城乡规划确定为工业、商业等经营性用途，并经依法登记的集体经营性建设用地，土地所有权人可以通过出让、出租等方式交由单位或者个人使用，并应当签订书面合同，载明土地界址、面积、动工期限、使用期限、土地用途、规划条件和双方其他权利义务。

前款规定的集体经营性建设用地出让、出租等，应当经本集体经济组织成员的村民会议三分之二以上成员或者三分之二以上村民代表的同意。

通过出让等方式取得的集体经营性建设用地使用权可以转让、互换、出资、赠与或者抵押，但法律、行政法规另有规定或者土地所有权人、土地使用权人签订的书面合同另有约定的除外。

集体经营性建设用地的出租，集体建设用地使用权的出让及其最高年限、转让、互换、出资、赠与、抵押等，参照同类用途的国有建设用地执行。具体办法由国务院制定。

《公司法司法解释三》

第九条　出资人以非货币财产出资，未依法评估作价，公司、其他股东或者公司债权人请求认定出资人未履行出资义务的，人民法院应当委托具有合法资格的评估机构对该财产评估作价。评估确定的价额显著低于公司章程所定价额的，人民法院应当认定出资人未依法全面履行出资义务。

第十条　出资人以房屋、土地使用权或者需要办理权属登记的知识产权等财产出资，已经交付公司使用但未办理权属变更手续，公司、其他股东或者公司债权人主张认定出资人未履行出资义务的，人民法院应当责令当事人在指定的合理期间内办理权属变更手续；在前述期间内办理了权属变更手续的，人民法院应当认定其已经履行了出资义务；出资人主张自其实际交付财产给公司使用时享有相应股东权利的，人民法院应予支持。

出资人以前款规定的财产出资，已经办理权属变更手续但未交付给公司使用，公司或者其他股东主张其向公司交付、并在实际交付之前不享有相应股东权利的，人民法院应予支持。

《城镇国有土地使用权出让和转让暂行条例》

第四十五条　符合下列条件的，经市、县人民政府土地管理部门和房产管理部门批准，其划拨土地使用权和地上建筑物，其他附着物所有权可以转让、出租、抵押：

（一）土地使用者为公司、企业、其他经济组织和个人；

（二）领有国有土地使用证；

（三）具有地上建筑物、其他附着物合法的产权证明；

（四）依照本条例第二章的规定签订土地使用权出让合同，向当地市、县人民政府补交土地使用权出让金或者以转让、出租、抵押所获收益抵交土地使用权出让金。

转让、出租、抵押前款划拨土地使用权的，分别依照本条例第三章、第四章和第五章的规定办理。

国有土地使用权合同纠纷案件裁判规则第 16 条：

出资人以划拨土地使用权出资，公司、其他股东或者公司债权人主张认定出资人未履行出资义务的，人民法院应当责令当事人在指定的合理期间内办理土地变更手续

【规则描述】　　　土地使用权划拨，是指县级以上人民政府依法批准，在土地使用者缴纳补偿、安置等费用后将该幅土地交付其使用，或者将土地无偿交付给土地使用者使用的行为。我国现行法律法规规定，划拨国有土地使用权只能用于特定用途的社会公益建设，使用权人不得擅自改变划拨土地的公益用途，未经依法批准不得将划拨土地用于对外出资。但在合作开发房地产合同纠纷中，往往会出现出资人以划拨土地使用权作为非货币实物出资设立项目公司，并办理公司登记手续的情形。如公司、其他股东或者公司债权人主张认定出资人未履行出资义务的，人民法院应当指定合理的期限，责令出资人依法补缴土地出让金，办理土地变更手续，将划拨用地性质变更为出让用地性质。如在指定期限内已经补正出资瑕疵、过户并交付的，可以认定出资的效力；逾期未补正的，人民法院应当认定出资人未依法全面履行出资义务。

一、类案检索大数据报告

时间：2021 年 4 月 29 日之前；案例来源：Alpha 案例库；检索条件：法院认为包含"出资人以划拨土地使用权出资"；案件数量：21 件；数据采集时间：2021 年 4 月 29 日。本次检索获取了 2021 年 4 月 29 日前共 21 篇裁判文书。整体情况如图 16-1 所示，其中：

1. 认为涉及出资人以划拨土地使用权出资，公司、其他股东或者公司债权人主张认定出资人未履行出资义务的，人民法院应当责令当事人在指定的合理期间内办理土地变更手续的共计 8 件，占比为 38.1%；

2. 认为逾期未办理或者未解除的，人民法院应当认定出资人未依法全面履行出资义务的共计 5 件，占比为 23.81%；

3. 认为当事人出资未到位，应承担补交该部分出资义务的案件共计 3 件，占比为 14.29%；

4. 认为当事人有权要求在未出资的范围内对债务不能清偿的部分承担补充赔偿责任的共计 2 件，占比为 9.52%；

5. 认为未依法办理出资财产的财产权转移登记手续，不享有物权不享有排除人民法院强制的民事权益应予驳回的案件共计 1 件，占比为 4.76%；

6. 认为土地使用权存的权利瑕疵在合理期限内已经补正的案件共计 2 件，占比为 9.52%。

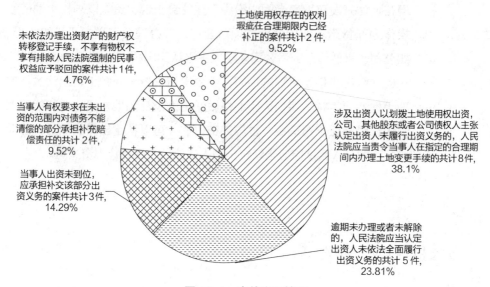

图 16-1　案件审理情况

如图 16-2 所示，通过设置检索条件：法院认为包含出资人以划拨土地使用权出资的情况下，从下方的年份分布可以看到当前条件下案件数量的变化趋势。

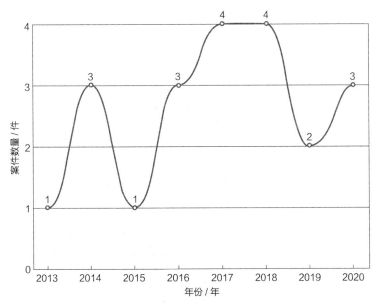

图 16-2　案件的年份分布情况

　　如图 16-3 所示，从上面的程序分类统计可以看到当前的审理程序分布状况。一审案件有 12 件，二审案件有 7 件，再审案件有 1 件，执行案件有 1 件。

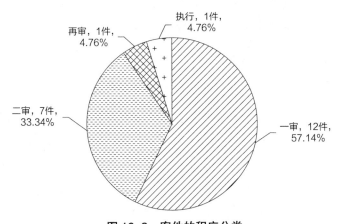

图 16-3　案件的程序分类

　　如图 16-4 所示，通过对一审裁判结果的可视化分析可以看到，当前条件下全部 / 部分支持的有 9 件，占比为 75%；全部驳回的有 3 件，占比为 25%。

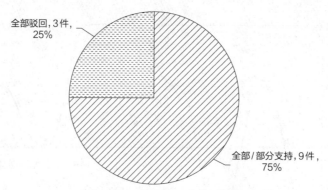

图 16-4 案件的一审审理情况

　　如图 16-5 所示，通过对二审裁判结果的可视化分析可以看到，当前条件下维持原判的有 6 件，占比为 85.71%；改判的有 1 件，占比为 14.29%。

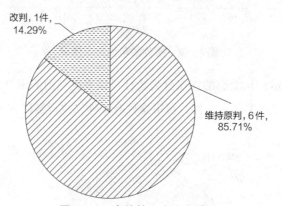

图 16-5 案件的二审审理情况

　　如图 16-6 所示，通过对再审裁判结果的可视化分析可以看到，当前条件下维持原判的有 1 件，占比为 100%。

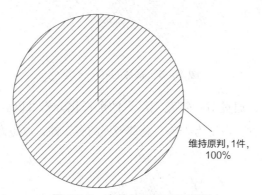

图 16-6 案件的再审审理情况

二、可供参考的例案

例案一：海南三亚国家级珊瑚礁自然保护区管理处与周某、三亚中海生态旅游发展有限公司股东出资纠纷案

【法院】

最高人民法院

【案号】

（2016）最高法民再 87 号

【当事人】

再审申请人（一审被告、反诉原告、二审上诉人）：海南三亚国家级珊瑚礁自然保护区管理处

被申请人（一审原告、反诉被告、二审被上诉人）：周某

被申请人（一审原告、反诉被告、二审被上诉人）：三亚中海生态旅游发展有限公司

【基本案情】

2002 年 4 月 28 日，海南三亚国家级珊瑚礁自然保护区管理处（以下简称珊瑚礁管理处）与周某订立《合作合同》。该合同主要约定：珊瑚礁管理处出资 400 万元，主要以 9454 平方米土地和已建好的码头设施参股；周某出资 600 万元，主要以资金方式参股，共同设立三亚中海生态旅游发展有限公司（以下简称中海公司）。

2002 年 12 月 1 日，周某、方某、珊瑚礁管理处三方签订中海公司章程，规定注册资金 500 万元，珊瑚礁管理处以 9454 平方米土地作价 150 万元出资。

该土地系国有划拨地，2001 年 8 月 15 日，三亚市人民政府批复同意将本案涉及的面积为 9454.2 平方米的土地划拨给珊瑚礁管理处，该地为科研用地。该批复文件载明，经三亚市不动产估价所评估，该宗地总出让金为 1616668.2 元，地价款免收。2001 年 8 月 30 日珊瑚礁管理处取得土地证，证号为三土房（2001）字第 0975 号。目前为止，珊瑚礁管理处已将案涉土地移交中海公司使用，但未将该土地使用权移转登记至中海公司名下。

2011 年 11 月 13 日，周某与中海公司向海南省三亚市中级人民法院提起诉讼，请求依法确认珊瑚礁管理处未履行其作为中海公司股东的出资义务，并判令珊瑚礁

管理处1个月内按合同约定履行出资义务，将9454平方米土地权属过户登记至中海公司名下。一审、二审法院均认为，珊瑚礁管理处未完全履行股东的出资义务，中海公司及其股东周某请求珊瑚礁管理处将出资土地使用权登记于中海公司名下，有事实根据与法律依据，故判决珊瑚礁管理处应依法将三土房（2001）字第0975号土地证记载的9454平方米土地使用权移转登记至中海公司名下。

珊瑚礁管理处不服海南省高级人民法院（2014）琼民二终字第22号民事判决，向最高人民法院申请再审。

【案件争点】

珊瑚礁管理处是否应将划拨土地使用权转移登记至中海公司名下。

【裁判要旨】

最高人民法院经审查认为，本案中案涉出资土地系国有划拨用地，依据《土地管理法》等相关法律法规，划拨土地使用权只能用于划拨用途，不能直接用于出资。出资人欲以划拨土地使用权作为出资，应由国家收回直接作价出资或者将划拨土地使用权变更为出让土地使用权。《公司法司法解释三》第8条规定的本意就是考虑到在司法实践中如果划拨土地使用权存在的权利瑕疵可以补正，且在法院指定的合理期限内实际补正的，可以认定当事人以划拨土地使用权出资的效力。但能否补正瑕疵的决定权在于土地所属地方政府及其土地管理部门，人民法院判断出资行为的效力应以瑕疵补正的结果作为前提。因而，《公司法司法解释三》第8条等规定"人民法院应当责令当事人在指定的合理期间内办理土地变更手续"，即人民法院应当在诉讼过程中给当事人指定合理的期间，由其办理相关的土地变更手续，并视变更手续完成的结果再行作出判决。本案中，最高人民法院在再审审查期间已给予当事人相应的时间办理土地变更手续，再审审理过程中又为当事人指定了2个月（2016年4月23日—6月22日）的合理期限办理土地变更登记手续，但当事人未能在指定的期间内完成土地变更登记行为，即其无法自行补正划拨土地使用权出资的瑕疵。故珊瑚礁管理处虽将案涉土地交付给中海公司使用，但未将案涉土地过户登记至中海公司名下，因而其以案涉土地使用权出资的承诺并未履行到位。周某、中海公司请求确认珊瑚礁管理处未履行作为中海公司股东的出资义务，有事实和法律依据，予以支持。但因案涉出资土地系划拨地，当事人未能在最高人民法院指定的合理期间内办理土地变更登记手续，故周某、中海公司请求将案涉土地办理过户登记至中海公司名下，没有法律依据，不予支持。一审、二审法院直接判决珊瑚礁管理处将案涉划拨土地使用权变更登记到中海公司名下，适用法律错误，应予撤销。

例案二：天津津港亚太房地产开发有限公司与天津奶业有限公司与公司有关的纠纷案①

【法院】

天津市高级人民法院

【案号】

（2019）津民终 200 号

【当事人】

上诉人（一审原告）：天津津港亚太房地产开发有限公司

被上诉人（一审被告）：天津奶业有限公司

【基本案情】

天津奶业有限公司（以下简称奶业公司）系由天津市奶品公司更名而来。天津津港亚太房地产开发有限公司（以下简称津港公司）成立于 1993 年 9 月 13 日，奶业公司系津港公司的发起人股东。发起人股东于 1993 年 5 月 14 日签订了《中国天津市奶品总公司香港汉新国际有限公司合作经营天津津港亚太房地产开发有限公司合同》（以下简称《合作合同》）、《中国天津市奶品总公司香港汉新国际有限公司合作经营天津津港亚太房地产开发有限公司章程》（以下简称《合作章程》）、《协议书》三份公司设立文件。《合作合同》及《合作章程》约定，奶业公司应提供可用于房地产开发的场地并办理相关手续。1993 年 9 月 10 日，津港公司取得中华人民共和国外商投资企业批准证书，在投资者出资额一栏，注明奶业公司提供可用于房地产开发、经营的土地。

1993 年 9 月 18 日，天津市土地管理局（甲方）与天津市奶品总公司（乙方）签订一份《天津市划拨国有土地使用权补办出让合同》，约定：甲方为乙方补办位于天津市河西区东侧，编号为津西江 93-007 号地块部分土地使用权出让手续。出让金总额为 1128 万元，其中代市建委收取出让土地（不含划拨土地）市政公用设施配套费 7098660 元人民币等内容。

1993 年 12 月 3 日，诉争土地取得了津国用（93）字第 052 号中华人民共和国国

---

① 该案已经由最高人民法院作出（2020）最高法民申 581 号民事裁定书裁定驳回天津津港亚太房地产开发有限公司的再审申请。

有土地使用证，土地使用证为津港公司，地号与出让编号为津西江93-007，使用期限自1993年12月3日至2043年12月3日止。

此后，津港公司认为奶业公司以划拨土地出资的行为属于虚假出资行为，请求判令奶业公司全面履行出资义务。

天津市第二中级人民法院一审认为，奶业公司已全面履行了出资义务，提供了可用于房地产开发经营的场地（天津市河西区基地）。津港公司不服天津市第二中级人民法院（2018）津02民初1150号民事判决，向天津市高级人民法院提起上诉。

【案件争点】

天津市奶品总公司以划拨土地使用权出资的效力是否应予认定。

【裁判要旨】

天津市高级人民法院经审查认为：设立津港公司之时，天津市奶品总公司确定出资的土地性质为划拨土地。划拨的土地使用权只能用于划拨用途，不能擅自进入市场流通，出资人以划拨土地使用权出资，违反了划拨土地用途要求的相关法律法规。依照《公司法司法解释三》第8条的规定，出资人以划拨土地出资设立公司，工商行政管理部门已经办理了公司登记，法院在审理有关诉讼中，对于土地使用权存在的权利瑕疵允许补正，且在合理期限内已经补正的，可以认定出资的效力。1993年9月10日，津港公司取得企业批准证书。1993年9月18日，天津市奶品总公司与天津市土地管理局签订《天津市划拨国有土地使用权补办出让合同》。1993年12月3日，津港公司取得涉案土地国有土地使用证。上述事实表明，天津市奶品总公司在合理的期限内完成了土地使用权权利瑕疵的补正。对于天津市奶品总公司以土地出资的效力，予以认定。

例案三：山东天晟机械装备股份有限公司与陕西陕煤蒲白矿业有限公司股东损害公司债权人利益责任纠纷案

【法院】

山东省淄博市中级人民法院

【案号】

（2019）鲁03民终4564号

【当事人】

上诉人（原审被告）：陕西陕煤蒲白矿业有限公司

被上诉人（原审原告）：山东天晟机械装备股份有限公司

原审被告：陕西煤业化工集团有限责任公司

原审被告：陕西蒲白南桥煤业有限公司工会委员会

【基本案情】

蒲白矿务局、陕西蒲白南桥煤业有限公司工会委员会（以下简称南桥煤业公司工会委员会）于2002年5月20日订立《出资协议书》，约定：蒲白矿务局、南桥煤业公司工会委员会双方以房屋建筑物231万元，无形资产——土地使用权304万元，合计535万元，共同出资设立陕西蒲白南桥煤业有限公司（以下简称南桥煤业公司）。2002年5月20日，蒲白矿务局、南桥煤业公司工会委员会将投资的实物办理了交接，分别是房产19处，土地使用权4宗，其中3宗地——白国用（1995）010021号、白国用（2001）010020号、白国用（1995）010016号于2006年4月3日过户至南桥煤业公司，用途为工业用地，使用权类型为划拨，证号分别为：白国用（2006）第010003号、白国用（2006）第010002号、白国用（2006）第010001号；另1宗地——蒲国用（2001）000261号于2008年4月1日过户至南桥煤业公司，用途为工业用地，使用权类型为出让，证号为：蒲国用（2008）第00122号。

之后，山东天晟机械装备股份有限公司（以下简称天晟公司）与南桥煤业公司发生买卖合同纠纷，双方在诉讼过程中达成调解协议并立案强制执行，即（2015）川执字第1907号执行案件。执行过程中，天晟公司提出执行异议，执行法院认为，蒲白矿务局与南桥煤业公司工会委员会出资不实，故裁定追加蒲白矿务局、南桥煤业公司工会委员会为（2015）川执字第1907号执行案件的被执行人。

本案中，天晟公司认为南桥煤业公司的股东蒲白矿务局、南桥煤业公司工会委员会没有依法全面履行公司股东出资义务。其2006年至2008年以改制方式将划拨土地转让登记之行为，系为了规避投资到位义务，故意作出的损害公司债权人利益的行为。另外，原蒲白矿务局注销工商登记后，蒲白矿务局及其下属所有企业的职工安置、债权债务均由陕西陕煤蒲白矿业有限公司承担和清偿。天晟公司提起诉讼请求判令陕西陕煤蒲白矿业有限公司、南桥煤业公司工会委员会在南桥煤业公司未出资利息范围内对原告货款未清偿部分承担补充赔偿责任。

【案件争点】

陕西陕煤蒲白矿业有限公司是否全面履行了出资义务。

【裁判要旨】

山东省淄博市中级人民法院经审查认为，《公司法司法解释三》第8条规定：

"出资人以划拨土地使用权出资，或者以设定权利负担的土地使用权出资，公司、其他股东或者公司债权人主张认定出资人未履行出资义务的，人民法院应当责令当事人在指定的合理期间内办理土地变更手续或者解除权利负担；逾期未办理或者未解除的，人民法院应当认定出资人未依法全面履行出资义务。"其中"办理土地变更手续"系指依法补缴土地出让金，办理土地变更手续，将划拨土地使用权变更为出让土地使用权，并非上诉人所述的土地使用权权属变更。山东省淄博市中级人民法院在二审庭审中已经责令上诉人办理有关土地出让手续，至今上诉人仍未办理，按照《公司法司法解释三》第13条，上诉人未完全履行出资义务，应在未出资范围内对于南桥煤业公司债务承担补充赔偿责任。

三、裁判规则提要

依据《宪法》《土地管理法》及《城市房地产管理法》确立的土地管理制度，我国对土地实行的是全民所有制和集体所有制，土地归国家或集体所有。市场主体利用土地，依照所有权与使用权相分离的原则，只能通过获取土地使用权的方式进行。国有土地使用权依取得方式的不同，可分为行政划拨国有土地的使用权和有偿出让国有土地的使用权。为充分发挥土地这一重要生产资料的经济效用与使用效能，市场主体常常以国有土地使用权出资设立公司进行生产经营。本条裁判规则旨在解决公司设立过程中，出资人以划拨土地使用权出资引发的争议。如何正确把握可用于出资的土地使用权的性质以及如何认定出资人以划拨土地使用权出资的效力，具体可以从以下几方面进行理解与适用：

（一）划拨土地使用权的法律性质及限制性规定

从我国社会主义改造完成至改革开放之间的近30年时间内，划拨地使用权制度始终是国有土地使用的唯一方式。改革开放之后，国有土地出让使用制度得以建立，由此形成了国有土地市场出让与行政划拨并存的双轨制。[①] 双轨制可被视为一种行政手段与市场手段并存的国有土地供给与管理模式。司法实践中，存在不少利用划拨土地使用权出资进而引发争议的案件。究其原因，在于很多投资者并没有注意

---

① 高富平：《土地使用权和用益物权——我国不动产物权体系研究》，法律出版社2001年版，第182页。

到"划拨"与"出让"的性质及其法律法规规定的不同，甚至将两者混为一谈。实际上，两者的不同足以显著影响公司的资本充实和债权人的利益保障，直接影响了出资行为效力的认定。

1.划拨土地使用权经由行政许可创设，具有公益性、无偿性、无期限性等特点

依据《民法典》第347条规定："设立建设用地使用权，可以采取出让或者划拨等方式。工业、商业、旅游、娱乐和商品住宅等经营性用地以及同一土地有两个以上意向用地者的，应当采取招标、拍卖等公开竞价的方式出让。严格限制以划拨方式设立建设用地使用权。"依据《城市房地产管理法》第8条规定，土地使用权出让，是指国家将国有土地使用权在一定年限内出让给土地使用者，由土地使用者向国家支付土地使用权出让金的行为。依据《城市房地产管理法》第23条规定，土地使用权划拨，是指县级以上人民政府依法批准，在土地使用者缴纳补偿、安置等费用后将该幅土地交付其使用，或者将土地使用权无偿交付给土地使用者使用的行为。依照本法规定以划拨方式取得土地使用权的，除法律、行政法规另有规定外，没有使用期限的限制。该法第24条同时规定了以划拨方式取得国有土地使用权的情形：下列建设用地的土地使用权，确属必需的，可以由县级以上人民政府依法批准划拨：（1）国家机关用地和军事用地；（2）城市基础设施用地和公益事业用地；（3）国家重点扶持的能源、交通、水利等项目用地；（4）法律、行政法规规定的其他用地。而《城镇国有土地使用权出让转让条例》第44条规定，划拨土地使用权，除本条例第45条规定的情况外，不得转让、出租、抵押。由此可见，划拨土地使用权是由土地行政部门通过行政划拨行为创设，其用途受到法律法规的严格限制。

通过划拨取得的土地使用权和通过出让取得的土地使用权区别如下：（1）土地用途不同。划拨土地使用权系根据国家利益和社会公共利益的需要进行划拨，土地用途有法律法规明确规定，具有公益性。经营性土地使用权不得通过划拨方式取得，应通过出让方式取得。（2）使用费用不同。划拨土地是无偿交付给土地使用权人使用的，划拨土地使用者无需缴纳出让金。而出让土地使用者须向国家支付土地使用权出让金有偿使用土地。（3）使用期限不同。划拨土地使用权一般没有使用期限的限制。以出让方式取得的国有土地使用权则有期限限制，如工业用地出让年限最高为50年，商业用地最高年限为40年，居住用地最高为70年。（4）使用权权能不同。划拨土地使用权的内容尤其是处分权能受到法律严格限制，未经依法审批，不得转让、出租和抵押等。而出让土地使用权权利人可以行使土地使用权的各种权能，如转让、出资、租赁、设定他项权利等。（5）依法收回土地使用权时补偿不同。根

据《城镇国有土地使用权出让和转让暂行条例》第47条第3款的规定，无偿收回划拨土地使用权时，对其地上建筑物、其他附着物，市、县人民政府应当根据实际情况给予适当补偿。以出让方式取得的国有土地使用权，则根据土地使用证使用土地的实际年限和开发土地的实际情况给予相应的补偿。

综上，划拨土地使用权系通过行政许可创设的用益物权，具有公益性、无偿性、无期限性等特点，为了保护国家利益和社会公共利益，法律规定划拨土地使用权不能随意流转，不能擅自进入市场流通。

2.划拨土地使用权须经有权部门批准并补办土地出让手续，方可进行转让、出租和抵押和作价出资等

依据《民法典》第353条规定："建设用地使用权人有权将建设用地使用权转让、互换、出资、赠与或者抵押，但是法律另有规定的除外。"《城镇国有土地使用权出让和转让暂行条例》第44条规定，划拨土地使用权，除本条例第45条规定的情况外，不得转让、出租、抵押。该条例第45条规定，符合下列条件的，经市、县人民政府土地管理部门和房产管理部门批准，其划拨土地使用权和地上建筑物，其他附着物所有权可以转让、出租、抵押：（1）土地使用者为公司、企业、其他经济组织和个人；（2）领有国有土地使用证；（3）具有地上建筑物、其他附着物合法的产权证明；（4）依照本条例第2章的规定签订土地使用权出让合同，向当地市、县人民政府补交土地使用权出让金或者以转让、出租、抵押所获收益抵交土地使用权出让金。转让、出租、抵押前款划拨土地使用权的，分别依照本条例第3章、第4章和第5章的规定办理。由此可见，划拨土地使用权的流转（转让、出租、抵押等）必须符合《城镇国有土地使用权出让和转让暂行条例》第45条规定的实体要件，同时需满足以下程序性要件方可进行：（1）经有权部门批准；（2）支付土地出让金；（3）补办完成土地出让手续。

《城镇国有土地使用权出让和转让暂行条例》对划拨土地使用权的转让、出租、抵押进行了限制性规定，而《城市房地产管理法》《国有土地使用权司法解释》仅对划拨土地使用权的转让行为进行了规制，以上均未对划拨土地使用权出资行为作出规定。但我国《公司法》第27条明确规定了股东成立公司的出资形式：股东可以用货币出资，也可以用实物、知识产权、土地使用权等可以用货币估价并可以依法转让的非货币财产出资；但是，法律、行政法规规定不得作为出资的财产除外。因此，判断划拨土地使用权能否用作出资的标准主要有两项：一是能否作价评估，二是能否依法转让。对于划拨土地使用权而言，如前所述，必须经有批准权的人民政府批准，并办理

土地使用权出让手续变性为出让土地使用权后，方能依法转让。亦即，从严格意义上来讲，划拨土地使用权因不满足"能依法转让"的法律要件而不能作为股东出资财产。一般情况下，除非国有资产管理部门代表国家划拨土地用以出资，其他无偿使用土地的单位，没有国家授权不允许以划拨土地使用权作为出资。若允许划拨土地使用权通过出资行为自由流转，将导致国有资产流失以及土地公益用途变更等后果，将损害国家利益和社会公共利益。

（二）出资人之间协议用划拨土地使用权出资或者出资人隐瞒划拨土地使用权性质出资的，均构成瑕疵出资

股东出资义务是指股东根据协议的约定以及法律和章程的规定向公司交付财产或履行其他给付义务。股东出资义务既是一种约定义务，又是一种法定义务。按行为方式不同，股东违反出资义务的行为可表现为未履行出资义务与未全面履行出资义务。未履行出资义务是指股东根本未出资，具体又可分为拒绝出资、不能出资、虚假出资、抽逃出资等。未全面履行出资义务，是指股东只履行了部分出资义务，或者出资时间、形式或手续不符合规定，包括出资不足、迟延出资、瑕疵出资等。其中，瑕疵出资又可分为标的物瑕疵和出资行为瑕疵。标的物瑕疵是指股东交付的非货币出资的财产存在权利或物的瑕疵，如以法律禁止流通的财产出资或者出资财产上存在第三人的合法权利。[①] 出资行为瑕疵是指出资行为不完整，如只交付了出资的标的物而未办理相应的权属变动手续，或者只办理了权属变动手续而未交付出资的标的物。

土地使用权出资是公司非货币资本构成的一个重要组成部分，股东可以用于出资的土地使用权，应当权利形态较为完整、不存在不应有的限制或负担。划拨土地使用权是附属于行政权的民事权利，使用权人虽享有使用、占有及一定的收益权益，但其处分权能受到严格限制，不得转让、抵押及作价出资。[②] 如出资人之间协议用划拨土地使用权出资或者出资人隐瞒划拨土地使用权性质出资的，因出资标的存在权利限制而出资构成瑕疵出资，对公司的资本充实和偿债能力将产生很大的影响。第一，以划拨土地使用权出资，可能会造成公司资本虚置。以划拨土地使用权出资的，因无法办理过户手续，公司不能实际享有土地使用权，该划拨土地国家有权无偿收

---

① 最高人民法院民事审判第二庭编著：《最高人民法院关于公司法解释（三）、清算纪要理解与适用》，人民法院出版社 2016 年版，第 132 页。

② 王文革：《土地法学》，复旦大学出版社 2011 年版，第 48 页。

回，这样就会形成公司资本虚置。^①第二，以划拨土地使用权出资，处分权能受到严格限制。划拨土地使用权未经批准不得用于转让、抵押等，不能充分发挥其使用效能和经济效用，实现流通增值。第三，公司债权人的权益无法得到充分保障。公司的注册资本一定程度上影响着公司的偿债能力，如果出资人的出资瑕疵使得公司的实有资产发生变动，公司的偿债能力将大打折扣，进而对公司债权人权益造成不利影响。依据《最高人民法院关于破产企业国有划拨土地使用权应否列入破产财产等问题的批复》规定，破产企业以划拨方式取得的国有土地使用权不属于破产财产，在企业破产时，有关人民政府可以予以收回，并依法处置。当公司需要将划拨土地使用权用于偿债或者在公司解散清算对该土地使用权进行拍卖时，若出资人不能办理土地变更手续，那么该土地使用权就不能作为公司的财产对债权人承担责任。

（三）如出资人在合理期限内补正了划拨土地使用权的出资瑕疵，人民法院应当认定其已经履行了出资义务

虽然原则上划拨土地使用权不得转让、出资，但通过《城市房地产管理法》《城镇国有土地使用权出让和转让暂行条例》《协议出让国有土地使用权规定》相关规定可以看出，我国土地使用权政策对此实际上已不再是严格禁止，而是逐步为划拨土地使用权如何进入市场自由流通提供途径。通过划拨取得的土地使用权并非因为"划拨"这一取得方式而被永远排除在公司出资形式范围之外。

划拨土地可以带来收益，其本质上仍是"土地使用权"，也能以财产属性衡量其价值，所以允许划拨土地使用权出资存在合理性，只是对出资人来讲，还得将其进行"变通"。^②《公司法司法解释三》第8条规定，出资人以划拨土地使用权出资，或者以设定权利负担的土地使用权出资，公司、其他股东或者公司债权人主张认定出资人未履行出资义务的，人民法院应当责令当事人在指定的合理期间内办理土地变更手续或者解除权利负担；逾期未办理或者未解除的，人民法院应当认定出资人未依法全面履行出资义务。依据该条规定，出资人以划拨土地使用权出资的权利瑕疵可以补正，人民法院应当以出资瑕疵的补正结果为判断出资人是否履行出资义务的前提。

---

① 王东敏：《公司法审判实务与疑难问题案例解析》，人民法院出版社2017年版，第103页。

② 最高人民法院民事审判第二庭编著：《最高人民法院关于公司法解释（三）、清算纪要理解与适用》，人民法院出版社2016年版，第140页。

1. 如出资人在合理期限内办理完毕土地变更手续，则划拨土地使用权的权利瑕疵已得以补正，过户并交付的，应当认定其已经履行了出资义务

《公司法司法解释三》第8条本意是对划拨土地使用权存在的权利瑕疵进行补正，如果可以补正并且实际补正，则认定出资人以该土地使用权出资的效力。如果出资人征得国家土地管理部门审批同意，补缴土地出让金，办理土地使用权变更登记手续，将无偿划拨的土地使用权变更为有偿使用的出让土地使用权，则土地使用权存在的权利瑕疵得到补正，公司可以真正获得土地使用权的完整权能。此时，股东对公司的出资已实际到位，公司运营的基础得以夯实，股东之间的矛盾一定程度上可以得到缓和或化解。而当公司资本充盈时，外部债权人的债权亦得到了保障。故，如出资人在合理期限内补正划拨土地使用权出资的权利瑕疵，将变更后的出让土地使用权过户并交付，则应当认定出资人履行了出资义务。

2. 如出资人未在合理期限内补正划拨土地使用权的出资瑕疵，应当及时判决认定其未能依法履行出资义务，但特殊情况下可以酌情认定其履行了出资的义务

如人民法院在审理过程中已经给予出资人合理的期限，但出资人未能履行权利瑕疵补正义务的，则说明出资人怠于履行或确实没有能力履行相关义务。该出资瑕疵不仅违反了出资协议约定，也违反了《公司法》规定的股东出资义务，给公司及其余股东、外部债权人均带来重大不利影响。在出资人继续履行出资义务无望的情况下，为充分保障公司、其余股东或外部债权人的合法权益，树立法律权威，应当认定该出资人未能依法履行出资义务，并判决承担相应的法律责任。

但是，实务中的情况较为复杂，径直认定股东未履行出资义务可能有失公平，应根据具体情况予以分析。如以划拨土地使用权出资，经主管部门批准，虽未办理过户手续，但已经交付公司实际使用的，可以酌情认定为履行了出资义务。以划拨土地出资经国土资源管理部门批准的，意味着国家已经同意土地使用权人将该土地用于投资使用，符合所有权人意思表示。与此同时，如果股东之间在设立公司时也同意在公司的存续期限内利用该土地的使用价值作为出资财产，无需办理使用权过户手续的，应当认定投资人履行了出资义务。[①]

---

① 王东敏：《公司法审判实务与疑难问题案例解析》，人民法院出版社2017年版，第104～105页。

（四）裁判规则适用时应当注意的问题

1. 能否办理土地变更手续的决定权在于土地所属地方政府及其土地管理部门，人民法院不能径行判令出资人办理土地变更手续

必须注意的是，土地变更手续审批属于相关行政主管部门的行政职权，划拨土地使用权能否办理土地变更手续，须经相关行政主管部门予以审批方能确定。法院在审理有关诉讼时，不能以司法职权干预行政职权，径行判令出资人办理土地变更手续，而应以合理期间内土地变更手续办理的结果作为判断出资人是否履行出资义务的前提。

2. 人民法院应当在作出裁判前指定办理土地变更手续的合理期间及合理期间的具体期限

首先，人民法院"应当"指定合理期间，即要求人民法院在审理该类案件时，不应直接认定出资人未全面履行出资义务，而是必须指定合理的期间责令其办理土地变更手续。从民法体系的立法目的而言，在司法实践中，有较多的案例径行判决认定出资人未完全履行出资义务，此种认定值得商榷。其根本目的是尽量降低各市场主体之间的交易成本，促进市场交易的顺利进行。故，能够在合理期限内办理土地变更手续，补正权利瑕疵的情形下，应当优先给予市场主体合理的补正期间，在审理过程中人民法院应当指定合理期间。在司法实践中，有较多的案例径行判决认定出资人未完全履行出资义务，此种认定方式值得商榷。

其次，人民法院应当指定"合理"的期限，即要求人民法院在责令出资人办理土地变更手续时，应结合相关行政机关办理业务的期限以及综合考虑该土地使用权变更可能存在的障碍和困难，给予其适当的期限。将划拨土地使用权变更为出让土地使用权过程中，往往涉及行政审批的环节以及补缴出让金的评估，实际操作较为繁杂，一般无法在短时间内办齐所有手续，若不宽限时间直接认定未履行出资义务，对于出资人来讲是十分苛刻且不利的。由于《公司法司法解释三》第8条并未对人民法院应当指定的"合理期间"作详细规定，法院应根据案件实际情况、行政审批事项的期限等进行自由裁量。

3. 办理土地变更手续后，出资人仍应依法将已补办出让手续的土地使用权过户至公司名下并实际交付公司使用，方才能认定出资人完全履行了出资义务

由于划拨土地使用权的特殊性致使其无法正常入市交易，出资人应首先消除该非货币出资的财产权利瑕疵，将划拨土地使用权变更为出让土地使用权，才能认定

以划拨土地使用权出资的效力。但出资人仅办理土地变更手续并不意味着完全履行了出资义务。根据《公司法》第 28 条的规定，出资完成以出资标的之物权转移（由出资人转移至公司）为标志。根据《公司法司法解释三》第 10 条规定，以土地使用权出资时，如果出资人不交付土地，即便办理了权属登记，仍未完整地履行出资义务；如果土地使用权未能办理权属变更手续，就算已经实际交付至公司使用，公司对该土地使用权的利用或者处分仍可能受到影响，进而使公司权益及债权人利益承受被侵害的风险。故，以土地使用权出资应满足实体要件和程序要件，只有将无权利瑕疵的土地使用权交付公司实际使用并办理权属变更手续，才能认定出资人完全履行了出资义务。

四、辅助信息

《公司法》

第二十七条　股东可以用货币出资，也可以用实物、知识产权、土地使用权等可以用货币估价并可以依法转让的非货币财产作价出资；但是，法律、行政法规规定不得作为出资的财产除外。

对作为出资的非货币财产应当评估作价，核实财产，不得高估或者低估作价。法律、行政法规对评估作价有规定的，从其规定。

《公司法司法解释三》

第八条　出资人以划拨土地使用权出资，或者以设定权利负担的土地使用权出资，公司、其他股东或者公司债权人主张认定出资人未履行出资义务的，人民法院应当责令当事人在指定的合理期间内办理土地变更手续或者解除权利负担；逾期未办理或者未解除的，人民法院应当认定出资人未依法全面履行出资义务。

第十条　出资人以房屋、土地使用权或者需要办理权属登记的知识产权等财产出资，已经交付公司使用但未办理权属变更手续，公司、其他股东或者公司债权人主张认定出资人未履行出资义务的，人民法院应当责令当事人在指定的合理期间内办理权属变更手续；在前述期间内办理了权属变更手续的，人民法院应当认定其已经履行了出资义务；出资人主张自其实际交付财产给公司使用时享有相应股东权利的，人民法院应予支持。

出资人以前款规定的财产出资，已经办理权属变更手续但未交付给公司使用，公司或者其他股东主张其向公司交付、并在实际交付之前不享有相应股东权利的，人民法院应予支持。

《城市房地产管理法》

第八条　土地使用权出让，是指国家将国有土地使用权（以下简称土地使用权）在一定年限内出让给土地使用者，由土地使用者向国家支付土地使用权出让金的行为。

第二十三条　土地使用权划拨，是指县级以上人民政府依法批准，在土地使用者缴纳补偿、安置等费用后将该幅土地交付其使用，或者将土地使用权无偿交付给土地使用者使用的行为。

依照本法规定以划拨方式取得土地使用权的，除法律、行政法规另有规定外，没有使用期限的限制。

第二十四条　下列建设用地的土地使用权，确属必需的，可以由县级以上人民政府依法批准划拨：

（一）国家机关用地和军事用地；

（二）城市基础设施用地和公益事业用地；

（三）国家重点扶持的能源、交通、水利等项目用地；

（四）法律、行政法规规定的其他用地。

第四十条　以划拨方式取得土地使用权的，转让房地产时，应当按照国务院规定，报有批准权的人民政府审批。有批准权的人民政府准予转让的，应当由受让方办理土地使用权出让手续，并依照国家有关规定缴纳土地使用权出让金。

以划拨方式取得土地使用权的，转让房地产报批时，有批准权的人民政府按照国务院规定决定可以不办理土地使用权出让手续的，转让方应当按照国务院规定将转让房地产所获收益中的土地收益上缴国家或者作其他处理。

《城镇国有土地使用权出让和转让暂行条例》

第四十四条　划拨土地使用权，除本条例第四十五条规定的情况外，不得转让、出租、抵押。

第四十五条　符合下列条件的，经市、县人民政府土地管理部门和房产管理部门批准，其划拨土地使用权和地上建筑物，其他附着物所有权可以转让、出租、抵押：

（一）土地使用者为公司、企业、其他经济组织和个人；

（二）领有国有土地使用证；

（三）具有地上建筑物、其他附着物合法的产权证明；

（四）依照本条例第二章的规定签订土地使用权出让合同，向当地市、县人民政府补交土地使用权出让金或者以转让、出租、抵押所获收益抵交土地使用权出让金。

转让、出租、抵押前款划拨土地使用权的，分别依照本条例第三章、第四章和第五章的规定办理。

国有土地使用权合同纠纷案件裁判规则第 17 条：

以出让方式取得土地使用权进行房地产开发满二年未动工开发的，可以无偿收回土地使用权

【规则描述】　《闲置土地处置办法》（国土资源部令第 53 号）第 14 条第 2 项规定，除属于政府、政府有关部门的行为或自然灾害等不可抗力造成动工开发延迟的外，对于未动工开发满二年的，市、县自然资源主管部门可以依法报经有批准权的人民政府批准后，向国有建设用地使用权人下达《收回国有建设用地使用权决定书》，无偿收回国有建设用地使用权；闲置土地设有抵押权的，同时抄送相关土地抵押权人。该规定旨在有效利用土地，充分发挥土地的价值。

对于国有建设用地使用权上设有抵押权的，如经调查认定属于建设用地使用人原因导致土地闲置满二年的，自然资源主管部门仍有权依法无偿收回土地，但闲置土地收回应当遵循法定的程序。而对于进入执行阶段的国有建设用地使用权，则该期间不宜再进行闲置土地收回。

一、类案检索大数据报告

时间：2021 年 4 月 29 日之前；案例来源：Alpha 案例库；案由：民事；检索条件：房地产开发满二年未动工开发的，可以无偿收回土地使用权；行业：房地产业；案件数量：129 件；数据采集时间：2021 年 4 月 29 日。本次检索获取了民事 2021 年 4 月 29 日前共 129 篇裁判文书。整体情况如图 17–1 所示，其中：

1.认为房地产开发满二年未动工开发的，可以无偿收回土地使用权的案件共计 21 件，占比为 16.28%；

2.认为涉案房屋购房满五年不适用无偿收回土地使用权的案件共计 87 件，占比

为 67.44%；

3. 认为因不可抗力或者政府、政府有关部门的行为或者动工开发必需的前期工作造成动工开发迟延的除外的共计 6 件，占比为 4.65%；

4. 认为双方的主要权利义务均已履行完毕的共计 11 件，占比为 8.53%；

5. 认为属于行政协议等故裁定驳回起诉的共计 4 件，占比为 3.1%。

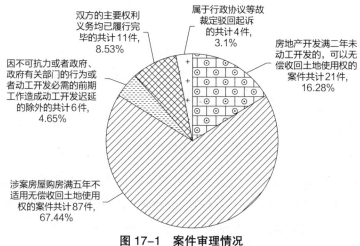

图 17-1 案件审理情况

如图 17-2 所示，设置检索条件，全文模糊：房地产开发满二年未动工开发的，可以无偿收回土地使用权的条件下，从下方的年份分布可以看到当前条件下民事案件数量的变化趋势。

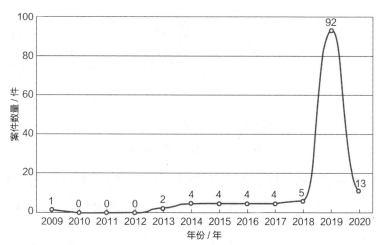

图 17-2 案件年份分布情况

如图 17-3 所示，从下面的程序分类统计可以得出民事下当前的审理程序分布状况，其中一审案件有 104 件，二审案件有 24 件，执行案件有 1 件。

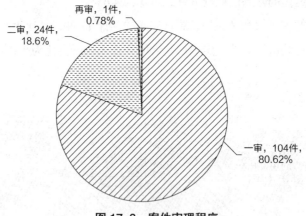

再审，1件，
0.78%
二审，24件，
18.6%
一审，104件，
80.62%

图 17-3　案件审理程序

如图 17-4 所示，通过对一审裁判结果的可视化分析可以看到，当前条件下全部/部分支持的有 93 件，占比为 89.43%；全部驳回的有 8 件，占比为 7.69%；驳回起诉的有 2 件，占比为 1.92%，其他的有 1 件，占比为 0.96%。

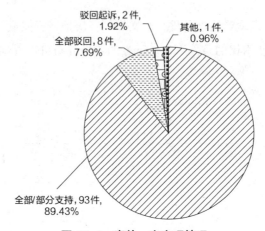

驳回起诉，2件，
1.92%
全部驳回，8件，
7.69%
其他，1件，
0.96%
全部/部分支持，93件，
89.43%

图 17-4　案件一审审理情况

如图 17-5 所示，通过对二审裁判结果的可视化分析可以看到，当前条件下维持原判的有 17 件，占比为 70.83%；改判的有 6 件，占比为 25%；其他的有 1 件，占比为 4.17%。

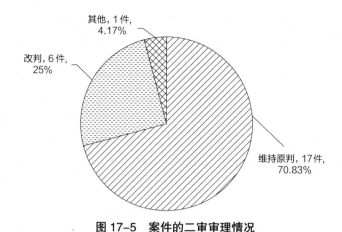

图 17-5　案件的二审审理情况

二、可供参考的例案

例案一：王某诉连平县人民政府收回闲置土地决定行政纠纷案

【法院】

广东省高级人民法院

【案号】

（2016）粤行终 1263 号

【当事人】

上诉人（原审原告）：王某

被上诉人（原审被告）：连平县人民政府

原审第三人：广东恒辉实业集团有限公司

【基本案情】

2011 年 9 月 30 日，第三人广东恒辉实业集团有限公司（以下简称恒辉公司）与连平县国土资源局签订一份《国有建设用地使用权出让合同》，第三人恒辉公司受让位于连平县三角镇生态工业园 24-4 号国有土地使用权。

2012 年 7 月 12 日，第三人恒辉公司向原告借款人民币 3000 万元，并以位于连平县三角镇生态工业园 24-4 号国有土地使用权及地上建筑物作为抵押，双方于 2012 年 7 月 16 日到连平县国土资源局办理抵押登记，登记的抵押贷款额为 1700 万元，原告为第一顺位受偿人。2013 年 7 月，因第三人恒辉公司未清偿上述欠款，原告向东莞市第三人民法院提起诉讼，并提出财产保全申请。2013 年 8 月 23 日，东莞市第三人民法院作出（2013）东三法民一初字第 3963 号之一民事裁定，查封了第三人恒辉公司享有的位于连平县三角镇生态工业园 24-4 号国有土地使用权。同年 9 月 30 日，法院作（2013）东三法民一初字第 3963 号民事判决，要求第三人恒辉公司偿还原告借款 3000 万元本息，同时确认原告对 24-4 号国有土地使用权及地上附着物的处理款享有优先受偿权。该判决生效后，原告已向东莞市第三人民法院申请强制执行，法院已对 24-4 号国有土地使用权及地上附着物价值进行评估并准备拍卖。

2015 年 9 月 28 日，被告连平县人民政府作出连府（2015）33 号《连平县人民政府关于收回广东恒辉实业集团有限公司闲置土地的决定》，认定第三人恒辉公司取得的 24-4 号国有土地，未按国有土地使用权出让合同约定的条件进行建设及使用，已构成土地闲置二年时间，属于闲置土地，经研究决定收回第三人恒辉公司上述五宗闲置土地的国有土地使用权，注销土地使用证。原告认为被告收回第三人的土地的行政行为违法，导致原告无法通过处理第三人的土地而实现对第三人超过 3000 万的债权，造成重大的经济损失，于 2015 年 11 月 2 日向原审法院提起行政诉讼。

【案件争点】

对于司法机关依法进行的查封，在查封期限内，人民政府是否可以收回国有土地使用权。

【裁判要旨】

广东省高级人民法院经审理认为：《最高人民法院、国土资源部、建设部关于依法规范人民法院执行和国土资源房地产管理部门协助执行若干问题的通知》第 22 条第 1 款规定："国土资源、房地产管理部门对被人民法院依法查封、预查封的土地使用权、房屋，在查封、预查封期间不得办理抵押、转让等权属变更、转移登记手续。"依据上述规定，对于司法机关依法进行的查封，在查封期限内，不得办理被查封物的权属变更，因此，连平县人民政府不能收回该国有土地使用权。

例案二：海南儋州生茂房地产开发有限公司诉儋州市人民政府、海南省人民政府行政命令案

【法院】

海南省高级人民法院

【案号】

（2019）琼行终 253 号

【当事人】

上诉人（原审原告）：海南儋州生茂房地产开发有限公司

被上诉人（原审被告）：儋州市人民政府

被上诉人（原审被告）：海南省人民政府

原审第三人：中国民生银行股份有限公司郑州分行

【基本案情】

2018 年 2 月 13 日，儋州市人民政府（以下简称儋州市政府）作出决定，无偿收回海南儋州生茂房地产开发有限公司（以下简称生茂公司）儋国用（新英）字第 198 号《国有土地使用证》（以下简称 198 号《土地证》）项下土地使用权。2018 年 10 月 11 日，海南省人民政府作出维持无偿收地决定。生茂公司不服，提起本案行政诉讼，请求撤销儋州市政府作出 16 号无偿收地决定及海南省政府作出 188 号复议决定的行政行为。

2015 年 1 月 14 日，土地使用权人生茂公司以该宗地国有土地使用权在中国民生银行股份有限公司郑州分行进行抵押担保，并办理了儋他证（2015）第 021 号他项权证。2014 年 7 月 18 日，儋州市政府作出〔2014〕161 号《批复》，认定涉案土地为闲置土地。2014 年 7 月 31 日，儋州市新州镇人民政府向市国土部门提交《关于原新英镇南岸开发小区土地征用情况的说明》，载明：1993 年 4 月 1 日，儋州市土地管理局把土地补偿款全额支付给原新英镇南岸管理区，南岸村委会因各种原因未能把补偿款发放到村民手中，当地村民因此一直阻挠该公司进场施工，导致南岸开发小区项目一直未动工建设。2014 年 9 月 10 日，生茂公司向儋州市政府提交《关于新州镇南岸村 200 亩商住用地纳入规划的申请》，请求将涉案土地调整纳入儋州市总体规划，核准确定各项控规指标，以便尽快开工。2015 年 1 月 29 日，儋州市政府作出〔2015〕27 号《批复》，原则同意由儋州市住建局将生茂公司 13.332 公顷土地调整列入儋州市总体编制规划，同意市国土部门将该宗用地列入土地利用总体规划内，并与用地单位签订《延期开发协议》，约定在一年内开发建设，二年内完成竣工验收。之后，市国土部门并未与生茂公司签订《延期开发协议》，未约定新的动工开发期限。2018 年 2 月 13 日，儋州市政府作出 16 号无偿收地决定。

【案件争点】

（1）涉案土地是否构成闲置。（2）涉案土地闲置有无政府原因。（3）土地规划调整等政府行为以及相关政策是否构成无偿收地的阻却事由。（4）生茂公司有无应予保护的政府信赖利益。

【裁判要旨】

《城市房地产管理法》第26条规定："以出让方式取得土地使用权进行房地产开发的，必须按照土地使用权出让合同约定的土地用途、动工开发期限开发土地。超过出让合同约定的动工开发日期满一年未动工开发的，可以征收相当于土地使用权出让金百分之二十以下的土地闲置费；满二年未动工开发的，可以无偿收回土地使用权；但是，因不可抗力或者政府、政府有关部门的行为或者动工开发必需的前期工作造成动工开发迟延的除外。"《闲置土地处置办法》第14条第2款规定，除本办法第8条规定的情形外，未动工开发满二年的，由市、县国土资源主管部门按照《土地管理法》第37条①和《城市房地产管理法》第26条的规定，报经有批准权的人民政府批准后，向国有建设用地使用权人下达《收回国有建设用地使用权决定书》，无偿收回国有建设用地使用权。闲置土地设有抵押权的，同时抄送相关土地抵押权人。对于无偿收回闲置国有土地使用权案件，需要审查的是涉案土地是否构成闲置，并分析对造成涉案土地闲置有无政府和企业方面的原因。

处置闲置土地的根本目的是促进节约集约用地，盘活和优化利用土地资源。政府及相关职能部门应当主动履责，依法及时处置闲置土地。本案中，儋州市政府及职能部门在涉案土地长期闲置、符合无偿收回条件的情况下，怠于履行法定职责，是导致涉案土地长期闲置、形成本案讼争的原因之一，影响了土地的有效利用。儋州市国土部门自身对涉案土地规划调整的情况缺乏了解，影响了儋州市政府的正确判断和处理。造成涉案土地闲置的原因在于生茂公司自身，涉案土地符合无偿收回国有土地使用权的条件。

例案三：中国农业银行股份有限公司五指山市支行诉五指山市国土环境资源局、五指山市人民政府行政命令、行政确认案

【法院】

海南省高级人民法院

---

① 现行《土地管理法》第38条。

【案号】

（2014）琼环行终字第 1 号

【当事人】

上诉人（原审被告）：五指山市国土环境资源局

上诉人（原审被告）：五指山市人民政府

被上诉人（原审原告）：中国农业银行股份有限公司五指山市支行

原审第三人：五指山市国有资产监督管理委员会办公室

原审第三人：五指山市经贸实业发展总公司

【基本案情】

五指山市经贸实业发展总公司（简称经贸公司）于 1996 年 7 月 5 日向原中国农业银行通什支行借款人民币 100 万元，并以其所有的通国用（1995）字第 477 号《国有土地使用证》项下的土地提供抵押，并办理了抵押登记手续。该贷款债权已于 2008 年底随农行股份制改革剥离给财政部，现委托农行管理。2012 年 5 月 16 日，五指山市国土环境资源局（以下简称五指山市国土局）以包括经贸公司在内的 18 家公司在取得国有土地使用权后，并未按合同约定和有关规定进行开发建设，致使土地长期闲置为由，以五土环资字（2012）222 号《关于收回国有土地使用权的请示》向五指山市人民政府（以下简称五指山市政府）请示拟无偿收回上述公司的国有土地使用权，注销其土地使用证。2012 年 6 月 4 日，五指山市政府以五府函（2012）149 号《关于同意收回国有土地使用权的批复》，同意该局无偿收回包括经贸公司在内的 18 家公司的国有土地使用权的意见。2012 年 6 月 8 日，五指山市国土局在报纸上刊登《收回国有土地使用权事先告知书》，拟决定收回该国有土地使用权，并注销土地使用证。2012 年 6 月 13 日，五指山市国土局以邮寄的方式送达《收回国有土地使用权事先告知书》给经贸公司，邮局以"原址查无此人"为由退回五指山市国土局。2012 年 8 月 3 日，五指山市国土局在报纸上刊登《收回国有土地使用权事先告知书》，拟决定收回包括经贸公司在内的 9 家公司的国有土地使用权，并注销土地使用证。2012 年 8 月 28 日，五指山市国土局以邮寄的方式送达收地公告给经贸公司，邮局以"原址查无此人"为由退回五指山市国土局。2012 年 8 月 24 日，五指山市国土局将收地公告送达给中国农业银行股份有限公司五指山市支行（以下简称五指山农行）。2012 年 10 月 29 日，五指山市国土局向农行金贸支行发出《关于中国农业银行海口金贸支行要求维护资产权益的复函》："我局已决定收回上述国有土地使用权，并注销土地使用证。上述企业尚欠贵行的贷款及利息，请贵行联系上述企业，采取其他方式进行清偿。"2013 年 8 月 2 日，五指山市国有资产监督管理委员会办公室决定将包括经贸公司在内的 72 家企业关闭。工商登记机关尚未注销经贸公司。

【案件争点】

五指山国土局作出收地公告是否合法。

【裁判要旨】

依据《土地管理法》第 37 条第 1 款的规定（现行《土地管理法》第 38 条第 1 款），只有县级以上人民政府才能收回土地使用权，五指山市国土局作为五指山市政府的职能部门仅是负责具体实施，其以自己的名义作出收地公告属超越职权。依据国土资源部（现自然资源部）于 2012 年 5 月 22 日修订，并于 2012 年 7 月 1 日起施行的国土资源部令第 53 号《闲置土地处置办法》第 13 条第 2 款的规定，闲置土地设有抵押权的，市、县国土资源主管部门在拟订闲置土地处置方案时，应当书面通知相关抵押权人。五指山市国土局未经通知涉案土地抵押权人五指山农行，即以自己的名义作出收地公告，有违法定程序。同时，作为本案土地使用权人的第三人经贸公司为原通什市政府开办的国有企业，注册地即在五指山市，五指山市国土局就有关收地事先告知书及收地公告未经直接送到经贸公司即采取邮寄及公告送达方式予以送达，程序亦有不当。本案被诉收地公告于 2012 年 8 月 2 日作出，《闲置土地处置办法》已于 2012 年 5 月 22 日修订，并于 2012 年 7 月 1 日起施行，原审法院仍以修订前的《闲置土地处置办法》为据，以五指山市国土局未经通知抵押权人五指山农行参与拟定处置方案为由认定五指山市国土局作出的收地公告违反法定程序，属引用规章不当。撤销五指山市国土局经五指山市政府批准于 2012 年 8 月 2 日作出的《关于收回国有土地使用权公告》中涉及收回经贸公司所有的通国用（1995）字第 477 号国有土地使用权的行政行为。

三、裁判规则提要

（一）土地属于稀缺自然资源，应当高效、节约集约利用

土地是一切资源和环境要素的载体，是人类赖以生存和社会经济发展的基础。土地资源具有不可替代性，是不可再生的稀缺资源。世界上很多国家在发展过程中都注意到了土地的稀缺性，设立了禁止或限制土地闲置的制度。

全面节约和高效利用资源是我国社会和经济发展中的战略部署。人多、地少，

特别是耕地少，是我国的基本国情。城市的发展，伴随着土地，尤其是耕地资源的减少，实现可持续发展的战略，就必须节约和高效利用土地资源，避免闲置浪费。习近平总书记在十九大报告中指出，坚持人与自然和谐共生，必须树立和践行"绿水青山就是金山银山"的理念，坚持节约资源和保护环境的基本国策。国土空间规划划定了"三区三线"，在保护农业空间和生态空间的同时，要实现城镇的发展，就必须节约集约、高效利用土地，避免土地闲置浪费。我国法律层面对土地的合理利用作出了明确的规定。《宪法》第 10 条第 5 款规定："一切使用土地的组织和个人必须合理地利用土地。"《土地管理法》第 10 条规定："使用土地的单位和个人，有保护、管理和合理利用土地的义务。"土地使用人通过合法途径获取土地使用权后，除应当按照规划管制的用途和条件使用外，还应当节约集约利用，不能闲置浪费。从财产权的内在制约理论视角出发，土地使用权应受制约也是防止权利滥用的需要。①市场体制下，"合理用地"则要求防止和消除降低市场效率的现象，如垄断、囤地等。《土地管理法》也有"保护、开发土地资源，合理利用土地"的意旨。

（二）什么是闲置土地

1. 土地应当按照约定或规定的期限开发

为加强对土地资源的利用管理，自然资源主管部门会根据拟建设项目的不同，给予国有建设用地使用权合理的动工开发、竣工时间。我国常见的国有建设用地使用权取得方式主要是出让和划拨，通过出让方式取得国有建设用地使用权，受让人与自然资源主管部门签订的国有建设用地使用权出让合同中应当约定建设项目的动工开发、竣工时间，通过划拨方式取得国有建设用地使用权，划拨用地决定书中应当明确规定建设项目的动工开发、竣工时间。对于土地使用人而言，应当按照国有建设用地使用权出让合同的约定时间或者划拨决定书规定的时间进行开发建设。

2. 未按约定或规定期限开发满一年的，构成土地闲置

《土地管理法》第 38 条规定："禁止任何单位和个人闲置、荒芜耕地。已经办理审批手续的非农业建设占用耕地，一年内不用而又可以耕种并收获的，应当由原耕种该幅耕地的集体或者个人恢复耕种，也可以由用地单位组织耕种；一年以上未动工建设的，应当按照省、自治区、直辖市的规定缴纳闲置费；连续二年未使用的，经原批准机关批准，由县级以上人民政府无偿收回用地单位的土地使用权；该幅土

---

① 高慧铭：《闲置土地收回制度研究基本权利滥用的视角》，载《中外法学》2019 年第 6 期。

地原为农民集体所有的，应当交由原农村集体经济组织恢复耕种。在城市规划区范围内，以出让方式取得土地使用权进行房地产开发的闲置土地，依照《中华人民共和国城市房地产管理法》的有关规定办理。"

《城市房地产管理法》第 26 条规定："以出让方式取得土地使用权进行房地产开发的，必须按照土地使用权出让合同约定的土地用途、动工开发期限开发土地。超过出让合同约定的动工开发日期满一年未动工开发的，可以征收相当于土地使用权出让金百分之二十以下的土地闲置费；满二年未动工开发的，可以无偿收回土地使用权；但是，因不可抗力或者政府、政府有关部门的行为或者动工开发必需的前期工作造成动工开发迟延的除外。"《闲置土地处置办法》第 2 条第 1 款规定："本办法所称闲置土地，是指国有建设用地使用权人超过国有建设用地使用权有偿使用合同或者划拨决定书约定、规定的动工开发日期满一年未动工开发的国有建设用地。"从上述规定可以看出，以出让方式取得的国有建设用地使用权超出约定动工期限满一年未动工开发的，构成土地闲置。

（三）闲置土地认定标准

《闲置土地处置办法》第 2 条规定，建设用地使用权人超过国有建设用地使用权有偿使用合同或者划拨决定书约定、规定的动工开发日期满一年未动工开发的国有建设用地，认定为闲置土地。已动工开发但开发建设用地面积占应动工开发建设用地总面积不足三分之一或者已投资额占总投资额不足 25%，中止开发建设满一年的国有建设用地，也可以认定为闲置土地。

根据上述规定，构成闲置土地的有两种情形：一是国有建设用地使用权出让合同约定或者划拨决定书规定的动工开发日期届满，土地没有开工建设，且满一年的；二是虽然在国有建设用地使用权出让合同约定或者划拨决定书规定的动工期限内开工，但已动工开发建设用地面积占应动工开发建设用地总面积不足三分之一或者已投资额占总投资额不足 25% 的建设项目，中止开发建设满一年的。

对已动工开发后又终止开发建设满一年的闲置土地认定标准，除涉及国有建设用地使用权出让合同约定或者划拨决定书规定的动工开发期限外，还涉及动工开发和已投资额、总投资额条件的界定。根据《闲置土地处置办法》第 30 条规定，动工开发是指，依法取得施工许可证后，需挖深基坑的项目，基坑开挖完毕；使用桩基的项目，打入所有基础桩；其他项目，地基施工完成三分之一。也就是说，认定已动工开发的前提首先是已经依法取得施工许可证，是合法施工，未取得建筑工程施工许可证的建设项目，即使已经在土地上实际进行了建设，违法进场施工，也不能认定为已动工开发。其次，依法取得使用许可证后的建设进度，还需要根据不同项目所应采取基础施工方式的不同进行区分。投资额、总投资额，均指不含国有建设用地使用权出让价款、划拨价款和向国家缴纳的相关税费的项目投资额。也就是认定说，在核算建设项目已投资额、总投资额时，不能计算土地使用权取得费用和向国家缴纳的相关税费。

（四）对建设用地使用权人原因导致土地闲置满二年的，自然资源主管部门有权依法无偿收回

1. 从导致土地闲置原因的主体责任划分的角度，闲置土地构成可分为三种原因

一是政府、政府有关部门的行为导致的。包括：因未按照国有建设用地使用权有偿使用合同或者划拨决定书约定、规定的期限、条件将土地交付给国有建设用地使用权人，致使项目不具备动工开发条件的；因土地利用总体规划、城乡规划依法修改，造成国有建设用地使用权人不能按照国有建设用地使用权有偿使用合同或者划拨决定书约定、规定的用途、规划和建设条件开发的；因国家出台相关政策，需要对约定、规定的规划和建设条件进行修改的；因处置土地上相关群众信访事项无法动工开发的；因军事管制、文物保护等无法动工开发的；政府、政府有关部门的其他行为。

二是自然灾害等不可抗力导致的。包括：因地震等自然灾害致使项目不能按期动工或不具备动工条件的；因疫情原因导致项目不能按期动工开发的。

三是国有建设用地使用人的原因导致的。例如，因国有建设用地使用权人资金或经营出现问题，未能及时办理合法手续或合理安排工期，导致土地未能按期依法动工开发，也没有依法申请延期的；国有建设用地使用权人违反法律法规规定和合同约定、划拨决定书规定恶意囤地、炒地，拖延投资建设的。

2. 土地闲置产生的原因不同，面临不同的处理方式

（1）对于政府、政府相关部门行为导致土地闲置的，以及因自然灾害等不可抗力导致土地闲置的，根据《闲置土地处置办法》第12条规定，自然资源主管部门应当与国有建设用地使用权人协商处置，处置方式可选择：延长动工开发期限；调整土地用途、规划条件；由政府安排临时使用；协议有偿收回国有建设用地使用权；置换土地；市、县国土资源主管部门还可以根据实际情况规定其他处置方式。

（2）国有建设用地使用权人原因导致土地闲置的处理。对于经调查认定，是国

有建设用地使用权人的原因导致土地闲置的，按照《闲置土地处置办法》规定，闲置土地按照下列方式处理：

未动工开发满一年的，由市、县国土资源主管部门（现自然资源主管部门）报经本级人民政府批准后，向国有建设用地使用权人下达《征缴土地闲置费决定书》，按照土地出让或者划拨价款的 20% 征缴土地闲置费。土地闲置费不得列入生产成本。

未动工开发满二年的，由市、县自然资源主管部门按照《土地管理法》第 38 条和《城市房地产管理法》第 26 条的规定，报经有批准权的人民政府批准后，向国有建设用地使用权人下达《收回国有建设用地使用权决定书》，无偿收回国有建设用地使用权。

（五）国有建设用地使用权上设定抵押权，土地闲置满二年的，自然资源主管部门有权依法无偿收回

抵押是一种常见的债权担保措施，债务人不履行到期债务或者发生当事人约定的实现抵押权的情形，抵押权人可以与抵押人协议以抵押财产折价或者以拍卖、变卖该抵押财产所得的价款优先受偿。根据《民法典》等相关法律规定，国有建设用地使用权可以抵押，国有建设用地使用权抵押，抵押人与抵押权人应当签订抵押合同，抵押合同不得违背国家法律、法规的规定和国有建设用地使用权出让合同的约定。

以国有建设用地使用权设定抵押，当设定抵押权的国有建设用地使用权因国有建设用地使用权人的原因造成土地闲置满二年的，在建设用地上产生了抵押权与收回权冲突的问题。从权利属性分析，闲置土地收回权属于公权力的行使，旨在政府实现国家对自然资源的合理配置，避免资源浪费，维护的是公共利益；抵押权的实现属于私权利，目的是担保债权的实现，维护的是抵押权人的利益。

为了更好地处置和有效利用闲置土地，我国法律赋予自然资源主管部门处置闲置土地的权力。因国有建设用地使用权人的原因造成土地闲置的，根据《闲置土地处置办法》第 14 条规定，未动工开发满二年的，由市、县国土资源主管部门按照《土地管理法》第 38 条和《城市房地产管理法》第 26 条的规定，报经有批准权的人民政府批准后，向国有建设用地使用权人下达《收回国有建设用地使用权决定书》，无偿收回国有建设用地使用权。闲置土地设有抵押权的，同时抄送相关土地抵押权人。第 13 条还规定，在拟定设有抵押权的闲置土地处置方案时，市、县国土资源主管部门应当书面通知抵押权人。可见，在通常情况下，即使国有建设用地使用权上

已经设立了抵押权，在依法被认定为闲置的情况下，自然资源主管部门依然有权予以无偿收回，但应履行通知抵押权人等法定程序。

目前构成闲置国有建设用地使用权收回制度的有效规则主要是《土地管理法》《城市房地产管理法》《闲置土地处置办法》等土地行政管理层面的法律法规，因此，收回行为被定性为行政处罚。按照公法的逻辑运行，由政府或自然资源主管部门以行政执法主体的身份通过行使土地行政管理权予以驱动，这构成了闲置国有建设用地使用权收回的"权力驱动型"规范模式。在"权力驱动型"规范模式下，闲置国有建设用地使用权被无偿收回的，抵押权人只是其利益被考虑的主体，而无权提出独立主张，只享有知情权和参与权。[①]也有观点认为，闲置土地处置方案或者作出征缴土地闲置费、收回国有建设用地使用权处罚决定不仅仅是书面通知相关抵押权人的问题，而是应当衔接好抵押权的有效保护。

从物权角度，建设用地使用权是用益物权，抵押权是他物权，国有建设用地使用权上的抵押权，是建立在国有建设用地使用权基础上的，国有建设用地使用权的消灭直接导致在该权利上所设抵押权的消灭。为节约集约、高效利用土地资源，《土地管理法》《城市房地产管理法》对建设用地使用权的使用进行了限制性规定，对构成闲置浪费的土地，自然资源主管部门经有权限人民政府批准后可以收回建设用地使用权。这种法定的闲置土地的收回权，是建设用地使用权设立之初便存在的，也是抵押权设立之前存在的公权力。抵押权人在抵押权设立之初，便应当知道国有建设用地可能面临闲置而被收回的风险，抵押权人接受抵押权的设立，意味着同时接受该设定抵押权的国有建设用地使用权闲置被收回的风险。因此，国有建设用地使用权因使用人的原因闲置满二年的，自然资源主管部门有权依法收回，不应受到抵押权存在的限制。

（六）政府无偿收回闲置满二年的国有建设用地使用权的阻却事由

首先，建设用地闲置满两年可以依法无偿收回，必须是建设用地使用权人导致土地闲置。《城市房地产管理法》第26条规定："以出让方式取得土地使用权进行房地产开发的，必须按照土地使用权出让合同约定的土地用途、动工开发期限开发土地。超过出让合同约定的动工开发日期满一年未动工开发的，可以征收相当于土地

---

① 蔡立东、刘思铭：《闲置国有建设用地使用权收回制度的司法实证研究》，载《法商研究》2014年第3期。

使用权出让金百分之二十以下的土地闲置费；满二年未动工开发的，可以无偿收回土地使用权；但是，因不可抗力或者政府、政府有关部门的行为或者动工开发必需的前期工作造成动工开发迟延的除外。"未按约定的动工期限开发土地，导致土地闲置，不论是闲置满一年收取土地闲置费还是闲置满二年无偿收回，都是对国有建设用地使用人未按期开发行为作出的一种处罚，针对的也应当是国有建设用地使用人导致的闲置行为。因不可抗力或者政府、政府有关部门的行为或者动工开发必需的前期工作造成动工开发迟延，对于这些不属于国有建设用地使用人原因导致土地闲置的情况，不得作出同样处罚。

其次，若该土地在收回前已被法院查封并进入执行阶段，则自然资源主管部门不宜再收回国有土地使用权。闲置土地除存在公权力与抵押权这种私权利的冲突外，也会面临与司法权的冲突。《最高人民法院、国土资源部、建设部关于依法规范人民法院执行和国土资源房地产管理部门协助执行若干问题的通知》第22条第1款规定："国土资源、房地产管理部门对被人民法院依法查封、预查封的土地使用权、房屋，在查封、预查封期间不得办理抵押、转让等权属变更、转移登记手续。"自然资源主管部门依法无偿收回国有建设用地使用权，也是导致建设用地使用权转移的一种行为。因此，在闲置土地依法收回前，土地已被人民法院依法查封、进行执行过程中的，不宜收回该国有土地使用权，改变土地使用权人。

最后，自然资源主管部门收回闲置土地的行为是一种具体行政行为，应当依照法定的程序实施。同时，抵押权人作为该行为的利害关系人，对闲置土地认定错误或未按程序实施的，有权依法申请撤销。《闲置土地处置办法》除规定土地无偿收回应当告知抵押权人外，第13条还规定，在拟定设有抵押权的闲置土地处置方案时，市、县国土资源主管部门应当书面通知抵押权人。自然资源主管部门应当充分尽到告知义务，以便抵押权人及时维护合法权益。《民法典》规定，抵押财产价值减少的，抵押权人有权请求恢复抵押财产的价值，或者提供与减少的价值相应的担保。抵押人不恢复抵押财产的价值，也不提供担保的，抵押权人有权请求债务人提前清偿债务。因此，自然资源管理部门在行使闲置土地收回行为时，应当依据法定程序，保障抵押权人的知悉、参与的权利。

四、辅助信息

《土地管理法》

第三十八条　禁止任何单位和个人闲置、荒芜耕地。已经办理审批手续的非农业建设占用耕地，一年内不用而又可以耕种并收获的，应当由原耕种该幅耕地的集体或者个人恢复耕种，也可以由用地单位组织耕种；一年以上未动工建设的，应当按照省、自治区、直辖市的规定缴纳闲置费；连续二年未使用的，经原批准机关批准，由县级以上人民政府无偿收回用地单位的土地使用权；该幅土地原为农民集体所有的，应当交由原农村集体经济组织恢复耕种。

在城市规划区范围内，以出让方式取得土地使用权进行房地产开发的闲置土地，依照《中华人民共和国城市房地产管理法》的有关规定办理。

《城市房地产管理法》

第二十六条　以出让方式取得土地使用权进行房地产开发的，必须按照土地使用权出让合同约定的土地用途、动工开发期限开发土地。超过出让合同约定的动工开发日期满一年未动工开发的，可以征收相当于土地使用权出让金百分之二十以下的土地闲置费；满二年未动工开发的，可以无偿收回土地使用权；但是，因不可抗力或者政府、政府有关部门的行为或者动工开发必需的前期工作造成动工开发迟延的除外。

《闲置土地处置办法》

第十四条　除本办法第八条规定情形外，闲置土地按照下列方式处理：

（一）未动工开发满一年的，由市、县国土资源主管部门报经本级人民政府批准后，向国有建设用地使用权人下达《征缴土地闲置费决定书》，按照土地出让或者划拨价款的百分之二十征缴土地闲置费。土地闲置费不得列入生产成本；

（二）未动工开发满两年的，由市、县国土资源主管部门按照《中华人民共和国土地管理法》第三十七条和《中华人民共和国城市房地产管理法》第二十六条的规定，报经有批准权的人民政府批准后，向国有建设用地使用权人下达《收回国有建设用地使用权决定书》，无偿收回国有建设用地使用权。闲置土地设有抵押权的，同时抄送相关土地抵押权人。

《最高人民法院、国土资源部、建设部关于依法规范人民法院执行和国土资源房地产管理部门协助执行若干问题的通知》

第二十二条第一款 国土资源、房地产管理部门对被人民法院依法查封、预查封的土地使用权、房屋，在查封、预查封期间不得办理抵押、转让等权属变更、转移登记手续。

《最高人民法院关于人民法院执行工作若干问题的规定（试行）》

32. 被执行人或其他人擅自处分已被查封、扣押、冻结财产的，人民法院有权责令责任人限期追回财产或承担相应的赔偿责任。

国有土地使用权合同纠纷裁判规则第 18 条：

由受让方办理划拨土地使用权出让手续的，转让合同可以按照补偿性质的合同处理

【规则描述】　　划拨土地使用权未经批准不得转让是我国现行土地法律制度的基本原则，但实践中却存在着诸多划拨土地使用权人与受让方签订土地转让合同的情况。为适应我国社会经济发展的实际需要，划拨土地使用权人与受让方之间订立转让合同后，划拨土地使用权由政府收回，再重新以出让方式由受让方取得，并由受让方办理国有建设用地使用权出让手续，转让合同可以按照补偿性质合同处理。按照补偿性质合同处理，充分考虑了划拨土地使用权人虽然是无偿取得划拨土地使用权，但实际上划拨土地使用权人为拆迁安置、开发建设进行了必要投入的情况；按照补偿性质合同处理，在一定程度上弥补了我国现有法律对划拨土地使用权人利益保护不够的现实缺憾。由第三方给付划拨土地使用权人一定的费用，可以弥补划拨土地使用权人所失利益，将划拨土地使用权人所获利益赋予补偿金的法律界定。

一、类案检索大数据报告

时间：2021 年 5 月 18 日之前；案例来源：Alpha 案例库；案由：民事；检索条件：法院认为包含：土地使用权人与受让方订立的合同可以按照补偿性质的合同处理；案件数量：116 件。

数据采集时间：2021 年 5 月 18 日；本次检索获取了民事 2021 年 5 月 18 日前共 116 篇裁判文书。整体情况如图 18-1 所示：

1. 认为起诉前经有批准权的人民政府同意转让，土地使用权人与受让方订立的

合同可以按照补偿性质的合同处理的案件共计89件，占比为76.72%；

2. 认为土地使用权人未经有批准权的人民政府批准，与受让方订立合同转让划拨土地使用权的，应当认定合同无效的案件共计10件，占比为8.62%；

3. 认为应当按照拆迁补偿协议进行处理的案件共计7件，占比为6.03%；

4. 认为土地使用权转让合同有效的案件共计5件，占比为4.31%；

5. 认为房屋买卖合同不涉及本条适用的案件共计3件，占比为2.59%；

6. 认为应当判决合同继续履行的案件共计2件，占比为1.73%。

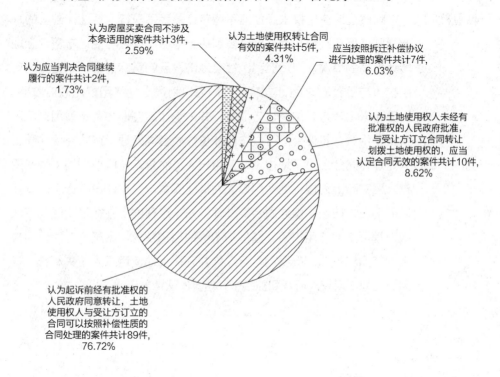

图 18-1　案件审理情况

如图 18-2 所示，通过设置检索条件：法院认为包含土地使用权人与受让方订立的合同可以按照补偿性质的合同处理，可从下方的年份分布可以看到当前条件下民事案例数量的变化趋势。

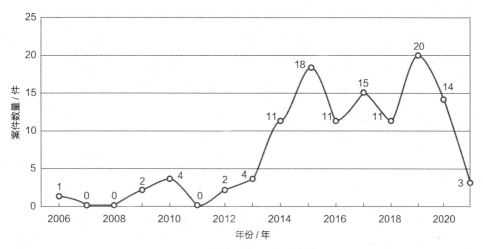

图 18-2　案件的年份收结案情况

如图 18-3 所示，从下面的程序分类统计可以看到当前条件下民事案件的审理程序分布状况。一审案件有 42 件，二审案件有 55 件，再审案件有 18 件，执行案件有 1 件。

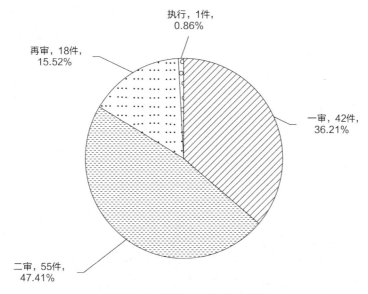

图 18-3　案件的年度审结情况

如图 18-4 所示，通过对一审裁判结果的可视化分析可以看到，当前条件下全部/部分支持的有 31 件，占比为 73.81%；全部驳回的有 11 件，占比为 26.19%。

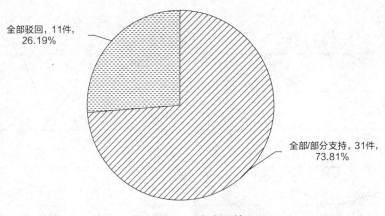

图 18-4　一审审理情况

　　如图 18-5 所示，通过对二审裁判结果的可视化分析可以看到，当前条件下维持原判的有 29 件，占比为 52.73%；改判的有 16 件，占比为 29.09%；发回重审的有 2 件，占比为 3.64%；其他的有 8 件，占比为 14.54%。

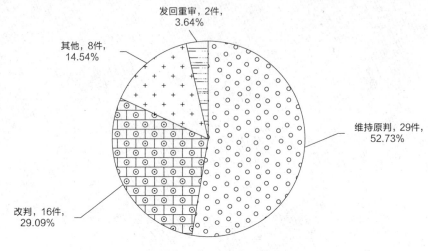

图 18-5　二审审理情况

　　如图 18-6 所示，通过对再审裁判结果的可视化分析可以看到，当前条件下维持原判的有 13 件，占比为 72.22%；改判的有 4 件，占比为 22.22%；提审 / 指令审理的有 1 件，占比为 5.56%。

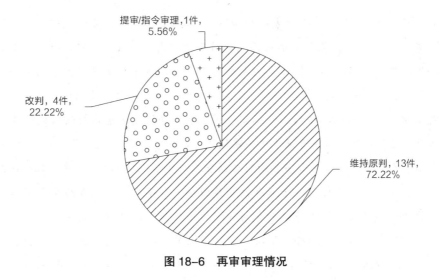

提审/指令审理,1件,5.56%

改判,4件,22.22%

维持原判,13件,72.22%

图 18-6　再审审理情况

二、可供参考的例案

例案一：平凉市第二人民医院与平凉市金宇房地产开发有限责任公司等合同、侵权纠纷案

【法院】

　　甘肃省高级人民法院

【案号】

　　（2019）甘民终 188 号

【当事人】

　　上诉人（原审原告）：平凉市第二人民医院

　　上诉人（原审被告）：平凉市金宇房地产开发有限责任公司

　　上诉人（原审被告）：平凉天泰房地产开发有限责任公司

【基本案情】

　　2011 年 7 月 5 日，平凉市金宇房地产开发有限责任公司（以下简称金宇公司）、平凉天泰房地产开发有限责任公司（以下简称天泰公司）与平凉市第二人民医院（以下简称市二院）达成《协作协议》，约定：星兴商厦改扩建工程因消防通道问题，金宇公司请求市二院协作，市二院拆除位于西北角锅炉房及办公用房、洗衣房并腾

出堆煤场地，共计 1261.27 平方米；拆除取暖锅炉两台 16 吨，蒸汽锅炉 2 吨，腾出消防通道 1035 平方米，供星兴商厦遇火灾时无偿使用，产权仍归市二院；金宇公司作为补偿，拆除现门诊楼西侧前至东大街的所有建筑，并在新建筑物东侧负一楼修建 180 平方米四星级公厕，其拆迁费、安置费由金宇公司承担；腾出地皮作为市二院停车及绿化用地，其门诊楼西山墙不得少于 9 米，其前方建筑物拆除后的地皮归市二院所有；在异地为市二院选址修建供暖锅炉房。

市二院西南角门面房由金宇公司负责拆除，与市二院内的 933.3 平方米地皮，由金宇公司、天泰公司办理土地手续并修建建筑物。金宇公司、天泰公司向市二院提供的安置功能用房及补偿用房总面积为 6637.3 平方米。协作中建筑及办理产权等手续费用均由金宇公司、天泰公司负担。市二院门前及以西规划范围建筑物金宇公司在 2011 年 8 月底前完成，市二院现锅炉房在新锅炉启用后拆除，锅炉及附属设施由金宇公司、天泰公司处置，洗衣房在新洗衣房启用后拆除。

2012 年 2 月 10 日，金宇公司、天泰公司共同向市二院出具承诺书，承诺为了使双方签订《协作协议》更加有效，该工程项目无论规划方案怎么变化，向市二院返还的平方米面积不变。

2013 年 1 月 23 日，市政府市长办公会议指出，对金宇公司、天泰公司与市二院之间存在的争议，必须在 2011 年 7 月 5 日双方达成的土地置换协议的大前提下，根据变化的有关实际情况协商解决，任何一方不得随意改变承诺和协议的执行。会议决定，对市二院门诊楼西侧至商办楼建筑物拆除后腾出的地皮，若星兴商厦确需要在地下建设污水管网及化粪池，在地上设置进入商办楼通道，由市国土局协调，对占用部分给予市二院相应的补偿，并在明晰产权的前提下作为公共资源，纳入市政设施统一管理，原则上必须方便群众就医和生活。若不占用，则由规划局负责调整规划，将该宗地退回市二院，明确相关产权。

2013 年 6 月 7 日，双方签订《安置补偿协议》，就《协作协议》中补偿市二院的功能用房及其他用房面积、位置、装修等问题重申并补充约定。双方就新建锅炉房达成协议，约定金宇公司、天泰公司在南舒园房产局锅炉房原址为市某院锅炉房，以及锅炉房的规格、配置、交付日期等内容。

2013 年 6 月 13 日金宇公司、天泰公司向市二院出具保证书，保证新建商厦东侧、东西大街的北侧设置公共卫生间的门，并作为商厦的消防疏散门，作为发生火灾时人员疏散逃生用，不作为宾馆的出入口。

上述协议签订后，金宇公司、天泰公司拆除了市二院的锅炉办公室及水处理房

125.64平方米。通过挂牌出让程序，与平凉市国土局签订土地使用权出让合同，约定出让土地使用权面积6054.26平方米，位置为东、西大街南侧，南门巷东侧、市二院西侧，之后办理了土地使用权证。

市二院认为，在实际履行过程中，金宇公司、天泰公司违背协议及承诺，未提供安置功能用房及补偿用房，对市二院设计的装修图纸也拒绝使用。擅自将应当交付的B座大厦一至四楼全部装修成商场，对外租赁、出售。擅自在A座大厦以东修建楼梯、停车场等，占用了应当留作消防通道需要腾空的370平方米的土地。

金宇公司、天泰公司认为，市二院与金宇公司、天泰公司签订的《协作协议》以及《安置补偿协议》的前提和目的是拆除市二院锅炉房，腾出地皮以解决星兴商厦改扩建工程的消防通道。但是，2016年三方签订市二院锅炉房有关履约问题的会议纪要约定，由金宇公司、天泰公司将新建锅炉房的790万元保证金一次性划拨到市二院账户，由市二院对现有锅炉房自行改造，不再异地修建。现上述资金已履行到位，金宇公司、天泰公司不再拆除市二院原西北角地上附着物以解决消防通道。所以，《协作协议》及《安置补偿协议》的前提和基础已不存在，自动终止履行。

【案件争点】

市二院与金宇公司、天泰公司签订的《协作协议》性质如何认定。

【裁判要旨】

天泰公司与金宇公司签订的《协作协议》中约定划拨土地使用权人市二院拆除一定附属物并提供相应土地由二公司办理土地手续并按规划部门规划条件及要求修建建筑物，可以说从含有土地转让等性质的合同转化为补偿性质的合同。

由于土地使用权出让合同是由政府主管部门与转让方签订的，随着原划拨土地使用权的消灭和新的土地使用权的取得，原划拨土地使用权人与受转让方之间的合同性质就发生了变化，事实上产生了政府与划拨土地使用权人、受让方三者之间新的关系：由于政府收回土地的行为源于原划拨土地使用权人将划拨土地使用权转让给受让方，受让方按照双方的约定须支付给原划拨土地使用权人相应的价款或房屋，此笔价款或房屋可视为对原划拨土地使用权人土地被收回的补偿，只是给予补偿的主体是受让方，而不是政府。从另一个角度来讲，正是因为有了原划拨土地使用权人的转让，受让方才能与政府订立土地出让合同，取得该宗土地的使用权；而对于原划拨土地使用权人让出土地可能带来的投入损失，应当由受让方给予补偿。基于此，在受让方与政府部门办理出让土地手续后，划拨土地使用权人与受让方之间的转让合同应当定位于按照补偿合同的性质处理。

> **例案二：胜利油田泰恒实业总公司与东营瑞康房地产开发有限公司建设用地使用权转让合同纠纷案**

【法院】

山东省高级人民法院

【案号】

（2014）鲁民一终字第 214 号

【当事人】

上诉人（原审被告）：东营瑞康房地产开发有限公司

被上诉人（原审原告）：胜利油田泰恒实业总公司

【基本案情】

2007 年 7 月 23 日，胜利油田泰恒实业总公司（以下简称泰恒公司）与东营瑞康房地产开发有限公司（以下简称瑞康公司）签订《合作开发协议书》。该协议书约定：泰恒公司提供国有土地使用权且满足项目规划条件及土地使用权类型、用途、使用年限用地要求的土地。在土地具备过户条件时，过户至瑞康公司名下，过户费用由瑞康公司承担。泰恒公司合作开发所得收益采用包干的方式，根据本项目进度，分四次付清。

2009 年 6 月 14 日，东营市国土资源局与瑞康公司签订国有建设用地使用权出让合同，根据合同约定，瑞康公司依法取得编号为 010203022105、面积为 1184.1 平方米的 B 地块的土地使用权，并交付该土地使用权出让价款 171 万元。

【案件争点】

关于双方签订的合作开发协议书的性质如何认定。

【裁判要旨】

案涉协议约定，泰恒公司享有土地所得收益包干价 800 万元，不承担合作开发项目的经营风险，依据《国有土地使用权司法解释》（法释〔2005〕5 号）第 24 条①的规定，原审判决认定案涉协议系建设用地使用权转让合同，并无不当。瑞康公司主张案涉项目开发的所有手续均是泰恒公司向政府相关部门提交材料办理在瑞康公司名下，并且参与了工程的开发建设及房屋销售，本案应为"合资、合作开发合同"纠纷。法院认为，上述权利义务是双方当事人对土地转让过程中的责任分担，并非

---

① 该司法解释已于 2020 年 12 月 23 日修正，本案所涉第 24 条修改为第 21 条，内容未作修改。

针对合作开发项目的经营风险的分担，该责任分担不能改变案涉协议的性质，其该项上诉主张不能成立。鉴于双方当事人订立案涉协议转让的是国有划拨土地使用权，起诉前东营市人民政府已经同意转让，并由上诉人办理了土地使用权出让手续，依照《国有土地使用权司法解释》（法释〔2005〕5号）第12条[①]的规定，案涉协议有效，协议约定的被上诉人收益800万元具有土地使用权补偿性质。

例案三：中国化学工业桂林工程有限公司与桂林市双达房地产开发有限公司合同纠纷案

【法院】

广西壮族自治区高级人民法院

【案号】

（2016）桂民再63号

【当事人】

再审申请人（一审原告、反诉被告，二审上诉人）：中国化学工业桂林工程有限公司

再审申请人（一审被告、反诉原告，二审上诉人）：桂林市双达房地产开发有限公司

【基本案情】

中国化学工业桂林工程有限公司（以下简称化工公司）拥有的桂林市七星区七星路77号国有划拨土地使用权共计28721.3平方米。2002年9月30日，化工公司与桂林市双达房地产开发有限公司（以下简称双达公司）签订了一份《联合建房协议》，协议约定：由化工公司按A地、B地、C地三个地块提供土地合计约10500平方米，协助双达公司办理立项、规划定点手续，双达公司按最终定点文件确定的建筑面积负责全部投资、建设事务进行商品房开发的方式进行合作。

2003年6月3日，桂林市发展计划委员会向双达公司作出《关于明珠花园B区项目立项的批复》（市计投字〔2003〕60号），同意明珠花园B区项目立项。2004年8月26日，桂林市国土资源局以《关于桂林市双达房地产开发有限公司新建"明珠花园"B地块商住楼项目建设用地的请示》（市国土资报〔2004〕460号），向桂林市

---

① 该司法解释已于2020年12月23日修正，本案所涉第12条修改为第10条，内容未作修改。

人民政府请示批准收回化工公司的土地使用权 18774 平方米，将其中的 18550 平方米出让给双达公司用于开发"明珠花园"B 地块。同年 8 月 31 日，桂林市人民政府以《桂林市人民政府关于同意桂林市双达房地产开发有限公司新建明珠花园 B 地块商住楼项目用地的批复》（市政函〔2004〕403 号），同意将化工公司原使用的 18774 平方米国有土地使用权收回，并将其中的 18550 平方米在完善有关手续后，出让给双达公司作为新建"明珠花园"B 地块商住楼项目建设用地。

2005 年 12 月 5 日，化工公司、双达公司双方签订了一份《土地转让协议》，协议约定，2002 年《联合建房协议》约定的化工公司提供 B 地块 5500 平方米，由化工公司以 550 万元转让给双达公司。2007 年 12 月 8 日，化工公司、双达公司签订《联合开发土地协议书》。协议约定：化工公司将自身拥有的 12650 平方米土地转让给双达公司，双达公司投入全部开发资金进行房屋开发，化工公司向双达公司收取 10650 平方米土地使用权转让金的方式实现其所得利益。2008 年 1 月 18 日，双方签订《联合开发土地协议书》，协议对 2007 年 12 月 8 日协议中 10650 平方米土地使用权由化工公司转让给双达公司进行开发后建成的商品房的分配原则确定为双方三七分成，即化工公司享有 30%，双达公司享有 70%，化工公司同意由双达公司按市场价代为出售，销售收入归化工公司所有。上述协议签订及履行过程中，双达公司将分配给化工公司的商品房进行了销售，给付了化工公司部分销售款。

【案件争点】

土地原使用人化工公司与双达公司达成《联合建房协议》的性质如何认定。

【裁判要旨】

一方面，根据《国有土地使用权司法解释》（法释〔2005〕5 号）第 14 条①规定："本解释所称的合作开发房地产合同，是指当事人订立的以提供出让土地使用权、资金等作为共同投资，共享利润、共担风险合作开发房地产为基本内容的协议。"第 24 条②规定："合作开发房地产合同约定提供土地使用权的当事人不承担经营风险，只收取固定利益的，应当认定为土地使用权转让合同。"本案中，化工公司与双达公司于 2002 年 9 月 30 日签订的《联合建房协议》中约定，由化工公司提供划拨土地使用权，由双达公司投入资金，化工公司分配固定的建筑面积。因此，可以认定，双方

---

① 该司法解释已于 2020 年 12 月 23 日修正，本案所涉第 14 条修改为第 12 条："本解释所称的合作开发房地产合同，是指当事人订立的以提供出让土地使用权、资金等作为共同投资，共享利润、共担风险合作开发房地产为基本内容的合同。"

② 该司法解释已于 2020 年 12 月 23 日修正，本案所涉第 24 条修改为第 21 条，内容未作修改。

在协议中约定化工公司不承担经营风险，而收取固定利益。因此，一审、二审法院依法认定该合同名为合作开发，实为土地使用权转让合同性质是正确的。另一方面，根据《国有土地使用权司法解释》（法释〔2005〕5 号）第 12 条①规定："土地使用权人与受让方订立合同转让划拨土地使用权，起诉前经有批准权的人民政府同意转让，并由受让方办理土地使用权出让手续的，土地使用权人与受让方订立的合同可以按照补偿性质的合同处理。"原划拨土地使用权人同意政府收回其划拨土地使用权，是因为可以得到一定的收益，按理说政府要给予一定的补偿，但由于政府收回土地的行为源于原划拨土地使用权人将划拨土地使用权转让给受让方，受让方按照双方合同的约定需支付给原划拨土地使用权人相应的价款，此笔款项可视为对原划拨土地使用权被收回的补偿，只是给予补偿的主体是受让方，而不是政府。土地受让方对于划拨土地使用权人的补偿，包括对于其失去划拨土地使用权所可能带来的不利益的补偿，也包括对土地上的房屋及其他附着物的补偿，因为往往地上物的价值远不及补偿的价款，不应理解为只是对于地上房屋或其他附着物的补偿。

本案双方当事人于 2002 年 9 月 18 日就开始共同申请立项，并于当月 30 日签订《联合建房协议》。2003 年 6 月 3 日，桂林市发改委批复立项。2003 年 12 月 25 日，桂林市建规委同意规划新建"明珠花园"。2004 年 8 月 26 日，桂林市国土资源局以《关于桂林市双达房地产开发有限责任公司新建"明珠花园"B 地块商住楼项目建设用地的请示》向桂林市政府请示批准收回化工公司的涉案争议土地。《请示》中已经明确："该土地原使用者为化学工业部桂林橡胶工业设计研究院（现称中国化学工业桂林工程公司），桂林市双达房地产开发有限责任公司已与中国化学工业桂林工程公司达成了联合建房协议。"同年 8 月 31 日，桂林市政府批复同意桂林市国土资源局的用地请示。再审期间，化工公司向法院提交桂林市国土资源局于 2015 年 12 月 7 日向中国化学工程集团公司出具的《关于〈桂林市"以房养路"项目明珠花园 B 地块土地出让事宜的联系函〉的答复函》，该复函内容证实了国土资源局向市政府请示该项目用地时，已经明确了双方联合建房的情况，并证实了化工公司因土地使用权被收回并未得到补偿。结合双方长达八九年履行合同中双达公司对化工公司补偿的行为性质，可以认定，化工公司与双达公司签订的《联合建房协议》已经得到有批准权的桂林市人民政府的批准，即有批准权的人民政府同意双方当事人达成的补偿协议，本案双方当事人之间的合同性质应当按国有土地使用权转让中的补偿协议性质处理。

---

① 该司法解释已于 2020 年 12 月 23 日修正，本案所涉第 12 条修改为第 10 条，内容未作修改。

三、裁判规则提要

本规则提要分为以下几个部分，首先，从划拨土地使用权①转让须经政府批准同意的历史原因、立法发展角度进行阐述；其次，对"有批准权的人民政府同意转让"所涉及的有批准权的人民政府的认定、实践中有批准权的人民政府对"划拨土地使用权转让"批准同意的认定进行深入分析；再次，就办理土地出让手续、"招拍挂"出让等司法实务问题进行说明；最后，阐述划拨土地转让合同按补偿合同性质处理。

（一）划拨土地使用权转让须经有批准权人民政府同意

根据我国现行土地管理制度，划拨土地使用权的转让、出租或者抵押只有在满足法定条件的情况下，并经市、县人民政府土地管理部门和房产管理部门批准才可以实施。②

随着社会经济发展的需要，放开对划拨土地转让的限制，同时根据转让后的土地使用用途，确定是否实行有偿使用有一个发展过程。《国家土地管理局关于印发〈教育、体育和卫生行业划拨用地项目目录（试行）〉的通知》（已失效）中强调该目录是为贯彻国家产业政策，保证国家公益事业的建设和发展而制定，并且还规定"凡以划拨方式取得的土地使用权，不得转让、出租和抵押。确需对划拨土地使用权进行转让、出租和抵押的，应按规定办理土地使用权出让手续，缴纳土地使用权出让金。经批准可以不办理土地使用权出让手续的，转让方也应按规定将转让所获收益中的土地收益上缴国家或者作其它处理"。而 2001 年颁布的《划拨用地目录》并没有再强调公益性质等概念，也删除了划拨土地不得转让、出租和抵押的规定，而是规定"以划拨方式取得的土地使用权，因企业改制、土地使用权转让或者改变土

① 参见《城市房地产管理法》第 23 条第 1 款规定："土地使用权划拨，是指县级以上人民政府依法批准，在土地使用者缴纳补偿、安置等费用后将该幅土地交付其使用，或者将土地使用权无偿交付给土地使用者使用的行为。"

② 参见《城镇国有土地使用权出让和转让暂行条例》第 45 条："符合下列条件的，经市、县人民政府土地管理部门和房产管理部门批准，其划拨土地使用权和地上建筑物、其他附着物所有权可以转让、出租、抵押：（一）土地使用者为公司、企业、其他经济组织和个人；（二）领有国有土地使用证；（三）具有地上建筑物、其他附着物合法的产权证明；（四）依照本条例第二章的规定签订土地使用权出让合同，向当地市、县人民政府补交土地使用权出让金或者以转让、出租、抵押所获收益抵交土地使用权出让金。转让、出租、抵押前款划拨土地使用权的，分别依照本条例第三章、第四章和第五章的规定办理。"

地用途等不再符合本目录的，应当实行有偿使用"。

1. 历史原因

之所以限制划拨土地使用权流转，源于我国基本经济制度及相应的土地制度。新中国成立初期，我国处于土地国有和私有制度并存的状态，使用国有土地还需缴纳租金或使用费，但随着计划经济体制的实施，城镇土地中不论是商业用地还是公益性用地，统一由政府行政划拨，因此，产生了大量的划拨土地。1954 年以后，国营企业、机关、部队、学校等经政府批准占用土地，一律由当地政府无偿划拨，不再缴纳租金或使用费，自此，我国开始实行国有单位无偿取得并无偿使用国有土地的制度。在当时的社会环境下，不存在土地市场，土地不能流转，也不具备流转的条件与必要性。

2. 立法发展

受深远历史原因的影响，划拨土地具有了行政性、使用的无期限性、无偿性和无流转性等特征，这种特性是在高度集中计划经济体制下演变而来的。随着我国社会经济的不断改革完善，划拨土地制度的弊端渐渐显露，主要表现：（1）城市土地无限期使用导致土地所有权属国家的属性被取代；（2）土地无流动性使得土地供应效率降低，资源无法释放；（3）土地使用无偿性、无流动性严重制约市场对土地的需求，与市场经济流动性和开放性的特征相冲突矛盾；（4）划拨土地使用权人变相将划拨土地改成经营性用途，获取利益，产生了诸多"非法寻租"的情况。

随着社会主义市场经济体制提上议程，为适应改革开放后不动产和房地产市场可流转的基本需要，国家对土地制度进行了一系列改革，并逐步确立了国有土地有偿使用制度。也有学者称，划拨土地使用权流转经历了从"禁止"到"基本开放"的阶段。[①]1979 年颁布的《中外合资经营企业法》首次打破国有土地无偿使用制度；1988 年修改《宪法》，确认土地使用权可依照法律进行转让；1988 年修改《土地管理法》，规定国家实行国有土地有偿使用制度；1990 年颁布《城镇国有土地使用权出让和转让暂行条例》，进一步规定国有土地使用权可依法进行出让和转让；1992 年颁布《划拨土地使用权管理暂行办法》，专门针对划拨土地使用权的管理和流转立法。由此，我国国有土地使用权单一制发展为取得国有土地使用权的"双轨制"，即划拨土地使用权和出让土地使用权并行制度，在此制度背景下，划拨土地得到政府批准后，可以有限度地正常流转。

从我国土地法律制度的演变，反映出了我国划拨土地制度在流转条件上从"严"

---

① 钟京涛：《划拨土地使用权必须全面流转》，载《中外房地产导报》2001 年第 19 期。

到"宽"；在流转范围上，从"小"到"大"。逐步缩小划拨土地使用权流转条件的限制，将受到制度约束的划拨土地使用权纳入统一的土地市场进行管理，这是我国土地制度发展中的一大趋势。

（二）如何认定"有批准权的人民政府同意转让"

1. 关于有批准权的人民政府

（1）经人民政府或政府自然资源主管部门批准同意的，均可视为有批准权的人民政府同意。划拨土地使用权转让前须经有批准权的人民政府同意是划拨土地转让具备合法性的前提条件，按照现行的法律规定，经人民政府或人民政府自然资源主管部门批准同意的，均可以视为取得人民政府同意。《城镇国有土地使用权出让和转让暂行条例》第45条规定："符合下列条件的，经市、县人民政府土地管理部门和房产管理部门批准，其划拨土地使用权和地上建筑物、其他附着物所有权可以转让、出租、抵押……"《产业用地政策实施工作指引（2019年版）》第5条规定，未经有批准权的市、县人民政府自然资源主管部门批准，划拨国有建设用地使用权不得擅自转让、出租。《城市房地产管理法》第40条规定："以划拨方式取得土地使用权的，转让房地产时，应当按照国务院规定，报有批准权的人民政府审批……"《国有土地使用权司法解释》第10规定："……起诉前经有批准权的人民政府同意转让……"即按照《城镇国有土地使用权出让和转让暂行条例》《产业用地政策实施工作指引（2019年版）》的规定，转让划拨土地使用权应经政府自然资源主管部门同意；按照《城市房地产管理法》《国有土地使用权司法解释》的规定，转让划拨土地使用权应经有批准权的人民政府同意。

司法实践中，经人民政府自然资源主管部门批准同意的，往往自然资源主管部门也会向同级人民政府请示报批；或者是人民政府已经与投资方就开发项目形成"投资意向"，并由人民政府下文批准，然后由政府自然资源主管部门负责具体实施。按照《土地管理法》第53条规定："经批准的建设项目需要使用国有建设用地的，建设单位应当持法律、行政法规规定的有关文件，向有批准权的县级以上人民政府自然资源主管部门提出建设用地申请，经自然资源主管部门审查，报本级人民政府批准。"划拨土地使用权人和受让方在转让划拨土地过程中会与人民政府进行前期初步沟通，一般也是在人民政府对受让方投资项目的认可下，才同意由土地使用权人将划拨土地使用权转让给受让方。而自然资源主管部门也会参与项目招商或前期的谈判工作，对于划拨土地使用权转让的背景及政府的安排相对了解。

（2）有批准权的人民政府是市、县级人民政府。《国有土地使用权司法解释》第10条规定："……起诉前经有批准权的人民政府同意转让……"但并未明确是经哪一级人民政府同意。根据《城市房地产管理法》第12条规定："土地使用权出让，由市、县人民政府有计划、有步骤地进行……由市、县人民政府土地管理部门会同城市规划、建设、房产管理部门共同拟定方案，按照国务院规定，报经有批准权的人民政府批准后，由市、县人民政府土地管理部门实施。"《土地管理法》第53条规定："经批准的建设项目需要使用国有建设用地的，建设单位应当持法律、行政法规规定的有关文件，向有批准权的县级以上人民政府自然资源主管部门提出建设用地申请，经自然资源主管部门审查，报本级人民政府批准。"《产业用地政策实施工作指引（2019年版）》规定，未经有批准权的市、县人民政府自然资源主管部门批准，划拨国有建设用地使用权不得擅自转让、出租。从前述规定可以看出，有批准权的人民政府限于市、县级人民政府，其他如乡镇政府、省政府均不是划拨土地使用权转让有批准权的适格主体。

2. 如何认定政府对"划拨土地转让"批准同意

由于各地区的土地政策以及实际情况会有较大差异，在有批准权的人民政府没有出具书面批准文件的情况下，如何确认人民政府同意转让划拨土地需要根据案件的具体情形进行判断，下面列举三类情形以供参考。

（1）划拨土地使用权人为解决自身经营困难带来的问题，将划拨土地转让给受让方，并呈报上级单位以及政府负责人进行批示，经批示同意后，由自然资源主管部门报规划部门提供该划拨土地的出让条件，划拨土地使用权人向规划部门呈报拆迁安置方案，并经规划部门同意。政府在审批时已确认划拨土地在使用权人名下，并经政府部门公开招拍挂出让，已说明政府同意该国有划拨土地使用权转让。

（2）政府根据城市的规划管理计划，有针对性地开发土地，并进行招商引资工作，吸引投资者进行投资开发建设。政府与投资者就相关地块开发签署开发建设协议，确定将该地块的开发建设权移交投资者。为取得划拨土地使用权人使用的划拨用地，政府与土地使用权人签订国有土地使用权收回协议，再由土地储备中心接收土地，土地资源主管部门通过"招拍挂"形式与投资人签订出让合同。虽然政府未专门批准划拨土地转让，但通过"招拍挂"形式出让土地等相关事实，表明政府已经以实际行动的方式追认和批准了土地使用权人将国有划拨土地使用权转让给受让方。

（3）国有划拨土地使用权人与受让方签订转让协议后，双方又与政府签订了关于土地出让的协议，受让方按照土地出让合同约定缴纳土地出让金、税费等费用。

虽然人民政府或自然资源主管部门并未专门出具同意划拨土地使用权转让的书面文件，但从受让方与自然资源主管部门所签国有土地出让协议，受让方缴纳土地出让金、税费等情况，可以说明人民政府对国有划拨土地转让的事实是明确和知晓的。

（三）由受让方办理土地出让手续

1. 办理土地出让所需手续

根据《城镇国有土地使用权出让和转让暂行条例》等法律法规之规定，受让方获得土地使用权需要经过一系列程序。首先，国有土地使用权出让由市、县人民政府负责，经政府土地管理部门、规划部门、房产部门共同拟定方案，经政府批准后，由土地管理部门实施。其次，土地主管部门通过土地"招拍挂"方式进行出让，受让方参与土地"招拍挂"并最终竞得土地。最后，受让方竞得土地后与土地管理部门签订"土地成交确认书"和土地出让合同、缴纳土地出让金及税款。

2. 由受让方办理土地出让手续

根据《城镇国有土地使用权出让和转让暂行条例》第45条第1款第4项规定："依照本条例第二章的规定签订土地使用权出让合同，向当地市、县人民政府补交土地使用权出让金或者以转让、出租、抵押所获收益抵交土地使用权出让金。"国有划拨土地使用权人和受让方均可以办理土地出让手续，但在司法实践中，先由国有划拨土地使用权人与自然资源主管部门办理出让手续，再由土地使用权人将土地使用权转让给受让方手续的情况很少，因为上述过程会使交易变得过于繁杂，不符合市场交易的效率原则。故在司法实践中多由划拨土地使用权人与受让方之间签订转让协议，并约定由受让方办理土地出让手续；司法实践中，还存在另外一种情况，除由受让方办理出让手续外，在符合国务院相关规定的情况下，转让划拨土地房地产可以不办理土地使用权出让手续，而是由转让方将转让房地产所获的土地收益上缴国家。[①]

---

① 参见《城市房地产转让管理规定》第12条规定："以划拨方式取得土地使用权的，转让房地产时，属于下列情形之一的，经有批准权的人民政府批准，可以不办理土地使用权出让手续，但应当将转让房地产所获收益中的土地收益上缴国家或者作其他处理。土地收益的缴纳和处理的办法按照国务院规定办理。（一）经城市规划行政主管部门批准，转让的土地用于建设《中华人民共和国城市房地产管理法》第二十三条规定的项目的；（二）私有住宅转让后仍用于居住的；（三）按照国务院住房制度改革有关规定出售公有住宅的；（四）同一宗土地上部分房屋转让而土地使用权不可分割转让的；（五）转让的房地产暂时难以确定土地使用权出让用途、年限及其他条件的；（六）根据城市规划土地使用权不宜出让的；（七）县级以上人民政府规定暂时无法或不需要采取土地使用权出让方式的其他情形。依照前款规定缴纳土地收益或作其他处理的，应当在房地产转让合同中注明。"

3. 土地出让方式

出让方式是国有土地使用权有偿使用的主要方式，我国土地出让也参照了国际上通行的相关做法，同时，结合我国具体情况设计的一种城市土地配置方式。[①] 目前，有批准权的人民政府采用的土地出让方式主要有两类，分别是"协议出让"和具有竞争性质的"招拍挂"出让，两者的主要区别在于，"协议出让"通常适用于非经营性用地，而"招拍挂"出让通常适用于经营性用地。

（1）协议出让。受让方可以通过协议出让方式取得国有土地使用权。根据《城市房地产管理法》第13条的规定："土地使用权出让，可以采取拍卖、招标或者双方协议的方式……采取双方协议方式出让土地使用权的出让金不得低于按国家规定所确定的最低价。"根据《协议出让国有土地使用权规范（试行）》第7.1条规定，划拨土地使用权申请转让，经市、县人民政府批准，可以由受让方办理协议出让，但《国有土地划拨决定书》、法律、法规、行政规定等明确应当收回划拨土地使用权重新公开出让的除外。通过协议出让方式转让划拨土地使用权的，原土地使用权人应当向市、县自然资源主管部门提出划拨土地使用权转让申请。市、县自然资源主管部门受理申请后，应当依据相关规定对申请人提交的申请材料进行审查，并就申请地块的土地用途等征询规划管理部门意见、组织地价评估、拟订协议出让方案并报市、县人民政府审批。方案经批准后，市、县自然资源主管部门应向申请人发出《划拨土地使用权准予转让通知书》，随后申请人应当将拟转让的土地使用权在土地有形市场等场所公开交易，土地使用权人应当与受让方签订转让合同，受让方应在达成交易后10日内，持转让合同、原《国有土地使用证》《划拨土地使用权准予转让通知书》、转让方和受让方的身份证明材料等，向市、县自然资源主管部门申请办理土地出让手续。

关于可通过协议出让方式获取土地的范围，《协议出让国有土地使用权规范（试行）》第4.3条规定："出让国有土地使用权，除依照法律、法规和规章的规定应当采用招标、拍卖或者挂牌方式外，方可采取协议方式，主要包括以下情况：（1）供应商业、旅游、娱乐和商品住宅等各类经营性用地以外用途的土地，其供地计划公布后同一宗地只有一个意向用地者的；（2）原划拨、承租土地使用权人申请办理协议出让，经依法批准，可以采取协议方式，但《国有土地划拨决定书》《国有土地租赁合同》、法律、法规、行政规定等明确应当收回土地使用权重新公开出让的除外；

---

① 孙佑海：《城市国有土地初次流转对策研究》，载《法制与社会发展》2000年第5期。

（3）划拨土地使用权转让申请办理协议出让，经依法批准，可以采取协议方式，但《国有土地划拨决定书》、法律、法规、行政规定等明确应当收回土地使用权重新公开出让的除外；（4）出让土地使用权人申请续期，经审查准予续期的，可以采用协议方式；（5）法律、法规、行政规定明确可以协议出让的其他情形。"

（2）"招拍挂"形式出让。市场主体可通过"招拍挂"的公开方式获取土地，《招标拍卖挂牌出让国有土地使用权规范（试行）》第4.4.5条规定："招标拍卖挂牌出让程序：（1）公布出让计划，确定供地方式；（2）编制、确定出让方案；（3）地价评估，确定出让底价；（4）编制出让文件；（5）发布出让公告；（6）申请和资格审查；（7）招标拍卖挂牌活动实施；（8）签订出让合同，公布出让结果；（9）核发《建设用地批准书》，交付土地；（10）办理土地登记；（11）资料归档。"有意通过"招拍挂"方式获取国有土地的受让方，可以单独申请，也可以联合申请，并应在公告规定期限内交纳出让公告规定的投标、竞买保证金，申请人竞得土地后，拟成立新公司进行开发建设的，应在申请书中明确新公司的出资构成、成立时间等内容。

关于可通过"招拍挂"公开方式获得国有土地的范围，《招标拍卖挂牌出让国有土地使用权规范（试行）》第4.3条规定："招标拍卖挂牌出让国有土地使用权范围：（1）供应商业、旅游、娱乐和商品住宅等各类经营性用地以及有竞争要求的工业用地；（2）其他土地供地计划公布后同一宗地有两个或者两个以上意向用地者的；（3）划拨土地使用权改变用途，《国有土地划拨决定书》或法律、法规、行政规定等明确应当收回土地使用权，实行招标拍卖挂牌出让的；（4）划拨土地使用权转让，《国有土地划拨决定书》或法律、法规、行政规定等明确应当收回土地使用权，实行招标拍卖挂牌出让的；（5）出让土地使用权改变用途，《国有土地使用权出让合同》约定或法律、法规、行政规定等明确应当收回土地使用权，实行招标拍卖挂牌出让的；（6）法律、法规、行政规定明确应当招标拍卖挂牌出让的其他情形。"

（四）划拨土地使用权人与受让方所签转让合同按补偿性质的合同处理

从合同分类角度，补偿性质的合同属于无名合同，是一方对另一方所失利益的补偿。划拨土地使用权转让的，受让方对于划拨土地使用权人的补偿，包括对土地的占有、使用和地上物、拆迁安置的费用。常见的补偿性质的合同有保险合同、拆迁补偿协议等，此类合同的主要特征是基于某一事实的发生，一方给予另一方金钱上的补偿，以填补该事实发生给另一方造成的损失。

1. 避免对未经政府批准的转让合同作出效力否定性认定

目前，我国现行土地管理法律制度不认可国有划拨土地使用权人直接转让划拨土地使用权的方式，但在司法实践中也存在划拨土地使用权人直接与受让方签订转让合同的情况，该转让行为没有经过有批准权的人民政府批准，如果将此类转让合同一概认定为无效，势必会产生大量的无效合同。根据《城市房地产管理法》第40条第1款"以划拨方式取得土地使用权的，转让房地产时，应当按照国务院规定，报有批准权的人民政府审批。有批准权的人民政府准予转让的，应当由受让方办理土地使用权出让手续，并依照国家有关规定缴纳土地使用权出让金"之规定，划拨土地使用权人与受让方之间订立划拨土地转让协议，应当经有批准权的人民政府审批同意，否则，转让行为违反法律的强制性规定。如果将转让合同按补偿性质合同处理，使合同的效力问题与我国划拨土地限制转让的法律规定相分离，且双方之间的"转让合同"也是真实意思表示，则可有效避免对划拨土地转让合同作出效力性否定评价。

需要说明的，首先，划拨土地使用权人与受让方之间划拨土地使用权转让事宜，需要在起诉前取得有批准权的人民政府同意，且由受让方办理土地使用权出让手续；其次，将划拨土地使用权转让合同作为补偿性质的合同处理，还需要进一步审查合同内容是否违反相关法律法规的禁止性规定，再对转让合同效力作出具体认定。

2. 充分考虑了划拨土地使用权人的实际投入

《城市房地产管理法》第23条第1款规定："土地使用权划拨，是指县级以上人民政府依法批准，在土地使用者缴纳补偿、安置等费用后将该幅土地交付其使用，或者将土地使用权无偿交付给土地使用者使用的行为。"虽然划拨土地使用权人在获得划拨土地使用权时没有支付相应对价，但划拨土地使用权人为使用土地进行了必要的拆迁、安置工作，支付了相应的拆迁安置补偿费用。划拨土地使用权人获得土地时还是一块"生地"，经划拨土地使用权人开发，在转让时已经变成"熟地"，这也意味着划拨土地使用权人进行了大量投入，包括建设必要的用于生产经营的建筑物、附属设施、装修、维护等。如无偿收回划拨土地及地上建筑物及其附属设施等，划拨土地使用权人会遭受重大损失。

3. 弥补对划拨土地使用权人补偿内容规定不足的缺失

我国现行法律法规以及政策文件中对收回划拨土地使用权人的划拨土地如何给予补偿没有明确规定，一定程度上划拨土地使用权人的合法投入权益没有得到很好的保护，长此以往也会对划拨土地使用权人在土地上的投入积极性产生消极影响，不符合我国提升土地使用效率的国家政策精神。划拨土地使用权人与受让方在转让协议中约定的价款实际是一方对另一方所失利益的补偿，将转让合同按补偿性质的合同处理，也符合土地使用权具有使用和收益两项权能的特征。

四、辅助信息

高频词条：

《城镇国有土地使用权出让和转让暂行条例》

第四十四条　划拨土地使用权，除本条例第四十五条规定的情况外，不得转让、出租、抵押。

第四十五条　符合下列条件的，经市、县人民政府土地管理部门和房产管理部门批准，其划拨土地使用权和地上建筑物、其他附着物所有权可以转让、出租、抵押：

（一）土地使用者为公司、企业、其他经济组织和个人；

（二）领有国有土地使用证；

（三）具有地上建筑物、其他附着物合法的产权证明；

（四）依照本条例第二章的规定签订土地使用权出让合同，向当地市、县人民政府补交土地使用权出让金或者以转让、出租、抵押所获收益抵交土地使用权出让金。

转让、出租、抵押前款划拨土地使用权的，分别依照本条例第三章、第四章和第五章的规定办理。

《城市房地产管理法》

第二十三条　土地使用权划拨，是指县级以上人民政府依法批准，在土地使用者缴纳补偿、安置等费用后将该幅土地交付其使用，或者将土地使用权无偿交付给土地使用者使用的行为。

依照本法规定以划拨方式取得土地使用权的，除法律、行政法规另有规定外，没有使用期限的限制。

第四十条第一款　以划拨方式取得土地使用权的，转让房地产时，应当按照国务院规定，报有批准权的人民政府审批。有批准权的人民政府准予转让的，应当由受让方办理土地使用权出让手续，并依照国家有关规定缴纳土地使用权出让金。

《国有土地使用权司法解释》

　　第十条　土地使用权人与受让方订立合同转让划拨土地使用权，起诉前经有批准权的人民政府同意转让，并由受让方办理土地使用权出让手续的，土地使用权人与受让方订立的合同可以按照补偿性质的合同处理。